KNAUR

Axel Petermann
Claus Cornelius Fischer

DIE ELEMENTE DES TODES

True-Crime-Thriller

KNAUR

Besuchen Sie uns im Internet:
www.knaur.de

FSC
www.fsc.org
MIX
Papier aus verantwortungsvollen Quellen
FSC® C083411

Originalausgabe Oktober 2018

Ein Imprint der Verlagsgruppe
Droemer Knaur GmbH & Co. KG, München

Covergestaltung: ZERO Werbeagentur, München
Coverabbildung: © Kypros / gettyimages, FinePic / shutterstock
Satz: Adobe InDesign im Verlag
Druck und Bindung: CPI books GmbH, Leck
ISBN 978-3-426-52313-1

2 4 5 3

Nach einer wahren Begebenheit …

Zum Schutz der toten Opfer und der unschuldigen Lebenden wurden zeitliche Abläufe, sämtliche Namen und alle Orte geändert. Etwaige Übereinstimmungen und Ähnlichkeiten wären rein zufällig. Außerdem sind alle Dialoge und Äußerungen nicht wortgetreu zitiert, sondern ihrem Sinn und Inhalt nach wiedergegeben. Nicht verändert wurden das Grauen der Morde und die eisige Kälte des Bösen.

Ich

Ich bin kein Mörder. Ich kann Menschen verschwinden lassen, das ist alles. Ich kann dafür sorgen, dass sie in Rauch aufgehen oder im Wasser versinken. Ich betrete ihre Köpfe, und sie wollen nicht mehr leben. Aber ein Mörder bin ich nicht. Ich spüre es nur, wenn jemand sterben will.

So wie Chrom aus Pakistan. Oder Nickel in seiner Werkstatt. Und natürlich Cobalt. Sie konnten mit ihrem Leben nichts anfangen, sonst wären sie mir nie begegnet. Aber bei niemandem habe ich mir so viel Mühe gegeben wie bei Cobalt. Das Krematorium habe ich allein für sie bauen lassen.

Cobalt hieß eigentlich Nicole. Ich hätte sie lieber Phosphor genannt, bloß dass Phosphor die Nummer 15 hat, und Nicole war schon 27. Das chemische Element mit der Ordnungszahl 27 ist nun mal Cobalt, auch wenn Phosphor viel besser brennt, was man von Nicole nicht sagen kann.

Chroms richtiger Name war Radschiv. In dem Moment, in dem er starb, muss er ungefähr 24 gewesen sein. Und Motörhead hatte kurz vor seinem Tod Geburtstag gehabt, deswegen verwandelte er sich in Nickel; eine Woche vorher wäre er ebenfalls Cobalt gewesen. Interessanterweise war der Porsche, unter dem er lag, aus Eisen, Nummer 26. Chemische Elemente haben mich schon immer interessiert – Argon, Beryll, Californ, Mangan –, genau wie Zahlen. Noch vor der zweiten Klasse der Grundschule konnte ich mit negativen Zahlen rechnen. Negative Zahlen sind genauso weit vom Punkt null entfernt wie ihr positives Gegenstück, nur mit dem umgekehrten Vorzeichen. Bei Menschen ist es genauso, es gibt positive und negative

Menschen. Negative Menschen sind die Toten. Ihr Vorzeichen hat sich geändert. In dem Moment, in dem sie mir begegnet sind, wurden sie zu einem chemischen Baustein. Ich versuche dann, ihre Namen zu vergessen.

Vielleicht überlegen Sie gerade, welches Element Sie wären, falls Sie mir jemals unter anderen Umständen begegnen sollten – Cadmium, Silber, Titan? Es zählt das Alter, in dem ich Ihren Wunsch erkenne; in dem ich ihn erfüllen will.

Schlägt Ihr Herz schneller bei der Vorstellung? Was ist das für ein Gefühl? Ich weiß nicht, wie sich das anfühlt. Ich spüre alles, aber ich fühle nichts. Ich weiß, dass ich ein Herz besitze. Ich habe es auf dem Röntgenschirm gesehen. Doch es schlägt immer gleichmäßig, nie schneller, nie langsamer, nicht einmal, wenn jemand danach verlangt, mir sein Leben anzuvertrauen. Wenn er zulässt, dass ich es bin, der entscheidet, ob es den Nullpunkt erreicht.

Ich bin sicher, ich würde Ihnen nicht auffallen, wenn Sie mir auf der Straße zufällig begegnen. Vielleicht würden Sie sich fragen, woher Sie mich kennen. Nicht jetzt natürlich – in ein paar Jahren, wenn ich wieder draußen bin. Sie würden vielleicht denken, ich wäre Filialleiter beim Edeka um die Ecke. Oder Kundenberater bei der Sparkasse. Vielleicht der Zahnarzt, bei dem Sie Ihren jährlichen Check für die Versicherung machen. Sie würden einen Computer bei mir kaufen, aber nie auf den Gedanken kommen, dass ich hier vor Ihnen gesessen habe.

Dass ich eine Frau in einem Käfig gehalten habe.

Sie war freiwillig da, in dem Käfig. Sie vertraute mir – dass ich ihr zu essen gebe, dass ich ihre Lust wecke; dass ich ihr wehtue. Ich habe sie geliebt, und sie liebte mich. Ich liebe sie noch. Ich möchte, dass sie mich bald hier besuchen kommt, in meinem Käfig.

Feuer? Natürlich liebe ich Feuer. Sie nicht? Wer über das Feuer gebietet, wird zu Gott!

Auszug aus der Selbstbeschreibung des D.B. (Name geschwärzt) im Gespräch mit Prof. Dr. Uwe Hellberg, Universitätsklinikum Hannover, 1996

1

Sommer 1996

Am Dienstagmorgen um 8:47 Uhr rief Torsten Lenz auf dem Nokia an und sagte: »Unser einziger Zeuge ist tot.«

Larsen war schon im Präsidium, aber noch im Treppenhaus. »Wo?«, fragte er. »In der Werkstatt?«

»Ein Unfall«, sagte Lenz. »Offenbar ist er unter die Hebebühne geraten. Einer der anderen Mechaniker hat ihn entdeckt, als er zur Arbeit kam.«

»Wer von uns ist da?«

»Noch niemand. Der Mechaniker hat die Kollegen vor Ort informiert. Aber die Spurensicherung ist schon unterwegs.«

»Gut, ich fahre hin.« Larsen drehte auf dem Treppenabsatz um. »Ich brauche einen Wagen. Olaf und Mareike sollen nachkommen.« Er lief auf den Parkplatz und sah, dass Mareike schon da war. Sie stand neben einem der Einsatzfahrzeuge, in der Hand die unvermeidliche Thermoskanne mit Kaffee. »Wir können gleich los«, sagte sie, trank noch einen letzten Schluck aus dem Plastikbecher und schraubte die Kanne zu.

Sie fuhren, ohne zu reden. Sie hatten das Blaulicht aufs Dach geheftet, und wenn der Verkehr dichter wurde, schaltete Mareike die Sirene ein. Die Oberkommissarin war auch unter diesen Umständen eine gute Fahrerin, die niemandemunnötig die Vorfahrt nahm, andere Wagen nicht bedrängte und die Signale der Ampeln beachtete, wenn es notwendig war. Manchmal warf sie Larsen einen Seitenblick zu, behielt ihre Gedanken, Beobachtungen und Mutmaßungen aber für sich. Dafür war er dankbar.

Wir hätten ihn nicht auf freien Fuß setzen dürfen, dachte

er. Oder ihn wenigstens rund um die Uhr überwachen müssen. Nein, nicht wir – ich. Ich habe versagt. Der Vorermittlungsrichter hat gehandelt, wie er handeln musste, das Gesetz ist eindeutig. Aber für mich gilt das nicht, für mich gibt es »eindeutig« nicht. Er zwang seine Hände, ruhig zu bleiben, seine Füße auch. Bei seinen Gedanken gelang ihm das nicht, sein Puls raste. Lothar Schmidt hatte Angst, aber wir haben das nicht ernst genommen. Nicht ernst genug.

Bis zu der Werkstatt im Gewerbegebiet von Mersfeld brauchten sie genau eine Dreiviertelstunde. Wir werden keine Spuren finden, dachte Larsen, keinen Hinweis auf eine Gewalttat, keine Zeugen. In einer Gegend wie dieser sind die Straßen von Feierabend bis in den Morgen verwaist. Niemand sieht oder hört irgendetwas; Wölfe könnten nachts im Licht der Peitschenlampen über den Asphalt streifen. Alles wird so aussehen, wie Torsten gesagt hat – ein Arbeitsunfall, tödlicher Leichtsinn.

Als sie auf den Hof von Böhlich & Söhne bogen, standen die Mechaniker ratlos zwischen den reparierten Kundenfahrzeugen und einem Streifenwagen der örtlichen Polizei, der noch immer blaue Blitze in den sonnigen Vormittag schickte. Die Jalousie der Werkstatt war hochgefahren. Ein uniformierter Streifenpolizist versperrte auf der Schwelle den Zutritt, während sein Teamkollege mit einem Mann in einem roten Overall sprach.

Larsen stieß den Schlag auf, zeigte seinen Ausweis und ging an den Streifenbeamten vorbei in die halbdunkle Halle. Er steuerte die Hebebühne an, wo der Zeuge auf dem Rücken unter einem nach hinten gekippten Porsche Carrera RS 2.7 lag. Es war eine Vier-Säulen-Hebebühne, deren befahrbare Rampen mit einem hydraulisch steuerbaren Seilzugsystem gehoben und gesenkt werden konnten. Eine der beiden Rampen hatte Schmidts Brustkorb eingedrückt und seinen Kopf zerquetscht. Das Gesicht bestand nur noch aus einer breiigen Masse, durchsetzt mit Knochensplittern, Hautfetzen und blutigem Fleisch. Auch das Hemd des Toten war blutgetränkt und immer noch feucht. Um den Kopf hatte Blut eine dunkelrote Lache gebildet, die an den Rändern bereits getrocknet war.

Der Beamte, der auf der Schwelle Wache gehalten hatte, trat neben Larsen. »Ich kann mir das nicht erklären«, sagte er. »Der Lothar war einer von den ganz Vorsichtigen. Die Hydraulik muss einen Kurzschluss gehabt haben.«

»Vielleicht war er betrunken.« Larsen beugte sich zu der Leiche. Aus der Nähe überlagerte der süßliche, leicht eisenhaltige Geruch des Blutes sogar den Ölgestank in der Halle. »Oder er stand unter Drogen. Er hatte ein paar harte Tage hinter sich. Er könnte ausgerutscht und gestürzt sein. Im Fallen ist er an einen Knopf oder Hebel der Bühne gekommen, und die Rampe hat sich abgesenkt, während er bewusstlos darunterlag.« Vielleicht war es so, vielleicht auch nicht, dachte er; wahrscheinlich eher nicht. Kein Unfall, kein Selbstmord. »Ist die Rechtsmedizin informiert?«

»Ja.«

»Wer hat Sie gerufen?«, fragte Larsen.

»Der Italiener dahinten, Aldo. Böhlich, der Chef, ist noch nicht da. Der kommt immer etwas später. Der Italiener sagt, vor ein paar Tagen hätte jemand von euch den Toten zur Befragung mitgenommen, nach Bremen. Ich meine, als er noch nicht tot war. Er – Aldo – dachte wohl –«

»Das ist jetzt ein Tatort«, sagte Larsen, »wahrscheinlich war es Mord. Haben Sie hier irgendwas angefasst oder verändert?«

»Nein.«

»Gibt es Zeugen? Hat jemand etwas beobachtet?« Und selbst wenn?, dachte Larsen. Selbst wenn jemand einen silbernen Mercedes 500 SL, Listenpreis 220 000 Mark, auf der Straße gesehen hätte, wäre damit nichts bewiesen. Ja, stimmt, ich musste noch mal ins Lager, würde der Täter sagen, auf die Werkstatt gegenüber habe ich da gar nicht geachtet.

Larsen dachte die Worte der Täter, denn er hatte keine Zweifel. Es war der dritte Mord, und der Täter plante einen vierten und vielleicht auch einen fünften oder sechsten. Sie kannten seinen Namen, sein Gesicht, seine Adresse. Aber bisher konnten sie ihm nicht einmal die ersten beiden Morde nachweisen, jetzt erst recht nicht, nachdem ihr einziger Zeuge tot war.

Warum war er so spät noch allein in der Werkstatt? Der Junge wollte Zeugenschutz, den wir ihm nicht geben konnten. Warum ist er nicht irgendwohin gegangen, wo er sicher war, wenigstens eine Zeit lang?

Larsen sah nach oben, zur Decke, in die Winkel über dem Rolltor. »Wissen Sie, ob es hier Videoüberwachung gibt?«, fragte er den Streifenbeamten. »Überprüfen Sie das mal. Und niemand soll hier irgendwas an- oder ausstellen, bevor wir nicht untersucht haben, ob tatsächlich ein Versagen der Hydraulik vorliegt.«

Der Wagen der Rechtsmedizin bog auf den Hof, gefolgt vom Team der Spurensicherung und einem schmutzigen gelben Mazda, in dem Oberkommissar Olaf Sundermann saß.

Die beiden Techniker stiegen aus und zogen ihre Overalls an. Als sie fertig waren und mit ihren Koffern in die Halle kamen, sagte Larsen: »Wir behandeln das wie einen Mord. Alles ist wichtig.«

Dann durchzuckte ihn ein Gedanke, ein weißes Flimmern bis in die Fingerspitzen, als hätte er einen elektrisch geladenen Weidezaun angefasst: Es gab vielleicht noch einen Zeugen! Grit Weichsel alias Nicole – das blonde Mädchen, das immer Glück im Spiel hatte, aber nur da. Das Mädchen, das 200000 Mark unter dem Bett und zu viele Männer darin hatte. Das Mädchen, das Robert Kosinski etwas von ihrem

Glück abgeben wollte, bevor er von hinten erschossen wurde.

Freundin des Täters, Freundin des Opfers.

Hastig griff Larsen nach seinem Mobiltelefon und wählte die Nummer, die Grit ihm bei seinem Besuch vor einigen Wochen gegeben hatte. Am anderen Ende der Leitung ertönte das Freizeichen, einmal, zweimal, dreimal. Endlich wurde abgehoben, und eine belegte Frauenstimme meldete sich. »Ja?« Nur ein Wort, aber Larsen roch den Restalkohol in ihrem Atem sogar durchs Telefon. »Larsen, Kripo Bremen«, sagte er. »Ist Ihre Tochter schon nach Hause gekommen?«

Grits Mutter antwortete nicht sofort, als wäre sie nicht ganz sicher, ob sie überhaupt eine Tochter hatte, die nach Hause kommen konnte. Dann sagte sie: »Sie haben vielleicht Nerven, zu so einer Zeit hier anzurufen. Wenn meine Kleine Spätschicht hat, ist sie nie –«

»Ist Ihre Tochter nach Hause gekommen?!«

Ein Seufzen, dann wurde der Hörer hingelegt, und eine Minute verging, ehe die Stimme wieder da war. »In ihrem Zimmer ist sie nicht, aber wie ich gerade gesagt habe, wenn sie auf Spätschicht ist –«

Larsen unterbrach die Verbindung und winkte Mareike zu sich. »Hast du die Mobilnummer von Grit Weichsel dabei?«

»Von der kleinen Nutte? Ja.« Sie holte ein zerfleddertes Notizbuch aus der Jackentasche, schlug es auf und nannte ihm die Nummer, die er wählte, während sie noch redete. Nach drei Freizeichen ertönte Grits Stimme: »Hallo, lieber Anrufer, hier ist die Nicole. Ich bin gerade mit etwas Schönem beschäftigt und kann nicht ans Telefon kommen. Aber wenn du mir sagst, wer du bist, rufe ich dich ganz schnell zurück. Tschühüss!«

»Mailbox.« Larsen spürte, wie die Handykante in seine

Finger schnitt. »Mareike, fahr sofort in die Helenenstraße und sieh nach, ob mit ihr alles in Ordnung ist. Ruf mich an, sobald du etwas weißt.«

Mareike nickte, sprang in den Einsatzwagen und raste mit quietschenden Reifen und eingeschalteter Sirene vom Hof. Larsen ging zurück in die Werkstatt, wo sich die Spurensicherung um die Leiche und ihr Streufeld kümmerte, jede Schraube, jeden Fußabdruck, jeden Blutspritzer fotografierte. Der Rechtsmediziner lehnte wartend an einem limettengrünen Thunderbird mit beigem Verdeck, der neben der Hebebühne stand. Schweigend sah er zu, wie die Zahl der Täfelchen mit den Ziffern auf dem ölschillernden Hallenboden wuchs, während er darauf wartete, das Opfer zu untersuchen.

»Wenn der jetzt von den Toten aufersteht und einfach hier rausmarschiert, war alles umsonst«, sagte einer der Techniker von der Spurensicherung.

»Wie oft haben Sie das schon erlebt?«, fragte Larsen.

Ich bin unfähig, dachte er wieder. Ich konnte ihn nicht beschützen. Er ist getötet worden, weil er mit uns geredet hat, und ich habe es nicht verhindert. Ich brauche zu lange, um die Beweise zu finden. Wenn ich schneller gewesen wäre, könnte der Junge hier noch leben. Ich versage immer wieder.

Dann dachte er: Ich muss das Mädchen finden. Sie ist bei den Ermittlungen aufgetaucht, gleich ein paarmal, und ich habe sie nicht unter Polizeischutz gestellt. Nur eine junge Prostituierte mit einem Foto ihrer kleinen Tochter und einer farbigen Ansichtskarte der Sagrada Família auf dem Nachttisch.

Ich muss sie finden, bevor er sie auch tötet. Ich muss, ich habe es Ellie versprochen.

2

Frühling 1996
Einen Monat vorher

Der Tag, an dem Daniel Becker das Krematorium in Auftrag gab, war ein Mittwoch. An diesem Mittwoch – einem windstillen, fast heißen Frühsommertag mit bedecktem Himmel – steuerte Daniel seinen blaumetallic gespritzten 3er BMW um 14:37 Uhr auf das Gelände der neuen Baustelle seiner Frau an der Säckener Straße 34 und stellte den Wagen hinter dem Bretterzaun auf der unbefestigten Zufahrt ab. Gelblicher Staub hing über der quadratischen Baugrube, aus der das Brummen eines Generators aufstieg.

Die Bagger waren schon weg, außer dem Generator war nur das Mahlen eines Zementmischers zu hören. Stromkabel führten unter schmalen Hartgummiabdeckungen kreuz und quer über das Areal. Hinter dem kantigen Bürocontainer der Bauleitung ragte das Skelett eines dreistöckigen Hauses aus der Grube, graue Betonplatten und dürre Stahlträger, mit stumpfer Rostschutzfarbe gestrichen. Rechts und links des eingezäunten Grundstücks erhoben sich die schmucklosen Hallen des neuen Gewerbegebiets.

Daniel stieg aus und massierte die Bandscheibengegend seines schmerzenden Rückens. Er bewegte den Kopf hin und her, neigte ihn von einer Seite auf die andere. Ein leises Knacken war zu vernehmen. Ich bin ein Wirbeltier, dachte Daniel. Er zupfte an dem Stoff des dunkelgrünen Poloshirts, das er zu Lagerfeld-Jeans und Nike-Sneakers trug. Auf der linken Brustseite des Hemds trabte ein gestickter roter Polospieler über die Baumwolle.

Max Lobeck trat aus einem Dixiklo neben dem Containerbüro. Er wischte sich die Hände an seiner zerknitterten Cargohose ab, dann entdeckte er Daniel und nickte ihm zu. »Tag, Chef. Wusste nicht, dass Sie heute hier sein würden.« Trotz der Hitze trug er eine etwas zu weite Jacke aus braunem Nappaleder mit verfärbten Schweißrändern unter den Achseln. Er war auch ein Wirbeltier, gehörte aber zu einer rangniedrigeren Spezies, denn er arbeitete für Daniels Frau.

Daniel ging auf ihn zu und streckte ihm die Hand entgegen. Das tat er gern, auf jemanden zugehen, ihm die Hand geben, mit einem festen Druck den Anschein erwecken, ein menschliches Wesen zu sein. »Tag, Max. Ganz schöne Hitze, was?«

Lobeck schaute nach oben, zu den tiefen, reglosen Wolken. »Etwas Regen könnte nicht schaden, aber wenn man der Vorhersage glauben darf, soll's ja so bleiben.«

Daniel schaute auch nach oben, verlor sich einen Moment im diffusen Grau des Himmels. »Gut, dass ich dich treffe«, sagte er dann. »Viel zu tun gerade?«

»Kann nicht klagen.« Lobeck zuckte mit den Schultern. »Sieht ja alles ganz gut aus hier, voll im Zeitplan. Bin ich bei Ihnen und Ihrer Frau aber auch nicht anders gewöhnt. Wenn das so bleibt, kann ich in der 37. KW mit den Wasserleitungen beginnen, bis dahin gehts. Brauchen Sie denn was?«

Daniel schüttelte den Kopf. »Nein, alles paletti. Wollte nur mal nach dem Rechten sehen. Du kennst ja Susanne, muss immer sicher sein, dass das Tüpfelchen auch genau auf dem i sitzt.« Er lachte, schon im Gehen, und Lobeck lachte mit, ein Klempnerlachen, von Mann zu Mann. »Ich fahr dann mal wieder los«, sagte Daniel. »Falls es Abweichungen vom Kostenvoranschlag geben sollte –«

Lobeck nickte und schüttelte den Kopf, fast gleichzeitig, nur eine Sekunde lag dazwischen. »Nein, sieht nicht danach aus.«

»Ach, wo wir schon mal …« Daniel blieb stehen, bemühte sich um einen beiläufigen Tonfall. »Und wenn du gerade Zeit hast: Ich bräuchte einen Ofen. Einen Werkstattofen.«

Lobeck nickte wieder. »Kein Problem, Chef. Bau ich Ihnen. Aus Eisen?«

»Eisenblech, ST 37, Stärke 3,9 Millimeter.«

»Welche Maße?«

»Ein Meter neunzig mal sechzig«, erklärte Daniel. »Ich hab eine Skizze gemacht, liegt im Wagen.«

»Und welche Temperatur soll der Ofen ungefähr aushalten?«, wollte Lobeck wissen. »Ich frage wegen dem Brenner, wenn ich den besorge –«

»Den Brenner, das Ofenrohr und alles andere besorge ich. Du machst den Ofen und ein Abgasrohr, 180 Millimeter stark, für den Anschluss an einen Schornstein. Die Betriebstemperatur dürfte so bei ungefähr 1600 Grad liegen, das geht doch, oder?«

Lobeck überlegte kurz. »Dann brauchen Sie einen Brenner mit einem Durchmesser von gut 60 Zentimetern. Womit soll der Ofen denn betrieben werden?«

»Dieselöl. Wie schwer wird das Ganze, was meinst du?«

»Bestimmt 150 Kilo, mindestens.«

»Schaffst du das bis Ende des Monats?«

»Klar.« Lobeck runzelte die Stirn, schien wieder zu überlegen. »Ich weiß nur noch nicht, wo ich das Ding verschweißen und testen kann. Ich habe ja keine Werkstatt.«

»Wenn du das Material hast, kannst du ihn in unserer Garage zusammenbauen«, erklärte Daniel. »Um den Rest kümmere ich mich dann.« Er griff durch das offene Beifahrerfenster und holte die Skizze heraus, die in einer Klarsichtfolie auf dem salopp über den Beifahrersitz geworfenen Leinenjackett lag. »So soll das Ganze aussehen.«

Lobeck studierte die Bleistiftzeichnung. »Wofür brauchen Sie den denn?«

»Ich will nur was ausprobieren, Max. So 'ne Art Experiment.«

»Ich frag deshalb, weil ... Eins muss ich Ihnen gleich sagen, Chef: Wird schwierig, den durch den TÜV zu kriegen. Mit der Temperatur nimmt Ihnen den kein Schornsteinfeger ab.«

Daniel lachte. »Scheiß auf den Schornsteinfeger. Der kriegt das Teil nie zu sehen.« Er hielt Lobeck noch einmal die Hand hin, wie um einen Pakt zu besiegeln. »Mach dir darüber keine Gedanken, Max. Da, wo der Ofen betrieben wird, benötigt man keine Abnahme. Ach, bevor ich es vergesse: Ich brauche auch noch eine Sprossenleiter aus Metall, ungefähr eins fünfzig lang und vierzig breit.«

Im Wagen schrillte Daniels Motorola, ein herrisches altmodisches Telefonklingeln wie am Anfang von Detektiv Rockford. Daniel langte durch das offene Seitenfenster, zog das Sakko vom Beifahrersitz heraus und suchte nach dem Handy. »Ja, Becker«, meldete er sich.

»Daniel, ich bin's – Nicole.« An ihrer Stimme erkannte er sofort, dass es ihr wieder nicht gut ging, der weinerliche, nörgelige Ton. »Kannst du vorbeikommen?«, fragte sie.

»Ist gerade schlecht«, erklärte er. »Ich ruf dich nachher an, wenn ich wieder im Büro bin.«

»Ich brauch dich ganz dringend, Daniel. Ganz dringend. Mir geht's gar nicht gut.«

Er schwieg, sah sie vor sich: noch jung, aber schon halb verfallen, das blonde Haar strähnig, der violette Lidschatten zu dunkel, die Wimperntusche etwas klumpig, das Lipgloss bröckelte. Eigentlich eine schöne junge Frau, sogar noch vor Kurzem. Die Männer kamen gern zu ihr, bis die Drogen angefangen hatten, sie bei lebendigem Leib zu verzehren. Verzehren war ein ranghöheres Wort als auffressen. »Hast du wieder was genommen?«, fragte er.

»Nein. Ehrlich nicht. Ich möchte nur, dass du zu mir kommst.«

»Es geht jetzt wirklich nicht, Kätzchen. Ich bin noch unterwegs, geschäftlich, klar? Wenn alles gut läuft, kann ich –«

»Es ist wegen Melanie«, unterbrach sie ihn.

Er spürte einen schwachen Stoß in der Brust, einen kurzen Druck. »Was ist mit ihr?«

»Das sage ich dir, wenn du hier bist.«

»Hast du denn heute keine Kunden mehr?«, fragte er. »Bist du schon fertig?«

»Ich mach das doch nicht mehr. Ich bin jetzt, ich bin doch kein Model mehr.«

»Darüber reden wir noch. Ich muss jetzt Schluss machen.«

»Nicht, leg noch nicht auf. Es ist wirklich wichtig, Daniel. Ich liebe dich doch so, echt wahnsinnig, weißt du. Und ich wollte – ich wollte dich fragen, was ich einpacken soll. Für unsere Reise.«

»Es ist keine Reise«, sagte er. »Es ist ein Wochenendausflug, nur drei Tage.«

»Ich freu mich schon so darauf.« Jetzt klang ihre Stimme kurzatmig, aufgeregt, als verschluckte sie sich gerade. »Wann fahren wir denn? Freitagmorgen oder Donnerstag?«

»Ich bin gerade dabei, alle Vorbereitungen zu treffen, damit es richtig schön wird, Kätzchen.«

»Daniel, sag nicht Kätzchen zu mir, bitte. Ich mag keine Namen von Tieren haben, ich mag das nicht.«

Er spürte Lobecks Blick im Rücken und wartete darauf, dass sie auflegte, aber er hörte sie nur atmen. »Also dann, ich muss jetzt wieder an die Arbeit«, sagte er.

»Es ist wirklich was mit Mellie«, sagte sie. »Ich möchte sie wiederhaben. Es geht ihr nicht gut bei diesen Leuten. Sie ist doch meine Tochter, und sie wird ohne mich immer größer, ohne dass ich ihr dabei … Immer größer …«

»Das haben wir doch schon besprochen«, sagte er ruhig. »Nach unserem Ausflug kommt Mellie zurück, wenn wir wieder da sind, ja?« Er seufzte. Es geht Mellie gut, da wo sie ist, tausendmal besser als bei dir. »Also gut, meinetwegen, ich bin in einer halben Stunde bei dir.«

»Ach, Daniel, danke, ich freue mich. Danke!«

Daniel unterbrach die Verbindung und spürte auf einmal, dass Lobeck dicht hinter ihm stand, viel zu dicht für die Hitze, die ihn wie warmes Zellophan einwickelte. »Wenn nichts mehr ist, fahre ich dann mal, Chef«, sagte das andere Wirbeltier. »Ich rufe Sie an, wenn ich mit dem Ofen so weit bin. Und bitte grüßen Sie Ihre Frau von mir.«

»Mach ich. Danke.« Daniel sah zu, wie Lobeck in seinen KIA-Pregio mit der roten Beschriftung Fa. Lobeck Klempnerarbeiten und Trockenbau stieg und langsam von der Baustelle rollte, bevor er sich in seinen BMW setzte und das Leinensakko wieder auf den Beifahrersitz warf. Das Handy hielt er noch einen Moment in der Hand. Der Ofen und der Lattenrost, dachte er, was noch?

Er holte einen Notizblock aus dem Handschuhfach, nahm einen Kugelschreiber von der Ablage zwischen den Vordersitzen und schrieb: 2 Benzinkanister, 2 Baueimer, 1 Rolle Putzband, 1 Rolle Steinband, 6 Klinkerplatten, 8 Verblendplatten Ytong (5 cm), Spaltlederhandschuhe, 1 Rolle Decefix-Klebefolie, 1 Satz Messer (scharf), 1 Teerbesen, 2 Sets Bettwäsche.

Er legte Block und Kuli auf die Ablage und blickte einen Moment mit leeren Augen durch das offene Seitenfenster auf die Baustelle. Er dachte, dass er seine Frau anrufen sollte, damit die Kinder nicht auf das Essen warten mussten. Er griff nach seinem Handy. Doch statt Susannes Nummer wählte er die Nummer des Immobilienbüros, bei dem er die Ferienanlage gebucht hatte.

Nach dem dritten Klingeln meldete sich ein Anrufbeantworter: »Immobilien Lorenz. Zurzeit ist unser Büro nicht besetzt. Bitte hinterlassen Sie Ihren Namen und den Grund

Ihres Anrufs. Wir melden uns nach unserer Rückkehr zuverlässig bei Ihnen.«

Daniel sagte: »Hier Daniel Becker. Ich wollte nur noch einmal meine elektronische Buchung vom Freitag letzter Woche bestätigen. Ich hatte für das letzte Wochenende im Juni alle vier Häuser Ihrer Ferienanlage in Moosberg gemietet, also insgesamt achtzehn Betten. Wir möchten wirklich ungestört sein. Ihrer Objektbeschreibung zufolge sind keine weiteren Wohnungen buchbar. Die Anzahlung müsste bereits auf Ihrem Konto eingegangen sein. Sollte ich von Ihnen nichts mehr hören, gehe ich davon aus, dass alles in Ordnung ist. Ach ja, die Buchungsnummer war A 2374. Danke.«

Er unterbrach die Verbindung. Der Ofen kommt auf die Terrasse zwischen die beiden hinteren Häuser. Er sah es vor sich, ganz deutlich, die flachen Bungalows und dahinter die grünen Wiesen mit den Birken, und noch weiter draußen die Dünen und das Meer im Sonnenuntergang. Und dann der Rauch – fast wie bei einer Papstwahl, sonst nichts, kein Mensch mehr, nur das Feuer und der Rauch über dem flachen Land.

Auf dem Handydisplay scrollte er die Telefonliste herunter, bis zu Sandra, deren Mobilfunknummer er aufrief. Sie ging fast sofort an den Apparat. »Ich bin's«, sagte er.

»Daniel! Wo bist du?«

»In Mersfeld, auf der Baustelle.«

»Ach, schade! Gerade dachte ich, wie schön es wäre, wenn du mal wieder nach Bonn kämst.«

Er sah ihr Foto auf dem Display: sie lachte, ihre Augen, die Lippen, alles schimmerte und strahlte, das schulterlange Haar glänzte in der Sonne. »Deswegen rufe ich an«, sagte er. »Ich hätte Lust, ein paar Tage mit dir zu verreisen, nur du und ich in einem kleinen Haus irgendwo weit weg. Wie findest du das, Sandy?«

»Das wäre super!« Sie klang aufgeregt, glücklich. »Wann?«

»Was hältst du vom letzten Wochenende im Juni? Ich habe einen Bungalow am Meer gemietet, da sind wir ganz unter uns. Wir treffen uns am Freitag in der Anlage und bleiben bis Sonntagabend oder Montag. Wie hört sich das an?«

»Daniel, das klingt, hey, ich kann gar nicht sagen, wie das klingt – echt, ein Haus am Meer! Wo denn?«

Er lachte, erst zu leise, aber dann überzeugend. Weltmännisch und etwas geheimnisvoll, wie James Bond. »Das ist eine Überraschung! Du erfährst es erst ein paar Tage vorher. Jeder kommt mit seinem eigenen Wagen, als würden wir uns zufällig begegnen.«

Sie lachte auch, fröhlich und gleichzeitig ein wenig geknickt. »Aber das sind ja noch fast sechs Wochen. Vorher sehen wir uns nicht? Du fehlst mir. Ich denke viel an dich.«

»Ich denke auch an dich, Sandy. Du wirst sehen, die Zeit vergeht wie im Flug.«

»Ja.« Sie seufzte. »Was sagst du denn deiner Frau?«

»Die hat genug mit dem Neugeborenen zu tun«, lenkte er ab. »Da stimmt was nicht mit dem linken Lungenflügel. Sie ist dauernd beim Kinderarzt.«

»Warum musst du bloß verheiratet sein?«

Meine Frau ist verheiratet, ich trage nur einen Ring. Er sah zwei Arbeiter aus der Baugrube kommen, die gelben Helme stumpf vor Staub. »Hör mal, ich muss Schluss machen. Ich ruf dich wieder an mit den genauen Einzelheiten. Bis dann, ciao.«

Er unterbrach die Verbindung, bevor ihre Stimmung sich ganz eintrübte, startete den Wagen und verließ das Areal mit schlingernden Rädern. Dann fuhr er die Säckener Straße bis zum Ende, bog auf die Hauptstraße und fuhr weiter, raus aus Mersfeld, nicht zu Nicole, sondern aufs Land.

Wo kamen bloß die ganzen Frauen her, dachte er. Erst

Andrea, später Susanne und dann Sandy, dazwischen Grit, die sich jetzt Nicole nannte und in den Anzeigen manchmal Chantal oder Michelle. Aber in bestimmten Momenten liebte er Sandy am innigsten: wenn sie vor ihm kniete, nach der Fütterung; wenn sie ihn unter der Kapuze anflehte: Züchtige mich, Meister, bestraf mich!

Mit der linken Hand hielt er das Steuer, während er mit der rechten eine SMS schrieb: ich liebe dich, ich muss dich bald sehen, du warst ungehorsam und musst bestraft werden, die Kerzen brennen schon. Er setzte den Namen ein – Sandra – drückte auf Senden. Er wollte nicht, dass sie zu glücklich war.

Er war allein auf der Straße, kein Bus, keine Lastwagen, nicht mal ein Fahrradfahrer. Nur der in der Hitze glitzernde Asphalt, das Flimmern über den Äckern und Wiesen, und dann rechts und links der Wald. Die Sonne blitzte auf und erlosch, stach zwischen den Bäumen hervor und verbrannte ihm die Augen. Er stellte sich vor, dass er einfach weiterfuhr, immer weiter, raus aus seinem Leben, raus aus sich selbst, die Straße entlang und dann die nächste Straße und irgendwann keine Straße mehr, nichts mehr rechts und links und nur weit vorn die Dünen und das Meer, das ganze Blau.

Er schaltete das Radio ein, auf Hit FM sang Falco ›Junge Römer‹, genau wie damals, das war mehr als ein Zufall. Er stellte das Radio lauter. Er war jetzt schon fast an der Stelle, wo der Waldweg abging, und wie immer, wenn er in dieser Stimmung war, bog er in den Weg und fuhr auf dem überwachsenen Erdreich zu dem See. Es war ihm egal, ob ihn jemand sah. Er wollte nur in der Nähe der Stelle sein, wo er sich zum ersten Mal so rein gefühlt hatte wie Wasser, Feuer oder Luft.

3

Winter 1994
Anderthalb Jahre früher

Sie saßen zu dritt im Dunkeln in dem Haribo-Auto und rauchten. Sie hatten das Radio an, da lief Falco mit ›Junge Römer‹, und als das Lied zu Ende war, fragte Lothar von hinten: »Und wenn er nicht kommt?«

»Er kommt«, sagte Moritz, ohne sich umzudrehen.

»Aber wenn er trotzdem nicht kommt? Wir frieren uns hier den Arsch ab, während der gemütlich im Asylantenheim sitzt und Tee trinkt. Oder Mate.«

»Ich habe erst vor drei Stunden mit ihm telefoniert«, sagte Moritz. »Er hat gesagt, dass er den Zug um 17:45 Uhr nimmt.«

Daniel sah durch das beschlagene Fenster zu der Glastür des Bahnhofs auf der anderen Straßenseite hinüber. Der Wartesaal dahinter war schwach erleuchtet, aber leer. Heute kam nur noch der Interregio, auf den außer ihnen niemand wartete.

»Vielleicht hat er ihn verpasst«, meinte Lothar. »Wer weiß, ob es überhaupt Fahrpläne gibt, da, wo der herkommt.«

»Er denkt doch, dass die Andrea ihn sehen will«, sagte Moritz. »So verknallt, wie der ist, hätte er längst angerufen, wenn er zu spät zum Zug gekommen wäre.«

Ein paar Leute gingen an dem unter einem Baum geparkten Wagen vorbei, schauten aber nicht hinein. Sie wechselten auf die andere Straßenseite und betraten den Pub neben dem Bahnhof. Über dem Eingang flackerte eine violette Leuchtschrift, Lucky Elefant. Die Tür war metallbeschlagen, mit einem kleinen Judasfenster in Augenhöhe, und wenn sie geöffnet wurde, drang Discomusik heraus. An den Mauern hingen Fetzen von ausgeblichenen Plakaten, die mit anderen Plakaten überklebt worden waren. Jemand hatte die Fenster mit roter Farbe zugepinselt, grobe, dicke Pinselstriche, in denen das Licht stecken blieb.

»Und wenn er da ist, was dann?« Lothar beugte sich vor, bis sein Kopf zwischen den Nackenstützen war. »Was habt ihr eigentlich mit ihm vor?«

»Wir wollen nur mit ihm reden«, sagte Daniel.

»Worüber?«

»Können wir dir nicht sagen.« Daniel sah weiter auf die erleuchtete Bahnhofstür. »Was Geschäftliches. Vielleicht müssen wir ihm etwas Angst machen. Du hältst dich aber im Hintergrund.«

»Wozu braucht ihr mich überhaupt?«

»Du musst ihn festhalten, falls er austickt.«

»Was hat er denn getan? Warum sollte er austicken? Ich dachte, das ist ein Asylant?«

»Stell nicht so viele Fragen«, sagte Moritz. »Je weniger du weißt, desto besser für dich. Der steckt mit ein paar üblen Typen unter einer Decke.«

»Er hat etwas genommen, das ihm nicht gehört«, ergänzte Daniel. »Wir wollen bloß wissen, was er damit gemacht hat.«

Lothar merkte auf einmal, wie kalt es in dem Wagen war. »Kann mal einer die Heizung anstellen? Warum sind wir nicht mit einem von euren Wagen gefahren? Wieso habt ihr dieses schrottreife Haribo-Auto genommen?«

Er bekam keine Antwort, deshalb gab er sie sich selbst: weil eine Angeberkarre wie die von Daniel oder Moritz in so einem Kaff sofort auffiel, während einen vier Jahre alten Ford Sierra niemand beachtete. Er wollte noch etwas sagen, er wollte immer noch etwas sagen, aber dann tat er es doch nicht. Er war nur Mechaniker in einer Autowerkstatt, die ihm noch nicht einmal gehörte; seine Kumpels hatten weiße Hemden mit Manschetten, sie kannten wichtige Leute in Hamburg.

Daniel sagte: »Jetzt stell ich dir auch mal eine Frage: Warum nennst du Roberts Wagen dauernd Haribo-Auto?«

»Guck es dir doch an, die Lackierung, lakritzschwarz, lila Streifen, und dann der grüne Kotflügel.« Lothar zündete sich eine Zigarette an, mit einem Streichholzbrief aus dem Saloon, und für einen Moment sah man nur das Innere des Wagens, nichts mehr von draußen. Als die Flamme erlosch, stand ein junger Mann vor der Glastür des Bahnhofs. Allein, nur er, niemand sonst.

Der Mann war klein und zart, und wie er da stand, mit den Händen in den Taschen einer roten Daunenjacke, wirkte er fremd und verloren. Und genau das war er auch, dachte Lothar, ein Fremder, der gerade verloren ging. Er wusste nicht, warum er das dachte. »Ich habe gar keinen Zug gesehen«, sagte er, kein Rattern, keine erleuchteten Fenster, keine quietschenden Bremsen. »Habt ihr den Zug gesehen?«

Daniel drehte das Radio leiser, bis die Musik nur noch ein leises Pochen in der Luft war. »Hol ihn mal her, Moritz«, sagte er.

Moritz stieg aus – er tat immer alles, was Daniel sagte – und ging über die Straße auf den Radscha zu. Das war der Spitzname, den sie dem Typen gegeben hatten, Radscha. Sogar Andrea nannte ihn so, obwohl sie in ihn verknallt war. Moritz winkte ihm, und selbst bei dem schlechten Licht konnte man sehen, wie erleichtert der Mann war. Sein dunkles Gesicht wurde noch jünger, als er lächelte. Er sagte etwas zu Moritz, und Moritz nickte und sagte auch etwas. Er stieß den Mann mit dem Ellbogen an, dann kamen sie auf den Wagen zu.

»Mach die Tür auf«, sagte Daniel.

Lothar öffnete die Hintertür auf der anderen Seite und

stieß sie ein Stück weit auf. Aus der Nähe wirkte der Mann nicht mehr so klein, sondern mittelgroß und eher drahtig als zart. Er stieg hinten ein, quetschte sich neben Lothar, ohne etwas zu sagen. Er sah auch niemanden an, als wollte er keinen von ihnen wiedererkennen können. Sein Gesicht wirkte asiatisch: schmale Augen, kleine Nase, dünne Lippen, schwarzes Haar. Er roch merkwürdig, nach Hagebutten. Er saß ganz steif und etwas vorgebeugt, fast gebückt. Die Hände klemmte er zwischen die Oberschenkel. Dunkelblaue Jeans und Turnschuhe, Adidas, registrierte Lothar.

Moritz setzte sich wieder auf den Beifahrersitz. Daniel startete den Wagen. Der Mann sagte noch immer nichts. Sie fuhren die Hauptstraße entlang, ein kurzes Stück nur, dann war die Straße plötzlich zu Ende und wurde erst zu einem Kreisverkehr, dann zur Landstraße. Die Beleuchtung hörte sogar schon auf, bevor sie an das Ortsschild kamen. Jetzt war nichts mehr zu sehen außer den Scheinwerferkegeln auf dem Asphalt und dem Blinken der Katzenaugen am rechten Fahrbahnrand.

»Where we drive?«, fragte der Mann neben Lothar plötzlich mit einer hellen, besorgten Stimme.

Moritz drehte sich um, nur eine schattenhafte Bewegung im schwachen Licht der Armaturen. »We bring you to the girl«, sagte er, ebenfalls auf Englisch. »I told you on the Telefon.«

»Don't worry«, sagte Daniel, die Augen starr auf die Straße gerichtet.

»Ich dachte, du kannst kein Englisch«, sagte Moritz. »Ich dachte, deswegen soll ich ihn anrufen und mit ihm reden, oder?«

»Where she is?«, fragte der Mann, und dann, als könnte es irgendetwas ändern, fügte er zusammenhanglos hinzu: »I love her so much.« Er zog den Kopf ein, wollte sich kleiner machen, dabei war er schon so klein. Der Hagebuttengeruch wurde stärker, und jetzt merkte Lothar, dass es Angst war.

»Wo kommst du her?«, fragte Lothar.

Der Mann antwortete nicht, sah ihn immer noch nicht an.

»He wants to know where you come from«, übersetzte Moritz.

»Pakistan«, sagte der Mann mit seiner hellen, besorgten Stimme, die überhaupt nicht zu den Worten passte. »I from Pakistan.«

Lothar wusste nicht genau, wo Pakistan lag. Irgendwo in der Nähe von Indien jedenfalls. Noch so ein Radscha, dachte er; davon gab es jetzt schon einige in der Gegend. Sie fuhren noch ungefähr zehn Minuten durch die Dunkelheit, bis Daniel nach links in einen Feldweg bog. Der Wagen ruckelte über tiefe Furchen in der trockenen Erde. Die Scheinwerferkegel ruckelten auch, erfassten ein Stück Wiese, einen Stacheldrahtzaun, windschiefe Pfosten, neben denen Huflattich wuchs.

»Ja, sagt mal, wo fahren wir eigentlich hin?«, fragte Lothar, gerade als Daniel auf die Bremse trat und anhielt. Daniel stellte den Motor ab, ließ die Scheinwerfer aber brennen. »Wir sind da«, sagte er in die plötzliche Stille hinein.

»Where she is?«, fragte der Pakistani noch einmal.

Moritz drehte sich wieder um und sah Lothar an. »Warte mal einen Moment draußen«, sagte er.

Lothar öffnete die Tür und stieg aus. Er war froh, seinen Dufflecoat angezogen zu haben. Im Wagen war ihm zu warm gewesen, aber hier draußen roch die Luft nach Frost. Er holte seine Zigaretten aus der Tasche und zündete sich eine an, die vorletzte aus der Packung. Daniel stieg ebenfalls aus und setzte sich jetzt auf die Rückbank, neben den Paki. Lothar ging ein paar Schritte vom Wagen weg, nur ein paar Meter in Richtung Straße. Die Nacht war still, er hörte nichts, nicht einmal den Wind. Durch das Rückfenster konnte er sehen, dass Daniel auf den Typen einredete. Die Innenbeleuchtung des Sierra war aus, aber die Scheinwerfer brannten, und Lothar sah, dass Moritz sich umgedreht hatte und auch etwas sagte. Seine Lippen bewegten sich, aber kein Wort drang heraus, nur dumpfes Gemurmel.

Der Radscha saß ganz still. Reglos blickte er nach vorn, als könnte er den Blick nicht von irgendetwas vor der Windschutzscheibe lösen. Plötzlich packte Daniel seinen Oberarm und schüttelte ihn wie ein nerviges Kind. Der Paki rief »No«, mehr nicht. »No, no!«

Die Tür auf der Beifahrerseite ging auf, und Moritz stieg aus. Fast im selben Moment öffnete sich die Hintertür auf der Fahrerseite, als Daniel ebenfalls ausstieg. Er ging hinten um den Wagen herum und öffnete die andere Hintertür, wie ein Chauffeur. Der Radscha streckte ein Bein heraus, dann einen Arm, dann den Kopf, dann das zweite Bein.

Plötzlich rannte er los. Er stieß Moritz beiseite und lief weg, rannte den Weg hinunter, tauchte unter dem Stacheldraht durch und rannte weiter, über die Wiese, und dabei schrie er »Mama«. Er rief tatsächlich »Mama, Mama!«, und seine rote Daunenjacke leuchtete wie Klatschmohn, wenn er ins Licht geriet.

»Scheiße, der haut ab!«, brüllte Daniel. »Los, wir müssen ihn schnappen!« Er rannte sofort los, Moritz auch, beide unter dem Stacheldraht durch und hinter dem Radscha her über die Wiese. Lothar warf seine Zigarette weg und trat sie aus, bevor auch er losrannte, dahin, wo er die drei Männer sehen konnte. Er lief nicht so schnell, weil er Angst hatte, im Dunkeln gegen irgendetwas zu rennen oder hinzufallen. Er hörte die anderen rufen und keuchen, und seine eigenen Atemstöße hörte er auch, ein Hecheln, das flach aus seinen Lungen drang, dazu seine Schritte im Gras, das Reißen der Halme.

»Ich hab ihn«, rief Moritz auf einmal. »Fass mal mit an«,

dann: »Halt ihn fest!« Dann hörte Lothar einen Schrei und blieb kurz stehen. Seine Brust schmerzte. Sein Herz hämmerte, und er hatte einen komischen Geschmack im Mund, wie von Rost oder Kupfer.

Er ging jetzt langsamer, das letzte Stück nur mit tastenden Schritten, bis er die anderen erreicht hatte. Im Mondschein konnte er sehen, dass Moritz dem Radscha den rechten Arm auf den Rücken gedreht hatte, Daniel umklammerte den linken. Der Pakistani stand etwas vornübergebeugt, mit schmerzverzerrtem Gesicht. Er stöhnte leise. Als er sich aufzurichten versuchte, verdrehte Moritz den Arm weiter und drückte ihn nach oben, hinauf zu den Schulterblättern. »Schön stillhalten«, sagte er. »Don't move!«

»Hast du ihn?«, fragte Daniel, nur leicht außer Atem.

»Ja. Holt mal den Wagen her, ich passe solange auf ihn auf.« Moritz versetzte dem Radscha einen Tritt in die Kniekehle. Der Typ stürzte nach vorn, aber Moritz hielt weiter seinen Arm, und als er lag, stemmte er ihm ein Knie auf den Rücken. Der Paki wehrte sich nicht. Er stöhnte nur, es klang fast wie ein Winseln.

Daniel sagte: »Komm«, und er und Lothar gingen zurück zu dem Sierra, der mit eingeschaltetem Abblendlicht und offenen Türen auf dem Feldweg stand. »Was geht hier eigentlich ab?«, fragte Lothar, noch immer mit dem komischen Geschmack im Mund. »Was hat der Typ denn verbrochen?«

»Erzähl ich dir später«, antwortete Daniel. Er wirkte irgendwie abwesend. »Jetzt holen wir erst mal das Auto.«

»Und dann? Was passiert dann? Ihr habt gesagt, ihr wollt bloß mit ihm reden.«

Daniel antwortete nicht. Er blickte sich auch nicht um.

»Wenn ich da in irgendwas mit drinhänge, will ich wissen, was das ist«, sagte Lothar.

»Er hat was genommen, das ihm nicht gehört.«

»Was?«

»Geld, das für jemand anderen bestimmt war. Er sollte etwas liefern, und das hat er nicht getan.«

»Was liefern? Für wen war das Geld?«

»Das brauchst du nicht zu wissen, glaub mir. In deinem eigenen Interesse.« Als sie beim Wagen ankamen, sagte Daniel: »Fahr du.« Der Schlüssel steckte. Lothar setzte sich hinters Steuer. Er wartete, bis Daniel saß und die Tür zugezogen hatte. Dann fuhr er den Feldweg entlang, bis sie an ein Tor im Zaun gelangten. Das Tor stand halb offen. Daniel sagte: »Was ist denn da los? Mach mal das Fernlicht an.«

Jetzt beleuchteten die Scheinwerfer das Tor und die ganze Wiese dahinter, und da stand Moritz mit den Händen in den Taschen seiner Jeansjacke, und zu seinen Füßen lag der Radscha auf dem Rücken, ohne sich zu bewegen. Daniel stieg aus. Langsam ging er durch das Tor und durch das Gras. Lothar schaltete in den Leerlauf und stieg auch aus. Er hörte, wie Daniel fragte: »Was ist los? Was ist passiert?«

»Wir können keine Zeugen gebrauchen«, sagte Moritz nur.

»Ist er tot?«

Moritz antwortete nicht, aber es war klar, dass der Radscha nicht mehr lebte, obwohl Lothar kein Blut sehen konnte. Es war einfach klar. Vielleicht lag es daran, dass er jetzt noch kleiner wirkte als vorher. »Bist du noch ganz dicht?!« Lothar hatte gar nicht schreien wollen. Er merkte zu spät, dass er keine Kontrolle mehr über sich hatte, auch nicht über das Zittern, das von innen kam und seine Zähne klappern ließ. »Was willst du denn jetzt machen?«

Moritz zuckte mit den Schultern. »Das lass mal mein Problem sein. Wir müssen ihn erst mal von hier wegschaffen. Wer von euch fasst mit an?«

Die Augen des Pakistani standen offen, glänzten leblos wie die eines Steiff-Tiers. Es gab keine sichtbare Verletzung.

Daniel fasste den Toten bei den Füßen, Moritz packte den Oberkörper. Sie trugen ihn über die Wiese zu dem offenen Tor, Lothar trottete hinter ihnen her, und als sie beim Wagen waren, öffnete er den Kofferraum, ohne zu merken, was er tat. Der Radscha passte genau in den Kofferraum, sie mussten nicht einmal die Rückbank vorklappen, nur seine Beine gegen den Bauch drücken.

Dann stiegen sie in den Wagen, Daniel und Moritz setzten sich nach vorn, Lothar auf die Rückbank. »Und jetzt?«, fragte er. »Was machen wir jetzt? Wie geht's weiter?«

»Jetzt bringen wir dich nach Hause«, antwortete Daniel. »Um den Rest kümmern wir uns, damit hast du nichts mehr zu tun.« Lothar fragte nicht noch einmal, warum Moritz den Typen getötet hatte. Er saß im Dunkeln auf der Rückbank, mit dem getöteten Paki hinter sich im Kofferraum, und wie man es auch drehte und wendete, da stimmte einfach etwas nicht.

Wenn man die Zeit rückwärtslaufen ließe, so wie man einen Film rückwärtslaufen lassen kann, bis zu der Stelle, wo alle das erste Mal aus dem Wagen gestiegen waren, erst Lothar, dann Moritz, Daniel und der Radscha, und wo der Paki dann plötzlich die Flucht ergriffen hatte, wäre dann nicht in Wahrheit alles etwas anders weitergegangen?

In Wahrheit – im richtigen Film – war es nämlich so, dass Moritz die beiden anderen nicht zurückgeschickt hatte, um den Wagen zu holen, damit er mit dem Pakistani allein bleiben konnte. In Wahrheit hatten sie den Radscha erst zu dritt festgehalten und dann auch zu dritt zurück zum Wagen gezerrt, über die Wiese und unter dem Stacheldraht durch und noch ein Stück auf dem Feldweg, bis zu dem mit Abblendlicht wartenden Haribo-Auto.

In Wahrheit hatte der Paki immer weiter »Mama!« gerufen. Er hatte sich gewehrt, gegen die Griffe gestemmt, aber natürlich waren sie stärker, sie waren ja zu dritt. Sie drückten ihn wieder auf die Rückbank des Wagens, hinter den Beifahrersitz, und Moritz ging hinten um den Wagen herum und setzte sich von der anderen Seite in den Wagen, auch auf die Rückbank, neben den Radscha.

Der Radscha wollte wieder raus aus dem Wagen, warf sich gegen die Tür. Aber Lothar und Daniel hielten sie von außen zu, lehnten sich mit ihrem ganzen Gewicht dagegen, während Moritz ihm auf der Rückbank den ersten Schlag versetzte. Es war ein harter Schlag mit der Faust gegen den Hals, man konnte es sogar draußen hören, das dumpfe Klatschen. Danach fragte er etwas und schüttelte den Radscha, als ihm die Antwort nicht gefiel. Er schlug und schüttelte ihn, und sein Gesicht war verzerrt vor Wut.

Lothar ließ die Tür los, denn der Paki versuchte nicht mehr abzuhauen. Er ging nach hinten, zum Heck des Ford, und zündete sich eine Zigarette an. »Jetzt sag mir endlich, worum es hier eigentlich geht!«, sagte er. Er sah Daniel an, der auch nicht zu wissen schien, was er tun sollte. »Was hat das arme Schwein denn angestellt? Ist das wegen der Andrea?«

Daniel schüttelte den Kopf. »Andrea? Die will doch gar nichts von dem.«

»Was denn dann?«

»Er hat jemand was geklaut, Motörhead. Ein halbes Kilo.«

Lothar hatte noch nie mitgekriegt, dass Daniel oder Moritz was mit Drogenhandel zu tun hatten, außer ganz normalem Gerede darüber, was für Gewinnspannen so in dem Geschäft steckten. Sie waren gerade erst dabei, eine Firma für Computerbauteile in Mersfeld aufzubauen. »Koks? Ist der Radscha ein Kurier?«

Daniel antwortete nicht, aber er nannte ihn nur Motörhead, wenn Lothar ihm auf den Senkel ging. Er warf einen Blick ins Wageninnere, wo Moritz wieder auf den Typen einschlug. Der Paki blutete jetzt aus der Nase und aus dem linken Auge. Lothar schaute angestrengt auf die Wiese hinaus, bloß dass er trotzdem noch hörte, was da auf der Rückbank passierte. Er hörte Moritz schreien, und er hörte die Schläge, fragte sich, wie lange das noch dauern würde, hier mitten in der Pampa, in der Nacht, in der Kälte. Seine Nase lief. Er zitterte so stark, dass ihm die Zigarette aus den Fingern fiel.

Auf einmal ging die Hintertür auf der Fahrerseite auf, und Moritz stieg aus. »Wir müssen den irgendwo loswerden«, sagte er.

Lothar blickte durch das Rückfenster und sah, dass der Radscha sich nicht mehr bewegte. Er war etwas vornübergesunken, der Kopf lehnte an der Seitenscheibe, als schliefe er. »Was ist denn mit dem?«, fragte Lothar. Sein Herz schien sich zusammenzuziehen. »Hast du den jetzt alle gemacht?«

»Ging nicht anders«, meinte Moritz und rieb sich mit einem Taschentuch Blut und noch irgendwas anderes von den Knöcheln der rechten Hand. »Der hätte uns alle hingehängt.«

Daniel sagte gar nichts. Er machte einfach den Kofferraum auf und nickte Moritz zu, als wollte er sagen, also los, packen wir's an. Lothar trat einen Schritt zurück und schob die Hände in die Taschen des Dufflecoats. Das darf ich nie jemandem erzählen, dachte er, nichts von dem, was heute Nacht hier passiert ist. Niemand wird mir glauben, dass ich unschuldig bin, dass ich nichts damit zu tun hatte.

Aber tief in seinem Inneren wusste er, dass er nicht unschuldig war. Dass er eine viel größere Rolle gespielt hatte, als er zugeben wollte, sogar sich selbst gegenüber. Der Feind der Wahrheit ist nicht die Lüge, sondern eine andere Wahrheit, das hatte er mal irgendwo gelesen. Er hatte überhaupt nicht begriffen, was damit gemeint sein sollte, bis jetzt. Jetzt kapierte er es. Und wenn man die Namen vertauschte, wenn man Moritz zu Daniel machte und sich noch einmal genau anschaute, wer in dieser Nacht was getan hatte, was und wie, dann kam diese andere Wahrheit zum Vorschein. Dann war das Opfer zwar immer noch das Opfer, es blieb tot – aber war nicht jemand ganz anderer der Mörder?

Ich muss die Wahrheit sagen, dachte Lothar, irgendwann muss ich die Wahrheit sagen. Nicht die Wahrheit, die Dany von mir verlangen wird. Ich kenne ihn; ich weiß, er will, dass ich den ersten Film erzähle, von Anfang bis Ende, bis hierher. So ist er nun mal. Ich kenne ihn. Wenn die Polizei kommt – ich weiß, dass sie irgendwann vor meiner Tür stehen wird –, muss ich den Film erzählen, den ich gerade angefangen habe, aber mit den richtigen Namen. Ich weiß, dass er mich dann auch töten wird. Aber habe ich eine Wahl? Habe ich eine Wahl, seit ich Dany kenne?

4

In Wahrheit lief es so ab: Sie schleppten den Pakistani zu dritt über die Wiese und zurück zum Wagen, wo sie ihn auf die Rückbank drückten, aber es war Daniel, nicht Moritz, der sich zu ihm setzte. Moritz und Lothar stemmten sich gegen die Hintertür, als der Radscha sie aufzustoßen versuchte, damit er nicht noch einmal abhauen konnte. Dann versetzte Daniel ihm einen Schlag ins Gesicht und drückte seinen Kopf mit dem Unterarm nach hinten auf die Hutablage. Presste ihm den Ellbogen gegen die Kehle, bis er keine Luft mehr kriegte. Dann rief Daniel: »Halt den mal fest hier, Moritz!«

Moritz machte die Tür auf, beugte sich in den Wagen und packte den Radscha am Hals, während Daniel unter den Rücksitz griff und eine Rolle Paketklebeband hervorholte. Raaatsch, zog er einen halben Meter ab und riss das breite braune Band mit den Zähnen ein – wie ein wildes Tier, dachte Lothar –, riss es ab und wickelte es um die Handgelenke des Gefangenen. Dann wieder raaatsch!, und als nächstes fesselte er die Füße. »Kannst ihn jetzt loslassen.«

Moritz schlug die Tür wieder zu, ging ein paar Schritte zur Seite und sagte: »Langsam müsste es aber reichen.«

»Worum geht es hier eigentlich?«, fragte Lothar.

»Was Privates«, antwortete Moritz.

»Ich dachte, er hat was geklaut? Koks oder so was, das jemand anderem gehört.«

Moritz antwortete nicht, sondern ging wieder zum Wagen und klopfte gegen das Fenster. Lothar sah, dass Daniel jetzt auch den Mund von dem Paki zugeklebt hatte. Das glatte Paketband reflektierte das Licht der Scheinwerfer, wenn der Kopf des Pakistani sich bewegte. Moritz öffnete die Tür und fragte: »Dauert das noch lange?«

Daniel antwortete etwas, das Lothar nicht verstand. Moritz sagte: »Mach doch, was du willst, aber das finde ich nicht in Ordnung«, und drückte die Tür wieder zu. Lothar musste auf einmal an die drei Affen denken, von denen es sogar ein Poster gab: Der eine hielt sich den Mund zu, der zweite die Augen und der dritte die Ohren. Er hätte sich jetzt gern die Ohren zugehalten. Er holte die Zigarettenschachtel aus der Jackentasche. Er hatte nur noch eine Zigarette übrig. Das Heftchen mit den Streichhölzern war auch fast leer. Er zündete sich die letzte Camel an. Er rauchte und starrte auf die nächtliche Landstraße, auf der die ganze Zeit nicht ein einziges Auto vorbeigefahren war.

Moritz trat neben ihn, schaute auch zur Straße rüber. Er bewegte die Schultern hin und her, als wäre ihm kalt. »Das ist echt nicht in Ordnung«, sagte er.

»Was macht er mit ihm?«, fragte Lothar.

Moritz sagte nichts. Er warf einen Blick auf seine Armbanduhr, erst kurz nach elf. Aus dem Wagen drang kein Geräusch mehr, keine Frage, keine Schläge, kein Stöhnen.

Er bringt den Radscha um, dachte Lothar, das passiert da gerade. Der Rest der Zigarette verbrannte ihm die Finger. Er ließ sie fallen und trat sie aus. Ich kann doch nicht einfach hier stehen bleiben und nichts tun. Ich sag jetzt, dass ich da nicht mehr mitmache. Er ging zum Wagen und warf einen Blick in den Wagen.

Scheiße!

Daniel saß auf der Rückbank, ohne sich zu bewegen. Er starrte ins Leere. Sein Gesicht sah seltsam aus, verschwitzt und fast leuchtend, als hätte er gerade etwas ganz Besonderes erlebt, etwas Neues und Unerhörtes, eine Erscheinung, für die es keine Worte gab.

Der Pakistani saß neben ihm, sein Kopf war zur Seite gekippt, gegen den Fensterrahmen. Auch er bewegte sich nicht. Seine Augen standen offen, und auf seinen Lippen glitzerte etwas Speichel, dick wie frisch aus der Tube gedrückter Uhu. Er war noch immer mit den Paketstreifen gefesselt, nur der von seinem Mund hatte sich gelöst und hing halb herunter.

Plötzlich durchlief Daniel ein Schauer, und er blickte Lothar aus dem Halbdunkel direkt ins Gesicht. Für eine Sekunde sah es fast so aus, als lächelte er, ganz kurz nur und wahrscheinlich auch bloß so, als ob. Dann tauchte Moritz neben Lothar auf und schrie: »Hast du den jetzt echt totgeschlagen?«

»Nein.« Daniel schüttelte den Kopf. »Ich hab ihn erwürgt.«

»Das ist doch scheiße!«

Daniel stieg aus. »Ist eben passiert.« Er fuhr sich mit den Händen durchs Haar. »Ich konnte nicht riskieren, dass er uns wegen Entführung anzeigt. Der wäre zu allem fähig gewesen.«

»Und was jetzt?«

Daniel machte den Kofferraum auf, öffnete die Tür neben

dem Toten und packte seinen rechten Arm. »Wir müssen ihn verschwinden lassen. Hilf mir mal.«

Moritz fasste mit an, nahm eines der Beine von dem Paki. Sie zogen ihn raus und kippten ihn in den Kofferraum, erst den Oberkörper, dann die Beine, die sich leicht anwinkeln ließen. Er war so klein, dass es kein Problem gab, mit den Knien an der Brust. Lothar stand ein paar Meter weit weg und begriff immer noch nicht ganz, was passiert war. Nicht einmal, als Moritz ihm einen leichten Stoß versetzte. »Los, steig schon ein.«

Lothar sagte: »Ich will nach Hause.« Er stieg ein, setzte sich auf die Rückbank, aber nicht dahin, wo der Radscha gesessen hatte. »Was riecht denn hier so komisch?« Es roch nach Pipi, als hätte jemand in den Wagen gepinkelt. »Scheiße, der hat sich in die Hose gepisst!«

»So was passiert«, sagte Moritz. »Sieh zu, dass du den Geruch rauskriegst, bevor wir Robert die Karre zurückgeben.«

Daniel ließ sich hinter das Lenkrad fallen, als wäre er total ausgepumpt. Er legte den Rückwärtsgang ein und verdrehte den Kopf, um durch das Heckfenster zu schauen, während er den Sierra über den Feldweg zurücksetzte. Er sah Lothar nicht an. Er sagte nur: »Von der Sache hier darf niemand was erfahren, klar? Du hängst mit drin.«

»Ich hab doch nichts gemacht«, protestierte Lothar. »Das war von Anfang bis Ende eure Angelegenheit. Ich kannte den doch nicht mal bis eben erst.«

»Das wissen aber nur wir drei«, sagte Daniel. Da war er schon auf der Landstraße und schaltete von Abblendlicht auf Fernlicht um, während er richtig Gas gab. »Du warst dabei, und wenn du nicht die Klappe hältst, sagen wir, dass du den Radscha umgebracht hast, stimmt's, Moritz?«

»Aber hallo«, sagte Moritz.

Lothar spürte, dass sein Nacken ganz steif und kalt war, es tat fast weh. Er sagte nichts, und die anderen sagten auch nichts mehr, eine Dreiviertelstunde lang, bis sie das Haus von Lothars Eltern am Rand von Mersfeld erreichten. Vor dem Haus stand ein dunkelgrüner VW-Transporter mit Doppelkabine und einem grauen Planenaufbau über der Ladefläche. Der Wagen diente Lothar als provisorisches Firmenfahrzeug seiner für nächstes Jahr geplanten eigenen Werkstatt, Schmidts Happy Tuning. Daniel hielt dahinter, ohne den Motor auszustellen. »Das ist doch deiner, oder?«, sagte er.

»Ja«, bestätigte Lothar.

»Okay, dann fahr uns mal nach.«

»Wieso?«

»Wir müssen den Radscha umladen.« Daniel betrachtete Lothar im Innenspiegel. »Robert will den Sierra hier morgen früh wiederhaben.«

»Aber ihr könnt den dahinten doch nicht in meinen Wagen«, fing Lothar an, »ihr könnt ihn doch nicht in –«

Moritz drehte sich zu ihm um. »Fahr uns einfach nach. Dann sehen wir weiter.«

Lothar stieg aus, immer noch wie benommen. Er ging zu dem VW und griff hinter die Heckstoßstange, wo innen der Zündschlüssel versteckt war. Am liebsten wäre er einfach ins Haus gegangen und hätte sich schlafen gelegt. Er stieg ins Fahrerhaus und wartete, bis der Sierra vorbei war, dann hängte er sich dran. Seine Scheinwerfer beleuchteten den Kofferraum des Ford, und die ganze Zeit sah er den toten Paki vor sich, wie er da drinlag, als wäre das Heck des Ford durchsichtig oder als hätte der Kofferraum keine Haube. Sie fuhren wieder Landstraße, diesmal Richtung Osnabrück, bis sie an einen anderen Feldweg kamen.

Daniel bog in den Feldweg. Lothar bremste, folgte ihm aber nicht sofort. Ein paar Sekunden lang dachte er, fahr einfach weiter, fahr immer weiter, irgendwohin, wo sie dich nicht finden. Doch dann schlug er das Lenkrad ein und fuhr dem Sierra nach, bis man sie von der Straße aus nicht mehr sehen konnte. Daniel hielt wieder. Lothar kriegte das zu spät mit und trat erst auf die Bremse, als er dem Sierra einen leichten Stoß versetzt hatte. Er legte den Rückwärtsgang ein, um ein Stück zurückzusetzen. Es knirschte etwas. Dann hielt er und stellte den Motor ab. Wie gelähmt blieb er hinter dem Steuer sitzen, als Daniel den Kofferraum des Sierra öffnete und sich zusammen mit Moritz über den toten Radscha beugte.

»Schlaf nicht ein!«

Lothar stieg aus, mechanisch, wie ein Roboter. Er öffnete das Staufach des Transporters und trat zur Seite. Der Tote war noch immer beweglich, schlaff, und hing in der Mitte durch, als Daniel und Moritz ihn aus dem Kofferraum hoben und zu dem VW-Bus trugen. Die Öffnung des Staufachs war ungefähr einen halben Meter mal einen halben Meter groß, sodass man den Leichnam ganz einfach der Länge nach hineinschieben konnte. Das Paketband knisterte etwas, aber man musste die Beine nicht anwinkeln, der Tote passte ganz hinein. Lothar sperrte das Staufach wieder ab. »Ich fahr dann mal. Ich bin wirklich müde.«

Die beiden anderen nickten, Moritz klopfte ihm auf die Schulter. »Stell den Bus wieder vor eurem Haus ab. Du kriegst noch Bescheid, wie's weitergeht.«

»Sollen wir telefonieren? Ich weiß gar nicht, wie ich euch erreichen kann.«

»Ich rufe dich morgen an«, sagte Daniel. »Mach dir keinen Kopf. Ich habe alles unter Kontrolle.«

Lothar sah noch zu, wie sie sich wieder in den Sierra setzten, bevor er ebenfalls hinters Lenkrad kletterte und langsam zurücksetzte. Als er die Landstraße erreichte und das Ruckeln der Karosserie aufhörte, schaltete er krachend in den ersten Vorwärtsgang und fuhr zurück nach Mersfeld. Eine Zeit lang war der Sierra noch hinter ihm, aber dann verschwanden die Scheinwerfer, und er war allein auf der Straße.

Der ganze Abend kam ihm wieder vor wie ein Film, in dem er mitspielte. Es war gar nicht wirklich. Er hatte zugesehen, wie ein Mensch getötet wurde, und jetzt lag der Tote in seinem Wagen. Er fuhr mit der Leiche durch die Nacht zum Haus seiner Eltern, aber es war nicht wirklich. Er wusste, was wirklich war: In ein paar Tagen ist Heiligabend, das ist wirklich.

5

Sommer 1996
Anderthalb Jahre später

Der Ofen war schwerer, als Daniel erwartet hatte; Lobeck und er brauchten ihre ganze Kraft, um ihn hinten in den Transporter zu wuchten. Allein kriege ich den da nie wieder raus, dachte er. 1,80 Meter lang, 60 Zentimeter breit und 50 hoch. Die Filzdecke auf der Ladefläche verrutschte, und es war klar, dass der Ofen fixiert werden musste, damit er während der Fahrt nicht dauernd hin und her schlug. Daniel wischte die Hände an der Jeans ab. »Bringt der auch wirklich die vollen 1600 Grad?«

»Wenn der Brenner und alles funktionieren, ja«, meinte Lobeck. »Ich hatte bloß keine Möglichkeit, ihn zu testen, weil es ja plötzlich so schnell gehen musste.« Er hatte die Heckscheibe des KIA-Pregio mit weißer Decefix-Klebefolie zugeklebt, sodass man von außen nicht hineinsehen konnte. Er hatte nicht gefragt, warum das Rückfenster seines Firmenfahrzeugs dicht sein sollte; der Auftrag kam vom Mann der Chefin, das reichte. Daniel hatte gern mit Lobeck zu tun, weil der wusste, wer das Alphatier war und wie man sich in seiner Gegenwart benahm.

»Tut mir leid«, sagte er, »aber es sind ein paar Dinge eingetreten, wegen denen ich das Ganze vorziehen musste. Meine Pläne ändern, du verstehst.« Alles wegen diesem Bullen aus Bremen, der einfach keine Ruhe geben wollte.

Der Klempner ging wieder in die Garage und holte den Brenner, die feuerfeste Sprossenleiter – 1,50 Meter lang, 40 Zentimeter breit – und die Abgasrohre. Ohne den Ofen war plötzlich viel Platz neben dem metallicblauen BMW, sodass Susanne jetzt ihren eigenen Wagen wieder unterstellen konnte. Daniel fragte sich, was wohl die Nachbarn in den letzten Tagen gedacht hatten, als Lobeck hier nach Feierabend mit der Metallsäge und dem Schweißbrenner an der Arbeit gewesen war. Gesagt hatten sie nichts, nicht mal komisch geguckt, jedenfalls nicht, dass es ihm aufgefallen wäre.

Das reetgedeckte Haus mit der Doppelgarage hatte einen Garten – gepflegt wie alles bei Susanne: ein Sandkasten, Apfelbäume, Rosen und Tulpenrabatten zur Straße hin, hohe Buchsbaumhecken als Schutz vor den Nachbarn –, aber es lag in einer Gegend, in der man außer den Rasenmähern keinen Lärm hörte, der lauter als die Motoren der automatischen Garagentore war. Eine gute Gegend, sauber und ordentlich, in der man außer der Lokalzeitung noch die *Frankfurter Allgemeine* und *Die Welt* las. In einem der hinteren Zimmer bellte Leo wie verrückt, weil er merkte, dass etwas vorging, ohne ihn.

Lobeck schob die Rohre und das Gestell für den Ofen auf die eine Seite der Ladefläche, hievte den Brenner auf die andere. Danach blieb immer noch ein Abstand zwischen den Innenwänden der Karosserie und dem Ofen. »Den können wir mit den Ytong-Steinen schließen, die ich im Baumarkt besorgt habe«, meinte Daniel. »Wenn du die da reingepackt hast, müssen wir noch ein paar Sachen aus dem BMW umladen. Kofferraum ist offen.«

Im Kofferraum des BMW lagen ein dunkelblauer Rollkoffer, zwei Benzinkanister und eine Wolldecke. Lobeck stellte die Koffer und die Kanister neben den Ofen und breitete die Decke darüber, damit sie nicht mehr zu sehen waren. Daniel holte noch ein Rennrad aus der Garage, metallicrot lackiert und mit einer Plastikflasche für isotonische Flüssigkeitszufuhr an der Lenkstange. Er lehnte das Rad hinten an den mit der Wolldecke verhüllten Ofen, stützte es mit dem Koffer ab und schlug die Hecktür zu. »Viel Platz für Gepäck bleibt da jetzt aber nicht mehr«, sagte Lobeck.

»Sind ja nur vier, fünf Tage«, antwortete Daniel, bevor er noch einmal ins Haus ging und einen Laptop in einer schwarzen Ledertasche holte, den er vorne unter einen der Sitze schob. »Frau Weichsel hat nie viel mit, wenn sie verreist.« Wie aufs Stichwort klingelte das Handy, das er in der linken Hand hielt. Er meldete sich, mit gerunzelter Stirn. »Wir sind schon unterwegs … In einer Dreiviertelstunde … jetzt nerv mich nicht! Ja, alles paletti, bis gleich.«

»Wo wollen Sie denn hin mit dem Ding da hinten im Bus?«, wollte Lobeck wissen.

»Das kann ich dir nicht sagen«, erklärte Daniel. »Ist 'ne Privatsache von meinem Partner.« Er merkte, dass Lobeck die Antwort nicht reichte, weil es ja sein Firmenwagen war, der für die Fahrt benutzt wurde. »Du kannst den KIA am Dienstag wieder abholen. Du brauchst ihn das lange Wochenende über doch nicht?«

»Nein, ist schon okay. Ich frag ja nur, weil Sie den Ofen bestimmt nicht allein runterkriegen.«

»Mach dir da mal keinen Kopf. Ich habe für alles gesorgt.«

Daniel sperrte das Haus nicht ab, denn Susanne hatte mit dem Kleinen einen Termin in der Kinderklinik, und sie war so zerstreut zurzeit, dass man nie wusste, ob sie ihre Schlüssel nicht irgendwo liegen ließ. Er fuhr den BMW aus der Garage und ließ das Garagentor offen. »Die Chefin muss nicht unbedingt wissen, dass ich nicht meinen eigenen Wagen genommen habe«, sagte er. »Fahren Sie mir hinterher. Ich stelle ihn irgendwo ab.« Das Gebell ging ihm inzwischen echt auf den Zeiger, aber wenn Herrchen weg war, würde Leo sich schon wieder beruhigen.

Lobeck saß schon hinter dem Lenkrad, und Daniel fuhr voraus, ungefähr zehn Minuten lang, bis er eine Parkbucht im Birkenweg ansteuerte. Er stellte den BMW ab und stieg zu Lobeck in den KIA mit der roten Aufschrift Lobeck Klempner- und Trockenbauarbeiten auf beiden Seiten. »Wir müssen noch kurz beim Lidl vorbei«, erklärte er.

Lobeck hatte das Autoradio angestellt, Radio Hit FM, ein alter Neil-Diamond-Song kam, irgendwas mit einer Möwe, und Daniel bekam plötzlich gute Laune. »Wir fahren ans Meer«, sagte er.

»Ans Meer!«, sagte Lobeck und pfiff anerkennend durch die Zähne.

Beim Lidl war um die Zeit, kurz vor elf Uhr, schon ziemlich viel Betrieb. Lobeck wartete im Wagen, während Daniel einkaufte: ein paar Dosen WC-Frischluftspray, ein Paar Gummihandschuhe, einige Meter Abdeckfolie aus Kunststoff, ein halbes Dutzend Wischlappen, einen Besen mit Holzgriff und extra kräftigen Borsten. Mit der Tüte kam er zum Führerhaus und sagte: »Ich muss noch mal rein, hab was vergessen. Wenn du schon Hunger hast, kannst du dir da vorn an der Bude einen Döner holen, ich übernehme das. Sonst können wir nachher zusammen was essen.«

»Geht noch«, sagte Lobeck. »Ich warte auf Sie, Chef.«

Daniel ging noch einmal in den Supermarkt, und diesmal kaufte er zwei silberglänzende Kühltüten und ein Paket Bettwäsche mit gelben und blauen Streifen, in Klarsichtfolie verpackt. Die Tüten und die Bettwäsche legte er auch hinten rein, bevor er wieder vorne einstieg und sich auf den Beifahrerplatz setzte. »Ich hab's mir überlegt«, sagte er. »Frau Weichsel wartet mit dem Essen auf mich. Macht's dir was aus, mich zu ihr zu bringen und dann danach allein zu essen?«

»Kein Problem, Chef.« Lobeck fuhr los, und Daniel klappte die Sonnenblende über der Windschutzscheibe runter, um sich in dem kleinen Spiegel anzuschauen. Er fuhr sich mit den Fingern durchs Haar (fast schwarz, etwas zu lang, glatt, ein bisschen wie bei John Travolta), hatte sonst aber nichts an seinem Aussehen auszusetzen: blaue Augen, gerade Nase, schmale Lippen und ein starkes Kinn. Für einen Mann von fast dreißig hatte er wenige Falten, und die, die er hatte, machten sein Gesicht nur markanter.

Sein Gesicht gefiel ihm, und wenn er eine Frau gewesen wäre, hätte er sich anziehend gefunden. Ich würde mich begehren, wenn ich eine Frau wäre, dachte er. Dann dachte er an den Keller in seinem anderen Haus, und wie sie reagierten, wenn sie ihn zum ersten Mal betraten und die Peitschen und die übrigen Geräte sahen. Spätestens in diesem Moment fingen sie an, scharf auf ihn zu werden.

»Wann legt ihr in der Säckener Straße los?«, fragte er.

»Wenn alles weiter so glatt läuft, in zwei Wochen«, antwortete Lobeck. »Seit Sie für die Koordinierung auf der Baustelle zuständig sind, läuft ja alles wie am Schnürchen. Organisieren können Sie, da beißt die Maus keinen Faden ab, Chef.«

»Ich möchte, dass du am Wochenende dein Handy eingeschaltet lässt«, sagte Daniel. »Ich will dich jederzeit erreichen können.«

»Irgendwas Besonderes?«

»Nur für alle Fälle.« Daniels Handy klingelte. Er kontrollierte das Display: Immobilien Lorenz, ein großes grünes I, verschlungen mit einem grünen L. Er meldete sich. »Becker. Hallo, Herr Lorenz.« Hörte zu, wie das Kriechtier sich beklagte, weil er umgebucht hatte und die bei Reiseantritt fällige Rate noch nicht bei ihm eingegangen war. Log: »Der Betrag ist heute online angewiesen worden, habe das glatt verschwitzt. Ich hatte einfach zu viel um die Ohren, weil ja alles vorgezogen werden musste. Spätestens morgen haben Sie das Geld auf dem Konto, ja, pünktlich zum Reiseantritt. Die Kontonummer stimmt doch, warten Sie –« Er nannte eine fiktive Nummer, hörte das Kriechtier protestieren. »Ach so, dann ist da was schief gelaufen. Ja, verstehe, klar – kein Problem, noch heute!« Er nickte eifrig wie ein schlechter Schauspieler. »Ja, ciao!«

Er unterbrach die Verbindung und blickte aus dem Fenster, wollte nicht sehen, was Lobeck für ein Gesicht machte. Das Radio war noch immer an, aber sie hörten nicht hin, bis die Verkehrsmeldungen kamen, die wollte er lauter hören: starker Reiseverkehr, jede Menge Staus auf der A 1 wegen des verlängerten Wochenendes und lange Wartezeiten an den Grenzen, in Richtung Osten dichter, aber fließender Verkehr. Nach den Verkehrshinweisen setzte wieder Musik ein, Falco mit ›Jeanny‹. Es dauerte eine Zeit, bis Daniel das Lied erkannte, aber dann konnte es ihm nicht schnell genug gehen: »Stell das ab!«, rief er und wollte das Radio abschalten, aber weil es nicht sein Wagen war, erwischte er den falschen Knopf und drehte den Ton nur noch lauter.

Jeanny, komm, come on, sagte Falco, steht auf, bitte, du wirst ganz nass, sang Falco, schon spät – komm, wir müssen weg hier, raus aus dem Wald, verstehst du –

Gereizt fummelte Daniel an den Knöpfen herum. »Wie geht das Scheißding denn aus?!«

Jeanny, quit livin' on dreams –

Lobeck drückte den Off-Knopf, und Daniel beruhigte sich wieder und tat, als wäre nichts gewesen. Überall zerfleischen die Menschen sich gegenseitig, dachte Daniel, ist eben so.

6

Schon um acht Uhr morgens hatte Nicole fix und fertig gepackt. Sie war früh aufgewacht, viel früher als sonst, und hatte sofort gedacht: Heute ist es so weit, heute fahren wir los, gleich als Erstes. Die Freude war wie rosa Brausepulver gewesen, das in ihrer Brust prickelte, während sie noch im Dunkeln auf dem Bett lag und sich alles ausmalte – wie Daniel sie mit seinem schönen blauen BMW abholte und wie sie dann losfuhren, nur sie beide zusammen, bis sie ans Meer kamen. Ich könnte ihm das Leben schön machen, dachte sie. Ich könnte ihn bestimmt glücklich machen, wenn ich es bloß schaffen würde, mich zu konzentrieren. Dann wäre er auch anders zu mir als meistens, nicht so gleichgültig.

Sie merkte, wie sie unruhig wurde, und stand auf. Sie stieß gegen eine leere Wodkaflasche, die auf dem Boden lag. Ich wollte doch nicht mehr trinken. Sie nahm eine Tablette, weil ihr sonst ganz schrill und zappelig zumute wurde, und Daniel mochte es nicht, wenn sie so war. Das Brausepulver, das unter ihrem Herzen schäumte und prickelte, war in Ordnung, aber es durfte nicht zu viel werden, nicht schrill. Ihr war etwas kalt. Die kleine Kellerwohnung wurde auch im Sommer nicht richtig warm; der Boden mit dem dünnen Raufaserteppich blieb immer kühl. Trotzdem war sie besser als das Zimmer, in dem sie vorher gearbeitet hatte. Hier kamen keine Männer mehr vorbei, nur Daniel, und den liebte sie.

Sie machte sich einen Nescafé und legte sich das Frühstück zurecht, sechs Biskuits und ein paar Gummibärchen. Die Kaffeesahne löste sich nicht ganz auf, sondern trieb in kleinen weißen Flecken auf dem Kaffee. Nicole rieb sich die Stirn und überlegte. Was noch? Es war erst kurz nach neun, und Daniel kam bestimmt nicht vor elf oder halb zwölf. Er schlief gern lang. Sie aß eins von den Gummibärchen und trank einen kleinen Schluck Kaffee, aber der war sehr heiß. Sie schob eine CD in den Player, Dalida. ›Les meilleurs Chansons‹. Gleich als Erstes sang Dalida ›Ciao, Ciao, Bambino‹, und Nicole sang laut mit. In der Kellerwohnung hörte sie niemand – aber selbst wenn.

Nicole fand Dalida super, weil sie ihr etwas ähnlich sah, der Mund und die Augen, außer jetzt natürlich, weil Dalida ja tot war. Sie kam aus Ägypten und war in Frankreich ein großer Star geworden, und dann hatte sie sich umgebracht, mit Schlaftabletten. Eine Zeit lang hatte Nicole behauptet, sie käme auch aus Ägypten, aus Kairo, um genau zu sein. Trotz der blonden Haare, die sind gefärbt, hatte sie immer gesagt, wenn jemand ihr nicht glauben wollte. Jetzt hatte sie eine andere Frisur, ganz kurz, blond, nur kürzer, aber umbringen würde ich mich nicht. Außer Daniel wollte es. Um ihm zu beweisen, wie sehr sie ihn liebte, würde sie es wieder tun.

Sie setzte sich an ihren Schminktisch, der eigentlich eine Kommode mit einem Spiegel darauf war, und holte ihr Tagebuch aus der obersten Schublade. Sie las, was sie gestern Abend geschrieben hatte, dann strich sie alles wieder durch. Abends schrieb sie meistens Mist. Ihre Schrift war dann auch ganz verwischt, und sie schrieb so Sachen wie, dass Daniel ein mieses Schwein war, der sich nicht um sie kümmerte, weil sie ihm am Arsch vorbeiging, oder dass sie selbst auch ein Miststück war, eine Rabenmutter, weil sie eine Tochter hatte, die ihr genauso am Arsch vorbeiging. Es interessierte sie wirklich nicht, bis auf manchmal – manchmal wollte sie eine gute Mutter sein und Mellie wieder bei sich haben und sie knuddeln. Aber das hielt nie lange an. Ich bin als Kind ja auch mal einen halben Tag lang in einen dunklen Schrank gesperrt worden, oder? Daniel hatte sich was dabei gedacht, als er ihr Mellie weggenommen hatte, obwohl er nicht der Vater war. Daniel hatte eigene Kinder, ganz süß und klein waren die.

Ach, Daniel! Der wusste einfach, wie man sie nehmen musste, und das wollte sie ihm jetzt schreiben. Ich muss lernen, mich zu konzentrieren, dachte sie. Konzentrierte Menschen bringen es weiter im Leben, und heute fängt mein Leben ja erst richtig an. Eigentlich ist heute so was wie mein Geburtstag.

Sie kramte in der Schublade herum, bis sie einen Kuli fand, der nicht leer war. Sie schlug die nächste Seite auf und schrieb Daniel, mein Geliebter! Es sah gut aus mit Ausrufezeichen, inniger.

Bald wirst du bei mir sein! Du wirst mich abholen, und wir werden zusammen ans Meer fahren, nur du und ich. Ich schreibe das hier, weil ich es nicht abwarten kann, bis du da bist, wo ich dir doch so viel zu sagen habe. Wir sehen uns so selten, du hast immer so viel zu tun, und dabei muss ich mit dir über so vieles reden. Vor allem will ich dir sagen, dass ich mich ändern will. Ich will kein Biest mehr sein, nur noch deine Schönste. Ich will ein Mensch werden, der es verdient, geliebt zu werden. Ich will so geliebt werden, wie ich dich liebe. Jemanden wie dich gibt es kein zweites Mal, du warst meine erste große Liebe, und du wirst es für alle Zeiten bleiben. Ich würde alles für dich tun, alles, was du willst, nicht nur, wenn wir in unserem Keller sind und ich vor dir knie, ohne dich ansehen zu dürfen, und Schläge verdiene.

Sie sprang auf und ging zur Spüle, in der sich das schmutzige Geschirr stapelte. Ich muss das Dreckszeug spülen, dachte sie. Wenn Daniel sich hier umsieht und das Durcheinander bemerkt, kriegt er vielleicht schlechte Laune, und dann fängt er an, auf mir herumzuhacken. Sie sah auf die Uhr. Noch nicht mal halb zehn, Zeit genug, irgendwo muss ich doch noch einen Piccolo haben, ich könnte ja schon mal anfangen zu feiern. Erst ein kleiner Schluck, dann das Geschirr, dann ein bisschen Ordnung machen, dann anziehen, richtig fein, dann schminken, und dann stand er vielleicht bald vor der Tür und klingelte. Sie konnte es fast schon hören, das Klingeln, und ihr Herz schlug schneller allein bei der Vorstellung, wie sie die Tür aufmachte und wie er dann hereinkam, nicht nur in die Wohnung, auch in ihren Kopf.

Sie hatte ihn nicht gern in ihrem Kopf, weil sie dann nicht mehr wusste, was sie denken sollte. Einmal hatte er gesagt, du willst doch gar nicht leben, du willst nicht mehr leben, und je öfter er es gesagt hatte, desto klarer wurde ihr, dass es stimmte. Sie war ins Badezimmer gegangen und hatte alle Schlaftabletten genommen und dazu eine halbe Flasche Wodka getrunken, wie Dalida. Er war bei ihr geblieben, hatte ihr zugelächelt, hatte sie im Arm gehalten. Ich verschwinde, weg für immer, hatte sie gedacht; macht nichts. Aber sie war wieder erwacht, in einem Krankenhauszimmer, mit ausgepumptem Magen. Es war nur ein Test, hatte Daniel gesagt, ich wollte sehen, ob es funktioniert.

Dalida sang jetzt ein Lied mit Alain Delon zusammen, ›Paroles, Paroles, Paroles‹, und Nicole dachte, wenn Daniel etwas mehr wie Alain Delon aussehen würde, wäre bestimmt schon jemand gekommen und hätte gefragt, ob sie nicht zusammen eine Platte machen wollten. Sie lernte ja genug Männer kennen, die was darstellten. Aber von keinem lasse ich mich mehr anspucken oder bepinkeln oder schlagen, nur von Daniel, wenn er das will. Er ist mein Meister, ich gehöre nur ihm. Wirklich. Bei ihm kann ich nicht genug kriegen, wenn er das mit mir macht oder mir ins Gesicht wichst, was er allerdings meistens nicht tut. Vielleicht ist das jetzt aber auch alles Vergangenheit, weil ich mich ja ändern will.

Sie ließ heißes Wasser über das Geschirr laufen, bloß dass

sie kein Spüli mehr hatte, und deshalb deckte sie einfach alles mit einem Küchentuch zu. Vielleicht komme ich ja gar nicht mehr hierher zurück, dachte sie. Wäre kein großer Verlust – wer weint schon zwei winzigen Zimmern im Keller nach? Vielleicht macht Daniel mir ja so was wie einen Antrag – du, Häschen, ich habe mir gedacht, ich verlasse meine Frau und nehme mir eine Wohnung, und du könntest doch zu mir ziehen, was meinst du? Dann kann ich gleich mit meinem Koffer in ein Hotel gehen und warten, bis er mich holt, und er darf mich sogar Häschen nennen, obwohl das ein Tier ist und ich ein Mensch bin, oder? Vielleicht.

Sie nahm die Ansichtskarte, die unter einem Magnetknopf an der Kühlschranktür klebte, und steckte sie in ihre Handtasche. Es war das Einzige, was sie von Daniel besaß. Die Karte zeigte eine große Kirche vor dem Abendhimmel, kurz nachdem die Sonne untergegangen war, jede Menge Blau in allen Schattierungen. Die Kirche wurde von Scheinwerfern angestrahlt und sah wie ein riesiges Tropfsteingebilde aus, verziert mit türkisgrünen und rosa Erkern, rosa wie eine Muschi von innen. Auf der Rückseite stand Barcelona, La Sagrada Família, das bedeutete »Heilige Familie«.

Daniel hatte ihr die Karte vor zwei Jahren geschickt, als er mit seiner Frau im Urlaub gewesen war. Dein Meister denkt an seine Sklavin, hatte er mit einem Kugelschreiber auf die Rückseite geschrieben, und sie hatte gedacht, er denkt sogar an mich, wenn er mit der blöden Kuh zusammen ist, weil ich was Besonderes für ihn bin. Dann hatte sie gedacht: Ich muss Mellie wieder zu mir holen, damit wir eine Familie sein können, Mann, Frau und Kind, eine heilige Familie und total glücklich. Aber sie hatte es noch nicht geschafft, weil immer etwas dazwischenkam, wenn sie sich gerade konzentrieren wollte.

Als Nächstes überlegte sie, was sie anziehen sollte, weil das, was sie sich gestern und dann heute Morgen im Bett ausgedacht hatte, vielleicht doch nicht das Richtige war. Wenn sie nur gewusst hätte, in welcher Stimmung Daniel war. Seit Wochen hatte sie ihn nicht mehr gesehen, buchstäblich Wochen, und wenn sie ihn angerufen hatte, war er immer kurz angebunden gewesen, als wäre sie nur jemand, der ihn stört, und nicht seine große Liebe.

Sie stellte sich vor den Spiegel und ließ den Morgenrock von den Schultern gleiten. Sie sah sich an. Ich bin siebenundzwanzig Jahre alt, dachte sie, und ich heiße Nicole. Meine Mutter hat mich Grit getauft, aber die Frau, die ich geworden bin, heißt Nicole oder früher Chantal oder Jasmin. Ich habe einen sehr schönen Körper, der mir gute Dienste leistet, mir und anderen auch. Feste Titten, nicht zu groß, nicht zu klein; ein Arsch, der was aushalten kann. Die Beine nicht zu lang, die Schultern nicht zu breit, zarte Hände und Füße. Die paar blauen Flecken und Kratzer gehören dazu, nur nicht im Gesicht. Das Nicole-Gesicht muss rein sein, makellos und etwas kindlich, das geilt die Männer total auf, alle, ohne Ausnahme.

Ein rotes Höschen, stellte sie sich vor. Ein roter BH, da denkt man an Kirschen. Schwarze Strümpfe mit Strapsen. Nein, keine Strümpfe, keine Strapse, nur Söckchen. Sie stellte sich die Söckchen vor, und auf einmal verlor sie die Lust. Sie musste ja sowieso erst noch duschen.

Ich werde dir jetzt jeden Tag schreiben, weil es dann ist, als wärst du bei mir, und ich kann dir alles sagen, ohne dass du mich auslachst. Wie sehr ich dich liebe, Daniel, wie verrückt ich nach dir bin, noch mehr als wenn du –

Sie hätte gern ein langes Abendkleid gehabt, so eins, wie Dalida es bei ihren Auftritten im Fernsehen immer getragen hatte, rot, mit glitzernden Pailletten besetzt. Wie schön sie darin aussehen würde; was für Augen Daniel bei ihrem Anblick machen würde.

7

Winter 1994
Anderthalb Jahre vorher

Vier Tage lang fuhr Lothar mit Radschas Leiche im Stauraum des kalten Transporters herum, weil er bei der Arbeit ohne den Bus aufgeschmissen war. Er stellte die Heizung nicht an, aus Angst, dass man sonst vielleicht etwas riechen konnte, irgendwas Komisches. Am Abend des fünften Tages rief Daniel an und sagte: »Kennst du das Haus meiner Oma? Kannst du da hinkommen, in einer Viertelstunde? Wir erledigen das jetzt.«

Lothar fuhr sofort los. Er hatte die ganze Zeit tierische Angst gehabt, dass jemand etwas merken würde, und war mit den Nerven am Ende. Er schlief schlecht, praktisch gar nicht, und wenn er schlief, hatte er Albträume. In den Träumen sah er den Sierra in der Nacht auf dem Feldweg stehen, im Schein des Abblendlichts; er sah den Kopf des Pakistani mit violett angelaufenem Gesicht und herausgequollener Zunge gegen die Heckscheibe gepresst.

Er brauchte eine Viertelstunde bis zu dem Haus von Daniels Oma, das in einer stillen Straße am Rand von Mersfeld lag. Das Tor der Garage gleich neben dem Haus war hochgeklappt. Dahinter lehnte Daniel an der Wand und studierte eine Straßenkarte im blassen Schein der Lampe über seinem Kopf. Er trug ausgefranste Jeans, eine schwarze Wildlederjacke und Sneakers. In der Garage stand ein graublaues Schlauchboot, das bereits aufgepumpt war. Das Boot war ungefähr zwei Meter lang und anderthalb Meter breit. Es hatte einen aufblasbaren Boden, aber keinen Motor. In dem Boot lagen zwei Holzpaddel.

Daniel löste die Plane hinten an der Ladefläche, und sie

luden das Boot auf. »Kommt Moritz auch?«, fragte Lothar, um irgendwas zu sagen, weil Daniel den Mund nicht aufkriegte.

»Nein, der hat keine Zeit.« Daniel grinste schief. »Muss sich um Peggy-Maus kümmern.« Er ging noch einmal zurück in die Garage und holte eine Plastiktasche, eine Stablampe und mehrere weiße 3-DF-Mauersteine mit einem Loch in der Mitte, die er zu dem Schlauchboot auf die Ladefläche legte. »Peggy-Maus wird fuchsig, wenn er nicht dreimal die Woche antanzt.« Die Stablampe steckte er in die rechte Jackentasche. »Ich fahre.«

In dem Moment klingelte sein Handy. Er meldete sich und formte mit den Lippen den Namen »Andrea«. Sie schien ziemlich schnell zu sprechen. Er versuchte mehrmals, etwas zu sagen, bis er endlich zu Wort kam. »Nein, ich kann jetzt nicht ... Stell dich nicht so an, was soll dem schon passiert sein?! Was willst du überhaupt von dem? Das ist doch nur so'n Kanake – der ist wahrscheinlich untergetaucht, abgehauen nach Berlin, wo er jetzt jeden Abend 'ne andere deutsche Braut in der Disco angräbt. Hör zu, Mausezahn, ich hab gerade wirklich keine Zeit. Ich komm heute Nacht bei dir vorbei, ja? Versprochen!«

Er unterbrach die Verbindung, steckte das Handy ein und stieg ins Fahrerhaus des Transporters. »Was ist, kommst du jetzt endlich?«

»Wohin fahren wir denn?«, wollte Lothar wissen.

Daniel startete den VW. »Ich kenn einen See in der Nähe von Detmold, total abgelegen, da können wir die Leiche verschwinden lassen.« Er fuhr langsam die Straße entlang und wartete länger als notwendig an der nächsten Ecke. Lothar fragte: »Warum nehmen wir nicht den Baggersee bei der Krummen Eiche? Da kommt auch nie eine Sau vorbei, wegen dem Truppenübungsplatz. Ich geh da manchmal zum Baden hin.«

»Lass uns erst mal gucken, wie's da aussieht«, sagte Daniel. Er hatte Schwierigkeiten mit dem Schaltgetriebe, und ein paarmal hätte er beinahe den Motor abgewürgt. Sie fuhren aus Mersfeld raus und wieder ein Stück Landstraße, die bei Nacht genauso aussah wie alle anderen in der Gegend. Nach einer Weile fragte Lothar: »Wie war das eigentlich? Als du den Radscha erwürgt hast?«

»Weißt du, was eine mystische Erfahrung ist?«, fragte Daniel, ohne den Blick von der Straße zu nehmen.

»Nicht genau. Ich glaube, nein.«

»Ich habe gespürt, dass er es wollte. Er ist hierhergekommen – hierher, zu mir –, weil er verschwinden wollte. Nicht nur aus Pakistan, aus seinem Leben! Ich habe ihm dabei geholfen. Ich habe ihm geholfen, seinen Zustand zu ändern.«

Lothar dachte darüber nach. Dann fragte er: »War es denn nicht anstrengend?«

Daniel zuckte mit den Schultern. »Wie wenn du in deiner Werkstatt mit einem Schraubenschlüssel immer fester zudrehst, bis es nicht mehr weitergeht. Und dann hältst du den Druck noch eine Zeit lang, um ganz sicherzugehen.«

Sie fuhren eine gute halbe Stunde, dann gelangten sie an eine Tankstelle, die schon geschlossen war. Nur die Zapfsäulen waren noch beleuchtet. Einen halben Kilometer später erkannte Lothar die Abfahrt im Scheinwerferlicht. »Da rechts rein«, sagte er. Daniel lenkte den Bus in einen Waldweg, der zu einem geschlossenen Tor führte. An dem Tor hing ein Schild: Segelklub. Privatbesitz. Parken verboten! Rechts und links davon führte ein Maschendrahtzaun, der an einer Stelle eingerissen war, um ein flaches Gebäude herum und verschwand dann zwischen den Bäumen. Daniel zog die Stablampe aus der Tasche und sagte: »Komm, mal sehen, wie weit das ist.«

An der eingerissenen Stelle zwängten sie sich durch den Zaun, der leise klirrte. Vom Tor bis zum See waren es ungefähr hundert Meter über Brachland, viel mehr nicht. Im Schein der Taschenlampe glitzerte ein Eisrand rund um das Wasser, das in der Mitte schwarz schimmerte. »Wie tief ist der wohl?«, wollte Daniel wissen.

»Zwölf, fünfzehn Meter«, sagte Lothar. »Höchstens zwanzig. Nach einem Meter fällt der Grund steil ab.«

Daniel überlegte, aber nicht lange. »Gut, wir holen zuerst das Boot.« Der Lichtstrahl der Lampe ertastete sich den Weg zurück zum Zaun, und als sie sich wieder durch den Riss im Maschendraht zwängten, drückte Daniel ihn mit dem Rücken weiter auseinander. Er klemmte die Taschenlampe in eine der Maschen, sodass ihr Licht auf das Loch fiel. Sie luden das Schlauchboot von der Ladefläche, trugen es zum Zaun und schoben es hochkant auf die andere Seite. Am See legten sie es auf dem gefrorenen Boden ab. Der Bug ruhte halb auf dem Eis.

Danach gingen sie zurück und holten die Leiche aus dem Staufach. Der Körper war noch immer starr, wie gefroren. Eine der Schultern hatte sich hinter der Öffnung verklemmt, und es dauerte etwas, bis sie ihn so gedreht hatten, dass sie ihn herausziehen konnten. Die Hände waren an den Gelenken zusammengeklebt, beide Arme angewinkelt. Die Augen standen offen, aber sie glänzten nicht mehr.

Daniel packte den Radscha bei den Beinen, Lothar ergriff einen der angewinkelten Arme. Die Leiche war jetzt ziemlich schwer. Weil es so kalt war, roch sie nach gar nichts, aber Lothar dachte, dass man den Geruch in dem Fach bestimmt noch lange wahrnehmen konnte, wie von rohem Fleisch aus dem Kühlschrank. Die Kleidung des Toten blieb an dem zerrissenen Draht hängen, auch etwas Haut. »Diese Kanaken machen selbst im Tod noch Ärger«, fluchte Daniel, und als sie den Leichnam durch hatten, ließ er die Beine einfach fallen. »Ich hol schnell die anderen Sachen.«

Er zwängte sich erneut durch den Riss und schleppte die

Steine und die Plastiktasche zum Zaun. Danach hob er die Beine wieder auf, und sie trugen den Toten zum Boot. Das Licht der Lampe reichte nicht bis zum See, aber inzwischen fanden sie den Weg auch in der Dunkelheit. »Hilf mir mal mit dem Rest«, verlangte Daniel. Sie mussten zweimal gehen, um die Steine, die Stablampe und die Tragetasche ebenfalls zum Boot zu bringen.

»Ich wickel ihn jetzt ein«, erklärte Daniel. »Wenn du das nicht mit ansehen willst, schau lieber weg.« Er öffnete die Tragetasche und holte erst eine ungeöffnete Packung weiße Latexhandschuhe heraus, dann ein zusammengefaltetes schwarzes Leinentuch, eine Wäscheleine, ein Knäuel dicken Bindfaden und schließlich ein Wegwerf-Skalpell, keine Ahnung, woher er das hatte. Mit dem Skalpell durchtrennte er das Klebeband an den Händen und Beinen. Doch warum? Lothar wunderte sich.

Er wandte sich ab, ging einen Schritt zurück und kramte seine Schachtel Camel Filter aus der Tasche des Dufflecoats. Er hatte das Gefühl, die Leiche an seinen Fingern riechen zu können. Er rauchte eine Zigarette, und als er sich wieder umdrehte, hatte Daniel den Toten auf das Leinentuch gerollt und schon straff und eng wie ein Paket eingewickelt. Der Tote war nicht mehr da. Eine Momentaufnahme der Vergänglichkeit, die Korrektur der Realität; Radscha verschwand im Dunkel der Nacht.

Mit dem Skalpell trennte Daniel ein langes Stück Bindfaden von dem Knäuel, das er um die eingepackte Leiche wand und mehrfach verknotete. Dann rollte er die plastikummantelte Wäscheleine auf und zog sie durch die Löcher in den Kalksandsteinen, bevor er sie an die verschnürte Leiche band. Es waren sieben Steine, fast alle lagen auf der Brust und dem Bauch.

»Meinst du, die reichen aus, um ihn unter Wasser zu halten?«, fragte Lothar.

Daniel nickte. »Ich habe mich bei jemandem erkundigt, der meint, ja.« Er schnitt noch ein Stück Schnur ab und befestigte es an einer Lasche im Heck des Bootes. Das andere Ende drückte er Lothar in die Hand. »Damit ich nicht verloren gehe da draußen«, sagte er. Den Rest des Knäuels schlang er um eine Hantelscheibe, die er in das Boot zu den Paddeln legte. »Ich fahr mal raus und messe ab, wie tief es da ist.«

Er schob das Boot bis an den Rand der eisbedeckten Fläche, stieg hinein und paddelte langsam in die Mitte des Sees. Lothar hielt sein Ende der Schnur mit zitternden, klammen Fingern fest. In der anderen Hand hielt er die Stablampe. Der Lichtkegel der Lampe zitterte. Die eingewickelte Leiche lag wie eine Mumie neben Lothar.

Alles, was an den Paki erinnern konnte, was ihn als Mensch personifizierte und ihn als eigene Persönlichkeit auszeichnete, ging mit seiner verschnürten Leiche im eisigen, dunklen und tiefen Wasser des Sees unter – auf ewige Zeiten. Niemand würde ihn vermissen, vielleicht seine Eltern im Paki-Land, doch niemand konnte um ihn trauern; es gab kein Grab, und die Gewissheit seines Todes fehlte. Arme Sau, dachte Lothar. Das werde ich wohl nie vergessen, dieses armselige Häufchen da.

Erst jetzt fiel ihm auf, wie hell es war. Die ganze Zeit war alles in Mondlicht getaucht, und er hatte es nicht bemerkt. Die Bäume hinter dem See waren schwarz, auch das Wasser in der Mitte, aber das Eis glänzte silbrig, es lag sogar noch etwas mattweißer Schnee. Heller war nur der Lichtkegel der Stablampe.

Daniel hatte inzwischen die Mitte des Sees erreicht und ließ das Hantelgewicht in das Wasser hinunter, um die Tiefe auszuloten. Nach und nach gab er immer mehr Faden, aber die Eisenscheibe schien nicht auf Grund zu stoßen. Als kein Faden mehr übrig war, zog er die Scheibe wieder hoch. Ein paar Minuten später kam er zurück, zog das Boot wieder aufs Eis und sagte. »Das sind mindestens dreißig Meter, mehr als genug. Jetzt laden wir ihn ein.«

Diesmal packte er oben an und fasste die Leiche am Kopf, während Lothar das Fußende nahm. Mit den Steinen an Brust und Bauch war der Radscha noch schwerer. Sie legten den eingewickelten Körper im hinteren Drittel des Bootes quer auf dem Schlauch ab, sodass man ihn draußen auf dem See bloß noch ins Wasser kippen musste. Dann schoben sie das Boot wieder halb ins Wasser. »Willst du mal rausfahren?«, fragte Daniel.

»No way«, sagte Lothar.

Daniel schüttelte den Kopf, sagte aber nichts. Er hob die Lampe auf und nahm sie mit ins Boot, als er über die Leiche hinweg an Bord kletterte. Er tauchte das Paddel ins Wasser. Lothar stemmte sich gegen den Schlauch, und das Boot rutschte ins Wasser. Die Schnur hatte er ums linke Handgelenk gewickelt. »Ahoi«, sagte Daniel.

Das habe ich alles nicht gesehen, dachte Lothar. Nichts gesehen, nichts gehört. Und wenn ich je darüber rede, während Daniel noch lebt, bin ich genauso tot wie der arme Radscha da mit seinen sieben Mark dreißig in der Tasche. Mann, wenn man überlegt, dass der sich von Pakistan bis hierher durchgeschlagen hat, weil er dachte – ach, Scheiß drauf, was er dachte. Und noch etwas: Daniel darf nie erfahren, dass ich vor ein paar Tagen auf dem Feldweg mein Nummernschild verloren habe.

Es musste passiert sein, als er dem Sierra hinten draufgefahren war, weil er einen Moment nicht aufgepasst hatte. Er hatte es gar nicht bemerkt, und von den anderen war es in der Dunkelheit auch keinem aufgefallen. Erst am nächsten Morgen, als er in die Werkstatt fahren wollte, hatte er festgestellt, dass vorne das Kennzeichen fehlte. Er hatte sich sofort ein neues besorgt, er saß ja direkt an der Quelle, und bis jetzt hatte niemand Kontakt mit ihm aufgenommen. Hoffentlich bleibt es so, dachte er. Kommt einfach nicht so gut, wenn jemand dein Kennzeichen findet an einer Stelle, wo ihr nachts eine Leiche umgeladen habt. Wenn Daniel oder Moritz das erfahren, bist du jedenfalls der Nächste, so viel steht mal fest.

Langsam ruderte Daniel auf den See hinaus, stoppte aber früher als beim ersten Mal. Seine Silhouette war jetzt ganz deutlich zu erkennen. Er legte das Paddel weg und packte das Fußende der Leiche, um sie ins Wasser zu kippen. Aber irgendwas schien nicht ganz zu klappen. Er rutschte aus, stieß sich das Knie an, und der starre Körper mit den Steinen glitt zur Seite weg. Er fluchte leise. Der Tote kippte kopfüber von Bord und fiel dabei auf die Leine, die sich mit einem Ruck spannte. Das Ende wurde Lothar aus der Hand gerissen, und die Leine schlängelte sich über das Eis davon. Machte aber nichts, denn der Radscha ging trotzdem unter und blieb auch unten. Nachdem er ein paar Minuten gewartet hatte, paddelte Daniel zurück ans Ufer. Er war ziemlich nass geworden. Auch das Boot war innen voller Wasser. Er zog es ganz an Land und lud alles hinein, die Plastiktasche das Skalpell, die Handschuhe, die Kordelreste und die Lampe.

Sie trugen das Boot zurück, und als sie am Zaun waren, ließ Daniel die Luft aus den Schläuchen, damit sie es leichter durch den Riss kriegten. Sie schafften das Boot und alles in den Bus; das Boot kam hinten auf die Ladefläche, die Tasche mit dem Rest vorn ins Fahrerhaus. »Das Boot lassen wir erst mal bei dir«, sagte Daniel. »Das will ich heute Nacht nicht auch noch durch die Gegend schleppen. Ich bin jetzt schon ganz nass.«

»Ich kann dich bei dir zu Hause absetzen«, sagte Lothar.

»Nein, lass mal. Ich hole es später ab.«

Lothar zitterte immer noch vor Kälte und stieg in den Bus, um die Heizung einzuschalten. Obwohl er nass war, schien Daniel überhaupt nicht zu frieren. Stattdessen dampfte er, als wäre ihm sogar heiß; als wäre er in Schweiß gebadet. Oder in Schwefel, dachte Lothar plötzlich. So muss der Teufel dampfen, wenn er in einer klaren Winternacht über die Erde geht, drei Tage vor Heiligabend. »Ich geh noch mal kurz zum See«, sagte Daniel und machte kehrt, um durch den Riss im Zaun zu schlüpfen.

Lothar sah ihm nach, wie er in Richtung See verschwand, und dachte, ich muss den Bus verkaufen, so schnell wie möglich, verkaufen oder noch besser verschrotten. Wenn die Polizei den untersucht, können die noch nach Jahren feststellen, dass der Radscha hier dringelegen hat. Und das Boot – wenn der Daniel das Boot nicht bald abholt, muss es auch weg. Mann, stell dir vor, die finden das auch noch bei dir. Dann kam ihm der Gedanke, dass vielleicht genau das Daniels Plan war – sein Bus, das Boot in seiner Werkstatt, irgendwelche Haare oder Hautpartikel von ihm in Roberts Sierra. Wenn du nicht die Klappe hältst, sagen wir, dass du ihn umgebracht hast, oder, Moritz?

Aber hallo!

Daniel stand am Seeufer und sah auf das Wasser hinaus. Er stand nur da und sah dorthin, wo der Mann verschwunden war. Verschwunden und nicht wieder aufgetaucht. Die schwarze Oberfläche war glatt, wie unberührt. Ein Mensch war da gewesen, und jetzt war er weg, als hätte es ihn nie gegeben. Einfach ausgelöscht. Ich habe entschieden, dass er stirbt, dachte Daniel. Ich habe ihn verschwinden lassen. Ich habe ihn verstanden, und er hat es gespürt. Nicht sofort, aber dann, als er an die Schwelle kam. Ich habe es in seinen Augen gesehen. Die Angst war weg, stattdessen Einverständnis, dann Dankbarkeit, vielleicht sogar Liebe.

Noch nie hatte Daniel sich jemandem so nah gefühlt, jemanden so berührt. Der Hals in seinen Händen, schmal und nicht besonders warm, hart von den angespannten Sehnen und Muskeln. Die Knorpel der Kehle und die im Nacken, hart sogar an den sonst weichen Stellen unter dem Kinn. Die krampfhaften Zuckungen des Körpers, der sich hin und her warf, mit den strampelnden, zusammengeklebten Beinen, den angezogenen Knien. Die gefesselten Hände, die zu stoßen und zu schlagen versuchten. Die erstickten Laute, das panische Stöhnen. Das Paketklebeband über dem Mund, das sich spannte und knisternd zusammenzog. Der Schweiß, der in kleinen Bächen über die Schläfen rann. Die weit aufgerissenen Augen, die in die seinen starrten. Die Laute, das Stöhnen und Grunzen, das wie ja, ja, ja klang.

Wie dicht ihre Gesichter beieinander gewesen waren, derselbe Atem, wie sie fast verschmolzen waren. Eine Ewigkeit von zehn Sekunden, eine Ewigkeit von einer Viertelminute, eine Ewigkeit von zwei Minuten. Eine Ewigkeit des Glücks. Dann hatte es kein Stöhnen mehr gegeben, kein Röcheln oder Fauchen. Keine Regung mehr in den Augen, deren Blick er festgehalten hatte, bis zuletzt der Widerstand erloschen war.

Doch dann hatte der Tote sich noch einmal aufgebäumt, hatte noch einmal gezuckt und gezittert, stärker als vorher. Als wäre er gar nicht tot, wäre wieder zu Kräften gekommen. Und Daniel hatte weiter zugedrückt, fester, hatte den Mann mit den Händen gegen die Rückbank gepresst, seinen Kopf gegen die Hutablage, bis es schien, als hielte er den ganzen zuckenden Körper nur mit seinen Händen. Nimm es hin, hatte er gedacht. Minutenlang hatte er ihn so gehalten, während eine Zuckung nach der anderen durch den leblosen Körper gelaufen war, Krämpfe, die kamen und gingen wie Ebbe und Flut.

Nimm es hin.

Endlich war der Körper schlaff geworden, sein Blick zog sich zurück, er schien erst immer kleiner und dann ganz weit zu werden. Seine Augen beschlugen von innen, nur eine Sekunde lang. In dieser Sekunde verspürte Daniel ein Gefühl, das er noch nie verspürt hatte, weil es das Gegenteil von einem Gefühl war.

Reinheit.

Wie Wasser sich fühlen würde, wenn es zu Gefühlen fähig wäre. Bevor der Schmutz kam.

Wie Feuer. Alles verzehrend.

Daniel drehte sich um und ging zurück zum Bus, wo Lothar im Fahrerhaus wartete, noch immer zitternd, obwohl die Heizung auf vollen Touren lief. »Falls mal jemand fragt«, sagte Daniel, als er zu ihm in den Bus stieg, »falls irgendwann mal einer nach heute Nacht fragt, sagst du, Moritz war's. Du erzählst alles genau so, wie es passiert ist, bloß dass es der Moritz war.«

Ich habe einen Menschen erlöst.

8

Sommer 1996
Anderthalb Jahre später

Nicole hatte nur einen großen Koffer aus himmelblauem Kunststoff mit einem pinkfarbenem Griff, mehr nicht, und darin steckte alles, was sie im Augenblick besaß. »Gehört dir sonst noch was von den Sachen hier?«, wollte Daniel wissen. Er hielt den Koffer in der rechten Hand und schaute sich noch einmal in dem Kellerapartment um. Die Spüle mit dem dreckigen Geschirr unter dem karierten Tuch und der Mülleimer mit dem grünen Verschluss der Wodkaflasche halb versteckt unter einem Pizzakarton. Dachte sie, er sähe das nicht? »Nichts im Kühlschrank?«, fragte er. »Oder irgendwelche Toilettenartikel?«

»Nur die *Hörzu*«, sagte Nicole. Die Fernsehzeitung lag oben auf dem kleinen Röhrenfernseher gegenüber vom Bett, und als Daniel sagte: »Nimm die auch mit«, stopfte Nicole sie in ihre Handtasche, wo sie nicht ganz hineinpasste. »Das ist aber die alte, von dieser Woche«, sagte sie. »Gibt's denn da einen Fernseher, wo wir hinfahren?«

»Da gibt es alles«, sagte er.

Nicole lächelte wieder und wieder. Das Lächeln zitterte. Er konnte sehen, dass sie nicht genau wusste, wie ihr zumute war, ob sie sich freuen durfte. Ich bin überhaupt nicht freundlich oder fröhlich, ganz anders, als sie gedacht hat, wo sie sich doch so auf das Wochenende freute. Dann sagte er: »Gib Max den Schlüssel und sag danke, dass du hier wohnen durftest.«

Nicole sagte: »Danke, dass ich hier wohnen durfte und für das Geld«, denn die Wohnung gehörte Herrn Lobeck, und er hatte ihr in den letzten Wochen auch einmal fünfzig Mark gegeben, als sie völlig blank gewesen war.

Max Lobeck nahm den Schlüssel und steckte ihn ein. »Kein Problem, immer wieder gern.« Dabei sah er Daniel an, nicht Nicole. Er machte das Licht aus und begleitete sie noch bis zu dem Kleinbus, der vor dem Haus geparkt war. Er lud den Koffer hinten in den KIA, wo neben dem Ofen, dem Lattenrost und dem Fahrrad kaum noch Platz war. »Fahren wir denn nicht in dem schönen Wagen?«, fragte Nicole mit ihrer quengeligen, enttäuschten Stimme.

»Der BMW ist in der Werkstatt«, erklärte Daniel. »Steig schon mal ein.« Er sah zu, wie sie hinten um den Wagen herumging, ohne zu fragen, warum die Rückfenster zugeklebt waren, vielleicht bemerkte sie es auch nicht, und dann setzte sie sich auf den Beifahrersitz, die billige Kunststoffhandtasche im Schoß. Mit ihren abgenutzten Plastiksandalen, dem eiskrembunten Poncho und der eng sitzenden Segeltuchhose passte sie genau in den KIA, hundert Prozent, bis sie die imitierte Ray Ban aus dem Haar nahm und richtig aufsetzte, da waren es sogar hundertfünfzig Prozent.

Mein Gott, warum kann die sich nicht mal heute was Ordentliches anziehen?, dachte Daniel. Er war zwar auch nicht wie fürs Spielcasino hergerichtet, aber er hatte eben trotzdem Stil: bleigraue Jeans, Schnürschuhe, Wachsjacke von Boss und eine Baseballkappe, alles schwarz. »Na dann«, sagte er. »Sonntagabend steht der Bus wieder vor deiner Haustür, Max.« Er klopfte Lobeck auf die Schulter, von Mann zu Mann, eine Feierabendgeste, bevor auch er einstieg und losfuhr. Im Außenspiegel sah er Lobeck kleiner werden, ein kleiner Mann in der Sonne, der zurückblieb.

»Können wir an der Baustelle vorbeifahren?«, fragte Nicole. »Ich möchte sehen, wo du arbeitest.«

»Ich arbeite nicht auf der Baustelle«, sagte Daniel. »Ich sehe gelegentlich nach dem Rechten, kontrolliere die Fortschritte, das ist etwas anderes.«

»Können wir trotzdem vorbeifahren?«, bat sie.

»Heute ist Freitag, die machen bestimmt schon Feierabend.« Er wollte so schnell wie möglich raus aus dem Kaff, bevor ihn jemand sah und Susanne davon erzählte. »Außerdem ist es ein Umweg. Wir wollen doch so schnell wie möglich am Meer sein, Äffchen.«

Sie fing an, mit dem Verschluss ihrer Handtasche zu spielen, die nicht zuging, weil die Fernsehzeitung herausschaute. Bei dem hellen Mittagslicht im Führerhaus konnte er sehen, dass sie sich zu stark geschminkt hatte. Vor den Ohren und da, wo das Kinn in den Hals überging, gab es orange Streifen, die plötzlich zu heller Haut wurden. Sie wandte ihm das Gesicht zu, ohne die Sonnenbrille abzunehmen. »Ich hab dir doch gesagt, dass ich das nicht mag.«

»Was denn?«

»Wenn du mir Tiernamen gibst.«

»Äffchen ist kein Tiername.« Er bog nach rechts in die

Kirchstraße, die an der Feuerwehrwache vorbei zum Kreisverkehr führte, und dahinter begann die Landstraße. »Klopfer, der Hase, ist ein Tiername, oder Balou, der Bär. ›Äffchen‹ ist eine Artbezeichnung!«

»Ich bin aber auch keine Tierart. Ich bin ein Mensch.«

Du bist kein Mensch mehr, dachte er; du bist ein Element – Cobalt, Ordnungsnummer 27. Der Ofen hinten auf der Ladefläche war so schwer, dass der Motor auch in den höheren Gängen nicht richtig zog, und Daniel erkannte, dass sie wohl bis zum Abend brauchen würden, ehe sie die Küste erreichten. »Wir müssen unterwegs noch was zu essen besorgen«, sagte er. »Bestimmt ist der Kühlschrank leer, und wenn wir ankommen, ist es zum Einkaufen zu spät.«

»Haben wir da eine richtige Küche?«, fragte Nicole, schnell wieder versöhnt, so wie immer. »Mit einem Geschirrspüler und einem Bauknecht-Herd?«

»Und einem Backofen«, sagte er.

»Bauknecht weiß, was Frauen wünschen«, sagte sie.

Bauknecht und ich, dachte er.

»Gibt es auch einen Eisschrank mit Tiefkühlfach?«

»Sogar eine ganze Tiefkühltruhe.«

Sie lächelte jetzt fast glücklich: eine voll eingerichtete Küche. »Und es ist niemand da außer uns?«

Er lächelte auch. »Ja, wir sind die einzigen Gäste an diesem Wochenende.«

»Erzähl mir von unserem Haus«, verlangte sie.

»Unser Haus ist einer von vier Bungalows mit Blick auf das Meer«, erklärte er. »Jeder hat einen eigenen Garten und eine Terrasse.«

»Und einen Swimmingpool?«

»Das Meer ist der Swimmingpool«, sagte er. »Man kann zu Fuß bis zum Strand gehen.«

Ein paar Sekunden lang blickte sie schweigend aus dem

Seitenfenster. Dann fragte sie: »Hat der Bungalow auch einen Keller?«

»Möchtest du das gern?«

Sie antwortete nicht sofort. Schließlich sagte sie: »Wenn du es möchtest.«

Ich habe etwas Besseres für uns als einen Keller, dachte er. Sie fuhren jetzt über flaches Land, und die Straße glänzte in der Sonne, ein flimmerndes graues Band, das sich durch braune Äcker und Weiden aus gelbem Gras schlängelte, einem geraden Horizont entgegen, der immer gleich weit entfernt wirkte. Der Himmel schien nicht blau, sondern weiß, und die Blätter der wenigen Bäume am Fahrbahnrand waren verdorrt. Ab und an ragte eine windschiefe Scheune aus der endlosen Weite, oder ein Mähdrescher arbeitete sich silbern blitzend durch ein Weizenfeld. Daniel dachte, dass es so vielleicht in Amerika aussah, da, wo es keine Städte gab, im Mittleren Westen oder so. Wenn ich hier mit allem fertig bin, fliege ich vielleicht mal in die Staaten, dachte er, nach Las Vegas oder nach Dallas, Texas, wo sie Kennedy erschossen haben, als ich noch nicht mal geboren war.

»Kann ich das Radio anmachen?«, fragte Nicole.

Er drehte den An-Knopf, und Musik dröhnte aus dem kleinen Lautsprecher, Radio Hit FM, überlagert von Knistern, das mal lauter und mal leiser war. Eine Sängerin sang ein Lied über Bette Davis' Eyes, das nicht gerade neu war, wie die meisten Lieder auf diesem Sender. »Gut so?«, fragte er.

»Ja«, sagte sie. »Danke.« Nach einer kurzen Pause fügte sie »Danke für alles« hinzu. »Ich bin total glücklich. Ich hab mir immer gewünscht, dass wir mal zusammen verreisen, so wie jetzt, ans Meer oder in die Berge. Oder nach Barcelona, da würde ich auch gern mit dir hinfahren. Mit dir und Melanie.«

Das ist einer der Gründe für diesen Ausflug, dachte er –

dass Mellie mit dir nirgendwohin mehr muss. Er dachte an den Astronauten im Fernsehen, der als Erster einen Fuß auf den Mond gesetzt hatte, an seine Worte dabei: ein kleiner Schritt für mich, aber ein großer für die Menschheit. Er trat stärker aufs Gaspedal, trat es fast in den Fahrzeugboden, bloß dass der KIA einfach nicht mehr als siebzig schaffte. Trotzdem sammelten sich tote Insekten auf der staubigen Windschutzscheibe, kleine Punkte, die schnell braun wurden. »Hast du in letzter Zeit was genommen?«, fragte Daniel. »Speed oder Koks oder so was?«

Sie schüttelte den Kopf. »Nh-nh, das ist vorbei«, sagte sie. »Auch kein H, niente, nichts, nada, nur ein kleiner Wodka dann und wann. Ich will ein neuer Mensch werden«, sagte sie.

Daraus wird wohl nichts mehr, dachte er. Der Verkehr wurde jetzt dichter, weil sie sich einem Autobahnzubringer näherten. Weiter vorn über der Straße türmten sich Wolken auf, immer mehr, wie eine weiße Stadt im Himmel. »Weißt du noch?« Daniel nahm den Fuß vom Gas und hielt sich ganz rechts. »Erinnerst du dich noch an den Abend, an dem du verschwinden wolltest?«

Sie sah ihn an, durch die mit Fingerabdrücken verzierten Gläser ihrer nachgemachten Ray Ban hindurch, keine Bette-Davis-Augen. »Wie, verschwinden?«

»Nicht mehr leben«, sagte er. »Der Abend, an dem du nicht mehr leben wolltest.«

»Nein.« Sie sah wieder nach vorn. »Daran erinnere ich mich nicht.« Ihre Stimme klang fast trotzig. Das konnte er ihr auf keinen Fall durchgehen lassen, erst recht nicht, als sie fortfuhr: »Ich glaube, das denkst du dir gerade aus.«

»Konzentrier dich mal.« Er legte etwas mehr Nachdruck in seinen Tonfall. »Ich meine den Abend, an dem du gesagt hast, ich tue es für dich.«

Sie schwieg.

»Das war, nachdem ich Mellie zu Michaela und Björn gebracht habe, weil du sie wieder geschlagen hattest.« Er fuhr noch langsamer, denn vor ihm war ein Lastwagen, den er nicht überholen konnte. »Weißt du nicht mehr, wie oft du Melanie geschlagen hast? Und dass du sie vorher ohne Essen den ganzen Tag in die dunkle Kammer hinter der Küche gesperrt hast? Nicht nur einmal, sondern mindestens ein halbes Dutzend Mal?«

Sie sagte noch immer nichts. Dann gab sie einen Laut von sich, eine Art leises Fiepsen, und fragte: »Warum fängst du denn gerade jetzt davon an?«

»Wir waren in deinem Zimmer im Puff, an dem Abend«, fuhr er fort, denn er spürte, wie etwas in ihm aufstieg, ein Flirren in der Brust, das sich ausbreitete wie Quecksilber, weiter in die Arme und Beine floss und das Herz einhüllte. »Erinnerst du dich nicht mehr an das Zimmer? An das Pretty-Baby-Poster über dem schwarz bezogenen Bett und die rote Nachttischlampe? Oder an das Inserat, das ich für dich in der Zeitung geschaltet habe?«

»Doch.« Sie nahm die Brille ab und rieb sich die Stirn mit zwei Fingern, als wollte sie die Erinnerung ausradieren, bevor sie stärker werden konnte. »Aber ich –«

»›Versautes Luder, 25, blond, Konfektionsgröße 34, auch anal und Natursekt‹. Erinnerst du dich?« Er hörte sich selbst zu, hörte sich reden und konnte nicht aufhören. »Und an den Abend – erinnerst du dich auch an den Abend, den ich meine?«

Sie antwortete nicht, blickte wieder aus dem Fenster. Die Sonne schien ihr ins Gesicht, und er konnte ihr Spiegelbild in der Scheibe sehen, sah, dass ihre Augen zu glitzern begannen.

»Erinnerst du dich an den Abend?«, fragte er schärfer.

»Ja …«

»Weißt du noch, was ich zu dir gesagt habe?«

»Warum musst du das denn jetzt –«

»Weißt du noch, was ich zu dir gesagt habe?«

»Dass ich es nicht verdiene, zu leben.« Ihre Stimme klang, als wäre ihre Nasenschleimhaut angeschwollen. »Dass ich – dass ich …« Sie schluckte, aber das war nur gespielt. Er wusste, sie konnte schluchzen, ohne traurig zu sein, genau wie wenn er sie im Keller fesselte und schlug, wenn er Thor war und sie die Sklavin ohne Namen.

»Weiter«, befahl er.

»Daniel.«

»Weiter!«

»Dass ich eine miese drogensüchtige Nutte bin und mir überlegen soll, ob ich nicht lieber tot wäre. Daniel, bitte.«

»Und weißt du auch noch, was du geantwortet hast?«

»Wenn du willst. Ich habe gesagt, wenn du es willst.«

»Und wollte ich es?«

»Ja, aber …« Sie schwieg wieder, bloß war es jetzt ein anderes Schweigen. Ihr Mund war an den Rändern weiß, ein weißer Strich, da, wo der Lippenstift aufhörte. »Ich wollte es aber selbst auch.«

Es war sein erster Versuch gewesen, das erste Mal, dass er seine Gabe ausprobierte, Menschen sterben zu lassen, ohne sie zu berühren, einfach nur durch die Kraft seines Willens. Er war in ihren Kopf eingedrungen und hatte gesagt: Stirb! Stirb! Und sie hatte alle Schlaftabletten genommen, die sie besaß, hatte sie mit einem Löffel zerdrückt und dann in Wodka aufgelöst und getrunken, den ganzen Cocktail, auf ex. Nebeneinander hatten sie in ihrem Zimmer auf dem Bett mit dem schwarzen Bezug gesessen, nur beleuchtet von der roten Lampe und der Flamme einer dünnen, schon fast heruntergebrannten Kerze. Nicole hatte den Kopf an seine Schulter gelegt und leise gesagt: Ich liebe dich so sehr. So sehr.

Dann war sie müde geworden. Ihre Atmung hatte sich

verändert. Sie war zur Seite gesunken und hatte die Beine angezogen, bis sie fast wie ein großer Fötus in einem violetten Höschen dalag. Möchtest du Musik hören?, hatte er gefragt. Sie war kaum noch in der Lage gewesen, Ja zu sagen. Auf ihrem Schminktisch stand ein Kassettenrekorder, und er drückte die On-Taste. Da erklang ›Jeanny‹ von Falco, und plötzlich war ihm schlecht geworden – ihm, nicht ihr! –, und er hatte sie gepackt, am Arm, um die Hüften, und ins Bad gezerrte. Dort war sie auf den Kachelboden gesunken, und er hatte ihr zwei Finger in den Hals gesteckt und dann ihren Kopf über den Schüsselrand gehalten.

Danach hatte er sich oft gefragt, warum er damals so schwach gewesen war; warum er sie gerettet hatte, statt zuzusehen, wie sie starb. Vielleicht weil es nicht zählt, wenn man es nicht selbst tut, dachte er. Wie bei Radscha. Es war anders, wenn man es in seinen eigenen Händen spürte, den erlöschenden Herzschlag, die Verwandlung von Leben in Materie.

»Ich will nicht mehr darüber reden«, sagte Nicole jetzt. »Bitte, Daniel, ich will wirklich nicht.«

»Worüber willst du denn dann reden? Über den Brief, den du mir danach geschrieben hast, mit den Entschuldigungen? Das ganze Gewinsel, mein Geliebter, verzeih mir, dass ich nicht die Kraft hatte, deinen Wünschen zu gehorchen?«

Keine Antwort.

»Worüber?«

»Über gar nichts.«

»Wir haben noch eine lange Fahrt vor uns. Willst du die ganze Zeit dasitzen und gar nichts sagen? Nur aus dem Fenster gucken?«

»Ja.«

»Willst du nicht einmal über unseren Keller reden?«

»Nein. Ja. Vielleicht. Ich weiß nicht.«

»Oder über Robert. Möchtest du über Robert Kosinski reden?«

»Nein.«

»Auch nicht darüber, wie er umgebracht worden ist?«

Plötzlich drehte sie sich halb zu ihm, mit einem Ruck, und ihre Augen waren flach, ein Glitzern über geröteten Wangen. »Warum machst du das?« Sie klang wütend, das gefiel ihm. Es gefiel ihm, wenn sie aufbegehrte, sich nicht alles gefallen ließ, wie ein Hund, den man einmal zu oft geschlagen hat. Sie dachte, sie könnte sich wehren, und er brach ihren Widerstand; zeigte ihr, wo ihr Platz war.

Die Wolken am Horizont waren dunkel geworden, fast schwarz, und auf der Straße wurde der Verkehr jetzt so dicht, dass sie die ganze Zeit auf der rechten Spur bleiben mussten, auch als sie die Autobahn erreichten. Im Radio kam Santa Esmeralda mit ›Don't let me be misunderstood‹, keine Ahnung, wo die immer diese uralten Kamellen ausgruben. Der Stau begann schon auf dem gewundenen Zubringer, lauter rote Rücklichter im Abgasdunst und darüber am Horizont die ersten grauen Regenschleier.

Daniel spürte, wie das Kribbeln in seiner Brust immer stärker wurde. Er wünschte, sie wären schon am Ziel und er könnte anfangen; er konnte es einfach nicht mehr abwarten. Die Vorstellung, dass Nicole dasaß, und hinter ihr war der Ofen, und sie wusste nichts davon … Er dachte an den Musikunterricht in der Schule. Johann Sebastian Bach, ›Mitten wir im Leben sind vom Tode umfangen‹, das hatte ihn schon als Kind nicht ruhen lassen. »Moritz hat Robert getötet«, sagte er. »Die Bullen waren bloß zu blöd, es ihm zu beweisen.«

»Moritz?« Das zornige Glitzern in Nicoles Augen erlosch. »Er war doch Roberts Freund. So wie du. Und ich.«

»Ich habe keine Freunde«, sagte Daniel.

9

Frühjahr 1996
Zwei Monate vorher

Robert Kosinski wartete. Es war eine kalte Nacht für April, und dann fing es auch noch an zu regnen, gerade als er das Fenster herunterkurbelte, um etwas frische Luft in den Wagen zu lassen. Der Regen rauschte auf dem Asphalt der Parkbucht, aber sobald Kosinski das Fenster wieder hochdrehte, hörte er nur noch ein schwaches Knistern auf dem Dach des Sierra. Er drückte die Zigarette im Aschenbecher aus. Gisela mochte es sowieso nicht, wenn er nach Rauch stank. Der Aschenbecher quoll über, und er zog ihn aus der Halterung, öffnete die Tür, scheiß auf den Regen, und kippte die Asche und die Kippen auf die Erde.

Er zog die Tür wieder zu, schob den Aschenbecher an seinen alten Platz in der Halterung und lehnte sich zurück. Ich warte noch zehn Minuten, dachte er, höchstens eine Viertelstunde. Dann reicht's mir. Die sind nie pünktlich. Egal, ob Daniel oder Moritz, sie kamen immer zu spät. Als wäre die Zeit der anderen nichts wert, nicht so viel wie ihre. Er dachte an sie immer nur zusammen, die, auch wenn er nur mit einem von beiden verabredet war.

Er starrte auf das Handy, das neben ihm auf dem Beifahrersitz lag. Das Display war dunkel. Er schaltete es ein, um zu sehen, wie spät es war. 22:35 Uhr. Um halb zehn waren sie hier verabredet gewesen, vor über einer Stunde. Er wusste nicht einmal, was sie von ihm wollten. Daniel hatte angerufen und gesagt, wir müssen uns heute noch treffen, ich habe eine Idee. Was das für eine Idee war, hatte er nicht gesagt. Wenn er sie nicht gebraucht hätte, um an das Geld zu kommen, wäre er längst weg gewesen. Ist ja nicht mehr lange, dachte er, höchstens ein Monat, bis wir alles vorbereitet haben, und dann vielleicht noch ein weiterer Monat, maximal zwei, bis die Versicherung zahlt.

Zwei Millionen Mark, eine davon für ihn!

Daniel hatte erst gesagt, eine halbe, fünfhunderttausend, mehr brauchst du doch nicht, aber seitdem war viel passiert, und jetzt wollte er eine ganze Million. Immerhin war es sein Geld, die Versicherung hatte er abgeschlossen. Mit einer Million konnte man wie ein König leben, da, wo er untertauchen würde. Sogar zu zweit, falls Gisela doch noch die Kurve kriegte und mitkam. Ich wünschte, sie käme mit nach Puerto Plata, dachte er. Nur sie und ich. Aber dann dachte er, wer weiß, ob das gut gehen würde. Er durfte keine Spur hinterlassen, und über Gisela konnte man ihn finden. Mirko würde nach ihr suchen. Wenn man untertauchen wollte, musste man das allein machen.

Robert Kosinski? Kenne ich nicht, nie gehört. Hier gibt es keinen Robert Kosinski. Sind Sie sicher, dass er so heißt? Nein, hier ist seit Jahren kein Fremder hergekommen, das wüsste ich doch.

Er schaltete das Radio ein, aber der Empfang war nicht gut, der Sendersuchlauf surrte alle Stationen ab, ohne dass dabei etwas anderes herumkam als noch mehr Rauschen. Die Windschutzscheibe war beschlagen, nur an den Rändern schimmerte sie nass vom Regen. Es war kalt im Wagen, und Kosinski machte die Heizung an, auch wenn die Fenster dann noch mehr beschlugen. Das Licht der Straßenlampen spiegelte sich auf der Fahrbahn und dem Gehweg, sogar auf dem Zaun, der das dunkle Freibad umgab. Der Sierra war der einzige Wagen in der Parkbucht, nachts kam hier keine Sau her, schon gar nicht im Winter. Überall tote Hose.

Er fragte sich, warum sie diesen Ort ausgewählt hatten, dazu noch so spät. Stell keine Fragen, du erfährst alles, wenn wir uns sehen, hatte Daniel gesagt. Sei einfach pünktlich.

Wir haben außerhalb zu tun und sind bis um halb zehn von der Autobahn runter, versprochen. Wir. Es war ziemlich neblig, vielleicht hatten sie sich deswegen verspätet. Aber sie hätten wenigstens anrufen –

Das Display des Handys leuchtete auf, ein Vogelzwitschern ertönte. Kosinski meldete sich. »Ja?«

»Ich bin's«, sagte Moritz dicht an seinem Ohr, so klar, als wäre er bei ihm im Wagen. »Bist du noch da?«

»Ja. Ich warte seit fast einer Stunde«, sagte Kosinski.

»Tut mir leid, es hat etwas länger gedauert, aber gleich haben wir's geschafft. Ich wollte mich nur schnell melden, um sicherzugehen, dass du da bist.« Jetzt hörte Kosinski den Motor im Hintergrund, Musikfetzen, das leise Ticken eines Blinkers beim Abbiegen, das rhythmische Schurren von Wischerblättern auf einer nassen Scheibe. »Ich bin gleich da und erklär dir alles.«

Moritz unterbrach die Verbindung, ein kurzes Piepsen erklang, und Kosinski war erleichtert, dass es jetzt nicht mehr lange dauerte, bis er zu Gisela fahren konnte. Sie mussten bereden, was immer sie von ihm wollten, Dany und Mo, und dann konnte er los. Solange Mirko in Dubrovnik war, konnte er Gisela die ganze Zeit sehen, ohne Angst vor einer Entdeckung. Bei ihr zu Hause, nicht in seinem schäbigen Apartment. Geschenkte Zeit.

Kosinski versuchte, an etwas anderes zu denken. Er zog wieder den Aschenbecher heraus, griff wieder nach den Zigaretten, Camel mit Filter, drehte wieder das Radio an, das immer noch nicht richtig wollte – Knistern, plötzliches Rauschen, eine Stimme in einer fremden Sprache, ganz weit weg im Äther, dann abgerissene Musik, Salsa oder Mambo, etwas Lateinamerikanisches, dann Stille und noch mehr Stille. Im Handschuhfach fand er eine Musikkassette, die ihm nicht gehörte, wahrscheinlich Daniel, der sich den Wagen manchmal auslieh. Es war zu dunkel, um das Etikett lesen zu können. Er schob die Kassette in den Schlitz unter der Senderskala, drückte auf Start.

Die Kassette fing mitten im Lied an – Falco, auf den stand Daniel total. Kosinski mochte ihn auch, seit er wusste, dass der Sänger damals in die Karibik abgehauen war, als ihm alles zu viel wurde, der ganze Rummel. Gerade sang er etwas von jungen Römern, die anders waren. Dann kam das nächste Lied, und Kosinski schlug mit der Faust aufs Lenkrad, klatschte sich mit der flachen Hand auf den Schenkel, das gibt's nicht, noch mal Falco, jetzt mit ›Out of the Dark‹. Das war sein Comeback-Lied gewesen, auf der Insel komponiert, und genauso fühlte Kosinski sich, wenn er an seine Zukunft in der Sonne dachte, sobald er die Kohle von der Versicherung hatte.

Out of the Dark, raus aus deinem dunklen Leben, raus aus der Kälte, den Schulden, dem ganzen Trott, und rein in die Sonne, in den weißen Sand und die Palmen und den blauen Himmel und das grüne Meer, in das ganze Bacardi-Feeling. Das andere Lied fiel ihm ein, ›If you like Piña Colada‹, und ob du die liebst, und ›Makin' love at midnight‹ sowieso, er wusste nicht, wer das gesungen hatte, jedenfalls lag er richtig.

Hoffentlich Union-versichert!

Er hatte alles versucht, nach der Berufsschule. War freiwillig zum Bund gegangen, kam nur mit der Disziplin nicht klar, damals nicht und später auch nicht, nachdem er seinen Abschied genommen und bei Schlecker angefangen hatte. Bis zum Filialleiter hatte es gereicht, dann war Ende der Fahnenstange gewesen, keine Perspektive, keine Aufstiegschancen, aber vielleicht versuchst du's mal als Vertreter, egal was, Flötotto Büromöbel, Apetito Tiefkühlgerichte, er verkaufte alles, bloß nicht genug, auch nicht, als er sich mit einem Vertriebsbüro selbstständig gemacht hatte.

An Britta wollte er jetzt gar nicht erst denken. Britta, die er bei Schlecker kennengelernt hatte, war der größte Fehler seines Lebens gewesen, außer, wenn man Leo betrachtete – Marie und Leo, die hatte sie ihm geschenkt. Aber jetzt wollte sie die auch wiederhaben, und so lieb er sie hatte und so stolz er auf sie war, sie gehörten nicht zu seiner Zukunft. Deswegen hatte er den Vertrag mit Daniel gemacht, damit sie versorgt waren, wenn er ihnen kein Geld mehr schicken konnte. Nicole wäre ihm lieber gewesen, auf die konnte man sich verlassen. Nur dass es gerade nicht darum ging, was ihm lieber wäre.

Er hatte sie im Spielcasino kennengelernt, an einem Abend vor zwei Jahren, eine schlanke Blondine am Blackjack-Tisch. Er konnte die Augen nicht von ihr losreißen bei dem Glück, das sie hatte, mit den Karten, mit der Roulettekugel. Können Sie mir nicht ’ne Scheibe abgeben, hatte er gefragt, und sie: Na klar, kann ich, komm mit. Echt wie im Kino, das Blatt hatte sich definitiv gewendet. Ich bin übrigens die Nicole, und nach Nicole hatte er Daniel kennengelernt.

Du darfst nicht undankbar sein, dachte Kosinski. Ohne Dany und Mo wärst du nicht da, wo du jetzt bist; ohne die beiden könntest du dir deinen Traum abschminken. Du wüsstest gar nicht, wie du je wieder auf die Füße kommen solltest, wenn du ehrlich bist. Du bist jemand, der andere braucht, die ihm sagen, wohin er rennen soll; du bist ein toller Läufer, wenn es darauf ankommt, du brauchst bloß eine Richtung und einen Startschuss.

»Weißt du, was ich bin?«, hatte Daniel ihn gefragt und gleich weitergeredet. Ich bin ein Entrepreneur. Jemand wie dir muss ich nicht erklären, was ein Entrepreneur ist. Ich denke immer groß. Und dann hatte er ein ganzes Feuerwerk vor ihm abgebrannt, hatte Pläne und Projekte gezündet wie Silvesterraketen, echt das reinste Feuerwerk: Baby Blue, eine Diskothek auf drei Ebenen im Industriepark von Bielefeld, Gun Hill City, eine Westernstadt bei Gütersloh, eine

Mülldeponie hinter Rostock, eine Kette von Billig-Waschstraßen entlang der Elbe. Wie viel willst du investieren?, hatte er gefragt – eine Mio, zwei, drei? Aber Kosinski hatte den Kopf geschüttelt: Ich investiere nicht, ich verkaufe. Ich bin der beste Verkäufer zwischen Flensburg und Rosenheim.

Und Daniel: Du, dann habe ich genau das Richtige für dich, ComTec, meine neue Firma, mache ich mit Moritz zusammen – Computerbauteile aus Japan und Indien zu Großhandelspreisen, mit deiner Biografie bist du genau das, was uns noch gefehlt hat.

Ein Blinken im Rückspiegel, erst nur kurz, dann heller und länger. Ein Scheinwerfer, nein, zwei am Ende der Straße. Sie kamen langsam näher, leicht verwischt durch den Regen, der über die hintere Scheibe des Sierra rann. So langsam fuhren sonst nachts nur die Bullen oder Leute, die einen Parkplatz suchten, aber davon gab's hier genug. Ein großer Wagen, kein BMW, und auch kein Blaulicht auf dem Dach. Kosinski starrte in den Rückspiegel.

Der Wagen verließ die Straße und bog in die Parkbucht. Das Licht der Scheinwerfer erhellte das Innere des Sierra, als wäre ein Raumschiff hinter ihm gelandet. Kosinski konnte nicht erkennen, wie viele darin saßen, einer oder zwei.

Der Wagen hielt ein Stück weit entfernt. Doch ein BMW, ziemlich neues Modell, dunkel, vielleicht blau, so einen fuhren weder Daniel noch Moritz. Erst tat sich nichts, aber dann ging die Fahrertür auf und ein Mann stieg aus und näherte sich dem Sierra. Der Mann trug Jeans und eine Pilotenjacke aus Leder, das Gesicht halb verborgen unter dem Schirm einer Baseballkappe. Die linke Hand hielt eine Tüte, die rechte war irgendwo hinter seinem Rücken. Er ging schnell, denn der Regen fiel jetzt stärker.

Kosinski schaltete die Kassette aus und fuhr das Seitenfenster runter, damit er besser sehen konnte. »Mo?«, rief er in den Regen. »Dany?« Er blinzelte, ein paar Tropfen hingen an seinen Wimpern.

Der Mann antwortete nicht, hob nur die Hand mit der Tüte, als hätte er darin etwas, auf das Kosinski schon lange gewartet hatte, einen Hamburger oder so was. »Lass den Quatsch!«, sagte Kosinski gereizt. »Ich habe mir hier fast den Arsch abgefroren beim Warten.«

Die andere Hand des Mannes – es war Moritz … oder doch Dany? – kam zum Vorschein. Jetzt war er so nah, dass Kosinski erkennen konnte, was sich darin befand. Eine Pistole, der Mann hielt eine Pistole in der rechten Hand. Der schwarze Lauf glänzte vor Nässe, und während der Mann noch auf den Sierra zulief, jetzt lief er, schossen ein paar Funken aus der Mündung, nur ein paar, blau und weiß, dazu eine graue Pulverfaust. Kosinski spürte einen heftigen Schlag gegen den Kopf, als hätte er sich den Kopf am Fensterrahmen gestoßen, weil er ihn noch zurückziehen wollte, aber nicht schnell genug, der Schlag traf ihn wie von einem Hammer. Seine Zähne klirrten gegeneinander, und er dachte, das war ein Schuss, ich bin getroffen worden, aber ich bin noch nicht tot. Er konnte nicht tot sein, denn er sah noch, wie der Mann neben dem Sierra auftauchte, die Fahrertür aufriss, sich in den Wagen beugte und ihm die Mündung der Pistole direkt gegen die Schläfe presste, alles ging rasend schnell. Out of the Dark, und dann war es, als zerplatzte etwas in seinem Kopf und ginge für immer kaputt.

Robert Kosinski, siebenundvierzig, wirbelte aus dem Sierra, into the light, und verschwand in der Sonne, mitten in der Nacht.

Ich weiß nicht, ob es genauso war. Ich meine, die Gedanken von Robert, ob er so was gedacht hat, während er da in seinem Haribo-Auto warten musste. Er war jemand, der so vor sich hin träumen konnte, sonst wäre das wohl alles nicht so gekommen, mit Nicole, Daniel und Moritz und dem

Geld. Ich weiß auch nicht, ob es Daniel war, der ihn erschossen hat, oder Moritz. Besorgt habe ich die Pistole ja im Auftrag von Daniel. Aber hinterher zurückgegeben, damit ich sie wieder entsorge, hat sie mir dann Moritz. Ich weiß nur, dass Robert vorher noch gelebt hat und danach tot war. Mehr kann ich jetzt nicht sagen.

Alles, was mir jetzt noch einfällt: Wäre doch schön gewesen, wenn er glücklich gestorben wäre. Also, wenn sein letzter Gedanke gewesen wäre, dass er jetzt nicht mehr frieren musste. Oder dass das, was bei dem zweiten Schuss in seinem Kopf zerplatzte, irgendwie die Sonne war, die Sonne in der Karibik, die ihn jetzt für immer aufnahm.

So werde ich es der Polizei erzählen, vielleicht nicht ganz so ausführlich, dachte Lothar, als er mitkriegte, dass Robert tot war. Erschossen. Wie wenn man sich einen Film vorstellt. Bloß dass ich diesmal nicht mitgespielt habe. Oder so.

10

Frühjahr 1996
Einen Tag später

Es war ein schöner Frühlingsmorgen in der ersten Aprilhälfte, kurz nach Tagesanbruch, und Kriminalhauptkommissar Kiefer Larsen hatte es nicht mehr weit bis zum Freibad, wo der Tote auf ihn wartete. In der Nacht hatte es geregnet, aber jetzt war der Himmel klar und blau, und auf den noch kahlen Ästen der Bäume glänzte die Nässe in der aufgehenden Sonne.

Wie immer überfiel der Traum ihn ganz plötzlich.

In dem Traum, der nicht wirklich ein Traum war, kletterte er die Feuertreppe zum Fenster seiner Wohnung hinauf, und er sah seine Tochter schon fallen, obwohl sie noch im Fensterrahmen stand.

Ellie hatte nur ihren froschgrünen Frotteeschlafanzug an, darüber eine rote Windjacke und an den Füßen die orangen Söckchen. Sie presste das Stoffzebra mit dem halb abgerissenen Ohr gegen die Brust, und obwohl es dunkel war, konnte Larsen ihre Angst sehen. Das Fauchen des Feuers hinter ihr wurde mit jeder Sprosse, die er hochstieg, lauter.

Er schaute nicht nach unten. Er blickte nach oben, die Augen fest auf das Gesicht seiner Tochter gerichtet. Dabei achtete er auf den Wind, der das Löschwasser wie Sprühregen auf ihn zutrieb. Seine Augen tränten vom Rauch und von der Hitze. Er kniff sie zusammen und kletterte weiter; seine Hände und Füße nahmen die Eisensprossen in der Mauer automatisch.

»Ich bin gleich bei dir, Ellie!«, rief er. »Ich hole dich, hab keine Angst!« Sie sieht mich nicht, dachte er.

Sie bewegte sich nicht, obwohl die Flammen hinter ihr schon an den Zimmerwänden hochschlugen und gegen die Decke wirbelten. Sie stand nur da und blickte nach unten. Sieh nicht nach unten, dachte er. »Nicht springen!« Wenn du springst, wirst du sterben. Du bist so zart; der Wind wird dich packen und gegen die Mauer schleudern, und du wirst in dem kalten Wasser ertrinken.

Er war fast da, nur noch ein paar Sprossen. Er streckte eine Hand aus, reichte aber noch nicht ganz bis zu Ellies Fuß. Das Feuer wölbte sich wie ein geblähtes rotes Segel aus dem Zimmer auf die kleine dunkle Silhouette zu. Es stöhnte und fauchte und blies ihm heiß ins Gesicht. Über Ellies Kopf stoben Funken in den Nachthimmel. Eine Bö drängte die Flammen zurück in den Raum. Sie duckten sich hinter die Fensterbank, rollten weiß und bläulich die Wände herunter. Gleich darauf sprangen sie wieder hoch und hüllten Ellie in flackernde Glut. Kleine lodernde Zungen leckten über ihren Kopf, tanzten auf ihren Schultern. Sie schrie. Aus dem Prasseln und Dröhnen konnte Larsen den Schrei hören, hell und voller Panik.

Das Stoffzebra fing Feuer. Es brannte an der schmalen Brust, brannte wie der Schlafanzug und gleich darauf auch die Haare, ein ganzer Kranz aus wildem Licht flackerte um Ellies Kopf. Bitte nicht, dachte Larsen, lieber Gott, bitte nicht. Er schrie: »Ellie, gib mir deine Hand!«

Seine Tochter hob einen Fuß. Langsam trat sie vom Sims, schritt dicht über seinem Kopf ins Leere, gerade als er nah genug war, um nach ihr zu greifen. Sie fiel an ihm vorbei, fiel beinahe vorbei, aber dann gelang es ihm, ihren Arm zu packen. Mit der linken Hand hielt er sich fest, mit der rechten umklammerte er ihren Arm, dünn und hart wie ein Ast unter der Windjacke. Sie schrie wieder. Seine Hand rutschte ab, und er griff schnell noch einmal zu und erwischte die Kapuze der Windjacke. Sie hält, dachte er erleichtert. Gott sei Dank, sie hält.

Aber das tat sie nicht. Die Kapuze riss, und Ellie stürzte in die Tiefe. Drei Stockwerke stürzte sie hinab wie ein kleiner Meteorit mit einem flammenden Schweif, und der Schweif waren ihren Haare.

An dieser Stelle, in diesem Moment unendlichen Verlustes, kam Larsen zu sich. Wie immer brauchte er ein paar Sekunden, um sich zurechtzufinden; um wieder zu begreifen, dass es nicht wirklich ein Traum war, sondern eine Erinnerung, die ihn ohne Vorwarnung aus der Vergangenheit ansprang. Etwa so: Er saß an seinem Schreibtisch im Präsidium und schrieb einen Bericht für den ermittelnden Staatsanwalt, und es passierte. Oder so: Er ging in den Wallanlagen spazieren, und es traf ihn aus dem Nichts, mit voller Wucht. Oder er lag im Bett neben seiner Frau, zu müde zum Schlafen. Oder er war unterwegs, hinter dem Steuer seines alten Citroën SM und schaffte es gerade noch, rechts ranzufahren und zu warten, bis das Zittern aufhörte und er wieder klar genug sah, um weiterfahren zu können.

»Der schwarze Ford da hinten«, sagte Kriminaloberkommissarin Mareike Jung, natürlich mit ihrer geliebten Thermoskanne in der Hand, als er beim Freibad eintraf. Er war offenbar der Letzte: überall auf dem Parkplatz flackerndes Blaulicht – Streifenwagen, Notarzt, zivile Einsatzfahrzeuge –, dazwischen Beamte in Uniform, Sanitäter, die Spurensicherung, die Feuerwehr und last, but not least KOK Torsten Lenz. »Zwei Schüsse in den Kopf, einer aus nächster Nähe, der andere aufgesetzt.« Mareike hielt ihm den Becher hin. »Der ist für Sie.«

Automatisch nahm Larsen den Becher entgegen, merkte nicht einmal, ob der Kaffee heiß oder kalt war. Schon wieder eine neue Möglichkeit, zu scheitern, dachte er, während er auf den schwarzen Ford Sierra in der Mitte der abgesperrten Parkbucht zuging. Scheitern, wieder Scheitern, besser Scheitern, wer hatte das gesagt? Jeder neue Tatort, jeder unaufgeklärte Mord, jedes Verbrechen war ein weiteres Puzzleteilchen in dem großen Bild des Scheiterns der Menschheit seit Anbeginn.

Solange ein Mensch einen anderen tötet, dachte Larsen, und solange das Aufklären dieses Tötens nicht dazu führt, dass sie damit aufhören, weil sie Angst haben, erwischt und bestraft zu werden, so lange scheitern wir als Polizei. So lange wird das Bild größer und größer und in diesem Bild – ganz klein, aber unübersehbar – auch das Scheitern von Kiefer Larsen. Er stemmte sich gegen die Mutlosigkeit, die ihn für einen Moment umspülte und an ihm zerrte wie eine graue Woge.

Der Tote saß hinter dem Steuer des Ford, war aber mit dem Oberkörper auf den Beifahrersitz gesunken. Seine linke Schläfe, das linke Ohr und ein Teil des Unterkiefers waren mit getrocknetem Blut verkrustet. Aus den Wunden liefen rote Abrinnspuren bis zum Hals hinunter und endeten im Hemdkragen. Das Gesicht und der Fahrzeughimmel waren gesprenkelt mit kleinen Blutspritzern. Die beiden Wunden, kreisrund, lagen dicht beieinander. Die Haut im Einschussbereich war durch die eindringenden Pulvergase sternförmig aufgetrieben, der Wundkanal vom Pulver schwarzgrau verfärbt. Keine Ausschüsse, stellte Larsen fest; keine weiteren Verletzungen.

Die Augen traten hervor, als wären sie etwas zu groß für die Höhlen. Die rechte Hand hing mit dem Handteller nach oben über den Rand des Sitzes, die linke lag zwischen den Oberschenkeln, als wollte sie seinen Schoß schützen. Ein Plastikkärtchen mit Nummer eins hing an der Rückenlehne des Sitzes.

Zwei Schüsse, also kein Suizid, dachte Larsen. Keine Pistole, weder außerhalb des Wagens noch innen. Keine sichtbaren Projektile, dafür zwei Patronenhülsen, kleines Kaliber, wahrscheinlich 7,65 mm, auf dem Asphalt neben der Fahrertür, eine auf einem Haufen nasser Kippen, der vorher da gewesen sein musste. Das Fenster: offen. Die Scheibe: eindeutig intakt, der Täter hatte sie nicht zertrümmert. Vielleicht kannte der Tote seinen Mörder; vielleicht waren sie hier verabredet, und er hat die Scheibe heruntergelassen, um sich mit dem Schützen zu unterhalten. Wer traf sich hier nachts, im Winter? »Wissen wir schon, wer er ist?«, fragte Larsen.

»Wir haben das Kennzeichen überprüft, der Halter heißt Robert Kosinski«, erklärte Lenz, der auf einmal hinter ihm stand. »Aber Halter ist ja nicht gleich Fahrer.« Er räusperte sich. »Meinen Glückwunsch, Kiefer – den ersten Tag zurück im Dienst und gleich ein fetter Mord als Willkommensgeschenk.«

»Eine Flasche Gin hätte es auch getan«, entgegnete Larsen. »Wer hat ihn gefunden?«

»Ein Streifenwagen. Routinefahrt. Um 7:52 Uhr. Die Beamten haben den KDD angerufen, und die Kollegen vom Dauerdienst haben Rechtsmedizin und Erkennungsdienst informiert.«

»Zeugen? Hat jemand die Tat beobachtet?«

»Gott vielleicht«, sagte Mareike Jung. »Er sieht schließlich alles.«

»Dafür gibt es keinen Beweis«, sagte Larsen.

»Ich habe es jedenfalls nicht vergessen.«

»Ich war ja auch nur ein Jahr weg.«

Larsen zog die Handschuhe an und öffnete die Tür auf der Beifahrerseite, ohne die Kärtchen mit den Nummern zwei und drei neben dem Kippenhäufchen auf dem Asphalt zu berühren. Vorsichtig griff er dem Toten in die Taschen, zuerst in die, bei denen er den Körper nicht bewegen musste. Trotzdem spürte er die Kälte des Todes und die Leichenstarre. Er drückte kräftig auf die Totenflecken an der Unterseite des rechten Armes. Sie verschwanden vollständig, bildeten sich jedoch langsam wieder aus. Er schätzte, dass der Mann bereits vor mehreren Stunden gestorben war, mindestens acht bis zehn; irgendwann kurz vor Mitternacht. Die Brieftasche steckte in der rechten Innentasche. Er holte sie heraus und öffnete sie: ein halbes Dutzend Kreditkarten, Führerschein, ADAC-Mitgliedsausweis, eine Bankkarte, Personalausweis, alles auf denselben Namen. Robert Kosinski, geboren 1949 in Hannover, wohnhaft in Bremen.

Kein Portemonnaie. Kein Mobiltelefon.

Warum hier beim Freibad?, fragte sich Larsen erneut. Hier ist doch nachts niemand. Vielleicht deswegen – weil hier sonst niemand ist? Offenbar hat der Täter sich nicht die Mühe gemacht, die Identität des Opfers zu verschleiern. Der Wagen, die Papiere, alles sagt: Ich bin tot und heiße Robert Kosinski. Warum stört den Täter das nicht? Weil es sich um einen simplen Diebstahl handelt, gib mir das Handy, her mit dem Portemonnaie? Weil es keine Verbindung zwischen ihnen gibt? Oder weil wir die Verbindung sowieso bald entdecken, ihre Existenz aber keine Gefahr für den Täter darstellt? Oder wollte er, dass der Tote schnell gefunden und identifiziert wird? Vielleicht eine Exekution, dachte Larsen, eine Warnung, to whom it may concern.

Eine Exekution, ohne Kampf, quasi aus dem Nichts. Der aufgesetzte Schuss. Der Täter wollte sichergehen. Nach einer Minute war alles vorbei. Ein Hinterhalt? Ein Auftragsmörder? Warum fehlt das Portemonnaie, das Mobiltelefon? Spricht das für einen Raubmord? Oder ist es eine Inszenierung? Will der Täter sein wahres Motiv verdecken? Doch die wichtigste Frage lautete: Weshalb ist das Opfer überhaupt in der Tatnacht zu diesem abgelegenen Ort gefahren? Hat er sich mit seinem Mörder verabredet? Und warum sammelt der Täter die Hülsen nicht ein? Weil die Waffe keinen Rückschluss auf ihn zulässt?

»Wir treffen uns im Büro, sobald ihr hier fertig seid«, sagte Larsen. »Oder nein, besser heute Nachmittag, 14 Uhr.«

»Trinken Sie den Kaffee nicht?«, fragte Mareike.

»Ist nicht meiner«, sagte er, ganz sicher, den Becher weder je in der Hand gehabt noch ihn auf der Motorhaube des Ford abgestellt zu haben. »Was hast du eigentlich nicht vergessen?«

»Ihr Verhältnis zu Gott.«

Mein Verhältnis zu Gott?, dachte Larsen; das ist doch gut. Klar, es gab eine Menge, was er anders gemacht hätte, wenn er Gott gewesen wäre und die Welt erschaffen hätte. Besonders bei den Menschen hätte er eine ganz andere Richtung eingeschlagen. Er war ungeduldig, zugegeben, und die Entwicklung des Homo sapiens hätte er deutlich abgekürzt – kein Urschlamm, keine Amphibien, keine kleinen und immer größeren Affen. Vielleicht Neandertaler, aber nicht zu lange, damit sich nicht zu viele Urinstinkte in den Genen ablegen konnten, das ganze Morden und Töten und Kämpfen, Säbelzahn und Kralle, bis zu Kain und Abel und dann weiter durch die halbe Bibel und die ganze Menschheitsgeschichte bis zu diesem brandneuen Toten mit den Schusswunden in Schläfe und Hals, den seine Brieftasche als Robert Kosinski, siebenundvierzig, Kaufmann, wohnhaft in Bremen, identifizierte.

Gott hatte viel Geduld gehabt und noch mehr Zeit, das war das Problem. Nicht für IHN; für IHN waren die Jahrmillionen nichts, ein Fingerschnippen. ER konnte sich gelassen zurücklehnen und in Ruhe gucken, was die Menschen aus ihrem Schicksal machten. Aber bis auf Ruhe und Gelassenheit traf Larsen sich in diesem Punkt sogar mit Gott: Er hatte ebenfalls Zeit.

Das Phänomen der Zeit: In gewisser Hinsicht und ab einem bestimmten Moment arbeitete sie für ihn, zumindest in seiner Funktion als Polizist. Als Jäger. Denn er hatte die Zeit, die seine Beute nicht hatte. Die Stunden, Tage, Wochen und Monate, manchmal sogar Jahre, sorgten dafür, dass Zeugen sich plötzlich erinnerten, dass Stumme zu reden begannen und Lügner sich enttarnten, dass sie vergaßen, was sie einmal so und dann anders gesagt hatten. Dass sie ihre Selbstsicherheit verloren und sich in ihren eigenen Netzen nicht mehr zurechtfanden. Dass sie an ihrer Schuld erstickten und wie bei einer Beichte in der Kirche ihr Gewissen ruhigstellen wollten und Absolution erhofften.

Es gab viel, was Larsen anders gemacht hätte, wenn er Gott gewesen wäre, nur die Zeit nicht. Und Kristin. Seine Frau, die zweite, hätte er genauso gemacht, wie Gott sie entworfen hatte, fast perfekt. Ich hätte die Menschen nicht zum Scheitern verurteilt, dachte er. Ich hätte Ellie nicht sterben lassen. Aber Kristin hätte ich so gemacht, wie sie ist. »Im Büro, heute Nachmittag, 14 Uhr«, wiederholte er.

Im Augenblick arbeitete die Zeit noch für den Täter, denn

er hatte einen Vorsprung, den sie erst aufholen mussten. Je schneller sie mit den Ermittlungen begannen, desto eher konnten sie das Verhältnis umkehren – den Abstand verringern, eine weitere Verbindung herstellen, die erst vom Opfer zum Täter führte und dann vom Täter zum Jäger, bis es keinen Abstand mehr zwischen ihnen gab und die Zeit die Seiten wechselte, weil sie nie auf der Seite der Verlierer stand.

11

Es war, als hätte es das Jahr in Amerika gar nicht gegeben: Larsen betrat sein Büro im dritten Stock des Präsidiums, und alles wirkte genauso, wie er es in Erinnerung hatte. Die abgetretenen Teppiche auf dem Boden, der Schreibtisch mit den Flohmarktkratzern an den Flanken, die gerahmten Filmplakate an den Wänden. Als wäre der Raum während seiner Abwesenheit abgeschlossen und luftdicht versiegelt worden, damit um jeden Preis auch die Atmosphäre erhalten blieb – ein Geruch nach ungespülten Tassen mit angetrockneten Kaffeeresten, billiger Möbelpolitur, verblühten Tulpen und eingeöltem Sattelleder. Nicht einmal der allgegenwärtige Tabakrauch fehlte, der ihn an ungezählte Vernehmungen und noch mehr gerauchte Zigaretten erinnerte.

Die Jalousie war noch heruntergelassen, der Kalender an der Wand, The Landscapes of Cornwall, zeigte denselben Monat wie am letzten Tag vor seiner Abreise – 17. März 1995, das Datum mit Filzstift rot eingekreist –, und in der von vertrockneten Blütenblättern umgebenen Jugendstilvase auf dem Fensterbrett krümmten sich die ausgedörrten Stängel der Tulpen, die in den letzten zwölf Monaten niemand herausgenommen und weggeworfen hatte. Sogar das

Telefon auf dem wuchtigen Barockschreibtisch klingelte wie aufs Stichwort, denn was war schon ein Büro, in dem eine Morduntersuchung stattfinden sollte, ohne unablässig schrillende Telefone?

Es war genau 14:01 Uhr. Jetzt fühlte Larsen sich ausgeruht, denn statt gleich ins Präsidium zu fahren, hatte er sich zu Hause noch einmal hingelegt, nur ein paar Stunden, um mit dem Jetlag zurechtzukommen. Robert Kosinski war tot, und ein übermüdeter Ermittler nützte niemandem.

Larsen zog die Jalousie hoch, nahm die Tulpenstängel aus der Vase und stopfte sie in den tatsächlich geleerten Papierkorb. Dann riss er das Fenster auf. Aber selbst die frische Aprilluft kam nicht gegen den Mief in dem kleinen Raum an, vor allem nicht gegen den süßlichen Geruch von Sattelleder, denn der existierte nur in Larsens Fantasie; eine olfaktorische Erinnerung an New Mexico vor zwei Monaten. »Ich brauche frische Tulpen«, erklärte er. »Am liebsten gelbe. Oder halb und halb, gelb und orange.«

»Der Blumenladen ist noch immer unten an der Ecke«, sagte Mareike, die hinter ihm im Türrahmen stand. Da er keine Anstalten unternahm, ans Telefon zu gehen, tat sie es, hob den Hörer ab und führte ihn mit einer eleganten Drehung des Handgelenks ans linke Ohr. »Hauptkommissar Larsens Büro, Mareike Jung am Apparat.« Sie lauschte. »Ja, er ist wieder da. Genau, jetzt wird alles gut. Soll er sie zurückrufen?«

Larsen drehte die Heizung an, ging wie ein Hund die Wände ab und schaute in alle Ecken, als wollte er sicherstellen, dass es sich wirklich um sein Büro handelte und nicht um eine Simulation, einschließlich der fein geknüpften Orientteppiche mit den kraftvollen und jahrhundertealten Ornamenten auf dem Linoleumboden und dem Wandschmuck aus etwas verblichenen Plakaten der Western, die er am meisten liebte: *Zwölf Uhr mittags, Zwei ritten zusammen,*

Der schwarze Falke, Johnny Guitar, Rio Grande und natürlich *Die glorreichen Sieben* – alles Originale, selbst ersteigert, aus eigener Tasche bezahlt und gegen den Widerstand einiger Vorgesetzter als Wandschmuck durchgesetzt. »Ihren Amifreunden in Quantico würde es hier bestimmt gefallen«, meinte Mareike, als sie aufgelegt hatte.

»Dir sagt mein Büro also nicht mehr zu?«

»Es hat mir noch nie besonders gefallen. Ich finde, Sie sind zu alt für solche bunten Filmplakate mit smoking guns und fliegenden Fäusten. Wildwest ist was für kleine Jungs.«

»Die meisten dieser Filme habe ich mir mit Ellie angesehen«, sagte Larsen. »Sie konnte nicht genug davon kriegen, vor allem von den Pferden, wenn das Fell in der Sonne glänzte.«

Als sie den Namen seiner Tochter hörte, berührte Mareike kurz ihr linkes Ohrläppchen, eine Verlegenheitsgeste: Achtung, vermintes Gelände. »Und hatte sie einen Lieblingsfilm?«, fragte sie vorsichtig.

»Butch Cassidy and Sundance Kid«, sagte Larsen. »Stell dir das mal vor – die Tochter eines Polizisten und schwärmt für zwei Banditen! Willst du wissen, welche Stelle ihr am besten gefallen hat?«

»Die, wo die beiden von der Klippe in den reißenden Fluss springen, um ihren Verfolgern zu entkommen?«

»Nein, die, wo Butch dem Anführer der Hole-in-the-Wall-Gang aus heiterem Himmel in die Eier tritt. Da hat sie regelmäßig gequietscht vor Vergnügen.«

»Der Apfel fällt nicht weit vom Stamm«, meinte Mareike, und schien eine Sekunde zu erstarren, als ihr bewusst wurde, wie Ellie gestorben war. Sie ist gefallen. »Good girl«, fügte sie lahm hinzu.

Dead girl, dachte er. »Mein Lieblingsfilm ist jedenfalls *Die glorreichen Sieben.*« Nach einem letzten Blick auf die von Fußgängern wimmelnde Straße unter seinem Büro schloss er das Fenster wieder. »Wer war das eben am Telefon?«

»Der Vize.« Mareike fuhr mit dem Zeigefinger durch die Staubschicht auf dem urtümlichen PC. »Er hat sich den Tag heute rot im Kalender angestrichen. Der Big Boss ist noch im Urlaub, sonst hätte er sich bestimmt auch schon gemeldet.«

»Die Heimkehr des verlorenen Sohnes.« Larsen zog die oberste Schreibtischschublade auf, in der sonst seine Dienstpistole lag. Sie war leer. Er hatte die Waffe vor Antritt seines Sabbaticals abgegeben. »Kommst du mit zu der Adresse von Robert Kosinski?«, fragte er.

»Wollen wir nicht auf die anderen warten?«

»Die sind jetzt ein Jahr lang ohne mich ausgekommen. Lenz hat das alles hier doch gut im Griff, wie es scheint.«

»Er ist sehr kollegial«, meinte Mareike vage. »Die Heimkehr des verlorenen Sohnes ist nicht für jeden ein Festtag. Er dachte, Sie bleiben vielleicht für immer drüben.«

»Und züchte Rinder auf den saftigen Weiden des FBI?« Larsen schüttelte den Kopf. »›Fortgehen heißt weit gehen. Weit gehen heißt zurückkehren.‹«

»Und wenn du unterwegs auf Buddha triffst …«, murmelte Mareike.

Töte ihn, dachte Larsen, denn das sollte Buddha einmal zu seinen Anhängern gesagt haben. Er überlegte, wie ein Profiler an so einen Mord herangehen würde, den das Opfer selbst angeregt hatte. Eine reizvolle Aufgabe, mit der er sich demnächst beschäftigen wollte, sobald er die Tatumstände im Fall Kain und Abel neu bewertet hatte.

»Na, jedenfalls«, fuhr Mareike fort, »der junge Löwe war auf dem Sprung, den Platz an der Spitze des Rudels zu übernehmen, und jetzt kommt der alte Löwe wieder und erobert seinen Thron zurück.«

Larsen verzichtete auf ein Lachen. »Ganz so atavistisch

geht es bei der Kripo hier wohl doch nicht zu. Außerdem ist das Kommissariat für Gewaltverbrechen kein Rudel und Hauptkommissar Lenz kein junger Löwe mehr. Wo bleibt der eigentlich? Und Olaf sollte auch längst hier sein.«

Mareike zuckte unschuldig mit den Schultern. »Der Verkehr.«

»Stimmt, der Verkehr ... Weißt du, wo der Sabinerweg ist?«

»Auf der anderen Seite – the river, you remember?« Sie zog ein Schlüsseletui aus der linken Tasche ihrer Jeans. »Wir können meinen Wagen nehmen.«

»Immer noch der alte Saab?«

»Alive and kickin'«, antwortete Mareike.

»Hör mal, du musst jetzt nicht jeden zweiten Satz auf Englisch sagen«, meinte Larsen. »Ich brauche keinen Druckausgleich.«

»Macht mir aber Spaß.« Mareike winkte ihm mit dem Kopf, let's go, und verließ das Büro, ohne darauf zu achten, ob er ihr folgte. Ich muss mich auch daran gewöhnen, dass ich wieder da bin, dachte er. Er zog die Tür hinter sich zu, schloss aber nicht ab. Im Korridor blickte er zu der gewölbten, stuckverzierten Decke hoch, fast gerührt. So anders sah es hier aus als in der nüchternen FBI-Akademie, an der er sich in den letzten Wochen auf den neuesten Stand des Profilings in Amerika gebracht hatte.

Im Treppenhaus begegneten sie Hauptkommissar Lenz, der die Stufen heraufsprintete, eine flache Aktentasche in der linken Hand wie eine Diskusscheibe. »Wo wollt ihr hin?«

»Zu Robert Kosinskis Wohnung«, erklärte Mareike.

Lenz hob die Aktentasche, als wäre sie eine Trophäe. »Da komme ich gerade her«, sagte er.

»Wer hat dir denn gesagt, dass du da hingehen sollst?«, fragte Larsen.

»Ich selbst. Du warst ja nicht da.«

Larsen ignorierte den fast trotzigen Unterton ebenso wie Mareikes Seitenblick und machte auf dem Absatz kehrt. »Na gut, dann komm mal mit in mein Büro und erzähl uns, was du vorgefunden hast.« Ich muss ihm klarmachen, dass es so nicht geht, dachte er. Aber ich brauche ihn, er ist ein guter Kriminalist; er muss sein Gesicht wahren können und gleichzeitig wieder lernen, zu tun, was man ihm sagt. Und danach übergangslos: Mal sehen, ob die Kaffeemaschine noch funktioniert.

Er setzte sich nicht sofort hinter seinen Schreibtisch, während Lenz und Mareike beinahe automatisch die Plätze einnahmen, die sie von früheren Besprechungen her gewohnt waren. »Gleich mal zu Anfang«, sagte er, während er den An-Knopf der Kaffeemaschine drückte, »Torsten, du bleibst stellvertretender Leiter des Kommissariats für Gewaltdelikte. Im Fall Robert Kosinski bilden wir eine Mordkommission, deren Leitung ich übernehme. Du fungierst bei unseren Ermittlungen als Hauptsachbearbeiter.«

Lenz presste die Lippen zusammen, senkte kurz den Kopf und schob einen Fuß vor. Aber als er den Kopf wieder hob, war der Mund entspannt, und er nickte. »Klar. Gern.«

Beim Hauptsachbearbeiter liefen die Fäden zusammen: Er führte die Akte für den Staatsanwalt, wertete alle Hinweise aus, veranlasste kriminaltechnische Untersuchungen und hielt sämtliche Spuren für die Ermittler fest. Damit verbrachte man zwar viel Zeit am Schreibtisch, konnte aber trotzdem den Saloon mit klirrenden Sporen betreten, falls man das fürs Ego brauchte.

»Mareike, du schreibst den Tatortfundbericht«, sagte Larsen, »du notierst alle Spuren und Hinweise, die mit dem Fundort des Opfers zu tun haben, einschließlich seiner Verfassung und Lage sowie der gesamten Umgebung. Und sorg bitte dafür, dass der Inhalt sämtlicher Mülleimer rund um den Parkplatz zur Mülldeponie gebracht und dort nach tatrelevanten Beweisen durchsucht wird. Vielleicht hat der Mörder etwas weggeworfen, Waffe, Handschuhe, Schirm, irgendwas, womit er uns eine Spur liefert.«

Das rote Lämpchen der Kaffeemaschine leuchtete, nur Wasser fehlte. Larsen schaltete die Maschine wieder aus, als sie leise zu fauchen begann.

In diesem Moment wurde die Tür aufgestoßen und Oberkommissar Olaf Sundermann stürmte mit quietschenden Sohlen ins Zimmer wie eine Zeichentrickfigur. »'tschuldigung, ein Stau auf der Brücke. Ah, der Chef ist wieder da ... Mann, haben Sie in Texas aber Sonne abgekriegt!«

»Virginia«, korrigierte Larsen automatisch. »Olaf, fahr bitte in Zukunft etwas früher los, auf der Brücke gibt es dauernd Staus. Wir sprechen gerade über das Mordopfer von heute Nacht, Robert Kosinski. Versuch mal herauszufinden, wer seine nächsten Angehörigen sind, falls es welche gibt.«

Sundermann nickte, und Larsen wandte sich wieder Lenz zu: »Gut, dann lass mal hören, was du in der Wohnung des Opfers in Erfahrung gebracht hast.«

Lenz griff nach der Aktentasche aus verkratztem braunem Leder, die er hinter sich auf das Fensterbrett gelegt hatte. »Die Zweizimmerwohnung von Robert Kosinski befindet sich im elften Stock eines Mietshauses im Sabinerweg 54, das ist auf der anderen Weserseite«, fing er an, ließ das Messingschloss aufschnappen und holte einen Notizblock und einen dünnen Leitz-Ordner heraus. Dann legte er die Mappe zurück aufs Fensterbrett und klappte den Notizblock auf. »Es gibt einen Hausmeister im Gebäude, der mir die Wohnung aufgemacht hat. Der Gesamteindruck der Wohnung deutet darauf hin, dass sie möbliert vermietet und von einer einzelnen Person bewohnt wird. Im Schlafzimmer gibt es Teppichboden, im Wohnzimmer Laminat, der Rest ist mit Kacheln ausgelegt. Eine mit dunkelbraunem Leder bezogene Sitzgruppe nimmt das halbe Wohnzimmer ein. Die Fenster gehen bis zum Fußboden, da hat man einen Superblick auf die Autobahn und die Wiesen dahinter, alles schon grün jetzt.«

Just the facts, please, dachte Larsen, so wie es die FBI-Beamten in der alten amerikanischen TV-Serie immer gesagt hatten. Lenz war ein guter Beobachter mit einem präzisen Sinn für wichtige Details. Larsen wusste, dass er sich auf seine Schilderung verlassen konnte; er sah die Wiesen vor sich, durchschnitten von glitzernden Wasserläufen, und sogar den Wald am Horizont.

»Es gibt einen großen Fernsehapparat im Wohnzimmer«, fuhr der Hauptkommissar fort, »und in beiden Räumen Schränke und Regale, aber sie enthalten nichts Persönliches, keine Bücher, Videokassetten oder Schallplatten, nur ein paar Flaschen Wodka, Whisky, Martini, Gin, hauptsächlich harter Stoff.« Er hielt kurz inne, blätterte um. »Die interessanten Sachen habe ich auf dem Couchtisch und im Schlafzimmerschrank gefunden.«

»Mach's nicht so spannend«, sagte Mareike.

»Auf dem Tisch lagen mehrere Kataloge von Reisebüros, alles Fernreisen, hauptsächlich in die Karibik – Jamaika, Saint Paul, DomRep. Außerdem die Hochglanz-Broschüre einer Computerfirma namens ComTec und ein Leitz-Ordner mit persönlichen Papieren: Geburtsurkunde, Heiratsurkunde, Schulzeugnisse, Arbeitszeugnisse, Steuererklärungen, so Zeug eben. Ach, und ein Adressbuch, in dem aber nicht viele Namen aufgeführt waren, in erster Linie Firmen und Ansprechpartner in diesen Firmen, unter anderem die erwähnte ComTec. Als wäre er im Vertrieb tätig, Vertreter im Außendienst oder so. Dazu würde passen, dass er möbliert gewohnt hat.«

»Was ist daran so interessant?«, wollte Mareike wissen.

»Zum einen der weitere Inhalt des Ordners, darin befanden sich nämlich noch zwei Verträge, die es in sich haben«, antwortete Lenz. »Zum anderen, im Schlafzimmer, das Foto einer Frau, vielleicht seine Ehefrau, vielleicht was anderes, zum Zeitpunkt der Aufnahme etwa Ende dreißig, Anfang vierzig. In einem Rahmen aus verchromtem Metall, der wohl edel wirken sollte.«

»Beschreib die Frau«, forderte Larsen.

Lenz blickte von seinem Block hoch. »Rote Haare, graue Augen, unauffälliges Gesicht, aber stark geschminkt. Ich tippe eher auf Freundin oder Geliebte, denn in seinen persönlichen Dokumenten befand sich das Schreiben eines Scheidungsanwalts, der anscheinend seine Frau vertritt.«

»Name?«

»Britta Kosinski, geborene Müllertal. Sie will alles, was er hat – oder hatte – und dazu noch das Sorgerecht für die beiden Kinder, Leo und Marie.«

»Andere Papiere?«

»Ich habe den ganzen Ordner mitgebracht.« Lenz klopfte auf den Ordner hinter sich. »Das Foto von der Rothaarigen auch.«

»Und die anderen interessanten Sachen, die du erwähnt hast?«

»Erstens: Kosinski war hoch verschuldet! Ich hab's natürlich noch nicht durchgerechnet, aber auf den ersten Blick muss er bei mehreren Leuten mit mindestens 200 000 Mark in der Kreide stehen. Dazu kommt das Finanzamt, das eine Steuernachzahlung von 150 000 Mark für die letzten beiden Jahre verlangte. Gleichzeitig hat er aber jemandem kürzlich ein Darlehen in Höhe von einer Million Mark gewährt, sagt jedenfalls ein Darlehensvertrag in dem Ordner hier. Datiert vom 1. Januar. Es kommt aber noch besser.« Er legte den Notizblock weg, klappte den Ordner auf und legte ihn Larsen auf den Schreibtisch. »Sieh dir die Versicherungspolice an!«

Larsen beugte sich über den Ordner, in dem ein Versicherungsvertrag zwischen der Union Lebensversicherung AG und Robert Kosinski abgeheftet war. Sein Blick fiel auf die versicherte Summe. »Anderthalb Millionen«, murmelte er überrascht, obwohl es ganz genau nur 1 400 000 DM waren.

»Lies mal weiter«, sagte Lenz.

Zusätzlich mitversicherte Summe für den Fall eines Unfalls oder infolge von Gewalteinwirkung 1 000 000 DM, las Larsen und dachte, das macht dann fast zweieinhalb Millionen, die jetzt fällig werden. Automatisch suchte er den Namen des Begünstigten: eine gewisse Grit Weichsel, wohnhaft in Mersfeld, einer Kleinstadt, eigentlich eher ein Dorf, nur einen Steinwurf entfernt von Bremen.

»Guck mal, wann der offizielle Versicherungsbeginn war«, lenkte Lenz Larsens Blick weiter nach unten.

»Das ist ja erst vier Monate her.« Wenn da alles mit rechten Dingen zugegangen ist, kann sich eine gewisse Grit Weichsel jetzt über einen warmen Regen freuen, dachte Larsen. Die Versicherung war auf einen Zeitraum von zehn Jahren abgeschlossen – selbst das keine besonders lange Dauer für einen Vertrag in dieser Größenordnung –, und der monatliche Beitrag belief sich auf 1318 DM. Die werden alles tun, um nicht zahlen zu müssen, dachte er weiter; eigentlich könnten wir die Schadensermittler der Union AG die ganze Arbeit erledigen lassen. Außer, dass es sich um Mord handelt, verübt nur ein paar Monate nach Beginn der Laufzeit.

»Moment mal«, entfuhr es ihm, als er weiterblätterte und eine separat abgeheftete Vertragsergänzung bemerkte. Er sah auf. Lenz grinste breit, wie eine fette Katze in einem Zeichentrickfilm. Da stand, dass vor knapp vier Wochen Grit Weichsel durch einen neuen Begünstigten ersetzt worden war, einen gewissen Daniel Becker, der ebenfalls in Mersfeld wohnte.

Da ist jemand entweder besonders dumm oder besonders clever, dachte Larsen. Oder besonders gierig. Vielleicht aber auch nur ein Glückskeks, dem mal eben so zweieinhalb Millionen in den Schoß fallen, für die ein anderer summa summarum nur 4000 Mark hingeblättert hat. Einer, der auf einem Berg von Schulden saß.

Könnte die Frau auf dem Foto diese Grit Weichsel sein? Und wenn, was hätte das zu bedeuten? »Warum drängt sich mir der Gedanke auf, dass uns hier zwischen den Zeilen ein Mordmotiv zuwinkt?«, fragte Larsen halblaut.

»Vor allem, wenn du dir den Darlehensvertrag etwas weiter hinten ansiehst«, ergänzte Lenz, was Larsen sofort tat. Er blätterte und fand ein mit Schreibmaschine zweiseitig beschriebenes Papier, demzufolge der hoch verschuldete Robert Kosinski genau dem auch in der Versicherungspolice als neuem Begünstigten eingesetzten Daniel Becker zum Zeitpunkt des Versicherungsbeginns das von Lenz erwähnte Darlehen über eine Million Mark gewährte, rückzahlbar in toto nach Ablauf eines halben Jahres.

»Wo winkt ein Mordmotiv?«, fragte Mareike. »Scheiße, könnte mich mal einer einweihen?« Sie trat an den Schreibtisch, um ebenfalls einen Blick in den Leitz-Ordner zu werfen. »Was macht euch beide denn gerade so verdammt geil?«

»Die Farbe des Geldes«, sagte Hauptkommissar Kiefer Larsen.

12

Lass uns vorher den Rest deines Berichts hören«, sagte Larsen, als Lenz fragte, wen sie sich zuerst vornehmen sollten, Grit Weichsel oder Daniel Becker. »Du hast gesagt, im Schlafzimmer bist du noch auf weitere interessante Sachen gestoßen.«

»Eine große Sporttasche«, sagte Lenz, jetzt wieder mit Blick auf seinen Notizblock, »die unten im Kleiderschrank stand. Randvoll gepackt mit großen Sicherheitsnadeln, schwarzen Lederriemen, einem Tennisball, einem Elektrorasierer, einem batteriebetriebenen Vibrator, einer Taucherbrille, einer Gasmaske, einer Tube Vaseline, außerdem einer Rolle Kabelbinder, einem Handblasebalg, einem Klistier, einer Packung Noppenkondome, mehreren Metallklemmen und – last, but not least – jeder Menge Schmerztabletten.«

Mareike sah von dem Leitz-Ordner auf. »Was bedeutet?«

»Sadomaso«, erklärte Lenz.

»Falls Kosinski Masochist war, hat er von seinem Tod aber wenig gehabt«, sagte Larsen.

»Als Sadist aber noch weniger«, meinte Lenz.

»Warum ist die Kaffeemaschine noch nicht an?«, fragte Olaf. »Haben Sie sich in Virginia das Kaffeetrinken abgewöhnt, Chef?«

»Kein Wasser«, antwortete Mareike, als handelte es sich dabei um eine besonders ausgefeilte Sadomaso-Praktik.

»Dann gehe ich doch mal welches holen.« Olaf verließ den Raum und kehrte etwas später mit einer vollen Karaffe zurück. Er ging zu dem hüfthohen Aktenschrank, auf dem die Maschine stand, und füllte sie mit Wasser. Dann zog er die oberste Schublade auf, in der Larsen den Kaffee aufbewahrte.

»Gibt es in Kosinskis Adressbuch irgendeinen Hinweis

darauf, ob eine der dort aufgeführten Personen in Beziehung zu dem Inhalt der Sporttasche stehen könnte?«, fragte Larsen. »Vielleicht diese Grit Weichsel und der andere Begünstigte – wie hieß der noch? –, die zufälligerweise beide in Mersfeld leben?«

Lenz schüttelte den Kopf. »Nein, jedenfalls nicht unter den Namen aus dem Versicherungsvertrag. Es gibt allerdings ein paar Frauen, die nur mit Vornamen und Telefonnummer aufgeführt sind. Und ein oder eine Dany – das könnte Daniel Becker sein.«

»Den sollten wir uns als Ersten vornehmen«, sagte Larsen und sah zu, wie Mareike den Kaffee aus der vor über einem Jahr geöffneten Packung in einen Filter gab und die Maschine anstellte. »Mal sehen, wie er reagiert, wenn er erfährt, dass er bloß ein wasserdichtes Alibi für gestern Nacht vorweisen muss, um in den Genuss von zweieinhalb Millionen zu kommen. Steuerfrei.«

»Dazu müssten wir erst mal den Zeitpunkt kennen, zu dem der Tod eingetreten ist.« Larsen spähte geduldig zu dem leise tröpfelnden Kaffee hinüber. »Hat der Rechtsmediziner dazu noch was gesagt, nachdem ich weg war?«

»Nach halb zehn Uhr abends und vor vier Uhr morgens«, antwortete Mareike. »Dass der Tote die halbe Nacht bei offenem Fenster im ungeheizten Wagen lag, hat die Körpertemperatur schneller als sonst absinken lassen.«

»Sonst« bedeutete: Nach dem Tod behielt der menschliche Körper noch zwei bis drei Stunden seine normalen 37 Grad Celsius bei, danach kühlte er pro Stunde um ein Grad ab. Wurde beim Auffinden einer Leiche also eine Temperatur von 34 Grad Celsius gemessen, konnte man davon ausgehen, dass der Tod vor ungefähr fünf oder sechs Stunden eingetreten war, außer wenn er unzureichend bekleidet der nächtlichen Aprilkälte ausgesetzt gewesen war, bevor ihn jemand entdeckt hatte.

Larsens Blick wanderte zwischen Lenz und Mareike hin und her. Die beiden waren wie Yin und Yang, hell und dunkel, allerdings etwa gleich groß und genauso schlank. Mit ihren graublauen Augen, der drahtigen Figur und dem kornblonden Haar, das sie unterschiedlich lang trug – links extrem kurz, rechts fast kinnlang –, wäre Mareike jederzeit als Frontsängerin einer friesischen Punkband durchgegangen. Bloß dass sie ein viel zu frisches, klares Gesicht hatte, dem man die Punkerin selbst dann nicht abgenommen hätte, wenn sie in Nase, Ohren und Lippen noch ein paar Ringe oder Sicherheitsnadeln untergebracht hätte. Sie lachte gern, schoss besser als jeder, den Larsen kannte, und besaß die Kondition einer Triathlonmeisterin.

Kriminalhauptkommissar Torsten Lenz – asketisch, braunes Haar mit ersten grauen Strähnen, dunkle Augen und kupferne Surferhaut – war zu ehrgeizig, um wirklich ausdauernd zu sein, und zu klug, als dass er die Gefahr suchte. Die Adrenalinsucht, die manche Polizisten zu gefährlichen Kollegen machte, hatte er nach und nach trockengelegt, genauso wie die Fähigkeit zu Mitleid oder auch nur Anteilnahme. Er wird nie mehr sein als ein Stellvertreter, dachte Larsen, immerhin aber der beste Stellvertreter, den man sich wünschen kann.

Plötzlich hatte er wieder das Gefühl, als wäre er gar nicht weg gewesen, so vertraut kam es ihm vor, wie sie hier in seinem Büro saßen und versuchten, eine tödliche Gewalttat aufzuklären. Über Tatzeiten zu spekulieren, Motive zu enträtseln, falsche Fährten auszuschließen. Abläufe immer wieder durchzugehen, mögliche und unmögliche. Täter einzukreisen. Der ewige Widerstreit zwischen Mordermittler und Profiler. Auch sie wie Yin und Yang.

Am Anfang seiner Laufbahn im Kommissariat für Gewaltverbrechen hatte er auf der anderen Seite des Schreibtisches gestanden, damals noch ein schlichter Behördenschreibtisch mit einer Schreibmaschine statt einem Computer. Es hatte auch keine Teppiche auf dem Boden gegeben, genauso wenig wie Filmplakate an den Wänden oder Blumen auf der Fensterbank. Sogar das Telefon war anders gewesen, nur Wählscheibe und ein Hörer, keine Lämpchen für mehrere Leitungen, die an manchen Tagen alle gleichzeitig blinkten, als wollten die darin wartenden Anrufer mit lautlosen Hier-hier-hier-Rufen auf die Dringlichkeit ihres Anliegens hinweisen.

Meistens hatte er, wie Lenz gerade, am Fenster gelehnt, bis er vor ein paar Jahren hinter den Schreibtisch gewechselt war, am Tag seiner Beförderung zum stellvertretenden Leiter des Kommissariats. Danach hatte der Raum angefangen sich zu verändern. In schneller Folge, wie bei einer Reihe von Überblendungen im Film, waren Gegenstände verschwunden und andere an ihre Stelle getreten, erst die bunten Teppiche aus Afghanistan, dann der Schreibtisch aus dem 18. Jahrhundert. Der Nixdorf-PC hatte die Triumph-Schreibmasche ersetzt, und die Wildwest-Plakate an den Wänden das gerahmte Foto des Bremer Rathauses. Das erste Poster war da aufgetaucht, wo es jetzt noch hing, hinter Larsens Rücken, Johnny Guitar, Untertitel: Wenn Frauen hassen.

»Alles, was ein Mann wirklich braucht, ist eine Tasse Kaffee und was zu rauchen«, sagte er. »Johnny Guitar – der Held sagt das.«

Mareike füllte den letzten noch sauberen Becher mit Kaffee und stellte ihn vor Larsen auf den Tisch. »Soll ich kurz im System nachschauen, ob einer der Beteiligten schon mal auffällig geworden ist?«, erkundigte sie sich.

Larsen nickte. »Vermutlich finden wir da einen kleinen Versicherungsbetrug oder so was Ähnliches. Aber warte noch einen Moment, ich möchte, dass wir grob zusammenfassen, was wir bis jetzt wissen, für Torstens Akte.« Er konsultierte seine Armbanduhr. Kurz nach siebzehn Uhr, sechs Minuten, um genau zu sein. Er merkte, dass er schon wieder müde wurde. »Außerdem möchte ich heute noch mit den beiden Begünstigten der Lebensversicherung sprechen, der früheren und dem gegenwärtigen. Erfreulicherweise wohnen die ja beide in Mersfeld.«

»Sollen wir sie nicht einfach für morgen einbestellen?«

»Morgen ist es zu spät.« Larsen trank einen Schluck Kaffee, der stark und bitter war, seltsamerweise aber trotzdem nach nichts schmeckte. »Ich will ihre Reaktion auf die Nachricht von Kosinskis gewaltsamen Tod aus der Nähe sehen. Sobald die Medien den Mord groß rausposaunt haben, können wir uns das schnitzen. Also –«

Er öffnete die Schublade, in der sonst seine Dienstwaffe lag. In Ermangelung eines DIN-A4-Blocks auf seinem Tisch kramte er einen Briefumschlag hervor, um sich Notizen zu machen. In einer Schale neben dem Telefon lagen zwei Bleistifte, ein Kugelschreiber und mehrere Filzschreiber. Er wählte einen schwarzen Filzstift und schrieb Opferbild Robert Kosinski auf das Kuvert.

»Was wissen wir über Robert Kosinski?«, fragte er. »Seine Persönlichkeit ist der Schlüssel zu allem. Warum wurde er das Opfer des unbekannten Täters? Kannte er den Schützen, oder wurde er Opfer eines Fremden? Wurde er bewusst und gezielt ausgesucht, oder war er einfach zur falschen Zeit am falschen Ort? Wäre auch eine andere Person, die sich dort zufälligerweise aufgehalten hätte, erschossen worden? Warum hat der Täter Handy und Portemonnaie mitgenommen, Führerschein und Kreditkarten aber dagelassen?«

»Woher wissen wir, dass er ein Handy hatte?«, fragte Lenz. »Wir haben ja auch keine. Außer dir, meine ich.«

»Davon gehe ich aus, wenn er tatsächlich im Vertrieb tätig war«, meinte Larsen. »Weiter: Handelt es sich um eine milieubedingte Tat, und wenn ja, von welchem Milieu sprechen wir dann? Wir müssen Kosinskis Vorlieben und seine Schwächen in Erfahrung bringen. Was davon kann uns zu seinem Mörder führen?«

»Vielleicht der Tatort oder die Tatzeit?«, warf Lenz ein. »Oder die Tatwaffe? Die Art und Weise der Tötung?«

Larsen nickte. »Es war keine Gelegenheitswaffe, die zufällig ausgewählt wurde, wie eine Eisenstange, die günstigerweise gerade vor dem Freibad herumlag. Der Täter hat sie mitgebracht. Das lässt darauf schließen, dass er mit der festen Absicht gekommen ist, Kosinski zu töten. Oder dass er glaubte, sich schützen zu müssen. Es gibt aber keine Anzeichen unbeherrschter Wut, auch nicht von Panik. Keine körperliche Interaktion. Es sieht mehr wie eine Hinrichtung aus. Der Täter wusste, dass er das Opfer dort vorfinden wird, an einem ungewöhnlichen Ort zu einer ungewöhnlichen Zeit. Standen die beiden sich also nahe?«

Wir müssen die Spur hinter den Spuren entdecken, dachte er. Jeder Täter gab bei jedem Verbrechen ungewollt Informationen über sich preis, vor allem natürlich durch die Wahl des Opfers und die Art und Weise seiner Tötung.

»Wir müssen also zuerst mal herausfinden, was Kosinski für ein Mensch war«, führte er weiter aus. »Dabei können die Papiere hier in dem Ordner uns helfen, aber auch das, was Torsten in der Sporttasche gefunden hat, das Sadomaso-Zeug. War er Sadist, Masochist, oder hat er die Tasche nur für jemanden aufbewahrt? Was hatte er für Fantasien, bevorzugte Praktiken? Wo ist er seiner Neigung gefolgt? Wenn er in der Szene verkehrte, ist er in Klubs gegangen oder zu jemandem nach Hause, oder ist jemand zu ihm gekommen? Was hat er in den Tagen vor seinem Tod gemacht, mit wem hat er sich getroffen, mit wem geredet?«

Mareike hielt noch immer unschlüssig die volle Kaffeekanne in der Hand. »Wäre es nicht schön, wenn jetzt das Telefon klingeln würde«, warf sie ein, »und am anderen

Ende wäre ein Zeuge, dem das einsame Lakritz-Auto vor dem geschlossenen Freibad mitten in der Nacht aufgefallen ist und der dann auch noch gesehen hat, wie ein aus Funk und Fernsehen bekannter Schauspieler sich dem Wagen –«

»Warum sagst du Lakritz-Auto?«, unterbrach Larsen sie.

»Black is black«, Mareike zuckte mit den Schultern, »aber wenn so neongrüne und pinkfarbene Seitenstreifen dazukommen, hast du ein Lakritz-Gutti, wie aus 'ner großen Haribo-Tüte.«

Daran könnten die Leute sich erinnern, dachte Larsen. Wenn wir das veröffentlichen, melden sich vielleicht tatsächlich Zeugen, die uns weiterhelfen können. Das Telefon klingelte. Unwillkürlich starrten alle drei auf das blinkende Lämpchen, ohne sich zu rühren. Nach ein paar Sekunden beugte Larsen sich vor und griff nach dem Hörer. »Larsen.«

»Mayerhoff«, meldete sich der Anrufer. »Ich habe gehört, dass Sie wieder unter uns weilen, und dachte, ich mache Ihnen als kleine Willkommensgeste mal eine Freude.«

»Sie sind doch nicht etwa schon an meinem Fall von heute Morgen dran?«, fragte Larsen.

»Wir sind nicht nur schon dran, wir sind sogar schon fast fertig«, verkündete Johann Mayerhoff von der Ballistik. »Jedenfalls so weit, dass wir Ihnen unsere ersten Erkenntnisse mitteilen können. Bevor Sie jetzt denken, Sie wären auf Ihrem Rückflug nicht in Bremen gelandet, sondern durch ein Wurmloch in einer anderen Galaxie, muss ich Sie gleich enttäuschen. Sie sind immer noch beim LKA in unserem Sonnensystem, und wir sind immer noch so langsam wie früher, haben Ihren Fall aber vorgezogen. Ich kann Ihnen daher anhand der beiden Projektile aus dem Kopf sagen, dass Ihr Mann mit einer kleinen Susi getötet wurde.«

»Einer Damenpistole?«

»Jedenfalls eine sehr kleine Pistole, nämlich eine Mauser HSC«, führte der Ballistiker aus. »Ein halbautomatischer

Selbstlader, Kaliber 7.65, geringe Durchschlagskraft, aber für einen Kopfschuss reicht es natürlich.«

»Ist die Waffe schon mal irgendwo in Erscheinung getreten?«

»Wenn, dann ist sie nicht in unserem Computer gelandet.«

»Danke.« Larsen legte auf und saß einen Moment einfach nur da, ohne einen der anderen anzusehen. Ein kleines Kaliber; eine Waffe, die man in der Handtasche tragen konnte, ohne dass es auffiel. Was bedeutet das für meinen Fall?, dachte er. War der Täter eine Täterin? Dann erwachte er aus seiner Erstarrung. »Torsten, ich fahre jetzt nach Mersfeld zu Daniel Becker und Grit Weichsel. Ich nehme Mareike mit. Olaf, du hörst dich bei unseren Kontakten um: Wer könnte im Besitz so einer Pistole sein? Wer weiß, ob in letzter Zeit eine auf dem Markt angeboten wurde und von wem?«

Olaf nickte. »Wird erledigt.«

Larsen stand auf. »Mareike, bist du so weit?«

Sie war schon längst so weit. »Ich frage mich, ob diese Grit Weichsel wohl die Rothaarige auf dem Foto aus Kosinskis Wohnung ist«, sagte sie im Gehen.

»Das werden wir schon bald wissen«, antwortete Larsen und verspürte jählings den Energiestoß, den er zwölf Monate lang vermisst hatte. Destry rides again, dachte er.

13

Als Grit Weichsel die Wohnungstür öffnete, erkannte Larsen sofort, dass sie nicht die Frau von dem Foto in Robert Kosinskis Schlafzimmer war. Sie sah jünger und zugleich älter aus, und Larsen dachte, dass sie etwas von einem Kind hatte, das zu oft allein gelassen worden war. Das wieder einmal die Tür für Fremde öffnete und sich fragte, warum sie dieses Mal klingelten. Sie stand da und sah sie an, und dann sagte sie mit belegter, etwas rauer Stimme: »Ja?«

»Sind Sie Frau Weichsel, Grit Weichsel?«

»Ja?«

»Larsen, Kripo Bremen.« Er zeigte seinen Ausweis. »Das ist Oberkommissarin Jung.« Mareike zeigte ebenfalls ihren Ausweis. »Dürfen wir reinkommen?«

Die Frau brauchte einen Moment, um zu antworten, während ihr Blick von Larsen zu Mareike flog und wieder zurück. Dann war die Entscheidung gefallen, kein »Ja« oder »Nein«, sondern eine Frage: »Geht es um Dany?«

»Wer ist denn da, Grietchen?«, rief eine ältere Stimme irgendwo in der Wohnung hinter der jungen Frau. »Mit wem redest du um diese Zeit noch?«

»Meine Mutter«, erklärte Grit Weichsel mit einer kurzen Geste der linken Hand in die dunkle Diele zu dem schwachen, flackernden Licht eines laufenden Fernsehers am anderen Ende. »Jemand vom Amt, Mama«, rief sie und trat zur Seite.

»Um Viertel vor acht?«, rief die ältere Frauenstimme. »Was wollen die denn jetzt noch?«

»Können wir allein mit Ihnen sprechen?«, fragte Larsen.

Grit Weichsel nickte und sagte leise: »Wir können in mein Zimmer gehen.« Sie öffnete die erste Tür links, gegenüber der halb offen stehenden Tür zum Bad, in dem eine Waschmaschine lief. »Sie gehen gleich wieder, Mama!« Sie knipste das Licht in ihrem Zimmer an und ging voraus, dabei schob sie die Hände in die Taschen ihrer verwaschenen, an den Aufschlägen ausgefransten Jeans.

Eine lautlose Kamera in Larsens Kopf machte sofort in schneller Folge Fotos von dem kleinen Zimmer, mit Grit – sie war so jung, dass er sie in Gedanken wie selbstverständlich beim Vornamen nannte – als Mittelpunkt. Die blonde, zierliche Gestalt stand beinahe verloren zwischen Möbeln, die zu einem anderen, viel jüngeren Leben zu gehören schienen: ein grob gewebter, zotteliger Teppich, dunkelgelb und rostbraun; ein schmales Single-Bett; ein Kleiderschrank; ein magentarot lackierter Schminktisch mit einem runden Spiegel aus der Drogerie.

Auf dem Nachttisch stand eine Spieluhr, auf der sich ein Brautpaar, weißes Kleid, schwarzer Anzug, an der Hand hielt. Daneben lehnte eine farbige Ansichtskarte, die eine bonbonbunt angestrahlte Kirche zeigte – Larsen wusste, dass sie irgendwo in Spanien stand, aber nicht, wie sie hieß. Halb versteckt hinter der Karte lehnte ein Foto, nicht größer als ein Streichholzbriefchen, in einem schlichten Holzrahmen an der Spieluhr. Es zeigte ein kleines Mädchen, das aussah wie Grit als Kind, blond und ernst, mit einem prüfenden, vorsichtigen Blick.

Auf dem Boden schlängelte sich eine Leuchtkette aus orangen und gelben Glühbirnen an den Wänden entlang. Gegenüber vom Bett hing ein großes Plakat mit einer schlanken Frau im Glitzerkleid, hinter der Frau ein dunkelblauer Sternenhimmel, vor ihr ein Mikrofonständer. Darunter stand »Dalida chante – Les grandes succèsses«. Dalida hatte ein fast tragisches, sehnsuchtsvolles Gesicht. Das Rollo am Fenster war heruntergelassen, die Stores simulierten einen Garten mit vielen roten und blauen Blüten. An einem Haken innen an der Tür hing ein Kittel, wie ihn Krankenschwestern trugen, aber mit einem roten Kreuz auf der Rückseite.

Außer den Jeans trug Grit – frisch gewaschenes blondes Haar, Bubikopffrisur – ein weites graues Basketball-Shirt mit einer gebatikten Sonnenblume darauf und gelbe Socken, keine Schuhe. Larsen konnte sehen, dass Mund und Augen ihres zart wirkenden, blassen Gesichts von ersten Falten umgeben waren, zu früh, wie feine Risse in einer Eierschale.

Er entdeckte diese Risse sogar in ihren Augen, aber vielleicht bildete er sich das nur ein. Später musste er die Bilder in seinem Kopf noch einmal in Ruhe betrachten.

»Warum haben Sie gefragt, ob wir wegen Daniel Becker hier sind?«, wollte Mareike wissen.

Grit zuckte mit den Schultern. »Nur so.«

»Können Sie uns sagen, in welcher Beziehung Sie zu Robert Kosinski stehen?«, fragte Larsen.

»Robert?« Ihre Stimme war noch immer hell. »Der ist nett. Warum?«

»Jetzt ist er nicht mehr nett«, sagte Mareike. »Deswegen sind wir hier.«

»Er ist gestern Nacht erschossen worden«, ergänzte Larsen.

Die hauchzarten Falten in Grits Gesicht vertieften sich jäh, und einen Moment wirkte es, als bräche es auseinander. »Entschuldigen Sie«, murmelte sie und griff tastend hinter sich, wo aber nichts war, an dem sie sich festhalten konnte. Vorsichtig setzte sie sich auf die Bettkante. »Robert? Aber wer …?«

»Wer ihn erschossen hat?« Mareike betrachtete die Spieluhr auf dem Nachttisch. »Deswegen sind wir hier. Wir dachten, das könnten Sie uns vielleicht sagen.«

»Aber ich …« Grit schüttelte den Kopf, dann rieb sie sich heftig die Stirn mit dem Handballen. »Ich kannte ihn kaum.«

»Er hatte erst kürzlich eine sehr hohe Lebensversicherung abgeschlossen«, sagte Larsen. »Ursprünglich waren Sie als Begünstigte eingetragen, wurden dann aber gegen einen Daniel Becker ausgetauscht.«

Grit blickte auf. »Weiß er es schon? Dany? Weiß er Bescheid?«

»Wir wollten vorhin zu ihm, aber er war nicht zu Hause«, sagte Mareike. »Nur seine Frau und die Kinder. Er ist verreist, sagt sie. Also nein, er weiß es noch nicht.« Sie zeigte ein schiefes Lächeln, an dem sich nur ein Mundwinkel beteiligte. »Er weiß noch nicht, dass er bald zwei Millionen Mark mehr auf dem Konto haben wird.«

»Jemand, den man kaum kennt«, übernahm Larsen wieder, »setzt der einen als Begünstigten für den Fall eines gewaltsamen Todes ein und hinterlässt einem zweieinhalb Millionen?«

»Die wären ja nicht für mich gewesen«, antwortete die junge Frau leise. »Die waren für seine Kinder bestimmt, für Leo und Marie.«

»Das müssen Sie uns erklären.«

»Robert –«, setzte Grit an, doch bevor sie weitersprechen konnte, drang aus dem Wohnzimmer die herrische Stimme ihrer Mutter durch die geschlossene Tür. »Musst du nicht zur Arbeit, Grietchen? Hast du keinen Nachtdienst?«

»Nein, Mama, ich hab heute frei!«, rief Grit zurück. »Ich war doch gestern Nacht bei der Arbeit.« Sie sah Larsen an. »Ich wohne noch nicht lange hier. Bis vor Kurzem … Ich hatte eine eigene Wohnung. Mama bringt meine Arbeitszeiten immer durcheinander.«

»In welcher Klinik sind Sie denn angestellt?«, fragte Mareike.

Grit blickte zum Fenster hinüber. »In keiner«, sagte sie. »Ich arbeite auch nicht als Krankenschwester. Mama denkt das nur. Ich habe ein Zimmer in der Helenenstraße.«

»Hatten Sie Kunden gestern Nacht?«, fragte Larsen.

»Ja, gestern Nacht und tagsüber auch. Ich bin beliebt. Ich mache alles.«

»Haben Sie Robert Kosinski bei der Arbeit kennengelernt?«, wollte Mareike wissen.

»Lassen Sie uns vorher noch kurz bei der Lebensversicherung bleiben«, dirigierte Larsen das Gespräch zurück. »Sie erwähnten die Kinder von Herrn Kosinski, Leo und Marie.«

»Ja.« Grit rieb sich die Stirn mit dem Handballen. »Er

wollte nicht, dass seine Frau das Geld in die Hände kriegt. Sie waren dabei, sich scheiden zu lassen, und sie hatte schon angefangen, ihn auszuquetschen.«

»Rechnete er denn damit, dass ihm etwas zustoßen würde?«

»Es ist eine gefährliche Welt, sagte er oft. Dany sagt das auch immer.« Sie schwieg einen Moment, als würde ihr erst jetzt klar, wie gefährlich diese Welt tatsächlich war.

Auf der anderen Seite des Gangs vor ihrer Tür schaltete die Waschmaschine im Bad in den Schleudergang, und etwas begann zu klirren, vielleicht Geschirr in der Küche.

Mareike wartete ab, ob Larsen weitere Fragen hatte, und als er nichts sagte, kehrte sie zu ihrer letzten zurück. »Also, wo haben Sie ihn kennengelernt? Bei Ihrer Arbeit?«

»Nein. Nicht bei der Arbeit. Er war kein Kunde.«

»Wo dann?«

»Im Spielcasino.«

»Spielen Sie oft?«

»Nur manchmal, wenn's mir gut geht.«

»Beinahe hätten Sie gewonnen«, sagte Mareike. »Über zwei Millionen. Waren Sie wütend, dass jemand anderer an Ihrer Stelle als Begünstigter eingesetzt wurde?«

Grit sah sie nicht an, als wäre sie gar nicht im Zimmer. »Ich hatte Glück. Ich habe meistens Glück im Spiel. Auch mit Karten, schon als Kind. Ich spiele gern Blackjack. An dem Abend habe ich auch gewonnen, aber am Roulettetisch. Bloß nicht genug.«

»Genug wofür?«, fragte Larsen.

»Ich wollte zu einem Pokerspiel, nur eingeladene Teilnehmer, in einer Suite in einem Luxushotel mit Blick auf die Alster.« Kurz lächelte sie in der Erinnerung. »Der Mindesteinsatz pro Spieler betrug 50 000 Mark. Ich hatte aber bloß dreißigtausend gewonnen. Er hat mir den Rest geliehen, weil er sofort an mich geglaubt hat. Du gewinnst, und wir teilen den Pott, hat er gesagt.« Jetzt lachte sie, das Lachen blitzte so strahlend auf, als wäre er gar nicht tot. »Ich habe denen fast zweihunderttausend abgeknöpft.«

»Und dann?«, fragte Larsen.

»Ich sollte das Geld, seinen Anteil, für ihn aufbewahren, damit seine Frau es nicht in die Hände kriegt.«

»Und das haben Sie gemacht?«

»Ja.«

»Wussten Sie, dass er hoch verschuldet war?«

»Damals nicht.« Sie schüttelte den Kopf. »Er benahm sich nicht wie jemand, der Schulden hat.«

»Waren Sie in ihn verliebt?«

»Nein.«

»Und er? War er in Sie verliebt?«

Sie zögerte. »Vielleicht ein bisschen, am Anfang. Aber das war nur, weil er dachte, dass ich ihm Glück bringe.« Auf einmal begannen ihre Augen zu glitzern, und zwei Tränen rannen langsam ihre Wangen hinunter. »Habe ich wohl nicht wirklich, oder?«

»Haben Sie eine Ahnung, wer ihn getötet haben könnte?«, wollte Mareike wissen.

»Er war ein guter Mensch. Sie hätten ihn sehen sollen, wenn er von seinen Kindern sprach! Er wurde ganz aufgeregt dabei, so stolz war er! Er hat niemandem etwas Böses gewünscht. Er hatte einfach immer wieder Pech. Ich habe ihn gerngehabt. Ja, er war wirklich ein guter Mensch.«

»Und Daniel Becker, was ist der für ein Mensch?«, fragte Larsen abrupt, weil er eine Enttäuschung verspürte, die er nicht zuzuordnen wusste.

»Dany?« Sie wandte den Kopf. Ihr Blick fiel fast zärtlich auf die bunte Ansichtskarte mit der Sandsteinkirche vor einem strahlend blauen Abendhimmel irgendwo in Spanien. Barcelona, jetzt fiel es Larsen wieder ein; da stand die Kirche.

»Mögen Sie den auch?«

»Ja.«

Larsen meinte, einen falschen Zungenschlag in ihren Worten vernommen zu haben, der allerdings genauso seiner Einbildung geschuldet sein konnte wie der Sprung in ihren Augen. »Es hat Ihnen also nichts ausgemacht, dass Herr Becker an Ihrer Stelle in den Genuss der Lebensversicherung kommen sollte?«

»Nein.« Sie schüttelte so heftig den Kopf, dass ihr Haar flog wie unter einem plötzlichen Windstoß. »Ich brauch nicht viel. Ich wüsste gar nicht, was ich mit dem ganzen Geld anfangen sollte.«

»Haben Sie eine Ahnung, warum Herr Kosinski Herrn Becker an Ihrer Stelle eingesetzt hat?«

»Nein. In letzter Zeit habe ich nicht mehr so viel mit ihm zu tun gehabt. Er und Dany – Herr Becker – waren fast die ganze Zeit irgendwo unterwegs.«

»Es hat Sie also nicht im Geringsten überrascht?«

»Nein.«

Mareike blickte Larsen an, der nickte. Let's go. »Noch eine letzte Frage«, sagte er, schon an der Tür. »Hat Herr Kosinski mit Ihnen über seine sexuellen Vorlieben geredet?«

»Nein, er war ja kein Kunde«, erklärte Grit. »Das habe ich Ihnen doch schon gesagt.«

»Wir haben in seiner Wohnung eine Tasche mit Sexspielzeug gefunden«, sagte Mareike. »Utensilien, die den Schluss nahelegen, dass ihr Besitzer auf extreme Praktiken steht – Schmerz zufügen, durch Schmerz erregt werden.«

Grit sah wieder zum Fenster hinüber. »Darüber haben wir nie gesprochen.«

»Sie bieten diese Dienste nicht an?«

»Nein.«

Ein Klopfen erklang. »Grietchen, ist dein Besuch noch da?«, fragte die Stimme, die bisher nur aus dem Wohnzimmer gerufen hatte, nun ganz nah. Bevor die junge Frau antworten konnte, öffnete die Mutter schon die Tür und betrat das Zimmer.

»Die Wäsche ist fertig«, verkündete sie. Sie warf Larsen einen scharfen Blick zu. Mareike ignorierte sie nach einem kurzen Seitenblick, um ihre Aufmerksamkeit dann auf den einzigen Mann im Raum zu konzentrieren. »Ich bin Grits Mutter.«

Sie trug einen quittenfarbenen Steppmorgenrock, rosa Leggins und Birkenstocksandalen über rotgrün karierten Wollsocken. Mit einer Hand raffte sie die Schöße des Morgenrocks zusammen, die andere hielt eine brennende Zigarette. Die bereits schlaffe Haut des Halsansatzes war mit Sommersprossen übersät. Auch die ebenfalls sommersprossigen Wangen setzten der Schwerkraft nicht mehr viel Widerstand entgegen. Der Mund ließ sich unter offenbar frisch aufgetragenem Lippenstift gerade noch erkennen. Das messingblond glänzende Haar war auf einer Seite zu schütteren Locken gedreht, als wäre sie einem amerikanischen Gangsterfilm aus den Vierzigerjahren entstiegen, aber ihre Augen wirkten so jung und unternehmungslustig, wie es oft nur der Alkohol fertigbrachte.

»Larsen, Kripo Bremen«, stellte Larsen sich vor. »Das ist meine Kollegin, Mareike Jung. Wir wollten gerade gehen.«

»Kriminalpolizei?« Sie hielt die Zigarette zwischen Daumen und Zeigefinger, mit der Glut nach oben, damit die Asche nicht herunterfiel. »Sind Sie wegen dem gestohlenen Geld da?«

»Mama!«

Mareikes Miene veränderte sich, schien schärfer zu werden, als nähme sie eine Witterung auf. »Meinen Sie das Geld aus der Lebensversicherung?«

»Lebensversicherung?« Grits Mutter wies mit der Zigarette auf ihre Tochter. »Nein, ich meine die Tasche unter ihrem Bett. Können Sie sich das vorstellen, da hat sie so viel Geld und sagt ihrer Mutter kein Sterbenswort.«

»Mama!«

»Ich dachte, das hätte sie gewonnen?«, fragte Mareike.

»Ich komme in ihr Zimmer, um sauber zu machen, während sie in der Arbeit ist«, redete Grits Mutter weiter, »nur einmal schnell durchsaugen, und bumms!, stoße ich gegen was Hartes unter dem Bett. Als ich mich runterbeuge, obwohl ich's ja im Kreuz hab, steht da eine Tasche, die ich noch nie gesehen habe. Grietchen sagt, ich hätte sie nicht aufmachen dürfen, das wäre ihre Privatsphäre, aber wer hat denn seine Privatsphäre in einer Tasche unterm Bett, und außerdem stand sie sowieso halb offen. 200 000 Mark, ich hab's gezählt!«

Sie legte eine dramatische Pause ein, sah Larsen, dann Mareike an. »Und wissen Sie, was sie ihrer Mutter zu Weihnachten geschenkt hat?« Die heisere Stimme bebte vor Empörung. »Einen Föhn! 200 000 Mark unter dem Bett, und kriegt ihre alte Mutter eine schöne Reise geschenkt oder einen neuen Fernseher? Nein, nur einen Föhn aus dem Drogeriemarkt!«

»Ich habe dir doch gesagt, dass es nicht mein Geld war!« Grit funkelte ihre Mutter an. »Das meiste davon gehörte Robert, ich habe es nur für ihn aufbewahrt!«

Ihre Mutter sog erregt an der Zigarette und stieß den Rauch mit einem Zischen wieder aus. »Und dann ist es plötzlich weg!«, fuhr sie fort. »Von einem Moment auf den anderen einfach weg, gestohlen. Durch das gekippte Fenster kommt nachts einer rein und klaut die Tasche mit dem Geld, ohne dass meine Tochter aufwacht. Was sagen Sie dazu, Herr Hauptkommissar?«

»Haben Sie den Diebstahl gemeldet?«, fragte Larsen.

Grit antwortete nicht. Ihre Mutter schwieg ebenfalls.

»Sie haben ihn also nicht gemeldet«, stellte Mareike fest.

»Dann sehe ich schwarz, was die Wiederbeschaffung angeht, falls Sie nicht wissen, wer der Dieb gewesen sein könnte.«

»Ich wollte es ja melden«, beklagte sich Grits Mutter. »Aber Grietchen hat gesagt, das soll mal der Herr Kosinski machen.«

Mareike nickte, als hätte sie nichts anderes erwartet. Sie sah Larsen an, dann Grit Weichsel. »Ich glaube, das wär's dann für den Augenblick. Wo können wir Sie tagsüber erreichen, falls wir noch Fragen an Sie haben?«

»Ich schreibe es Ihnen auf«, sagte Grit. Sie holte ein kleines Büchlein aus der Nachttischschublade und riss ein Blatt heraus. Mit einem Bleistiftstummel kritzelte sie etwas auf das Blatt, das sie dabei mit der Schulter verdeckte, damit ihre Mutter es nicht sehen konnte. Sie faltete das Blatt zusammen und hielt es Mareike hin. »Aber rufen Sie vorher an, bitte.«

Mareike nahm das Blatt, ohne einen Blick darauf zu werfen, und steckte es ein. »Auf Wiedersehen. Wir lassen von uns hören.« Sie verließ das Zimmer, und Larsen folgte ihr, drehte sich aber im Türrahmen noch einmal zu Grit um. »Darf ich Sie fragen, wie alt Sie sind, Frau Weichsel?«

Grit zögerte einen Moment, bevor sie mit den Schultern zuckte und sagte: »Sechsundzwanzig.«

»Das ist nicht alt«, sagte er und hoffte, dass sie verstand, was er damit zum Ausdruck bringen wollte. Er holte eine seiner Visitenkarten mit seiner Telefonnummer im Präsidium heraus und legte sie auf einen Stuhl neben der Tür. »Unter dieser Nummer können Sie mich erreichen, falls Sie mit mir reden möchten«, sagte er

Draußen saßen er und Mareike in ihrem zivilen Dienstwagen, ohne loszufahren. Von der anderen Straßenseite aus betrachteten sie das Haus, in dem Grit Weichsel mit ihrer Mutter lebte. Die Rollos an den Fenstern im Erdgeschoss waren heruntergelassen, aber nicht ganz. Durch die Ritzen zwischen den Lamellen konnte Larsen die Konturen einer Frau sehen, die dort stand und herausspähte.

»Die sagt nicht die Wahrheit«, meinte Mareike. »Irgendwas stimmt nicht an ihrer Geschichte mit dem Geld und Robert Kosinski. Wir sollten sie morgen noch mal zur Vernehmung einbestellen.«

»Ja«, bestätigte Larsen. »Aber nicht morgen. Später. Wir müssen ihr etwas Zeit geben, damit sie sich über ihre Situation klar werden kann. Sie ist noch sehr jung.« Sie ist nur ein paar Jahre älter, als Ellie jetzt wäre, dachte er – ein verlorenes Mädchen, dem man etwas gibt und dann wieder wegnimmt. Sechsundzwanzig, und schon in einer ganz anderen Umlaufbahn, auf der niemand mehr die Wahrheit sagt und jeder von irgendjemandem ausgenutzt wird.

Vor einer Stunde hatten sie vor dem Haus von Daniel Becker geparkt, und nachdem sie mit Beckers Frau gesprochen und gehört hatten, dass er sich beruflich in Bonn aufhielt, waren sie hierhergefahren. Es war ein größeres Haus gewesen, in einer besseren Gegend und mit einem Vorgarten. Doch in dem Moment, in dem Larsen den Wagen gestartet hatte, war das Licht im Wohnzimmer ausgegangen, und in der plötzlichen Dunkelheit hatte jemand die Vorhänge zugezogen, nur ein Spalt war offen geblieben.

In dem Spalt konnte Larsen die Frau sehen, die herausschaute und wartete, dass der Wagen mit der Polizei aus der Straße verschwand. Sie hielt sogar noch das Kleinkind auf dem Arm, das sie während ihres kurzen Gesprächs sacht hin und her geschaukelt hatte, während nichts in ihren misstrauischen Augen zu erkennen gab, dass sie ihren Mann vermisste. Nicht solange sie in diesem Haus wohnen konnte und die beiden BMW-Limousinen in der offenen Garage standen, vollgetankt und blitzblank gewaschen.

Mareike holte das Blatt mit der Adresse aus der Tasche

und faltete es auseinander. »Helenenstraße 17«, las sie halblaut vor. »Zimmer neun. Nicole. Ist das ihr Fickname? Nicole?«

»Bitte, sprich nicht so über sie«, sagte Larsen, startete den Motor und fuhr los, denn er wollte nach Hause, solange er dort noch wohnen durfte.

14

Der Autobahnparkplatz an der A1 in Richtung Osnabrück lag verlassen in der Dunkelheit, genau wie gestern. Lothar war gestern hier gewesen, und jetzt war er wieder hier und saß im Dunkeln in seinem Honda Prelude, nur dass ihn diesmal niemand angerufen und hierherbestellt hatte. Er hatte den ganzen Tag überlegt, was er mit der Pistole machen sollte. In der Nacht hatte er kaum geschlafen, hatte alles immer wieder vor sich gesehen, von dem Moment an, in dem er gestern Abend an sein Handy gegangen war. Wie eine Rückblende in einem Film, dachte er, wo dann manchmal so eine Schrift auf der Leinwand erschien, Buchstabe für Buchstabe ins Bild getackert: Einen Tag vorher …

Das Handy klingelte eine ganze Weile – einen Tag vorher –, bis Lothar schnallte, dass ihn jemand anzurufen versuchte, und als er endlich dranging, war niemand mehr in der Leitung. Das war das Problem mit Pinten wie der Kanne, die Musik. Die Musik war zu laut, und die Leute brüllten, damit man sie verstehen konnte, selbst wenn man in einer Nische ganz hinten im Lokal saß. Gitarren, die einem das Trommelfell zerfetzten, Bässe wie Büffelhufe, dazu das Scheppern von Geschirr und das ganze Geschrei. Aber etwas später klingelte das Handy noch einmal, diesmal genau in einer Pause zwischen zwei Songs. Warum hatte er sich bloß so ein blödes Ding angeschafft? Jetzt hatte er nirgendwo mehr seine Ruhe. Das Display war kaputt, deswegen wusste Lothar nicht, wer es war, sonst hätte er sich vielleicht nicht gemeldet. »Ja, hallo?«

»Kannst du dich sofort mit mir am Bremer Kreuz treffen? Es ist dringend.«

»Wer ist denn da?«

»Daniel. Ich verstehe dich kaum, wo bist du?«

»In der Kanne.«

»Wer ist noch bei dir?«

»Niemand.« Lothar stopfte sich einen Finger ins freie Ohr. »Ein paar von den Jungs aus der Werkstatt.«

»Fahr sofort los und sag ihnen nicht, wo du hinwillst. Wir treffen uns in einer Dreiviertelstunde an der A 1, auf dem ersten Autobahnparkplatz Richtung Osnabrück hinter der Auffahrt Groß-Mackenstedt.«

Lothar sah auf die Uhr. Es war 23:30 Uhr. Er spürte plötzlich, wie sein Magen schwer wurde. Der zieht mich wieder in irgendwas rein, dachte er, irgendwas, wo ich dann nie mehr rauskomme. Sachen, die in seinen Träumen auftauchten. Er sagte »Okay«, beendete das Gespräch und sagte zu den anderen: »Ich muss noch mal los, was erledigen.«

»Jetzt noch?«

»Ich kann's mir nicht aussuchen.« Lothar zuckte mit den Schultern. »Sonst kriege ich Stress zu Hause.«

Damit konnten alle was anfangen, und er kam weg, ohne noch groß etwas erklären zu müssen. Draußen rannte er die paar Meter zu seinem Honda, es regnete wie aus Gießkannen. An der Art, wie die Scheinwerfer der anderen Autos ihm in die Augen stachen, merkte er, dass er eigentlich zu viel getrunken hatte, um noch zu fahren. Daniel schon wieder, dachte er. Daniel ruft an, und du springst. Wochenlang hörst du nichts von ihm, und dann heißt es plötzlich, hier ist der Ring, und du springst durch. Komm hierhin, geh dorthin, mach dies, lass das und stell keine Fragen, das brauchst du nicht zu wissen.

Er stieg in den Prelude, startete und wartete, bis die Ampel an der Kreuzung rot wurde, bevor er die Parklücke verließ. Um diese Zeit war der Verkehr nicht mehr besonders dicht. Das Bremer Kreuz war ganz in der Nähe, er musste nur immer weiter die Bahnhofsstraße hinauffahren und dann Richtung Delmenhorst abbiegen. Danach waren es noch ungefähr zwanzig Minuten bis zum Autobahnzubringer.

Ein Autobahnparkplatz, dachte er, was soll ich da; warum soll ich da hinkommen? Er hatte das Handy auf den Beifahrersitz geworfen, wie Dany das immer machte, eine coole Geste, rein ins Auto und das Handy neben sich werfen. Da lag es jetzt und klingelte wieder. Er griff danach, drückte auf Empfang. »Ja?«

»Bist du auf dem Weg?«, fragte Dany.

»Ja.«

»Wie lang brauchst du noch?«

»Viertelstunde ungefähr.«

»Hast du jemandem gesagt, wo du hinfährst?«

»Nein.«

»Gut. Bis gleich.«

Das Handy verstummte, und Lothar trat aufs Gas, bis der Kickstart den Motor aufröhren ließ. Jetzt war er Steve McQueen, der King of Cool. Etwas später tauchten die nass glänzenden Schilder für die Autobahnzubringer im Scheinwerferlicht auf, rechts nach Osnabrück, geradeaus nach Hamburg. Er setzte den Blinker, trat auf die Bremse, schaute rechts und links. Die Straße war frei. Er bog ab und blieb auf der Fahrbahn, die in einem großen Bogen auf die A1 führte, und da sah er schon die Autos vorbeischießen, wusch, wusch, wusch, ein schneller Schwarm von Scheinwerfern unter dem tiefhängenden Himmel. Er beschleunigte, bis er genauso schnell war, dann wechselte er von der

Zufahrt auf die rechte Spur und blieb dort. Es dauerte nicht lange, und der Parkplatz tauchte auf, sodass er die Fahrbahn wieder verließ.

Daniel war noch nicht da, natürlich nicht. Er war nie pünktlich. Auf dem ganzen Platz stand nur ein Fahrzeug, und das war ein Hippiebus mit so einer Bemalung wie der Rolls-Royce der Beatles früher, nur dreckiger. Als Lothar ein paar Stellplätze entfernt parkte, schaltete der Hippiebus die Scheinwerfer ein und verließ die Bucht. Vielleicht hält er mich für einen Zivilbullen, dachte Lothar, einen von der Drogenfahndung. Das gefiel ihm: Fahnder, das wäre was! Einen Ausweis haben, Fragen stellen, mit Blaulicht hinter der Frontscheibe losrasen.

Er machte das Radio an und erwischte noch den Rest der Nachrichten: »Wissenschaftlern des Roslin-Instituts im schottischen Edinburgh ist es gelungen, zwei walisische Bergschafe zu klonen«, sagte der Sprecher. Super, dachte Lothar, wer braucht denn künstliche Schafe? Gibt doch genug echte, so wie mich. Ob sich so ein Schaf auch fragt, warum es auf der Welt ist? Oder warum es geschoren wird, als wäre es ein echtes?

Irgendwann werden die auch noch Menschen klonen, dachte er. Oder vielleicht haben sie das schon, und niemand weiß es. Moritz und Daniel könnten jedenfalls Klone sein, innerlich bestimmt. Er musste irgendwie weg von denen; die waren einfach nicht gut für ihn. Aber sie hatten ihn in der Hand, vor allem Daniel, und er war genau der Typ, der niemals aufhören konnte. Seit der Sache mit dem Radscha hielt er sich für unverwundbar, Herr über Leben und Tod. Und dabei wusste Lothar immer noch nicht, warum der Paki eigentlich sterben musste. Warum Daniel ihn da rausgelockt und dann umgebracht hatte. Sie hatten nie wieder darüber gesprochen, bis heute nicht.

Ein 7er BMW bog in die Parkbucht und näherte sich dem

Honda. Autos konnte Lothar praktisch schon erkennen, bevor sie gebaut worden waren – Hersteller, Serie, Tag der Erstzulassung, musste noch nicht mal ein einziges Teil verschraubt worden sein. Der Fahrer drückte zweimal auf die Lichthupe, parkte vor dem Honda und stieg aus. Überrascht stellte Lothar fest, dass der BMW-Fahrer gar nicht Daniel war, sondern Moritz. Normal fuhr Mo nämlich einen weinroten Alfa Romeo, so einen italienischen Sportwagen, den er regelmäßig in ihrer Werkstatt warten ließ. Er war auch nicht so elegant angezogen wie sonst, kein Anzug, keine Krawatte, nur Jeans und Lederjacke. In der Hand hielt er eine Plastiktüte von Edeka.

Lothar öffnete die Tür und stieg ebenfalls aus. Fast im selben Moment hörte der Regen auf. »Ich dachte, ich soll mich mit Dany treffen«, sagte Lothar.

»Daniel ist was dazwischengekommen. Er hat mir gesagt, wo ich dich finde.« Moritz drückte ihm die Tüte gegen die Brust. »Ich muss gleich weiter. Hier, sieh zu, dass du die irgendwo entsorgst.«

Der Inhalt der Tüte war hart und schwer. »Was ist das?« Lothar sah hinein und entdeckte eine Pistole und noch einen dunklen Gegenstand. Die Pistole erkannte er. »Hey, wieso soll die denn jetzt auf einmal ent–«

»Ich hab jetzt keine Zeit.« Moritz sah sich um, als fürchtete er, jemand könnte ihm gefolgt sein. »Tu's einfach.«

»Ist sie benutzt worden?«

»Ist doch egal.«

»Ist überhaupt nicht egal! Wenn damit jemand verletzt worden ist oder –«

Sein Gesicht war so angespannt wie seit der Sache mit dem Radscha im Dezember vor einem Jahr nicht mehr. »Was dann, Motörhead? Du hängst in jedem Fall mit drin. Vergiss nicht, dass du die Knarre besorgt hast. Das sind dann schon zwei Fälle. Von uns weiß keiner was.«

Lothar stand nur da und starrte ihn an. Zwei Fälle?

»Ruf an, wenn du sie losgeworden bist.« Moritz gab ihm nicht mal die Hand, sondern stieg einfach wieder in den BMW und raste mit durchdrehenden Reifen los, zurück auf die Autobahn.

Genauso hat es sich abgespielt, dachte Lothar, als übte er schon seine Aussage in einem Polizeiverhör. Er stand mit der Tüte in der Hand da, schaute dem BMW hinterher und dachte, jetzt bin ich doch in diesem Film, schon wieder. Irgendwann kriegen die Bullen mich dran, und dann wollen sie da auch noch eine Geschichte hören. Ich werd sagen, was für mich am besten ist, auch wenn es nicht die Wahrheit ist. Erst mal. Niemand rückt gleich mit der Wahrheit raus. Ich baue ja auch kein neues Ersatzteil ein, wenn es ein gebrauchtes genauso tut, bis die nächste Reparatur sowieso fällig ist.

Er setzte sich wieder hinters Steuer, die Tüte im Schoß. Das Radio war noch an. Eine Frauenstimme sagte: »Das war die Charlie Daniels Band mit The devil went down to Georgia, ein Oldie but Goldie, den ihr euch immer wieder wünscht. Und jetzt ein anderer eurer Lieblingssongs, Killing me softly.«

Lothar schaltete die Innenbeleuchtung an und schaute wieder in die Edeka-Tüte. Die Pistole lag ganz unten drin. Der andere Gegenstand war ein ziemlich abgegriffenes Portemonnaie. Er holte es heraus, klappte es auf, suchte darin herum. Kein Ausweis, keine Bank- oder Kreditkarten, keine Visitenkarten, nichts, das verriet, wem sie und die sieben Pfennige im Kleingeldfach gehörten.

Er holte die Pistole heraus. Sie war schwarz mit braunen Griffschalen und ziemlich klein. Sie sah genauso aus wie die Mauser, die er vor ein paar Monaten für Daniel besorgt hatte; eine scharfe Waffe, keine Schreckschusspistole. Er hielt sie an die Nase, und sie roch nach verbranntem Pulver. Er ließ das Magazin herausspringen, es war leer. Scheiße. Hastig schaltete er die Innenbeleuchtung aus. Er legte die Pistole und das Magazin auf den Beifahrersitz und deckte sie mit der Tüte zu. Er schnappte sich das Handy und drückte die Kurzwahltaste für Dany, der sich sofort meldete, schon nach dem zweiten Klingeln. »Hey, hat alles geklappt?«

»Was ist das für eine Scheiße, in die ihr mich da gerade reinzieht?«, fragte Lothar. Er merkte, dass er seine Stimme überhaupt nicht unter Kontrolle hatte. »Mo war hier und hat mir die Mauser in die Hand gedrückt, die ich letzten Sommer für dich besorgt habe. Ich soll sie verschwinden lassen. Was ist los? Was habt ihr gemacht?«

»Reg dich ab.« Dany klang ganz ruhig. »Ich kann jetzt gerade nicht reden. Morgen erzähle ich dir alles.«

Lothar schlug mit der Faust auf das Lenkrad. »Nicht morgen – jetzt! Ich will es jetzt wissen! Sonst behalte ich die Knarre und –«

»Willst du mir etwa drohen, Motörhead? Das würde ich mir gut überlegen. Ich habe die Pistole schließlich nicht gekauft, zu mir führt keine Spur.« Im Hintergrund klirrten Gläser, Discomusik schepperte vor sich hin, jemand lachte. »Ich ruf dich morgen an, wenn ich wieder da bin, versprochen.«

»Wieder da? Wo bist du denn?«

»In Bonn. Mit Mo und zwei scharfen Bräuten.«

»Ich habe mich doch eben erst mit Moritz getroffen!«

»Nein, hast du nicht. Er war die ganze Zeit hier, bei mir und den beiden –« Der Rest ging in dem Gelächter unter, dann war Danys Stimme wieder da. »Alles klar?«

»Aber was soll ich denn jetzt machen?«

»Du lässt die Knarre verschwinden, fährst brav nach Hause und wartest auf meinen Anruf.«

»Und wenn mich jemand gesehen hat? Wenn mich jemand fragt, was ich hier gemacht habe?«

»Wer soll dich das denn fragen?« Jetzt klang Daniel genervt. »Und falls doch, sagst du die Wahrheit: Einer eurer Kunden hat auf dem Parkplatz den Kraftfahrzeugbrief für seine alte Karre hinterlegt. Jemand, der es eilig hatte und nicht von der Autobahn runterwollte. Hinter einem der Mülleimer. Du warst da, um ihn abzuholen. Stell dich doch nicht so dämlich an.«

Die Verbindung brach ab. In der Stille hörte Lothar die Sängerin im Radio, Killing me softly ... with his song. Er starrte durch die Frontscheibe in die Dunkelheit. Auf einmal brannten seine Augen, und er merkte, dass er kurz davorstand, zu heulen. Draußen auf der Autobahn rauschten weiter die Autos vorbei, wusch, wusch, wusch, und er saß da, und seine Nase lief.

Scheiße.

Das war gestern Nacht gewesen. Jetzt war die Rückblende vorbei, und er saß wieder hier, weil er plötzlich gedacht hatte, vielleicht ist alles nicht geschehen, wenn ich noch mal hinfahre, an dieselbe Stelle wie gestern. Vielleicht erwache ich aus einem Albtraum und kehre in die Stadt zurück, ohne dass Moritz gekommen ist, ohne Pistole.

Er schüttelte den Kopf. Dann gab er sich einen Ruck und öffnete das Handschuhfach, in dem er immer ein kleines Werkzeugset aufbewahrte, Erste Auto-Hilfe. Er nahm das Plastiketui mit den Schraubendrehern heraus, schaltete die Innenbeleuchtung ein und wählte einen, der für die feinen Schräubchen in der Pistole passte. Unter seinen Fingernägeln saßen schwarze Ränder, Reste von Schmierfett, die nur schwer weggingen. Danach holte er die Mauser aus der Edeka-Tüte unter dem Sitz und fing an, sie auseinanderzunehmen. Er war immer noch allein auf dem Parkplatz, und während er arbeitete, dachte er daran, was er für ein Idiot gewesen war, einfach »Ja« zu sagen, als Daniel ihn gefragt hatte, ob er ihm eine Knarre besorgen könnte. Revolver oder Pistole, egal.

Wofür brauchst du denn eine Pistole?, hatte er gefragt.

Wir leben in einer schlechten Welt, hatte Daniel geantwortet.

Ich seh zu, was ich machen kann, hatte Lothar gesagt und sich total cool gefühlt, ey, Daniel kam zu ihm, weil er eine Knarre brauchte! Das war Ende August gewesen, und ein paar Tage später, Anfang September, kam wieder einer von den Jugos in die Werkstatt, die regelmäßig reinschauten, immer mit anderen Autos. Die meisten kamen aus Delmenhorst oder Mersfeld, manche auch aus Bremen. Die Autos brauchten eine neue Lackierung, einen Blanko-Kraftfahrzeugschein oder ein sauberes Nummernschild, was für Lothar in Ordnung ging, solange Bulle Böhlich, sein Chef, es genauso sah.

Der Jugo von Anfang September redete mit einem der anderen Kunden, während sein Benz eine TÜV-Plakette aufgeklebt kriegte, und Lothar konnte hören, wie er sagte: Ich kann dir alles besorgen, sag mir, was du willst, auch Handgranate, sogar Bazooka. Als Lothar ihm die TÜV-Bescheinigung aushändigte, fragte er beiläufig: Ich könnte eine Pistole brauchen, hast du so was? Der Jugo lachte. Klar, Revolver, Pistole, kein Problem, nicht registriert, niemand kann zurückverfolgen.

Wie viel?

1400, mit Munition, alles inklusive.

Wann?

Nächste Woche Donnerstag, ja?

Wo?

Kennst du Videothek in Harting? 21 Uhr. Frag nach Arkan.

Die Videothek kannte er. Sie lag gegenüber von dem kleinen Einkaufszentrum, und am Donnerstag um 21 Uhr war er da. Weil es noch so warm war, stand die Tür offen. Drinnen war es noch wärmer, wegen der Leisten mit Punktstrahlern an der Decke, die auf die knallbunten Hüllen der Videokassetten gerichtet waren. Die Hälfte davon hatte Lothar schon gesehen, vor allem die mit Bruce Lee, *Die Todeskralle*, lauter halb nackte Schlitzaugen, die einem mit den Füßen direkt ins Gesicht zu springen schienen. Er fragte nach Arkan, aber der Typ in dem Trainingsanzug an der Kasse hatte den Namen noch nie gehört. Lothar beschloss noch etwas zu warten und schaute sich ein paar von den neuen Filmen an, aber es war nichts Richtiges dabei, und schließlich ging er wieder. Draußen lehnte der Jugo dann an der Wand neben der Tür, als wollte er sich in der Abendsonne bräunen, und fragte: Hast du das Geld?

Ja.

Gib her.

Lothar gab ihm ein Kuvert mit den 1400 Mark, die Daniel ihm vorbeigebracht hatte. Der Jugo blickte in das Kuvert, fuhr mit dem Daumen hinein, um die Scheine zu befühlen. Warte hier. Er verschwand in der Videothek, und Lothar wartete. Nach ein paar Minuten kam der Jugo wieder. Er hatte die Pistole bei sich, in Zeitungspapier gewickelt. Sie war kleiner, als Lothar gedacht hatte. Magazin, sagte der Jugo noch und holte das Magazin aus der rechten Tasche seiner Windjacke, Munition ist drin, sieben Kugeln.

Er war noch nicht mal wieder in der Werkstatt gewesen, da hatte Lothar schon bei Daniel angerufen, cool wie Burt Reynolds, und gesagt: Ich hab deine Knarre. Gleich am nächsten Tag war Daniel bei ihm vorbeigekommen, und zusammen waren sie rausgefahren in das kleine Wäldchen hinter der Feuerwache – weit genug, dass niemand sie hören konnte –, und Daniel hatte einen Probeschuss auf eine der Birken abgefeuert. In Ordnung, hatte er nur gesagt.

Burt Reynolds und Clint Eastwood.

Und jetzt? Jetzt war Burt Reynolds wieder Lothar, saß hinter der Ausfahrt Groß-Mackenstedt in seinem Honda

Prelude und schraubte eine Mordwaffe auseinander. Inzwischen war er ganz sicher, dass mit der Mauser jemand getötet worden sein musste. Nach ungefähr einer Viertelstunde hatte er die Pistole in fünf Teile zerlegt, die neben ihm auf der Edeka-Tüte lagen: Rohr, Schlitten, Schlagbolzen, Abzughahn und Griff, außerdem noch das leere Magazin.

Plötzlich fiel ihm Robert ein, und er dachte, hoffentlich nicht Robert. Daniel hatte ihm erzählt, dass Robert sterben wollte und jemanden suchte, der ihn umbrachte, nur zum Schein, damit er die Versicherung kassieren und untertauchen konnte, weil er so viele Schulden hatte, von denen er anders nicht runterkam, beim Finanzamt und anderswo. Hoffentlich nicht Robert, dachte Lothar. Er verwünschte den Tag, an dem Daniel eines Morgens in die Werkstatt marschiert war und gesagt hatte: Hallo, Daniel Becker, wir sind jetzt Nachbarn, ich habe die Lagerhalle nebenan gemietet. Können Sie mal einen Blick auf die Lichtmaschine von meinem BMW da vorn werfen, da muss irgendwo ein Wackelkontakt sein.

Er nahm den Schlagbolzen, stieg aus und schleuderte das Teil in das Gestrüpp hinter der Parkbucht. Er lauschte, ob er was aufschlagen hörte, aber das Geräusch ging im Lärm der vorbeirasenden Autos unter. Er stieg wieder ein, startete und verließ den Parkplatz. Eine Zeit lang schwamm er im Verkehr Richtung Osnabrück mit, dann nahm er die nächste Ausfahrt, wechselte die Fahrtrichtung und fuhr auf der Gegenfahrbahn Richtung Hamburg zurück, bis er wieder an die Abfahrt Groß-Mackenstedt gelangte. Dann nahm er die B 322 bis zur Syker Straße und bog auf den leeren, nur schwach beleuchteten Real-Markt-Parkplatz. Da standen einige Mülltonnen und ein Altkleider-Container, in den er das Portemonnaie und den Abzug der Mauser warf.

Als er den Parkplaz verließ, achtete er zum ersten Mal wieder auf die Musik im Radio. Da spielte eine Band, die er kannte; er kam nur nicht auf den Namen, entweder Supertramp oder das Electric Light Orchestra. Er fuhr bis zur nächsten Kreuzung, nahm aber nicht die Richtung nach Mersfeld, sondern fuhr weiter geradeaus, bis die letzten Häuser zurückblieben. Nach ungefähr drei Kilometern gelangte er an einen Weg, der an den Feldern entlang zu einem Waldstreifen führte. In dem Waldstreifen warf er den Schlitten der Pistole weg, bevor er sich auf den Rückweg machte. Er fuhr gern in der Nacht, wenn man nichts sah als die Straßenbeleuchtung und ein paar in der Dunkelheit vorbeigleitende Scheinwerfer und hin und wieder das rote Irrlicht eines Rückstrahlers.

15

Das kleine Haus am Ufer des Flusses, das Kiefer Larsen und seine Frau Kristin seit drei Jahren bewohnten, würde nie als Fotostrecke in *Schöner Wohnen* oder im Inhaltsverzeichnis des *Architectural Digest* erscheinen. Die Decken waren zu niedrig, der Dielenboden verlief unebenmäßig, die Fenster ließen nicht genug Licht ein, und in keinem der Zimmer fand sich auch nur ein einziges Designerstück. Der Garten wirkte verwildert, alles blühte und wuchs kunterbunt durcheinander. Die Hecken mussten längst wieder geschnitten werden, und der Apfelbaum vor der Terrasse war im letzten Winter von einem Blitz halb gespalten worden. Aber es war das Haus, in dem Larsen nach Ellies Tod und der Trennung von Hanna Ruhe gefunden hatte – stundenweise, tageweise, manchmal eine ganze Woche lang, und deswegen liebte er es. Es war ein Haus, in dem er noch keinen Verlust erlitten hatte; in dem abends niemand mit Bitterkeit und Schmerz auf ihn wartete, bis jetzt. Es war ein anderes Haus, mit einer anderen Frau darin, das vor allem war wichtig.

Die Straße, die an diesem Haus vorbeiführte, war schmal und mit schmutzigen, nassen Blättern bedeckt, die im Licht der gelblichen Laternen glänzten. Unter den Ulmen am Ufer standen wie Fischgräten geparkte Autos. Dahinter lag der schwarze Fluss. Mareike fuhr mit dem Dienstwagen halb auf den Gehweg gegenüber von Larsens Einfahrt und schaltete in den Leerlauf. »Here we are. Good night, Boss. Nice to have you back.«

Larsen runzelte die Stirn. »Sag mal, Mareike, wie wichtig ist dir eigentlich die Arbeit bei uns im Kommissariat?«

»Schon gut, das war das letzte Mal.« Sie machte irgendwas mit ihren Mundwinkeln, das einem Lächeln glich. »Ab morgen im Dienst nur noch Deutsch.«

»Good girl«, sagte Larsen und stieg aus. Er überquerte die Straße und steuerte das freundliche Licht über seiner Haustür an. Es gab mehrere Möglichkeiten, nach der Arbeit heimzukehren – mit dem Bus, der Straßenbahn, dem Taxi, sogar zu Fuß –, und fast alle waren dem Kommissar vertrauter, als den eigenen Wagen zu nehmen, der unter einer schweren, laubbedeckten Plastikplane in der Zufahrt neben dem Haus auf den Frühling wartete. Es war ein mokkabrauner Ford Mustang T5, Baujahr 1966. Nach einem Jahr Dornröschenschlaf musste er in den nächsten Wochen behutsam aufgeweckt werden. Wenn mein Mörder mir die Zeit dazu lässt, dachte Larsen, als er an dem abgedeckten Sportwagen vorbeiging und das Haus durch die Gartentür betrat.

Einen Herzschlag lang verharrte er auf der Schwelle, um das Gefühl schwerelosen Glücks auszukosten, das ihn durchströmte, seit es Kristin war, zu der er nach Hause kam. Kein versteinertes Wesen mehr, das mit blassem Gesicht schweigend im Halbdunkel des Wohnzimmers saß. Keine

Hanna, die den Kopf nicht hob bei seinem Eintreten, sondern weiter auf die I-Ging-Stäbchen auf dem Couchtisch vor sich starrte oder auf die mit geheimnisvollen Sprüchen bedeckten Seiten des Orakels daneben. Keine Mutter ohne Tochter, die nach einer Hoffnung suchte, wo keine mehr war; nach einem Versprechen, das ihren Schmerz beendete. Keine Ehefrau, die nicht zu hören schien, dass er da war. Die seine Begrüßung ignorierte.

Abend für Abend, Nacht für Nacht war ihm ihre Verzweiflung, ihr stummer Vorwurf entgegengeschlagen: Wo warst du, als deine kleine Tochter dich gebraucht hat? Wo warst du, als sie vor dem Feuer fliehen musste? Warum hast du sie nicht festgehalten, als sie gefallen ist?

Stattdessen kam jetzt Kristin auf ihn zu, als er noch den Schmutz von den Schuhen streifte, im Gesicht ein Lächeln, so strahlend wie ein ganzes Feld voller Löwenzahn in der Morgensonne. Vom dunklen, toten Yin zum leuchtenden, lebendigen Yang, dachte Larsen. Ellies Tod und die Trennung von Hanna hatten ihn erst verletzlich gemacht, dann hart; jetzt neigte er gelegentlich zur Sentimentalität, auch in diesem Moment. »Was hätte ich nur das ganze Jahr in Amerika gemacht, wenn du mich nicht zwischendurch besuchen gekommen wärst?«, sagte er.

»Wahrscheinlich wärst du zu einer anderen Frau gegangen«, meinte sie, »einer Barsängerin, so wie die Cowboys in deinen Western. Nur um die Hormone loszuwerden, die von den ganzen Steaks, halbroh und blutig, in deinen Körper gepumpt wurden.«

»Denkst du gerade an die Nacht in Santa Fé?«

»Und an gestern Nacht.«

Sie schlenderte über den Kachelboden der nur schwach von der Lampe über dem Herd erhellten Küche und stellte sich auf die Zehenspitzen, um ihn zu küssen. Sie roch nach einem der klassischen französischen Parfüms, die er nicht auseinanderhalten konnte, dazu im Haar das Aroma von Äpfeln. Am besten hatte ihm am Anfang gefallen, dass ihre Augen zwei verschiedene Farbtöne hatten, bernsteinbraun das linke, kieselgrau das rechte. Dann die kleine Nase, der zart geschwungene Mund, die kastanienfarbenen Haare und die Figur, nicht zu groß und nicht zu schlank. Ich bin nicht mal annähernd perfekt, hatte sie ihn bei ihrer ersten Begegnung gewarnt. Für mich reicht es vollkommen, hatte er geantwortet.

Er sah zu den Töpfen hinüber, die auf dem Herd vor sich hin dampften. »Wonach riecht es denn hier? Tomaten und Knoblauch?«

Sie legte kurz die Stirn an seine Brust, eine bedingungslose Geste, die ihm vorkam wie ein indianischer Willkommensgruß. »Ich dachte, heute Abend essen wir zur Abwechslung mal Fischeintopf«, sagte sie. »Nicht zu schwer, dann kann ich nachher noch arbeiten, und du auch, bei deinem Jetlag.«

»Was übersetzt du gerade?«, fragte er.

»Eine unbekannte Novelle von di Lampedusa«, sagte sie. »Du weißt schon, der vom Leopard. Ist in irgendeinem Nachlass in Catania entdeckt worden. Ziemlich ambitionierte Sache, die er aber nicht mal in seinen Tagebüchern erwähnt hat. Und du?«

»Ein Mord, der bisher noch schlicht aussieht. Aber das will nichts heißen.«

Kristin ging zum Küchentisch und zündete zwei Kerzen an, die ihr warmes Licht auf die ausladende, zernarbte Platte aus Buchenholz warfen. Teller, Gläser und Gewürze standen schon bereit; das Besteck lag auf Bastuntersetzern. In der Mitte des Tisches stand eine Flasche roter Burgunder, der auch zu Fisch passte. Sie nahm den Topf mit der Bouillabaise vom Herd, schwang eine silberne Schöpfkelle und füllte ihre Teller. Ein bestickter Topflappen schützte ihre

Hand, als sie eine Schale mit frisch geröstetem Weißbrot aus dem Ofen nahm. »Hau rein«, sagte sie.

Nach dem Essen ging sie in ihr kleines Arbeitszimmer unter dem Dach. Von dort aus konnte sie den Fluss sehen, solange die Bäume nicht zu belaubt waren. Larsen setzte sich an seinen Schreibtisch im Wohnzimmer, in der Mitte zwischen Kamin, Fernsehkonsole und Bücherregal. Wenn er nicht auf das oberste Blatt seines Schreibblocks starrte, eröffnete ihm ein kleines Fenster den Blick auf den Apfelbaum vor der Buchsbaumhecke am Ende des Gartens. Das Walnussregal zu seiner Rechten enthielt die Bücher, die Kristin übersetzt hatte, außerdem Biografien, vor allem von Politikern, daneben einige Standardwerke der Kriminalistik und – als einziger Roman, der ihm gehörte – *Kaltblütig* von Truman Capote.

Als Erstes versuchte Larsen jetzt, hellwach und von Jagdfieber erfasst, die Tötung von Robert Kosinski zu rekonstruieren, indem er sie in einzelne Sequenzen zerlegte und die Entscheidungen des Täters in kurzen Sätzen festhielt. Die Abschnitte wurden mit kleinen Buchstaben und Klammern versehen:

a) Der Ford Sierra mit Robert Kosinski (RK) hinter dem Steuer steht einsam auf einem verlassenen Parkplatz vor dem Freibad.
b) Es ist Nacht und dunkel, kaum Licht der Straßenlaternen. Trotzdem – oder gerade deswegen sucht der Täter den Tatort (TO) auf.
c) Der Täter nähert sich, eventuell von hinten, entweder zu Fuß oder in einem Fahrzeug, wenn sich Täter und Opfer nicht kennen, ansonsten Annäherung Face to Face zu erwarten.
d) Da er die Tat nicht mit einer zufällig gefundenen Waffe verübt, führt er eine Pistole bei sich.

e) Er wartet bis RK die Scheibe herunterkurbelt oder die Tür öffnet. Allerdings – das Fenster war beim Auffinden der Leiche offen.
f) Er schießt zweimal auf RK, das erste Mal aus etwa einem Meter Entfernung, das zweite Mal ist ein aufgesetzter Schuss in die Schläfe; es scheint vorher keine körperliche Auseinandersetzung gegeben zu haben.
g) Er nimmt das Handy des Toten und seine Geldbörse an sich, durchsucht ihn aber nicht weiter und lässt zumindest seine Brieftasche zurück.
h) Er entfernt sich vom Tatort – wieder zu Fuß oder mit einem Fahrzeug, ohne die ausgeworfenen Patronenhülsen einzusammeln.
i) Er nimmt die Waffe mit.

Danach schrieb Larsen auf, welche Fakten seine Rekonstruktion stützten, jetzt ohne Buchstaben, Ziffern oder Klammern:

Außen neben der Fahrertür lagen mehrere Zigarettenkippen der Marke Camel, deren Schachtel sich im Inneren des Sierra befand. Der Fahrer muss sie aus dem Aschenbecher durch das offene Fenster oder die geöffnete Tür auf den Asphalt gekippt haben. Vermutlich hat er einige Zeit am späteren TO gewartet.

Ebenfalls neben der Fahrertür lagen zwei Patronenhülsen, eine neben den Kippen, eine darauf. Das hat den Täter nicht weiter interessiert; es war ihm nicht wichtig. Er konnte anhand der Hülsen und Projektile nicht identifiziert werden.

Er hat mit der Pistole noch kein anderes Verbrechen begangen.

Das Fenster stand offen.

Die Blutspritzer waren in unterschiedlichem Umfang auf der Kleidung des Opfers und im Wageninneren verteilt, wie es geschieht, wenn aus verschiedenen Winkeln und Entfernungen geschossen wurde.

Falls Kosinski kein Handy bei sich gehabt hat, was aufgrund seines Berufes und der Umstände – Nacht, abgelegener Ort – unwahrscheinlich ist, hat der Täter es, wie oben festgehalten, mitgenommen. Vorher oder nachher hat er die Kleidung des Toten durchsucht und einige Objekte entfernt, andere aber zurückgelassen.

Außer den Einschusslöchern weist das Opfer keine weiteren Verletzungen auf. Zudem saß es noch hinter dem Steuer, was darauf hindeutet, dass es sich nicht gewehrt hat. Es ist zu keinem Kampf gekommen, also ist der Tote entweder überrascht worden, oder er hat sein Schicksal als unausweichlich oder sogar in Maßen verdient hingenommen.

Hinrichtung? Dafür spricht der zweite, aufgesetzte Schuss. Milieubedingte Tat? In welchem Milieu war RK tätig?

Persönliches Motiv? Hatte er Feinde? Wem stand er im Weg? Für wen hatte sein Tod Vorteile?

Danach ist der Schütze zu Fuß oder mit seinem Fahrzeug vom Tatort geflüchtet. Fingerabdrücke? Reifenspuren? DNA im Innenraum des Autos, an der Kleidung des Opfers? Telekommunikation: Welches Handy war am Abend/in der Nacht am TO eingeloggt? Welche Gespräche hat RK am Tatabend geführt?

Warum wurde gerade RK an diesem gottverlassenen Ort erschossen? Wäre auch eine andere Person, die zur selben Zeit am selben Ort gewesen wäre, Opfer geworden?

Was zeichnete RK besonders aus?

Indem Larsen die Vorgänge in einzelne Sequenzen zerlegte und analysierte, welche Entscheidungen des Täters zum jeweils nächsten Schritt geführt hatten, ergab sich fast automatisch der Ablauf der Tat wie in den Zeichnungen eines Comic-Strips. Ich kenne das Was, dachte er, ich kenne das

Wann und Wo, nur das Warum nicht. Wenn ich das Warum auch noch erfahre, habe ich das Motiv und damit auch das Profil des Mörders.

Allerdings geht aus den Fakten nicht hervor, ob es sich um eine Zufallstat handelt oder ob sie geplant war. Für die Planung spricht das Mitführen der Waffe, falls es sich nicht um einen Täter handelt, der aus beruflichen oder anderen Gründen regulär eine Pistole trägt.

Larsen beschloss, sich weiter mit der Biografie von RK zu beschäftigen, der dritten Säule seiner fallanalytischen Bewertung: das Verhalten des Täters am Tatort, bei der Tötung und die Opferpersönlichkeit. Gab es im Leben von RK einen Grund dafür, dass er zum Opfer wurde? Was hat er falsch gemacht? Wen hat er gestört?

Larsens Nokia klingelte. Es steckte noch in der Jacke, die er in der Küche über die Stuhllehne gehängt hatte. Als er es herausgeangelt hatte, las er Stephen calling auf dem Display.

»Hi, Steve«, meldete er sich, froh, dass er sich in den Staaten ein privates Handy gekauft hatte.

»Hi, Kiefer, ich weiß, bei euch ist es schon spät, und du bist wahrscheinlich todmüde«, sagte Steve Meyers, stellvertretender Leiter der Abteilung Verhaltensanalyse beim FBI, jenseits des Atlantiks auf Deutsch. »Ich wollte mich nur kurz erkundigen, ob du gut in Bremen gelandet bist und alles okay ist.«

»Alles hat wunderbar geklappt, keine Probleme«, antwortete Larsen. Während der Wochen in Quantico hatten sie sich auf Englisch unterhalten wie alle anderen, aber Meyers stammte aus Pennsylvania, wo es von Nachfahren deutscher Einwanderern nur so wimmelte. Sein Vater war Amerikaner, ein erfolgloser Folksänger, seine Hippie-Mutter eine Deutsche, die es auf ihrem ersten US-Trip mit ihrem bunt bemalten VW-Bus ins Flower-Power-San-Francisco der Sechzigerjahre verschlagen hatte. Beide lebten noch, konnten aber nicht verstehen, wieso ihr Sohn zum FBI gegangen war, ganz im Gegensatz zu seinem Patenonkel Carl, der ihm sein Haus am Stadtrand von Santa Fé vermacht hatte.

Meyers und Larsen hatten sich schnell angefreundet: Beide liebten sie Western, dachten ähnlich und hatten denselben Humor. Im letzten Sommer hatte Meyers ihn eingeladen, eine gemeinsame John-Wayne-Gedächtnis-Tour zu machen. Mit dem Wagen waren sie von Virginia nach New Mexico gefahren, inklusive einem Ausflug ins nahe Arizona, zum Monument Valley, mitten hinein in das atemberaubende Cinemascope-Panorama.

Mit eigenen Augen hatten sie die mächtigen Felsen gesehen, die ausgedörrte Erde, das Flirren des Lichts, das die Umrisse des roten Gesteins unter dem milchig blauen Himmel verwischte. Plötzlich war Larsen wieder ein kleiner Junge gewesen, zehn Jahre alt, der in der dritten Reihe des Gloria-Palastes saß und mit wild klopfendem Herzen darauf wartete, dass die schweren purpurnen Samtvorhänge auseinanderschwangen und sich die in der Sonne leuchtende Weite des Westens vor ihm öffnete.

Einige Sekunden lang hatte er fest damit gerechnet, dass gleich von rechts und links Cowboys, Indianer oder Soldaten der US-Kavallerie auf Pferden mit glänzendem Fell ins Bild galoppieren würden, begleitet von mitreißender Musik, Staub, trommelnden Hufen, klirrendem Zaumzeug, dem Blitzen frisch geölter Peacemaker in den Lederholstern. Und siehe da – in Kiefer Larsens Brust schlug noch immer ein Herz, das so weit wurde wie die endlose Prärie, um all den Mut und die Gefahr, die wilden Kämpfe und manchmal bitteren Siege fassen zu können. Denn mit neun, zehn oder elf Jahren hatte er eines gelernt: Das Böse existierte nur aus einem Grund – um vom Guten besiegt zu werden, gestern, heute und morgen.

»Ich habe eine neue Aufgabe für dich«, sagte Larsen jetzt.

»Schieß los.«

»Buddha«, sagte Larsen.

»Welcher?«

»Der erste, 500 vor Christus«, erklärte Larsen gut gelaunt. »Ein Profiler wird an einen Tatort in der Nähe der indisch-nepalesischen Grenze gerufen und findet Siddharthas Leiche auf einem Feldweg. Offenbar wurde er ermordet, aber es gibt keine Spur vom Täter außer einer Feder. Wie geht er an den Fall ran?«

»Was für eine Feder? Huhn? Gans? Fasan? Strauß?«

»Pfauenfeder«, improvisierte Larsen.

»Buddha«, wiederholte Steve nachdenklich. »Was ist aus Kain und Abel geworden?«

In Gedanken öffnete Larsen die Datei Kain und Abel in seinem Computer, Untertitel: Versuch einer biblischen Fallanalyse. Ein Gedankenspiel, die spekulative Antwort auf die Frage, was wohl herauskam, wenn man dem ersten Mörder der Menschheitsgeschichte mit den neuesten Methoden kriminalistischer Verhaltensforschung zu Leibe rückte.

»Es gibt noch ein paar offene Fragen, aber Kain hat es getan«, sagte Larsen. »Das ist klar, obwohl nur die schriftliche Aussage von Moses existiert – erstes Buch, Kapitel vier, Vers sechs –, Hörensagen, keine Tatzeugen. Außer Gott natürlich.«

»Aber Gott war auch nicht sicher, oder? Er hat Kain gefragt, wo ist dein Bruder Abel.« Steve schwieg einen Moment. »Außerdem weißt du genau, dass ›Hörensagen‹ vor Gericht nicht zulässig ist, schon gar nicht, wenn es Jahre im Nachhinein erfolgt. Wie hat man denn den Tatort vorgefunden?«

»Die Leiche lag mit eingeschlagenem Schädel unter einem Dornbusch«, erklärte Larsen, »notdürftig mit Zweigen zugedeckt, als wäre sie hastig dort verborgen worden. Außer der Schädelwunde gab es auch Verletzungen an den Unterarmen, wie wenn jemand versucht, mit hochgerissenen Armen Schläge abzuwehren. Schleifspuren im Staub führten zu einem Feld, auf dem ein Kampf stattgefunden haben musste, denn mehrere dunkle Flecken sahen wie Blutspritzer aus, allerdings war nicht klar, ob es sich um das Blut von Kain oder Abel handelte. Vielleicht hatte Abel sich gewehrt, ehe er totgeprügelt worden war. Es scheinen nur zwei gewesen zu sein, von denen einer barfuß war, während der andere Schuhwerk trug, vermutlich Sandalen.«

»Was sagen die Fußabdrücke noch? In welche Richtung hat der Mörder sich entfernt?«

»Offenbar ist er zurück in seine Hütte gegangen. Das deckt sich mit den Aussagen seiner Schwester, einer gewissen Awan, und ihrer Zwillingsschwester, denen zufolge er äußerst erregt zurückkehrte, noch nass, weil er sich mit Wasser aus dem Fluss notdürftig gewaschen haben soll. Laut der Zwillingsschwester hatte es vorher einen Streit zwischen den Brüdern gegeben, wobei Abel den Älteren immer wieder provoziert haben soll.«

»Worum ging es bei dem Streit?«

»Die Schwester sagt, Kain hätte sich darüber geärgert, dass Abels Herde immer wieder sein Ackerland verwüstete, die jungen Setzlinge gefressen hat und so weiter. Du weißt schon, Viehtreiber gegen Farmer, wie im Western. Jedenfalls, irgendwann sagte Kain: ›Lass uns hinausgehen aufs Feld‹, was für mich sehr nach dem berühmten ›Komm mit nach draußen‹ vor einer Kneipenschlägerei klingt. Angeblich hatte aber keiner von beiden eine Waffe dabei.«

»Also handelt es sich bei dem Mordinstrument um eine Gelegenheitswaffe, die Kain auf dem Feld gefunden hat«, konstatierte Meyers. »Vielleicht ein Kieferknochen oder ein Knüppel. Weitere offene Fragen?«

Larsen stand in der halbdunklen Küche, die noch nach

dem Essen und dem verbrannten Docht der erloschenen Kerzen roch – Fisch, geröstetes Brot und Feuer, mit etwas Fantasie der Geruch eines alttestamentarischen Abendessens vor einer Bauernkate.

»Zum Beispiel das Motiv«, erklärte er. »Warum hat Kain es wirklich getan? In welcher Absicht? Ging es um eine der beiden Frauen, wie das Verhalten der Freundin nahelegt? Ging es um den Zwist eines Viehtreibers mit einem Landbesitzer, oder aber darum, dass Gott Abels Opfer mit Wohlgefallen angenommen hat, das von Kain aber nicht? Wenn du dich erinnerst, der eine opferte Gott ein Lamm, der andere Feldfrüchte, aber nur der Rauch von Abels Feuer stieg zum Himmel auf. War es also verletzter Stolz, weil Kain sich zu Unrecht benachteiligt fühlte? Wie viel Mitschuld hat demnach Gott selbst?«

»Und wie groß war der Stress, unter dem die Brüder ohnehin standen?«, ergänzte Meyers. »Immerhin waren sie erst kürzlich aus dem Garten Eden vertrieben worden, das könnte mildernde Umstände zur Folge haben. Außerdem hat Kain als Erstgeborener vielleicht unter der zerrütteten Ehe seiner Eltern gelitten.«

»Woher weißt du, dass die Ehe von Adam und Eva zerrüttet war?«, wollte Larsen wissen. »Davon steht nichts in der Bibel.«

»Aber im Talmud: Da hat Adam ein leidenschaftliches Verhältnis mit Lilith.«

»Also, wenn das nicht auf Hörensagen beruht. Lilith war eine Dämonin, die nie in Fleisch und Blut existiert hat.«

»Außerdem, wenn ich wegen meiner Karen aus dem Paradies geschmissen worden wäre, nur weil sie einem einzigen Apfel nicht widerstehen konnte, der zudem noch von einer Schlange angeschleppt worden ist –«

»Die Kernfrage bleibt trotzdem, ob es Mord oder Totschlag oder nur ein Unfall mit Todesfolge war. Und die Waffe – wenn er sie am Tatort gefunden hat, auf dem Feld, ein Ast, kein Knüppel, keine Keule, sondern meinetwegen der Kieferknochen eines verdursteten Rinds –, dann können wir davon ausgehen, dass er gar nicht vorhatte, seinen Bruder zu erschlagen.«

»Trotzdem hat er versucht, die Leiche zu verstecken. Er wusste also, dass er etwas Unrechtes getan hat, aus niederen Motiven wie Neid, Hass oder Eifersucht. Sonst hätte er ja einfach sagen können, mein Bruder hat aufbegehrt, zur Strafe habe ich ihn getötet, wie es das Gesetz erlaubt – damals wenigstens. Es existierte schließlich zu Kains Zeit noch kein Gesetz, das das Töten eines Menschen verbot, zumal es ja nach dem Tod ihrer Eltern nur vier Menschen gab.«

»Was ist mit ›Wer Menschenblut vergießt, des Blut soll durch Menschen vergossen werden‹?«, warf Larsen ein. »Steht auch im ersten Buch Moses.«

»Das hat Gott aber erst ein paar Jährchen später verkündet, mein Freund, nämlich nach der Sintflut.« Steve lachte wieder, leise, aber hörbar. »Sag mal, hast du einen Auftritt bei Bibel TV oder so was? Heute bei uns zu Gast: der Profiler Gottes?«

Larsen lachte auch. »Ich weiß ja nicht mal, ob die Beweislage ausreicht, um überhaupt an Gott zu glauben. Aber wenn du schon damit anfängst –«

»Ja?«

»Warum stellt Gott Kain diese Frage? Angeblich sieht Gott doch alles, warum ausgerechnet das nicht? Ein Viertel der damaligen Weltbevölkerung wird ausgerottet, und Gott fragt: ›Wo ist dein Bruder Abel?‹ War das eine Fangfrage? Wollte er, dass Kain sich selbst belastet? Weiß er wirklich nicht, dass Abels Leiche halb unter einem Dornbusch versteckt liegt?«

»Es geht hier aber nicht um das Verhalten der Zeugen oder sogar des einzigen möglichen Zeugen«, widersprach

Steve auf der anderen Seite des Atlantiks, »sondern um das des Täters. Wenn wir hier unser Vier-Phasen-Modell zur Anwendung bringen, kommen wir zu folgendem Ergebnis: Erstens, eine Tatplanung liegt wahrscheinlich nicht vor, sondern der tatauslösende Faktor war ein Streit; die Kraft der Situation, das Geschehen eskaliert. Zweitens, die Tötungshandlung erfolgte spontan mit einer Waffe, die zufällig dort herumlag, deinem Rinderkiefer. Drittens, die Beseitigung der Leiche geschah spontan, aber dilettantisch – kein Wunder, wer hätte auch nach dem Toten suchen sollen? Schließlich war es die erste derartige Tat, und der Täter verspürte wohl nur ein vages Schuldbewusstsein. Viertens, dieses vage Schuldbewusstsein belegt ebenfalls sein Nachtatverhalten, indem er sich wäscht und auf Gottes Frage nach seinem toten Bruder ausweichend antwortet: ›Bin ich meines Bruders Hüter?‹ Danach kümmert er sich nicht weiter um den toten Abel; er hat keinerlei Empathie.«

»Andere Tatverdächtige gibt es auch nicht«, stimmte Larsen zu. »Weder die Schwester, die ja wohl gleichzeitig auch Kains Frau war, noch deren Zwillingsschwester haben ein Motiv. Außerdem waren sie zur Tatzeit zusammen in Kains Hütte und geben sich gegenseitig ein Alibi.«

»Waren die damals nicht alle irgendwie Geschwister, genau genommen? Der Legende nach sollten die beiden Brüder doch die beiden Schwestern heiraten, bloß dass die, für die Abel sich entschieden hatte, die schönere war und Kain ihn deswegen umgebracht hat. Weil er seine Nachkommen mit ihr, statt mit der weniger attraktiven Awan zeugen wollte, was Abel ganz und gar nicht passte.«

»Damit wären wir also bei der Opferpersönlichkeit«, meinte Larsen. »Was die angeht, sieht es ja so aus, als ob Abel keinem Streit aus dem Weg gegangen wäre und seinen Bruder bei jeder Gelegenheit provoziert hätte. Könnte am häufigen Fleischgenuss gelegen haben, das ganze über dem

Feuer gebratene Zeug. Andererseits scheint er ziemlich vertrauensselig gewesen zu sein.«

»Für jemanden, der sich hauptsächlich von Obst und Gemüse ernährt hat, scheint Kain aber auch nicht gerade ein Quell an Sanftmut gewesen zu sein. Eher jähzornig, würde ich sagen, mit einer Neigung zu funktioneller Gewalttätigkeit.«

Steve schwieg einen Moment, in dem nur das Rauschen der transatlantischen Verbindung an Larsens Ohr drang. »Vielleicht hat Gott erst danach die Notwendigkeit erkannt, alles sehen zu müssen«, gab er zu bedenken, als er weiterredete. »Vermutlich hat er erst, nachdem der Samen des Mordes jetzt in der Welt war, auf totale Überwachung umgeschaltet. Tja, so oder so, ich muss wieder an die Arbeit, meine Studenten warten. Wir vermissen dich hier jetzt schon, Larsen. Und grüß Kristin von mir, mit der hast du wirklich das große Los gezogen!«

»Ich weiß«, sagte Larsen.

»Buddha«, meinte Steve. Er lachte noch ein weiteres Mal und legte auf.

Larsen stand einen Moment lang etwas orientierungslos in der Küche, dann dachte er wieder an seinen gegenwärtigen Fall. Vielleicht ist es ein bisschen wie bei Kain und Abel, dachte er. Jemand begeht eine Tat, die er noch nie vorher begangen hat, und weiß daher nicht, wie er sich in dieser für ihn selbst überraschenden, ungewohnten Situation verhalten soll. Nur dass sich der Mörder hier nicht einmal die Mühe gemacht hat, die Leiche wegzuschaffen.

Warum? Weil der Täter weiß, dass keine Spur zu ihm führt? Oder weil er diese Spur nicht fürchtete, vielleicht sogar wollte? So oder so, bis jetzt sah alles nach einem ganz normalen Mord aus persönlichen Motiven aus: nur ein Vertreter, der nachts in seinem Wagen auf einem Parkplatz erschossen worden war, aus welchem Grund auch immer.

16

Daniel erwachte, weil das Handy auf dem Nachttisch neben seinem Bett summte, suut, suut, suut. Hastig griff er danach und schob es unter sein Kopfkissen, damit Susanne nicht wach wurde. Sie war erst vor Kurzem eingeschlafen, weil der Besuch der Polizei sie so aufgeregt hatte; mit so etwas kam sie nicht klar. Was wollen die von dir? Was hast du schon wieder angestellt? Als wäre er ein Schuljunge, der von seiner Mutter die Leviten gelesen kriegt. Warum kommst du jetzt erst? Du hättest wenigstens an dein Handy gehen können. Die Polizei war hier und hat nach dir gefragt!

Sein Herz raste. Es war kurz nach Mitternacht, und um diese Zeit bedeuteten Anrufe immer, dass irgendwo die Kacke am Dampfen war. Er war in Bonn erst um vier Uhr morgens ins Bett gekommen, kurz nachdem Moritz sich ins Hotel geschlichen hatte, gleichzeitig erschöpft und völlig außer sich, nervös, wie auf Speed. Sie hatten nur ein paar Stunden geschlafen, dann waren sie aufgestanden, um sich im Frühstücksraum sehen zu lassen. Danach waren sie noch bei ein paar Banken gewesen, um nach günstigen Geschäftskrediten zu fragen, bevor sie sich auf den Rückweg gemacht hatten. Erst vor drei Stunden hatte er die Haustür aufgeschlossen, da war das Kind Gott sei Dank schon im Bett gewesen.

Er sah zu Susanne hinüber, ob sie den Anruf mitgekriegt hatte, aber sie rührte sich nicht. Sie atmete gleichmäßig, kaum hörbar. Vorsichtig zog er das Handy wieder unter dem Kopfkissen hervor und hörte seine Mailbox ab. Die Stimme der Anruferin war so laut, dass er das Gerät unwillkürlich fester ans Ohr presste und wieder zu Susanne hinübersah. »Hey, Dany, ich bin's, Sandra, entschuldige, dass ich so spät noch anrufe, aber ich hab eine gute Nachricht … Ich komme jobmäßig nach Bremen, und von da ist es ja nur noch ein Katzensprung nach Mersfeld.«

Pause, schnelles Atmen, sie schien sich beinahe zu verschlucken. »Schade, dass du gerade nicht da bist. Du, ich fand den Abend vorgestern mit dir super, und was du da von deinem Keller erzählt hast, hat mich irgendwie … also, es hat mich ganz scharfgemacht. Zeigst du mir den mal, wenn ich in Bremen bin? Ja, also … okay … ruf mich an, ja?«

Die Verbindung wurde unterbrochen, und Daniel spürte, wie die Erregung, die er gestern bei Sandras Anblick verspürt hatte, zurückkam und ihn wie ein kalter Blitz durchfuhr. Jetzt war er auf einmal hellwach. Er überlegte, ob er aufstehen und zu der Lagerhalle fahren sollte, die er für die Computerteile gemietet hatte, um nachzusehen, ob der Keller bereit war, wenn Sandra kam.

Eigentlich war er aber zu schlapp, um sich anzuziehen und den Wagen aus der Garage zu holen. Lieber blieb er liegen und dachte an gestern Abend – nein, war ja jetzt schon vorgestern –, an das Gefühl, als er gemerkt hatte, dass wieder jemand auf seinem SM-Radar erschien. Wie sein Magen zu zucken begann. Er sah sich, wie er an der Bar gesessen hatte und die Augen nicht von Sandra lassen konnte, wie er sie beobachtete und dachte, sie weiß es noch nicht. Sie wird mir ihr Blut von den Füßen lecken, und sie weiß es noch nicht.

Das war immer der Moment, den er am meisten genoss, der Anfang, wenn die Sklavin noch nicht mal ahnte, dass sie darauf stand, aber man es schon in ihren Augen sehen konnte. Er spürte wieder die Erregung, die ihn immer überkam, wenn er diesen Blick sah: den geheimen Wunsch, erniedrigt zu werden, vielleicht sogar verletzt. Ich bin die Sandra, und du bist bestimmt Daniel, hatte sie bei der Begrüßung vor dem Nightclub gesagt, und er hatte gedacht, nein, ich bin Thor, und du bist nichts. Sie hatte ihn angelächelt und dabei bestimmt an das ganze Blümchensex-Zeug gedacht, auf das die meisten Frauen abfuhren, ahnungslos, dass er sie sich gerade als Sklavin vorstellte, als seine Sklavin, die bald nackt und gefesselt in seinem Keller vor ihm kniete, vor ihrem Meister.

Er saß auf einem Hocker am Tresen, einen Gin Tonic vor sich. Sie stand neben ihm, ihren Cocktail in der Hand, komplett mit Strohhalm und Papierschirmchen. Sie trug ein eng sitzendes schwarzes Kleid, das unten gerade mal noch ihr Höschen verbarg, und High Heels aus rotem Leder, 14 Zentimeter hoch. Sie schaute sich immer wieder um, genau wie ihre Freundin Roxanne, die ihm gegenübersaß. Roxanne hatte sich auch schick gemacht, weiße Bluse, schwarze Fick-mich-Stilettos, aber ein dezenter blauer Hosenanzug.

»Wo bleibt denn Moritz bloß?«, fragten sie andauernd. »Wann kommt er denn endlich?« Und er dachte, noch ein paar Minuten, dann sage ich's ihnen; sobald Mo angerufen hat.

Moritz hatte die beiden in der Arbeit klargemacht, cool wie Westernhagen. Ey, wenn ich euch sehe, habe ich Flugzeuge im Bauch, damit könnten wir doch mal übers Wochenende nach Bonn jetten, da lernst du dann auch meinen Kumpel Daniel kennen, der hat's echt drauf. Mo jobbte als Anlageberater bei der Sparkasse und lernte immer wieder heiße Bräute kennen, manche sogar mit richtig Kohle, die sie ihren Männern aus der Tasche gezogen hatten.

Mit einer von den beiden hier – Roxanne – führte er eine Fernbeziehung, nichts Festes, weil seine Frau ihn ziemlich kontrollierte. Roxanne trank Weißwein, sie nippte immer nur am Glas. Die hätte ich noch lieber im Lederkorsett geknebelt vor mir auf dem Kellerboden als die andere, dachte Daniel. Aber sie hatte es nicht in sich, nicht so wie Sandra. Er tastete nach dem Handy in der Brusttasche seines Jacketts, um ganz sicherzugehen, dass er es nicht im Zimmer liegen gelassen hatte nach dem Telefonat mit Motörhead.

Der war tatsächlich auf dem besten Weg gewesen, wieder mal in der Kanne zu versacken, obwohl Daniel extra gesagt hatte, dass er ihn heute Abend vielleicht brauchte. Aber jetzt musste er eigentlich schon an der Autobahn sein und die Parkbucht ansteuern. Das war der Nachteil am Leben – manchmal brauchte man Kriechtiere wie Lothar oder Lobeck, Randexistenzen. Aber es krabbelten ja genug um einen herum.

Der Nightclub war vom Feinsten, irgendwie Science-Fiction – dunkelblauer Teppichboden, Spiegel an den Decken und Spiegel an den Wänden, Sessel mit haselnussfarbenen Lederpolstern, gedämpftes Licht aus winzigen Lampen mit roten Schirmen und eine lang gezogene Bar, die wie das Cockpit eines Raumschiffs aussah. Beam me up, Scotty! Es gab nur eine kleine Tanzfläche in der Mitte, die Musik kam vom Band, Herb Alpert mit Rise und so Zeug. Obwohl der Klub ziemlich voll war, tanzte niemand. Nur Hotelgäste und Prolls vom anderen Rheinufer, Kölschtrinker, die sich mal so fühlen wollten, als würden sie irgendwo dazugehören.

»Da hinten ist er ja!«, rief Sandra. War aber ein Irrtum, weil Moritz in Bremen zu tun hatte. Er musste die Sache mit Robert regeln, während Daniel hier dafür sorgte, dass sie beide ein Alibi hatten.

Ich wünschte, ich hätte es machen können, dachte Daniel. Ich wünschte, ich wäre jetzt an Mos Stelle. Sein Herz schlug schneller, und sein Mund wurde trocken. Ich würde Roby-Toby jede Sekunde spüren lassen. Ihm in die Augen schauen. Ihm die Mündung auf die Stirn setzen. Ihm seinen letzten Wunsch erfüllen. Und abdrücken, wenn er so weit war. Roby-Toby wollte ein neues Leben, und das bekam er, nur nicht mehr auf dieser Erde. Er hätte einfach nicht so gierig sein dürfen. Plötzlich hatte er die Hälfte der zwei Millionen haben wollen, dabei war er nicht mehr als eine Made.

»Sag mal, Roxie, ist der Moritz immer so unpünktlich?«, fragte Sandra.

Roxie zuckte mit den Schultern. Sie zündete sich eine Zigarette an, mit kurzen, schnellen Bewegungen, die erkennen ließen, dass sie schon auf hundertachtzig war. Sie inhalierte und stieß den Rauch sofort wieder aus, bevor sie noch einen Schluck von ihrem Wein trank. Sie sah Daniel an und sagte: »Du kennst ihn länger als ich«, was sich wie ein Aussagesatz anhörte, tatsächlich aber eine Frage war.

»Es ging ihm schon den ganzen Tag nicht gut«, gab Daniel mit zerknirschter Miene zu. »Echt blöd jetzt, dabei hat er sich so auf den Abend mit dir gefreut, Roxie. Mit uns! Aber wenn er es bis jetzt nicht geschafft hat, dann kommt er wohl nicht mehr. Als ich in seinem Zimmer vorbeigeschaut hab, sah er ganz grün aus im Gesicht, mit diesen Salmonellen ist echt nicht zu spaßen!«

Er bestellte beim Barkeeper noch einen Gin Tonic und fragte Sandra, ob sie auch noch einen Cocktail haben wollte. Sie sah ihm wieder lange in die Augen, jetzt, wo Moritz abgeschrieben war, und sagte, na klar, aber diesmal mit ein bisschen mehr Wodka drin, ich mag's gern etwas härter. Er hielt ihren Blick fest – ich weiß … Sie verstanden sich. Alles lief wie am Schnürchen.

Da spürte er endlich das Handy an seiner Brust vibrieren, und es war wie ein kleiner elektrischer Schlag. »Hey, Moritz«, meldete er sich. »Geht's dir besser?« Er warf Roxanne einen Blick zu, aber als sie ihr Glas abstellte und die Finger nach dem Handy ausstreckte, tat er, als hätte er es nicht bemerkt. Er rutschte von seinem Hocker und ging langsam zum Ausgang, um nicht schreien zu müssen. Als die Musik nicht mehr alles überlagerte, fragte er: »Wo bist du?«

»Auf der Autobahn«, antwortete Moritz, laut und fast

schrill. Im Hintergrund konnte Daniel das Surren des hochtourig gefahrenen Miet-BMW hören.

»Ist alles glatt gegangen?«

»Ja, alles paletti! Zwei Schüsse. Der wusste gar nicht, wie ihm geschah.«

»Und die Pistole?«

»Habe ich Motörhead gegeben, wie du gesagt hast. Gerade eben, vor fünf Minuten.«

»Hat er irgendwas gemerkt?«

»Nee, der merkt es doch nicht mal, wenn man ihm ins Ohr kotzt.«

»Wie lange brauchst du noch, bis du hier bist?«

»Bestimmt drei Stunden.«

»Pass ja auf, dass dich niemand bemerkt, wenn du ankommst. Geh sofort ins Zimmer. Du warst die ganze Zeit hier in Bonn, seit heute Morgen.«

»Was ist mit Roxanne?«

»Ich habe ihr gesagt, du hättest eine Salmonellenvergiftung. Sie ist etwas angesäuert, aber das kriege ich schon hin. Am besten fährst du einfach durch und rufst nicht mehr an.«

Kaum war die Verbindung beendet, klingelte das Handy wieder, und Motörhead war dran, schon wieder halb am Durchdrehen. Daniel blieb ganz ruhig, erklärte ihm, was er tun sollte. Was gut für ihn war. Dass er sich keinen Kopf machen sollte. Dann ging er zurück zu den Bräuten. »Er schafft es nicht mehr«, sagte er. »Keine Panik auf der Titanic, Ladys. Die nächste Runde geht auf mich. Wir können uns auch zu dritt amüsieren, oder?«

Daniel sah noch immer Sandras Gesicht vor sich, ihre feuchten Lippen, die halb geschlossenen Lider über den grünen Melancholie-Augen, das lange Haar, das ihr kühn in die Stirn und dann in einem glänzenden Messingbogen über die Ohren bis auf die Schultern fiel. Die ganze Zeit hatte er darauf noch etwas gesehen, von dem sie nichts wusste: die schneidende Lust der Schmerzen.

Er hob den Kopf, um von dem Junghans-Wecker auf dem Nachttisch die Zeit abzulesen. Zehn vor zwei. In sechs Stunden musste er schon wieder aufstehen und nach Bremen fahren. Er war gern allen einen Schritt voraus, sah die anderen schon von Weitem kommen. Nur so behielt man das Steuer in der Hand.

17

Sommer 1996
Zwei Monate später

Kurz hinter Lübeck hörte der Regen auf, und die Sonne kam wieder durch; die Straße fing an zu dampfen. »Da vorn ist ein Aldi, wir müssen noch was fürs Abendessen kaufen«, sagte Daniel und steuerte den KIA von der Autobahn, die Abfahrt zum nächsten Gewerbegebiet hinunter.

»Muss das sein?«, meckerte Nicole. »Bis wir ankommen, sind die Geschäfte bestimmt schon zu, wenn der Verkehr so bleibt. Vielleicht willst du dich ja auch mal kurz frisch machen.«

Es gab einen Ruck, als der Transporter über die Schwelle zum Kundenparkplatz von Aldi rollte. Der Ofen auf der Ladefläche rumpelte gegen die Trennwand hinter den Sitzlehnen. »Was hast du eigentlich da hinten alles drauf?«, fragte Nicole.

»Alles Mögliche, unser Gepäck, mein Fahrrad«, antwortete er und hielt neben einem Opel Astra, in dem zwei Kinder, ein Junge und ein Mädchen, allein auf der Rückbank saßen und durch die leicht beschlagene Scheibe herausschauten. »Willst du was Besonderes haben«, fragte Daniel, »für unseren ersten Abend? Kotelett oder so?«

»Ich hab keinen Hunger.«

»Jetzt, aber heute Abend –«

»Ich brauche nichts.«

Er sah sie nur an, bis sie sagte: »Mal sehen, was sie haben.«

»Bei Aldi gibt es alles«, sagte er, setzte die Sonnenbrille ab und hängte sie mit einem Bügel vorn in das bis zum dritten Knopf offene Hemd. Bevor sie ausstiegen, neigte Nicole sich zu ihm, als wollte sie ihm einen Kuss geben. Er öffnete schnell die Tür und stieg aus. Sie blieb noch einen Moment sitzen, dann stieg sie ebenfalls aus. »Wenn du den BMW genommen hättest, wären wir bestimmt schon da«, sagte sie. »Diese Mistkarre kann ja jeder überholen, und bequem ist sie auch nicht.«

Er sagte nichts, es war ihm einfach zu blöd. Sollte er ihr sagen: In den BMW hätte ich den Ofen nicht reingekriegt, und wenn wir schon da wären, wärst du vielleicht schon tot? »Wenn du willst, kannst du dir eine *Bunte* oder so was kaufen, dann hast du was zu lesen und kriegst nicht mit, wie uns jeder überholt«, sagte er. »Jetzt komm schon!«

Wieder achtete sie nicht auf die zugeklebte Heckscheibe, sondern blieb neben dem Astra stehen und guckte zu den Kindern rein, und die guckten zurück. Das Mädchen musste ungefähr in Mellies Alter sein. Hoffentlich fängt sie jetzt nicht mit ihrer Tochter an, dachte er, von wegen, dass sie eine bessere Mutter werden will, dafür ist es nämlich jetzt zu spät. Doch sie schob sich nur ihre Sonnenbrille ins Haar und sagte: »Robert hatte auch Kinder. Er war verliebt. Er wollte nicht sterben. Er hatte sich ja sogar ein neues Auto bestellt, einen Audi Quattro.«

Sie waren allein auf dem Parkplatz, deswegen machte es nicht so viel, dass sie laut sprach. »Doch, wollte er«, antwortete Daniel. »Er wusste es nur noch nicht. So wie er auch erst nicht wusste, dass er in die Karibik wollte. Falls du es noch nicht geschnallt hast, ich bin in seinen Kopf eingedrungen, und da habe ich gesehen, dass er unglücklich war. So unglücklich, dass er sterben wollte.« Er zuckte mit den Schultern. »Ein neuer Audi hätte daran nichts geändert.«

»Er wollte Urlaub machen, in der Karibik, und es sich da gut gehen lassen, vielleicht sogar mit Gisela«, widersprach Nicole. »Wenn er sterben wollte, dann nur zum Schein, um an das Geld von der Union zu kommen.«

»Du hörst nicht zu.« Daniel merkte, dass er gereizt wurde. »Du musst zuhören, wenn jemand redet. Das mit der Karibik war meine Idee, ich habe sie ihm eingegeben, als ich in seinem Kopf war. Weil man da gut sterben kann, wie Falco.«

Sie erreichten die elektrischen Schiebetüren, und kühle Luft strömte ihnen entgegen, als sie die Halle betraten. Lange Regalgänge öffneten sich vor ihnen, beleuchtet von Neonleisten an der Decke. Es gab keine Fenster, denn jeder Zentimeter wurde für die Waren benötigt, die sich auch an den Wänden stapelten. Die Halle war so ähnlich wie die, die sie neben Motörheads Werkstatt für ComTec gemietet hatten, nur viel größer. Und bestimmt hat sie nicht so einen Keller wie meine, dachte Daniel. Vielleicht dachte Nicole dasselbe, denn sie hielt jetzt den Mund. Sie griff nach seiner Hand, als würde sie gerade von Erinnerungen und irgendwelchen romantischen Gefühlen überwältigt. Ihre Finger waren zart, alles an ihr war zart und verlangte danach, verletzt zu werden.

Während er zwischen den Regalen den großen Einkaufswagen vor sich her schob, achtete er nicht auf die Reihen von Dosen mit Obst und Gemüse, die Cornflakes-Schachteln, Drei-Minuten-Fertiggerichte oder Süßigkeiten und auch nicht auf die Paletten mit Bierdosen in Sixpacks oder die in Plastik verschweißten Cola-Flaschen. Sie interessierten ihn genauso wenig wie die großen bunten Pappschilder mit Ziffern und Rabattzeichen, die von der Decke baumelten, oder die anderen Kunden, die wie er ihre Wagen durch die breiten Gänge rollten.

Er war es nicht gewohnt, einzukaufen; Supermärkte verwirrten ihn. Manchmal rief Susanne ihn im Büro an, wenn sie etwas vergessen hatte, aber das war die Ausnahme. Nur wenn der Kühlschrank in der Halle aufgefüllt werden musste, zog er selbst los, und dann führte sein Weg ihn direkt zu dem Regal mit dem Hunde- und Katzenfutter. Schappi, Kitekat, solche Sachen, die man aus der Dose löffeln konnte, ab und zu noch Zwieback, Käfigfutter eben.

Seine Augen folgten Nicole, die vor ihm ging, in ihrem bunten Sommerponcho, den blauen Plastiksandalen und der engen weißen Segelhose.

Nur dass sie dieses billige Sommerzeug gerade überhaupt nicht anhatte. Er musste nicht einmal die Augen schließen, dann sah er sie in schwarzen Lackstilettos und einem Korsett aus schwarzem Skai. Ihre Schultern und ihr Hintern waren nackt, genauso wie ihre Brüste. Sie ging vor ihm, und er ging hinter ihr, vorbei an einer langen Tiefkühltruhe, und er führte sie an einer dünnen Kette und einem Lederhalsband.

Im Gehen versetzte er ihren Hinterbacken einen schnellen Schlag mit der Peitsche, erst der rechten, dann der linken. Die Stellen, wo die Riemen sie trafen, wurden weiß, dann sofort rot. Die roten Striemen sah er deutlicher als die Farbfotos der Pizza Quattro Stazioni unter der frostbeschlagenen Truhenabdeckung. Runter auf die Knie, befahl er, und alles, was noch fehlte, war der Feuerschein, als Nicole vor ihm auf Händen und Knien über den nackten Boden kroch.

»Keine Pizza«, sagte er, »die ist längst aufgetaut, bevor wir da sind. Da vorn, das Dosengulasch. Und Sauerkraut.«

»Kartoffeln auch?«

»Ja, und Eier. Die kann man immer brauchen.«

Sie krabbelte an der Truhe vorbei. Ihre nackten Hinterbacken wippten wie die eines Gauls, und ihre Füße in den Stilettos waren unnatürlich verkrümmt. Er merkte, dass er auf die Toilette musste, Pippi, und hätte es am liebsten gleich hier gemacht, auf ihren Hintern, der unter dem warmen Strahl zuckte.

Aus dem Regal rechter Hand nahm er rote Tafelkerzen, dazu eine Packung Streichholzschachteln und dunkelblaue Papierservietten, um dem Abendessen etwas Klasse zu geben. Dann, etwas weiter hinten, Kaffee, Kondensmilch, Zucker. Ach ja, Schnaps und Bier.

Halt, befahl er und zerrte an der Kette, riss Nicoles Kopf zurück. Er dachte daran, wie er heißes Wachs auf ihren Bauch gespritzt hatte, als wäre er über ihr gekommen, und an den Ausdruck in ihren Augen, die ergebene, verständnislose Liebe. Ein Schauer lief ihm über den Rücken. Der Luftzug der Klimaanlage drang bis unter die Kleider, kühl wie im Keller. Er kniete über ihr. Ihr Hals war in seinen Händen. Er drückte zu, und es war wie bei dem Radscha. Eine ungeheure Kraft stieg in ihm auf, die zu grenzenloser Macht führte, nur dass er diesmal nicht bis zum Ende ging, diesmal noch nicht, auch nicht bei Sandra. Sie wollten lernen, sie waren auserwählt, und er war ihr Meister.

Das Handy vibrierte in seiner Hosentasche. Er stand an der Fleischtruhe. Nicole hatte eine silberne Frosta-Tüte in der Hand, in der sich die Temperatur von Tiefkühlkost länger hielt, und packte Pommes Frites, Bratwürste und Schweinekoteletts hinein. »Das reicht«, sagte er, dann holte er das Handy raus und meldete sich.

»Wann kommst du mich besuchen?«, fragte eine kindlich wirkende Frauenstimme dicht an seinem Ohr. »Du warst schon lange nicht mehr hier. Du musst mich mal wieder besuchen kommen.«

»Ich war doch erst vor zwei Wochen bei dir, weißt du das nicht mehr?«, sagte er leise, fast zärtlich.

»Daran kann ich mich nicht mehr erinnern. Du musst bald kommen.«

Daniel sah, wie Nicole eine Zwei-Liter-Flasche Cola Light holte und noch eine mit Mineralwasser ohne Kohlensäure, bevor sie wieder losging und mit Paprikachips, Ketchup und Mayonnaise in Flaschen zurückkam. Er warf ihr einen Blick zu: Ich dachte, du hast keinen Hunger. »Ist alles für dich«, sagte sie. »Ich brauche nichts.«

»Ich mag kein Lakritz.«

»Die Lakritz sind für mich.«

»Bringst du mir Lakritz mit, wenn du kommst?«, fragte die Stimme am Telefon.

»Ich bin unterwegs«, sagte er ins Handy. »Ich kann jetzt nicht zu dir kommen, Fraukelein.«

»Und wo bist du?«

»Ich fahre ein paar Tage an die See.«

»Ich möchte auch an die See. Ich war noch nie an der See.«

»Doch, als du klein warst. Daran musst du dich doch noch erinnern, wie wir mit Mama und Papa in Norderney waren.«

»Haben wir Sandburgen gebaut?«

»Wir haben Sandburgen gebaut und Krabben gegessen.«

»Haben wir auch Möwen gesehen?«

»Jede Menge Möwen.«

»Und wann kommst du mich wieder besuchen? Du bist doch mein Bruder. Du warst schon lange nicht mehr bei mir.«

Er sah zu, wie Nicole zwei eingeschweißte Koteletts in die Frosta-Tüte schob und die Tüte in den Einkaufswagen warf. Ihre Bewegungen waren auf einmal eckig, als wäre sie genervt. Seine Schwester redete einfach weiter, das machte sie immer. Sie konnte in einer Minute fünfmal dasselbe sagen, aber für sie gab es kein fünfmal; es war alles wieder neu. »Und was machst du gerade?«

»Ich fahre an die See, mit einer Freundin«, sagte er geduldig. »Aber nur ein paar Tage. Am Montag fahre ich zurück, und dann komme ich dich besuchen, versprochen.«

»Ich habe dich sehr lieb«, sagte sie.

»Ich dich auch, Fraukelein. Tschüss.«

»Tschüss. Und vergiss nicht, dass du mich besuchen willst. Tschüss.«

»Tschüss.« Er unterbrach die Verbindung und schob das Handy wieder in die Tasche.

»Zu deiner Schwester bist du immer viel netter als zu mir«, sagte Nicole vorwurfsvoll.

»Die ist ja auch keine Nutte wie du.«

»Ich weiß, sie ist ein Engel. Bloß ein bisschen bescheuert.«

Er umklammerte den Griff des Einkaufswagens und wünschte, es wäre schon Abend und er könnte den Ofen abladen und aufbauen. »Wir müssen weiter«, sagte er. »Ich geh schon mal zur Kasse.«

»Da vorn gibt es Zeitungen«, sagte Nicole. »Kann ich noch schnell gucken gehen? Willst du auch ein Magazin, Playboy oder so?«

»Hör mal«, sagte er.

»Ja?«

»Was ich über Robert gesagt habe, dass es Moritz war, der ihn umgebracht hat – das stimmt nicht. Ich habe das alles erfunden. Moritz könnte so was gar nicht. Sonst hätte die Polizei ihn ja auch längst verhaftet.«

»Das habe ich sowieso nicht geglaubt«, sagte Nicole, aber sie wirkte trotzdem erleichtert. »Ich wusste die ganze Zeit, dass es nur wieder eins von deinen Spielen war.«

»Ja. Bring mir die *BILD* mit. Und den *Kicker*.«

Sie ging los, dahin, wo es die Zeitschriften gab, und er

stellte sich bei der Kasse an. Warum sind die Menschen so, wie sie sind?, dachte er unvermittelt. Warum ist Nicole Nicole und Frauke Frauke, und warum bin ich ich? Warum bin ich, wie ich eigentlich gar nicht sein möchte? Ich bin nicht mal so, wie andere mich haben möchten. Ich tue allen weh, sogar mir selbst. Niemand sonst kann mir mehr wehtun; Papa war der Letzte. Frauke ist nie geschlagen worden. Papa wusste, dass ich ihn umbringe, wenn er ihr etwas tut. Deswegen hat Mama dafür gesorgt, dass sie wegkommt. Sie kann sich nicht wehren. Ich kann mich wehren.

»Legen Sie die Sachen aufs Band«, sagte die Schlampe an der Kasse ungeduldig. »Sie müssen Ihre Einkäufe auf das Band legen, sonst kann ich sie nicht scannen.« Ich habe die Beträge längst im Kopf addiert, dumme Kuh, dachte er. Ich könnte sie sogar mit deinem IQ multiplizieren, bis ich an der Reihe bin.

Nicole tauchte wieder auf. Sie hatte die *BILD* und *Auto, Motor und Sport* dabei, keinen *Kicker*, und für sich die *Super Illu* und eine *Coupé*. Sie warf alles in den Wagen. Die Schlampe an der Kasse sah ihr genervt zu und sagte: »Die Zeitschriften auch!« Daniel gehorchte, und als sie die Beträge fertig eingetippt hatte, fragte er: »Wie alt sind Sie?«

Plötzlich lächelte sie, setzte ihre zu stark geschminkten Augen ein. »Dreiunddreißig, warum?«

Arsen, dachte er: Nummer 33. »Vielleicht komme ich mal wieder vorbei«, sagte er.

18

Frühjahr 1996
Zwei Monate vorher

Als Larsen am Morgen im Präsidium eintraf, fand er den Bericht der Rechtsmedizin schon im elektronischen Postfach seines Computers. Er öffnete ihn, druckte ihn aus und las ihn, während er seinen ersten Kaffee trank. Dabei dachte er, dass er bei seiner Rückkehr vielleicht doch in einer Parallelwelt gelandet war, in der es zwar auch Liebe, Verbrechen und gelbe Tulpen auf der Fensterbank gab, alle internen Behördenvorgänge aber auf unheimliche Weise schneller abliefen. Und dabei war er früh in seinem Büro, noch vor allen anderen.

Der Gerichtsmediziner hatte vor allem Verletzungen am Kopf festgestellt, etwa im rechten Hinterhauptsbereich: 2 cm rechts der Kopfmittellinie sowie 26,5 cm oberhalb des Brustbeinoberrandes – einen 2 x 1 cm messenden, lochartigen Defekt der Kopfschwarte mit einer vertrockneten Blutabrinnspur schräg nach rechts unten zur Nackenregion hin.

Das Wundgebiet zeigt sich blutverkrustet, schrieb er. An der Kopfschwarteninnenfläche zeigen sich in der Wundumgebung bis 2 cm breite, schwärzlichfarbene, schmauchverdächtige Anhaftungen. Gleichartige schwärzliche Anhaftungen befinden sich in der Umgebung eines 0,8 cm im Durchmesser großen, annähernd kreisrunden Lochdefektes der äußeren Knochentafel.

Das bedeutet, der Täter ist mit der Mündung der Waffe sehr dicht an Kosinskis Kopf gekommen, dachte Larsen, vielleicht hat er sie sogar gegen den Schädel gepresst.

Im linken unteren Schläfenbein, las er weiter, 26,6 cm

oberhalb des Brustbeinoberrandes, 1 cm vor und 2,5 cm oberhalb des Ohransatzes, befindet sich ein blutverkrusteter, offensichtlich lochartiger Kopfhautdefekt mit einer nach vorn unten zur Kinnspitze hin angeordneten, vertrockneten Blutabrinnspur. Darunter ein unterbluteter, fetzig beschaffener Lochdefekt in der korrespondierenden Schläfenmuskulatur sowie ein 2 x 1,5 cm messender, unregelmäßig begrenzter Schläfenbeindefekt.

Gut, das sagt uns nichts Neues, dachte Larsen und überflog den Rest des in nüchternem Medizinerdeutsch abgefassten und mit anatomischen Fachausdrücken gespickten Berichts.

In der Stirnmittellinie, genau 29,5 cm oberhalb des Brustbeinoberrandes und 4,3 cm oberhalb der Nasenwurzel, zeigt sich ein ebenfalls blutverkrusteter, sternförmig aufgeplatzter, lochartiger Hautweichteildefekt mit Knochenfragmenten und Hirngewebe am Wundgrund.

Folgerichtig kam der Obduzent nach Beendigung der Sektion zu dem Schluss, dass der Tod auf »Kopfschussverletzungen mit Folgen« zurückzuführen war. Er hielt fest, dass zwei Hirndurchschüsse vorlagen, wobei einer quer zur Längsrichtung des Gehirns von der rechten Schläfe zur linken verlief, während der zweite seinen Weg längs vom Hinterkopf in Richtung Stirn nahm.

Der Täter hat Robert Kosinski von hinten in den Kopf geschossen, dachte Larsen; das Opfer ist infolge des ersten Schusses nach vorn gekippt, dann hat der Täter sich in den Wagen gebeugt und ihm von der Seite mit einem aufgesetzten Schuss den Rest gegeben.

Während der erste Einschuss Nahschusszeichen aufweist, weist der zweite Einschuss Veränderungen im Sinne eines aufgesetzten Schusses auf. Mindestens ein Schuss wurde im Minutenbereich (Maximum: 60 Minuten) überlebt, wofür insbesondere mehrere Bluteinatmungsherde in der Lunge sowie reaktive Veränderungen in Lunge und Hirngewebe sprechen.

Das Opfer hat vielleicht mitgekriegt, was mit ihm geschieht, dachte Larsen: Zwischen dem ersten und dem zweiten Schuss hat er noch gelebt, vielleicht sogar noch nach dem zweiten, allerdings wohl ohne Bewusstsein. So oder so, wir brauchen die Waffe, mit Fingerabdrücken oder ohne, die Projektile und Hülsen allein reichen nicht. Wenn wir den Weg der Pistole verfolgen können, haben wir den festen Punkt, an dem wir den Hebel ansetzen können.

Ein Ping! in seinem Computer zeigte an, dass er weitere Post bekommen hatte, diesmal von den Spurensuchern des Technischen Dienstes: die Liste der am Tatort gesicherten Spuren, eine erste Analyse, die sich aus Lage und Beschaffenheit dieser Spuren ergab, und mehrere Fotos des Opfers und seines Fundortes.

Larsen rief die Fotos auf. Es waren keine Meisterwerke, die je in einem Museum für moderne Kunst ausgestellt werden würden, aber sie erfüllten ihren Zweck. In leicht verfremdet wirkenden Farben zeigten sie, wie der Täter das Opfer zurückgelassen hatte, nachdem er mit ihm fertig gewesen war: Robert Kosinski, leblos hinter dem Steuer zur Seite gesunken, von vorn, von der rechten Seite, von der linken, von hinten, so wie die Beamten ihn am Morgen vorgefunden hatten.

In Gedanken noch bei dem Bericht aus der Rechtsmedizin studierte Larsen zunächst die Blutspurbilder. Auf den Fotos wirkte das Blut dunkler, als er es in Erinnerung hatte. Vor allem die vielen kleinen Spritzer auf der linken Schulter und dem linken Oberschenkel sahen fast braun aus, Kaogel – geronnenes Blut, eine gallertartige Blutblase aus roten Blutkörperchen –, dazu mikroskopisch kleine Knochensplitter und Gewebefetzen. Doch selbst helles Arterienblut veränderte seine Farbe, wenn es drei Minuten nach dem

Austreten gerann und rund zehn Minuten später schließlich trocknete.

Auf der linken Wange, dem Nacken und Hals des Opfers fanden sich neben einer feinen, fast an Sprühnebel gemahnenden Blutschicht aus Hochgeschwindigkeitsblutspuren dünne und gerade nach unten verlaufende Abrinnspuren, allerdings weniger, als wenn die Schüsse aus einer großkalibrigen Waffe abgefeuert worden wären. Auch der Schoß, der rechte Oberschenkel, der rechte Arm und Teile der beiden Sitze hatten etwas abbekommen. Aber hier handelte es sich um Tropfspuren, nahezu kreisrund und mit sonnenstrahligen Rändern.

Manchmal ließ sich anhand der Blutspurbilder erkennen, ob der Täter nach der Tat das Opfer noch bewegt hatte; ob er dabei vielleicht mit der Hand in das Blut geraten war, bevor es gerinnen und eintrocknen konnte. Doch auch aus der Nähe sah es nicht so aus, als hätte sich das Opfer nach den Schüssen noch bewegt. Auch der Täter schien die Position der Leiche nicht verändert zu haben. Er war vorsichtig vorgegangen und hatte höchstens mit spitzen Fingern etwas aus den Außentaschen der Lederjacke geangelt.

Larsen betrachtete die Fotos geduldig, suchte neuerlich nach Antworten auf die Frage, warum sich Robert Kosinski in einer kalten Winternacht mit seinem Fahrzeug an dieser gottverlassenen Stelle aufgehalten hatte. Unwillkürlich kamen ihm die Worte der Jünger an Jesus in den Sinn, an die er sich vage aus dem Religionsunterricht erinnerte: Der Ort ist abgelegen, und es ist schon spät. Vermutlich war damit der Ölberg gemeint, mit Sicherheit kein geschlossenes Freibad, eine Gegend, in der nicht einmal gewerbsmäßige Prostitution betrieben wurde.

Warum bin ich hier?, dachte er. Ich bin Robert Kosinski und friere mir bei der Kälte draußen den Arsch ab. Warum tue ich das? Bin ich hier, weil es mir jemand befohlen hat?

Ich verdiene mein Geld als Vertreter, ein mehr oder weniger freier Mann – wer kann mir so etwas befehlen? Warum gehorche ich ihm? Verspreche ich mir Vorteile davon, dass ich tue, was er sagt? Erhoffe ich mir Geld oder sexuelle Lust, die mir jemand mit ähnlichen Neigungen verschafft, jemand, der sich nur bei Nacht und an einem so abgelegenen Ort mit mir treffen will? Eine Frau? Ein Mann? Bin ich schwul oder bisexuell?

Werde ich erpresst? Von wem und womit?

Oder bin ich selbst ein Erpresser, der hier auf sein Opfer wartet? Ein Opfer, das sich nicht erpressen lassen will, das sich wehrt und, nachdem es mich getötet hat, mit nichts außer dem belastenden Material verschwindet? Habe ich etwas anderes getan, wofür ich in den Augen meines Mörders den Tod verdiene? Warum lasse ich mich dann von hinten überraschen?

Nervös rauche ich eine Zigarette nach der anderen, das Fenster ist einen Spaltbreit offen. Es wird immer später. Endlich höre ich den Motor eines Wagens, erst leise, dann lauter, als er näher kommt und das Licht von Scheinwerfern im Rückspiegel auftaucht. Schlägt mein Herz jetzt schneller, aufgeregt? Der Wagen hält ein paar Meter hinter mir. Mein Mörder steigt aus und geht im strömenden Regen auf meinen Sierra zu.

Kann ich sein Gesicht erkennen, oder verbirgt er es unter einem Regenschirm? Trägt er eine tief in die Stirn gezogene Kappe? Hält er die Pistole schon sichtbar in der Hand, oder hat er sie in der Tasche, in einer Tüte verborgen? Ist es ein Mann oder eine Frau? Ein Mann, der in den Genuss meiner Lebensversicherung kommen will, oder eine Frau, die es nicht verknusen kann, dass ich sie als Begünstigte dieser Versicherung gestrichen habe? Mit der ich vielleicht sogar ein Verhältnis hatte, bevor ich sie verlassen habe?

Sehe ich Grit Weichsel, nass mit blondem Haar aus dem

Regen auftauchen, eine Mauser in der Hand? Sehe ich einen Mann, den ich gar nicht kenne, der aber von Grit alias Nicole geschickt worden ist, damit er den tödlichen Schuss abfeuert, zu dem sie sich nicht in der Lage sieht? Oder sehe ich Daniel Becker, den neuen Nutznießer der Versicherung, dessen Gesicht ich durch den herabstürzenden Regen nicht erkennen kann?

Larsen zuckte zusammen, weil das Telefon auf seinem Schreibtisch klingelte. Er meldete sich, ohne die Augen von dem Bild auf dem Bildschirm zu lösen. »Larsen.«

»Hier ist ein Herr Becker, der den leitenden Ermittler im Fall Robert Kosinski sprechen möchte«, sagte der Beamte am Einlass.

»Daniel Becker?«, fragte Larsen überrascht und konsultierte seine Armbanduhr. Es war drei Minuten nach neun. Er hörte, wie der Beamte die Frage weitergab und ein Ja als Antwort erhielt. »Ich komme runter«, sagte er. Vielleicht das Gesicht, das mir noch fehlt, dachte er, während er den Lift ins Erdgeschoss nahm.

Am Einlass stand ein Mann – schwarzes Haar, entspannte Haltung – in einem knielangen Kamelhaarmantel mit dem Rücken zu ihm und schien die Fahndungsplakate am Schwarzen Brett über der schlichten Holzbank zu betrachten. »Herr Becker?«, sagte Larsen.

Der Mann drehte sich um, mit einem Schwung, der an einen Tänzer erinnerte, an John Travolta in *Saturday Night Fever*. »Ja, Daniel Becker.«

»Kiefer Larsen«, stellte Larsen sich vor. »Danke für Ihren Besuch. Sie wollen eine Aussage im Fall Robert Kosinski machen?«

Der Mann nickte, streckte ihm die Hand entgegen und zeigte dabei auch noch ein offenes, selbstbewusstes John-Travolta-Lächeln. Larsen ergriff die Hand und fragte: »Woher wissen Sie, dass wir so einen Fall bearbeiten?«

»Nicole hat mich angerufen, nachdem Sie bei ihr waren«, sagte der junge Mann, den Larsen auf Mitte zwanzig schätzte. »Ich meine, Grit, Frau Weichsel. Schreckliche Sache.«

»Gehen wir in mein Büro.« Larsen ging voran. »Möchten Sie einen Kaffee oder ein Wasser?«

»Nein, danke.« Der junge Mann folgte ihm, holte auf und hielt sich dann neben ihm. »Meine Frau hat mir gesagt, dass Sie gestern nach mir gefragt haben. Ich dachte mir, dass es bestimmt um die Versicherung geht. Robert hatte kürzlich eine Lebensversicherung abgeschlossen, in der ich als Begünstigter geführt werde.«

»Genau, die haben wir gefunden. Anderthalb Millionen Mark, zweieinhalb im Fall eines gewaltsamen Todes«, erklärte Larsen. »Ihre Frau sagte, Sie seien geschäftlich unterwegs gewesen?«

»Ja, in Bonn, mit meinem Partner Moritz Vogel. Bei potenziellen Großkunden stellen wir uns gern persönlich vor.«

»In welcher Branche sind Sie tätig?«

»Computerteile. Importe aus Indien, Korea und Japan. Allerdings stehen wir noch am Anfang. Im Augenblick arbeite ich als Geschäftsführer in der Trockenbau-Firma meiner Frau.« Ein kurzes Lachen, etwas verächtlich, so schien es Larsen. »Und Moritz ist momentan noch Anlageberater bei der Sparkasse. Um wie viel Uhr ist Robert denn erschossen worden?«

»Zwischen neun Uhr abends und drei Uhr morgens. Den genauen Zeitpunkt kennen wir noch nicht.« Larsen deutete zum Treppenhaus. »Da lang, wir nehmen die Treppe. Sie haben in einem Hotel gewohnt? In Bonn?«

»Ja, im Maritim. Ich nehme an, Sie wollen dort anrufen, um meine Angaben zu überprüfen? Moritz hat's leider erwischt, irgendwas im Essen. Er musste die ganze Nacht im Zimmer bleiben.«

»Und Sie?«

»Ich hab's richtig krachen lassen, in einem Nightclub in der Nähe des Rheinufers, mit zwei heißen Fegern.« Wieder das kurze Lachen. »Wollen Sie die Namen haben?«

»Ja.« Larsen versuchte, vor Daniel Becker oben anzukommen, aber John Travolta hielt tänzelnd seinen Vorsprung. »Seit wann sind Sie aus Bonn zurück? Gestern Abend waren sie noch nicht wieder zu Hause.«

»Nein, wir sind gestern Nachmittag in Bonn losgefahren und erst spät am Abend in Mersfeld eingetroffen – die A 1, ein Stau nach dem anderen!« Als sie das Treppenhaus erreichten, war Becker schon einen Schritt voraus. »Aber für den Zeitpunk des Mordes habe ich – haben wir – ja auf alle Fälle ein Alibi. Das brauche ich doch, oder? Immerhin fallen mir jetzt über zwei Millionen aus Roberts Lebensversicherung zu. Macht mich das nicht zu einem Verdächtigen? Ich nehme an, Sie haben den Täter noch nicht gefasst.«

»Nein, noch nicht. Sie sagen immer ›Robert‹, nicht ›Herr Kosinski‹? In welchem Verhältnis standen Sie denn zu ihm?«

»Wir waren befreundet«, erklärte Becker. »Robert sollte für unsere neu gegründete Firma den Vertrieb organisieren.«

»Überschreiben alle Ihre Angestellten Ihnen als Erstes ihre Lebensversicherung?«, fragte Larsen in neutralem Ton.

»Robert war mehr als ein Angestellter.« Im ersten Stock verharrte Becker auf der obersten Stufe, nicht sicher, ob er sich nach rechts oder links wenden musste. »Er sollte unser dritter Teilhaber bei ComTec werden, verfügte allerdings nicht über genügend flüssige Mittel, um seinen Anteil am Gründungskapital zeitnah einzubringen, zumal er gerade in einem komplizierten Scheidungsverfahren steckt ... steckte ...«

Larsen blieb ebenfalls stehen, eine Stufe unter Becker. Von rechts lief ein Kollege aus der Vermisstenabteilung ins Bild, den Blick auf einen Spiralordner in der Hand geheftet.

Als er Larsen erkannte, hielt er überrascht an. »Hey, Kiefer, seit wann bist du denn zurück?« Larsen winkte ihn weiter. Jetzt nicht, Björn. Er wartete, bis der Oberkommissar weitergegangen war, ehe er Becker fragte: »Und Ihr Verhältnis zu Frau Weichsel? Immerhin war sie vor Ihnen die Begünstigte der Police, und unter anderen Umständen wäre sie in den Genuss der Versicherungssumme gekommen. Als sie Sie angerufen hat, war es schon ziemlich spät, oder?«

Becker zeigte sein selbstsicheres Travolta-Grinsen. »Und ich habe sie ›Nicole‹ genannt, das meinen Sie doch? Ich weiß, in welchem Gewerbe sie tätig ist. Ich habe ihr sogar anfangs dabei unter die Arme gegriffen, ein Zimmer gemietet und so weiter, das werden Sie ja sowieso herausfinden. Wir waren mal zusammen, Grit und ich, bevor ich meine Frau kennengelernt habe. Sie darf mich zu jeder Tages- und Nachtzeit anrufen.«

Becker wusste nicht, in welche Richtung sie sich wenden mussten, das wollte Larsen noch einen Moment ausnutzen. Er blieb auf seiner Stufe stehen. »Ach, woher wissen Sie eigentlich, wie Herr Kosinski zu Tode gekommen ist?«

»Entschuldigung?«

»Sie haben gefragt: ›Um wie viel Uhr ist Robert denn erschossen worden?‹ Ich habe aber die Todesart gar nicht benannt.«

Becker deutete ein Kopfschütteln an, als wollte er sagen: Diese Frage stellen Sie doch nicht im Ernst? »Sie haben es im Gespräch mit Frau Weichsel erwähnt, und die hat es mir am Telefon erzählt, woher soll ich es sonst wissen?«

Zum Beispiel daher, dass du den Mord selbst begangen hast, schoss es Larsen durch den Kopf. Aber wenn er den jungen Mann betrachtete – den Kamelhaarmantel, den dottergelben Anzug, das hellblaue Button-down-Hemd mit den Perlmuttknöpfen, die nachtblaue Seidenkrawatte, die rotbraunen Slipper mit den Lederquasten –, erschien ihm dieser Gedanke abwegig. Mal abwarten, was die Überprüfung der Alibis ergibt, dachte er; Bonn ist nicht am anderen Ende der Welt.

»Rechts oder links?«, fragte Becker, aber Larsen blieb, wo er war. »Das wäre im Moment alles«, sagte er. »Wenn wir noch weitere Fragen haben, melden wir uns bei Ihnen. Ich begleite Sie noch zum Ausgang.«

»Danke, nicht nötig.«

Täuschte Larsen sich, oder wirkte Becker tatsächlich etwas enttäuscht? »Ach, eine Frage habe ich doch noch: Bei den Sachen von Herrn Kosinski haben wir das Foto einer rothaarigen Frau gefunden, attraktiv, Mitte dreißig. Vielleicht können Sie uns sagen, ob es sich dabei um seine Ehefrau handelt?«

»Um Britta? Nein, die ist älter als er und hat graue Haare. Das Foto könnte von Gisela sein, seiner Freundin – Gisela Horvat.«

»Und wo können wir Frau Horvat finden?«

»Die wohnt in Delmenhorst. Schnellreinigung Horvat. Steht bestimmt im Telefonbuch. Aber bitte gehen Sie diskret vor, sie ist verheiratet, und ihr Mann ist sehr eifersüchtig.«

»Weiß er, dass seine Frau ein Verhältnis hat?«

»Wenn er es wüsste, würde er sie umbringen – alle beide!« Becker schwieg einen Moment, wie jemand, der von seinen eigenen Gedanken überrascht worden ist. »Meinen Sie, er könnte der Täter sein? Herr Horvat?«

»Wir haben noch nicht genug Informationen, um uns eine Meinung zu bilden«, sagte Larsen. »Noch mal danke, Herr Becker, Sie haben uns sehr geholfen.«

Becker nickte und ging endlich an Larsen vorbei zum Fuß der Treppe, wo er sich noch einmal umdrehte und mit dem fast schon inflationär eingesetzten Lächeln zu ihm emporblickte. »Sie werden doch nicht vergessen, unsere Alibis zu überprüfen, Herr Kommissar?«

»Nein«, sagte Larsen. »Das werde ich nicht.« Auf einmal kam ihm dieses Lächeln – obwohl es eine haargenaue Kopie des ersten Lächelns bei ihrer Begrüßung war – unecht, fast spöttisch vor. Warum sagt er unser Alibi, fragte er sich, warum sagt er nicht mein Alibi?

19

Hör zu, Roby-Toby, hier ist der Masterplan«, hatte Daniel letztes Jahr erklärt, ein paar Wochen nachdem der Radscha im See schlafen gegangen und nie wieder aufgetaucht war, »dein Weg zum Millionär in vier einfachen Schritten.«

Robert hatte ihn angeschaut wie ein Hund sein Herrchen, mit großen Augen, nur ohne zu hecheln. Daniel war gerade von Andrea gekommen und fühlte sich gut, weil er endlich mit ihr Schluss gemacht hatte. Du kannst deinen Paki haben, hatte er zu ihr gesagt, ich will mit keiner Frau zusammen sein, die sich in einen Asylanten verknallt. Egal, ob tot oder lebendig, hatte er in Gedanken dazu gesagt, und auf ihr Gejammer ›Ich habe doch gar nichts mit Radschiv, ich weiß ja nicht mal, wo er ist, ich liebe dich!‹, hatte er nur gelacht. Und außerdem, hatte er gesagt, kriegt Susanne ein Kind von mir, ich werde Vater, und wir werden heiraten.

Jedenfalls hatte er sich gut gefühlt an dem Abend eine Woche vor Weihnachten, Leben schenken, Leben nehmen, und Roby-Toby mit dem Lakritz-Auto wartete darauf, zur Schlachtbank geführt zu werden. »Hör zu«, hatte er gesagt, »der Schlüssel liegt in einem Wort: Tempo!« Es war früher Abend, sie saßen in der Kanne und ließen es mit Champagner krachen, Moritz war auch dabei.

»Tempo – schnell rein und schnell wieder raus, wie bei den Navy Seals oder wie die heißen, bloß dass nicht wir schnell rein- und wieder rausgehen, sondern das Produkt! Egal was: Computer, Autos, Müll oder Teenies, die bezahlen, wir verdienen und sind wieder weg, ehe jemand anderer auf dieselbe Idee kommt. Kapiert?«

»Ja«, hatte Roby-Toby geantwortet, obwohl Daniel ihm ansehen konnte, dass er nichts verstand, nicht die Bohne.

»Freiheit durch Erfolg und Reichtum, du willst doch frei sein, oder? Keine Schulden, keine Frau, kein Scheißjob, jederzeit in den Flieger steigen können und ab in die Karibik? Ich will das, Moritz will das, und ich wette, du willst es auch! Also, jetzt zu meinem Masterplan: Schritt eins ist ›ComTec‹, frag mich nicht, was der Name bedeutet, er bedeutet nichts, soll nur nach Computern und Technik klingen. Denn das verkaufen wir, das verkaufst du, damit fangen wir an: die technische Zukunft. Mit dem, was wir dabei verdienen, gehen wir zu Schritt zwei über und pachten Grundstücke im Gewerbegebiet, auf die wir Schnellwaschstraßen stellen, ›Happy Car‹, du weißt schon, Garagen, die Autos mit Wasser bespritzen. Hinten und vorn offen, einfach nur durchfahren, schnell rein, schnell wieder raus, und schon blitzt die Karre wieder. Eine Goldgrube, ich hab's ein paar Mal durchgerechnet.

Dritter Schritt: Großdiscos im Ghetto-Look, Tanzen auf mehreren Ebenen von unverputztem Beton, super Soundanlagen, Blick über das gesamte Weserland by night, mit dem frisch gewaschenen Auto praktisch direkt auf den Dancefloor. Billiger Eintritt, billige Drinks, maßgeschneidert für den Teeniegeldbeutel, aber nur für eine begrenzte Zeit, anderthalb Stunden, danach gibt's einen Aufschlag, der sich auch gewaschen hat. Das Zauberwort heißt Fluktuation!

Vierter Schritt, und hier, Roby-Toby, kommt jetzt das ganz große Geld: Mülldeponien. Wenn wir so weit sind, kennen wir nämlich jeden, der was zu sagen hat, in allen Rathäusern, Baureferaten und Lokalbaukommissionen, und wir haben Zugriff auf sämtliche Grundstücke, erschlossen oder nicht erschlossen, die wir haben wollen. Wir brauchen nur zu sagen, diesen Uferstreifen da, und er gehört uns. Das ist der springende Punkt: das Ufer. Wir brauchen Areale in Flussnähe, egal, was für ein Fluss das ist, wegen der Abfälle, von denen keiner wissen will, wohin sie wirklich verschwinden. Wir nennen es Zwischenlager, und bald lädt jeder aus der Gegend bei uns den Müll ab, den sonst keiner haben will: schnell rein, schnell wieder raus.

Und bevor sich jemand dafür interessiert, was wir wirklich machen, sind wir wie die Computer, die Autos, die Teenies, der Müll: wieder weg! Weg, aber reich. Die Frage ist jetzt: Willst du dabei sein? Willst du unser dritter Musketier sein, Dany, Mo und Roby-Toby?«

»Ja!« Robert hatte heftig genickt: Ja, will ich!

Das Problem war, er hatte kein Geld. Er hatte überhaupt nichts von Wert, kein teures Auto, kein Haus, keine Erbschaft in Aussicht. Aber das wusste Daniel natürlich längst. Vermögen bestand aus Zahlen, manchmal sogar negativen Zahlen – Zahlen plus Wissen. Er wusste auch von der Lebensversicherung, die Robert kürzlich abgeschlossen hatte, denn die Begünstigte war Grit, keine Ahnung, was Roby-Toby in ihr sah. Anderthalb Millionen plus noch mal eine satte Mio, falls der Tod durch einen Akt der Gewalt herbeigeführt wurde.

»Hör zu, Roby-Toby«, sagte er, »ich will nicht, dass du uns verloren gehst und am Ende noch für die Konkurrenz arbeitest. Ich will dich in der Firma haben, aber von uns hat jeder eine halbe Million reingesteckt.« Was glatt gelogen war, denn ComTec bestand nur aus einer leeren Lagerhalle und einem winzigen Büro mit ein paar Möbeln, einem Telefon, einem Faxgerät und Dutzenden von Aktenordnern mit gefälschten Rechnungen, Auftragsbestätigungen, Zollerklärungen, Frachtbriefen und Lieferscheinen. »Also, jeder von uns eine halbe Mio, und irgendwas musst du auch reinschießen.«

Er wollte, dass Roby-Toby von sich aus mit der Versicherung ankam, und genau das tat er auch, es dauerte gar nicht mal besonders lang. »Aber es gibt schon eine Begünstigte«, sagte er, »wegen der Kinder, falls mir was zustößt.«

Daniel hatte gelächelt wie der Mann von der Hamburg-Mannheimer: »Hey, wenn dir was zustößt, kümmern wir uns um deine Kinder, ist doch klar – einer für alle, alle für einen. Schmeiß Nicole raus und setz mich ein, muss sie ja nicht wissen. Und damit du ganz sicher sein kannst, dass wir dich nicht aufs Kreuz legen, machen wir einen Darlehensvertrag: Du hast eine Million in die Firma investiert, rückzahlbar spätestens – wann wird deine Versicherung fällig? In acht Jahren? Also rückzahlbar spätestens in acht Jahren. Dann hast du was in der Hand, auf das deine Frau ihre Hand nicht legen kann, wenn ihr euch scheiden lasst. Und ich habe eine Sicherheit, die so gut wie Bargeld ist, für deine Anteile an der Firma.«

Roby-Toby hatte keine Ahnung, was da gerade abging; er konnte ein X nicht von einem U unterscheiden. Brav sorgte er dafür, dass Daniel statt Nicole aufs Siegertreppchen kam, nur ein Anruf bei der Versicherung, und das war der Moment, in dem er zu Silber, Element Nr. 47, wurde. Allerdings war Moritz in diesem Fall das Werkzeug gewesen; manchmal lohnte es sich nicht, das Experiment selbst fortzusetzen.

Jetzt – als er das Polizeipräsidium verließ, seinen BMW aus dem Parkhaus holte und zu seiner Lagerhalle fuhr – war Daniel so richtig nach Feiern. Unglaublich, wie schlicht diese Bullen tickten, null Raffinesse. Kein Wunder, dass die nie rausgefunden hatten, was mit dem Paki passiert war, obwohl Andrea sich nach Radschivs Verschwinden überhaupt nicht mehr einkriegen konnte. Aber selbst wenn sie einen

Verdacht gehabt hätten, nein, selbst wenn sie sicher gewesen wären, dass jemand den Paki getötet hatte, sogar wenn sie gewusst hätten, wo sich seine Leiche befand, selbst dann: Es gab keine Spur, die zu ihm führte. Von Robert Kosinski dagegen führten einige Spuren zu ihm, bloß dass er den nicht erschossen hatte.

Bei der Halle angekommen, sperrte Daniel die Eisentür des Raums unter dem Zwischengeschoss auf, schaltete das Licht an und drehte die Heizung hoch, um alles für die Session vorzubereiten. Wenn es warm war, konnte man die Schmerzen besser spüren. Es war kein wirklicher Keller, weil der Raum sich ja auf ebener Erde befand, aber er nannte es trotzdem »den Keller«. Der weiße Kachelboden reflektierte den Schein der Punktstrahler an der Decke; in der Mitte schimmerte ein Abflussrost. Daniel dimmte die Strahler bis auf ein verheißungsvolles Zwielicht herunter. Der Raum enthielt eine mit rotem Kunststoff bezogene Liege, einen weißen Instrumentenschrank auf Rollen, der nach Zahnarztpraxis aussah, und ein Waschbecken aus rostfreiem Edelstahl.

Auf dem Rollschrank lagen Zangen in verschiedenen Größen, Metallklammern, Nadeln und Kanülen, Metallhaken, Gummiknebel, Dildos, Bondagebänder aus Sisal, Peitschen mit schwarzen Kunststoffgriffen und Zungen aus dünnen Lederstreifen. Im Fach darunter stand ein Karton mit Wachskerzen, gelb, schwarz und rot. Es gab Nieten-Paddel, eine Edelstahlrute und eine Singletail-Peitsche. Ganz unten standen Lack-High-Heels in den gängigen Damengrößen – zur Bestrafung.

Eine hüfthohe Vase enthielt geschälte und ungeschälte Rohrstöcke. An den Wasserhahn über dem Becken war ein Gummischlauch mit einer verchromten Düse zur Durchführung von Einläufen angeschlossen. Zudem gab es einen kleinen Kühlschrank, in dem sich schmerzstillende Öle, gefäßerweiternde oder verstopfende Salben und kleine Phiolen mit Poppers zur Muskelentspannung befanden.

Von Eisenhaken in den unverputzten Betonwänden hingen Handschellen und Fußschließen an verschieden langen Eisenketten, außerdem eine Gasmaske, ein Latexanzug an einem Metallbügel und mehrere unterschiedlich große Ledermasken. Dazwischen war ein Andreaskreuz mit Arm- und Fußreifen in den Beton gedübelt. Ach ja, und die Fackeln in den schwarzen Schmiedeeisenhaltern rechts und links davon. Daniels Mund wurde trocken vor Erregung, als er sich Sandra mit gespreizten Schenkeln an dieser Wand vorstellte. Oder geknebelt auf der Pritsche, beleuchtet von den brennenden Fackeln. Sie war eine Novizin und stand an der Schwelle zu einer unbekannten Welt, die er ihr zeigen konnte, einem ganzen Kosmos aus Lust und Schmerz.

Er öffnete den Kühlschrank, um sicherzustellen, dass nichts vom Inhalt sein Verfallsdatum überschritten hatte. Zwei der drei Fächer waren leer, dort hinein kamen die Nahrungsmittel für die Fütterung. Obwohl knapp bemessen, reichte der Platz aus, denn meistens verabreichte Thor Dosenfutter. Er sah nach, ob ausreichend Kleenex vorhanden war. Er überprüfte die Spülung der Toilette – weißes Porzellan, kein Paravent – neben dem Waschbecken. Zuletzt schüttelte er die Wolldecke aus, die zusammengefaltet in dem Körbchen unter der Pritsche lag. Das Körbchen aus geflochtenen Weiden war so groß, dass eine schlanke Frau darin schlafen konnte, wenn sie sich zusammenrollte.

In der Ecke daneben stand der Käfig: eineinhalb Meter hoch, zwei Meter lang, einen Meter zwanzig breit, Stangen aus schwarzem Stahl, ein abwaschbarer Metallboden, das Ganze gesichert mit einem gut geölten Schloss.

Nachdem Daniel seine Inspektion abgeschlossen hatte, setzte er sich im Schneidersitz auf den Kachelboden und stellte die Einkaufsliste für die Fütterung zusammen. Danach arbeitete er einen Stundenplan aus, der sich von lediglich einem Tag bis zu einem ganzen Wochenende von Freitagmorgen bis Sonntagabend erstreckte, von der Einweisung, gleich nach ihrer Ankunft, dem Ablegen der Kleider, bis zum letzten Abendessen, der Minute der Trennung, dem endgültigen Abschied. Fast wie in der Schule, nur dass statt 9:00 Erdkunde, 10:00 Religion, 11:00 Mathe oder Deutsch etwas Erhabeneres auf dem Plan stand: 9:00 Erziehung, 10:00 Bestrafung, 11:00 Unterwerfung, 12:00 Belohnung, die einzelnen Bereiche noch einmal unterteilt: Peitschen stehend oder Peitschen kniend, Englische Erziehung, Atemkontrolle, Sklavenbehandlung mit Fesselung, Fütterung und Schlafphase. Keine Berührung, kein Kontakt von Haut mit Haut.

Daniel wusste nicht, wie schnell Sandra gefügig sein würde; wie viel Zeit er veranschlagen musste, bis sie ihren Widerstand aufgab und den erregenden Reiz der Unterwerfung erkannte. Natürlich konnte es auch sein, dass er sich irrte und in ihren herausfordernden Blicken und den provozierend aufgeworfenen Lippen eine Sehnsucht nach unerbittlichen Regeln und ihrer Durchsetzung mit der Peitsche gesehen hatte, die sie gar nicht wirklich empfand. In wenigen Tagen weiß ich es, dachte er und wünschte, sie wäre schon da.

Es handelte sich um einen Weg, der niemals endete, das musste er ihr als Erstes klarmachen – keine Grenzen, an denen man umkehren konnte, keine Tür, die man verschlossen lassen durfte. Kein Schmerz, den man nicht noch steigern wollte. Keine Verletzung, die man nicht genießen lernte, aktiv oder passiv, als Herrscher oder Sklave. Macht in ihrer reinsten Form. Nicht als Liebe. Nicht als Sex. Nicht einmal als Religion, sondern als Utopie: Lust, die sich steigert und steigert und nie erfüllt, weil es immer noch mehr davon gibt, hinter der nächsten Schwelle, der nächsten Grenze, dem letzten Schmerz.

Es war, als könnte Daniel Sandra schon stöhnen hören, als sähe er ihre Tränen, das erste Blut. Sähe, wie sie unter den Schlägen der Peitsche zuckte. Er fühlte ihren Hals in seinen Händen, schlank, warm, und wie sich die Muskeln darin anspannten, während er zudrückte. Er hörte ihre erstickten Atemstöße, das Röcheln, das die Erfüllung ankündigte. Er sah die Angst in ihren Augen, ›Was machst du denn?, Nicht!‹, und wie ihr Blick langsam zu Einverständnis wechselte, ›Ja, tu es!‹ Er spürte ein heißes Flimmern in der Brust, das in seinen Kopf stieg, und roch die Ekstase, roch Schweiß, Speichel, Urin.

Thor, Meister!

Er schüttelte den Kopf und riss sich zusammen, dachte, ruhig, langsam. Alles geschah innerlich, nichts drang nach außen, nicht das leiseste Zittern, kein Hauch von Transpiration.

20

Ermittlung, der zweite Tag: Bei manchen Fällen ging es von Anfang an Schlag auf Schlag, bei anderen tat sich tagelang, manchmal wochenlang nichts, bis die Dinge dann doch in Bewegung kamen. Ebenso geriet eine Ermittlung hin und wieder unvermittelt ins Stocken, bis sie früher oder später genauso überraschend wieder Fahrt aufnahm, ohne dass man hätte sagen können, welche geheimnisvollen Einflüsse am Werk waren. Nach dem Anruf der Kriminaltechnik mit der Information über die Tatwaffe und dem Bericht des Gerichtsmediziners hoffte Larsen, dass dies einer der Fälle war, bei denen das Tempo nicht nachließ. Er trank seine zweite Tasse Kaffee, sah das Telefon an und dachte: Wie wär's, willst du nicht noch mal klingeln?

Er zeichnete ein gleichschenkeliges Dreieck auf ein weiteres Briefkuvert aus seiner Schublade und schrieb den Namen Robert Kosinski über die Spitze. Unten links notierte er Grit Weichsel, neben den Winkel rechts unten schrieb er Daniel Becker. Die Linien, die alle drei Punkte verbanden, beschriftete er mit Lebensversicherung. Unter das Dreieck schrieb er Begünstigte und Alibis überprüfen. Nach kurzem Zögern machte er noch ein Kreuz außerhalb des Dreiecks, beschriftet mit: Gisela Horvat, Geliebte.

Er dachte an Beckers Besuch heute in aller Frühe: offenbar ein erfolgreicher junger Mann, tadelloses Benehmen, nicht auf den Mund gefallen, entgegenkommend. Trotzdem hatte er das Gefühl, dass irgendetwas mit ihm nicht stimmte, dass es einen zweiten Daniel Becker im ersten gab und vielleicht noch einen dritten im zweiten, obwohl er nicht wie ein Mörder aussah. Aber Larsen hatte in seinem Leben mehrere Dutzend Mordfälle bearbeitet, und die meisten Verdächtigen wären weder im Vorstand eines börsennotierten Unternehmens aufgefallen noch in der Tracht der Barmherzigen Schwestern. Jeder ist fähig, zu töten.

»Wir müssen die wirtschaftlichen Verhältnisse von Daniel Becker und seiner Firma untersuchen«, sagte er zu seinem Team, das sich inzwischen vollzählig in seinem Büro eingefunden hatte. »Wir müssen die Geschichte von Grit Weichsel überprüfen, vor allem ihr Verhältnis zu Robert Kosinski und den Teil mit dem im Casino gewonnenen und wieder verschwundenen Geld. Wir müssen mit Kosinskis Noch-Ehefrau Kontakt aufnehmen und ihr Alibi überprüfen, weil in solchen Fällen manchmal ein Partner der Meinung ist, bis dass der Tod uns scheidet wäre nicht zuverlässig genug. Wir müssen die Adresse von Gisela Horvat herausfinden und mit ihr reden, denn sie hatte ein Verhältnis und einen Ehemann, und Eifersucht auf den Nebenbuhler ist seit jeher ein gutes Mordmotiv.«

Er schwieg einen Moment, bevor er fortfuhr: »Vor allem aber will ich die Pistole haben. Olaf, das übernimmst du. Du hörst dich in den entsprechenden Kreisen um, to whom it may concern, aber diskret, keine Polizei, sonst werden die Pferde scheu. Wer könnte so eine Mauser HSC besitzen, wer kann sie beschaffen, hat sie kürzlich beschafft, verkauft oder verschenkt und an wen, mit oder ohne Munition? Bitte mit Adresse und Telefonnummer.«

Olaf Sundermann, siebenundzwanzig, aufgeweckt wie ein Springteufel, kurze rote Haare, das Gesicht voller zimtbrauner Sommersprossen, grinste selig wie ein Dutzend Kirchentagsbesucher. »Wo soll ich anfangen?«

Lenz seufzte genervt. »Am Hauptbahnhof, in den Kneipen, in denen die Jugos verkehren, in Import-Export-Geschäften, Nachtklubs und Discos, den Autowerkstätten, bei Gebrauchtwagenhändlern, den Luden vom Helenenstrich und dem Straßenstrich am Hafen –«

»Nur in Bremen? Oder auch Bremerhaven?«

»Bremen reicht erst mal«, brummte Larsen, überlegte es sich dann jedoch anders. »Nimm noch Mersfeld dazu.«

»Kriege ich einen Wagen? Einen Ferrari oder Lamborghini?«

»Du bist nicht Sonny Crockett in Miami Vice«, sagte Lenz.

»Oder wenigstens ein Handy?«

»Wenn du ein Handy haben willst, kauf dir eins«, sagte Lenz.

Sundermann grinste. Man kann's ja mal versuchen, oder? »Bin schon weg.« Doch ehe die Tür hinter ihm zufallen konnte, klingelte das Telefon. Larsen nickte zufrieden und meldete sich. »Die KTU«, verkündete er und dachte, vielleicht ist es tatsächlich einer dieser Fälle, wo es Schlag auf Schlag geht.

Das dachte er bis kurz vor Ende des Telefonats, als der

Fall die Wendung nahm, die das Blut in seinen Adern flirren ließ. »Was habt ihr für mich?«

»Auf den ersten Blick nicht viel«, antwortete Dr. Regnier, der über die kriminaltechnische Untersuchungsstelle regierte. »Der Regen in der Tatnacht hat in der näheren Umgebung des Opfer-Fahrzeugs praktisch keine verwertbaren Spuren übrig gelassen, keine Fußabdrücke oder Reifenprofile, nichts außer denen des Ford Sierra selbst. Das Blut im Wagen – nur identische DNA – gehört ausnahmslos dem Opfer. Allerdings gibt es einen Haufen verschiedener Fingerabdrücke, fast wie in einem Taxi. Entweder war dieser Kosinski ausgesprochen hilfsbereit und hat gern Leute mitgenommen, oder er hat den Wagen häufig verliehen, was auch immer. Dementsprechend finden sich auch alle möglichen DNA-Spuren im Fahrzeuginneren, dazu diverse Stofffasern et cetera, et cetera. Ich habe aber etwas anderes, das Sie interessieren könnte …«

Jetzt kommt's, dachte Larsen. »Ja?«

»Urin«, sagte Regnier.

»Was für Urin? Wo?«

»Pippi-Urin. Vom Menschen. In der Rückbankpolsterung.«

»Urin vom Opfer?«

»Nein, von einem Opfer vielleicht, aber nicht von diesem. Nicht seine DNA.« Regniers Stimme verriet, dass er dieses Rätsel genoss. »Nicht von Robert Kosinski und auch nicht aus der Tatnacht stammend. Aber ziemlich viel, als hätte auf dem Rücksitz jemand die Kontrolle über seine Blase verloren, vielleicht in Todesangst.«

Larsen wusste, was das bedeutete: Das neue Stück des ersten Puzzles war gleichzeitig Teil eines zweiten. »Lässt sich feststellen, wie lange dieser Kontrollverlust zurückliegt?«

»Länger als eine Woche, kürzer als die Erstzulassung des Wagens«, antwortete Regnier fröhlich. »Jemand hat versucht, die Bank gründlich zu reinigen, mit ziemlich starken Chemikalien, ist ihm aber nur teilweise gelungen.«

»Das heißt, wir haben es vielleicht mit zwei Morden zu tun«, sagte er laut genug, dass jeder im Raum es hören konnte. »Danke.«

Er legte auf und ließ seinen Blick über die Gesichter von Sundermann, Lenz und Mareike Jung wandern. Sie saßen oder standen vor seinem Schreibtisch, in der Tür, am Fensterbrett und wirkten in der Bewegung erstarrt, wie in einem Film, der gerade angehalten worden war. Mareike, schon wieder mit einem Kaffeebecher in der Hand, Hauptkommissar Lenz mit einem Muffin, von dem er gerade zum zweiten Mal abgebissen hatte. Und Olaf Sundermann halb vorgeneigt, eine Hand auf der Klinke der Tür, die er gerade zuziehen wollte.

Es war so still, dass die Stille selbst zum Lärm wurde. Sie war lauter als die Geräusche aus den anderen Räumen, das Klingeln der Telefone, das Rattern der Faxgeräte und die Gesprächsfetzen, die vom Korridor hereindrangen. Lenz betrachtete Larsen aufmerksam, genau wie die beiden anderen ohne einen Hauch von Ablehnung; im Dienst verhielt er sich absolut professionell, egal, was sonst in ihm vorging. »Ein Serientäter?«, fragte er.

»Eher ein Serien-Tatort«, meinte Larsen bedrückt und holte einen neuen Briefumschlag aus seiner Schreibtischschublade. »Aber möglich, ja.«

»Dieselbe Waffe?«

»Derselbe Wagen.«

»Ab wann ist einer eigentlich ein Serientäter?«, erkundigte sich Mareike. »Ich meine, beim wievielten Opfer beginnt eine Serie?«

»Immer bei einem zu viel«, antwortete Lenz, was aus seinem Mund und beim ersten Hören fast an die Weisheit eines Zen-Meisters zu grenzen schien.

»Das bleibt natürlich unter uns«, sagte Larsen. »Kein Wort darüber an die Medien.«

»Was ist mit Zeugen?«, fragte Mareike. »Ich schlage vor, jetzt doch Fotos von dem Opfer und dem Lakritz-Auto zu veröffentlichen, verbunden mit der Bitte, uns anzurufen, wenn einer sachdienliche Hinweise hat.«

Larsen nickte zustimmend. »Vielleicht erinnert sich jemand an den Wagen, wenn er wirklich so auffällig ist, wie du meinst.«

Das Mordfahrzeug, dachte er, so wird die Boulevardpresse es bezeichnen. Und dann dachte er, hoffentlich handelt es sich bei dem Urin nicht um die Spuren eines Todeskampfes. Es könnte ja einen anderen Grund geben, warum jemand die Kontrolle über seine Blase verloren hatte, eine Lebensmittelvergiftung, ein Vollrausch, sonst was. Er wollte nicht, dass es wieder so ein Fall wurde, bei dem sich der Giftmüll immer höher auftürmte, bis er von einer Pension aus arbeiten musste. »Also gut, die Medien übernimmt die Pressestelle. Bis zur PK statten Mareike und ich Frau Horvat einen Besuch ab.«

»Frau Kosinski kann ich übernehmen«, sagte Lenz. »Ich habe mich ja schon in die Verhältnisse ihres Mannes eingearbeitet.«

»Aber sei diskret, vor allem was die Tasche in seinem Schrank betrifft«, warnte Larsen. »Irgendwo in den Papieren des Opfers muss ihre Adresse stehen. Und die der Geliebten auch.«

»Habe ich schon rausgeschrieben«, antwortete Lenz, legte ihm einen Zettel mit Anschrift und Telefonnummer der beiden Frauen auf den Schreibtisch und tippte kurz mit dem Zeigefinger darauf. Er verließ den Raum und zog sich in sein eigenes Reservat zurück. Etwas später hörte Larsen ihn bei offener Tür telefonieren: »Ich hätte gern die Rufnummer des Hotels Maritim in Bonn … Ja, bitte … Lenz, Kripo Bremen. Es geht um zwei Ihrer Gäste – einen Herrn Becker, Daniel, und einen Herrn Vogel, Moritz.«

»Vielleicht suchen wir ja einen Täter, der seine Opfer gern in Autos tötet«, sagte Mareike.

Larsen stand auf. »Jede Tat bewegt sich im Rahmen von Gesetzmäßigkeiten, die nur zu ihr gehören«, erklärte er, »und wenn es sich um mehrere Taten handelt, die zusammenhängen, ergibt sich irgendwann ein Muster. Aber nicht am Anfang. Am Anfang der Ermittlungen ist man wie eine kleine Fliege, die über ein Gemälde krabbelt, Millimeter für Millimeter – über so einen riesigen Ölschinken, wie er in den Museen manchmal eine ganze Wand bedeckt. Alles ist da, aber wir erkennen die Bedeutung nicht; wir krabbeln nur hierhin und dorthin, vor und zurück. Anders als für die Fliege kommt für uns allerdings irgendwann der Moment, in dem wir das erste Detail erkennen, dann das nächste und schließlich immer mehr – ein Muster entsteht, das immer klarer wird, bis sich uns irgendwann das ganze Bild offenbart. Wir schauen darauf und haben das große Gemälde vor uns, den ganzen Fall. Dann können wir ihn lösen und den Täter fassen: den Maler des Bildes.«

»Dann hoffen wir mal, dass es sich bei unserem Maler nicht um Picasso handelt«, murmelte Mareike. »Der hat nämlich ziemlich viele Bilder gemalt.«

21

Die rothaarige Frau stand in dem nach Wäschestärke riechenden Dampf neben zwei anderen Frauen an der Kleidermangel und knipste Papieretiketten mit Abholnummern in die Knopflöcher von frisch gebügelten Hemden. Sie sah nicht auf, als die Türglocke ertönte, auch nicht, als Larsen und Mareike eine vierte Frau an der Kasse laut nach der Eigentümerin fragten. Sie wischte sich nur mit den Handrücken über die Stirn, hängte das Hemd, das sie gerade hielt, auf den nächsten Bügel und legte die Knipszange weg. »Ja?«, rief sie. »Worum geht's denn?«

Gisela Horvat, neununddreißig, sah älter aus als auf dem Foto aus Robert Kosinskis Besitz; sie lächelte auch nicht. Das verschwitzte Haar war dunkler, eher rostfarben als Kupfer, und ihr erhitztes Gesicht schimmerte rötlich wie die Hummerschalen in der Vitrine einer Nordsee-Filiale. Sie trug einen weißen Kittel, der vorn offen stand, darunter sah Larsen eine hellblaue Hose und eine schmucklose weiße Bluse, sonst nichts, keinen Schmuck, keine Uhr, nur einen Ehering. »Larsen, Kripo Bremen«, sagte er, während er seine blank gescheuerte Dienstmarke zeigte, nicht sicher, ob sie ihn in dem ohrenbetäubenden Dröhnen der Trockentrommeln und dem Zischen der Bügelautomaten verstand.

»Mareike Jung«, sagte Mareike neben ihm. »Können wir uns irgendwo unterhalten, wo es etwas weniger laut ist?«

Gisela Horvat deutete auf die Straße, ging um die Kassentheke herum und trat vor ihnen durch die beschlagene Glastür. Draußen griff sie in die Kitteltasche. Sie kramte ein Päckchen HB hervor, aus dem sie eine Zigarette klopfte. Sie zündete die Zigarette mit einem Zippo an und inhalierte, wobei sie den Kopf zurückwarf, wie ein scheuendes Pferd. »Er ist es, oder?«, fragte sie. »Robert.« Sie sah Larsen starr an.

»Ja«, sagte er.

»Ich wusste es«, sagte sie. »Als ich eben im Radio gehört habe, dass beim Freibad ein Mann in seinem Wagen erschossen worden ist, wusste ich, dass er es ist. Sie haben seinen Namen nicht genannt, aber …« Sie zuckte mit den Schultern und sah jetzt nicht mehr Larsen an, sondern folgte mit ihrem Blick dem Rauch, der in der grauen, diesigen Luft zerfaserte. »Ich habe mich schon gefragt, wie lange Sie wohl brauchen.«

»Nicht lange«, sagte Larsen. »Warum haben Sie sich nicht mit uns in Verbindung gesetzt?«

Sie antwortete nicht, deutete nur ein Kopfschütteln an. So einfach ist das nicht, schien die Geste zu sagen.

»Wo waren Sie in der fraglichen Nacht?«, fragte Mareike.

Gisela Horvat schwieg weiter. Sie ignorierte Mareike genauso wie die Passanten, die auf dem nassen Trottoir vorbeieilten. »Er wollte noch kommen«, sagte sie endlich. »Vorgestern Nacht wollte er noch zu mir kommen, aber das ist er nicht. Ich habe ihn angerufen. Er ist nicht an sein Handy gegangen. Er hat mich nicht mehr angerufen. Es war Daniel oder Moritz, einer von den beiden.«

»Was?«, fragte Larsen.

»Sie haben ihn getötet. Er war mit ihnen verabredet, und sie haben ihn getötet.«

»Wie kommen Sie darauf?«, fragte Mareike.

»Er wäre sonst danach zu mir gefahren«, wiederholte Gisela störrisch. »Er hätte sich die Gelegenheit nie entgehen lassen.«

»Welche Gelegenheit?«

»Dass Mirko, mein Mann, dass mein Mann nicht da ist.« Jetzt sah sie Mareike direkt an. »Ich bin verheiratet, aber das wissen Sie ja bestimmt schon. Mein Mann ist für eine Woche nach Dubrovnik gefahren, wo seine Mutter lebt.« Sie zog wieder an der Zigarette, dann ließ sie die Kippe fallen und trat sie aus. »Ich wollte Robert sagen, dass es vorbei ist. In der Nacht, vorgestern, wollte ich es ihm sagen.«

»In der er nicht gekommen ist«, präzisierte Mareike.

Larsen fragte: »Um wie viel Uhr war Herr Kosinski mit den Herren Becker und Vogel verabredet?«

»Um halb zehn, aber die sind nie pünktlich. Sie sagen, wir treffen uns um halb zehn, und dann kommen sie, wann sie wollen. Ich wünschte, Robert wäre nicht hingefahren, so spät am Abend. Ich wollte mich von ihm trennen, aber dass so etwas geschieht … Nicht so.«

»Warum sind Sie so sicher, dass Daniel Becker oder Moritz Vogel der Täter sein muss?«, hakte Larsen nach. Dabei dachte er die ganze Zeit: unprofessionell, eine Zeugenvernehmung auf offener Straße. Aber spontane Äußerungen hatten den höchsten Beweiswert vor Gericht, und jetzt gerade kam es darauf an, was sie sagte, solange die Überraschung noch nachwirkte.

Gisela Horvat kniff die Augen zusammen, als müsste sie etwas sehr Kleines neu justieren. »Er hatte eine hohe Lebensversicherung abgeschlossen, ist noch nicht mal ein halbes Jahr her, damit seine Kinder versorgt sind, wenn ihm mal was zustoßen sollte. Daniel Becker war ganz scharf darauf, dass er sie ihm überschreibt, ihn als Begünstigten einsetzt. Angeblich als eine Art Hypothek oder so was, damit Robert in ihre Firma eintreten kann, aber die Geschäftspläne, die sie hatten … Wenn Sie mich fragen, waren das alles nur Luftschlösser. Unseriös.«

Ihr Kopf wies mit einem Ruck auf den Eingang der Reinigung, über der in roten Buchstaben Schnellreinigung Horvat stand. »Das da, das ist seriös. Klein, aber seriös. Mein Mann – Mirko – ist jemand, der hart arbeitet. Für uns. Aber Robert war ein Träumer, deswegen mochte ich ihn ja. Er war wie ein Kind, das jedem vertraut. Er wollte unbedingt reich werden, zur High Society gehören. Das haben die beiden ihm eingeredet. Computerteile, Waschstraßen, Mülldeponien und dann das gute Leben in der Karibik – Meer, Sonne und tropische Cocktails von morgens bis abends. Klingt das so, als wäre es das Richtige für jemanden, der Robert Kosinski heißt?«

Plötzlich standen ihr Tränen in den Augen, schimmerten auf ihren Wimpern. Sie zitterte; ein Zittern, das am Hals begann. Larsen sagte: »Sie sollten wieder hineingehen, sonst erkälten Sie sich.«

»Sie haben gesagt, sie wären seine Freunde«, redete Gisela Horvat weiter, unempfindlich für die Kälte, »aber einer wie Robert braucht andere Freunde. Ich habe ihm das immer wieder gesagt, aber er hat nicht zugehört. Untertauchen wollte er, weg von hier, und sie wollten ihm dabei helfen, hat er noch vor einer Woche gesagt, mit dem Geld aus der Lebensversicherung.«

Larsen spürte ein Kribbeln im Nacken, als zöge sich dort die Haut zusammen. »Er wollte untertauchen?«

Sie nickte langsam, mechanisch, wie ein Spielzeugtier für Kinder. »Dummer, großer Junge. Und seinetwegen hätte ich beinahe meinen Mann verlassen …«

»Wie wollte er das bewerkstelligen?«, fragte Mareike. »Das mit dem Untertauchen?«

»Das müssen Sie die beiden fragen.« Sie wandte sich ab, um wieder in ihre kleine, seriöse Reinigung zu gehen, wo sie anfangen musste, ihr Leben neu zu justieren. »Seine Mörder.«

»Bei seinen Sachen haben wir ein Foto von Ihnen gefunden«, sagte Larsen. »Sobald die Untersuchung abgeschlossen ist, werden wir es Ihnen geben.«

»Das Foto, ja … ja, schicken Sie es mir.«

»Wir haben auch eine Sporttasche voll mit Folterspielzeug gefunden«, sagte Mareike irgendwie gereizt, jetzt selbst zitternd vor Kälte. »Können Sie uns dazu noch etwas sagen?«

»Was für eine Tasche?«

»Eine Adidas-Tasche«, den Herstellernamen erfand sie gerade, »randvoll mit Haken, einer Latexmaske, einer Peitsche, einem Gummiknebel, Handschellen, Metallklammern, lauter so Zeug eben.«

Gisela Horvat schüttelte den Kopf. »Auf so was stand

Robert nicht. Absolut nicht.« Ein weiteres Kopfschütteln. »Er ... Robert mochte es gern zärtlich.« Sie schluckte. »Er war ein sehr zärtlicher Mann, der nie jemandem wehtun könnte ... konnte. Wenn Sie so was bei ihm gefunden haben, dann hat er es vielleicht für jemanden aufbewahrt. Für Daniel Becker oder den anderen, Moritz. Ich weiß nicht.« Sie zuckte mit den Schultern und öffnete die Tür, aus der sofort ein Schwall weißen Dampfs wallte.

»Wann kommt Ihr Mann denn aus Dubrovnik zurück?«, fragte Larsen. »Und wie können wir ihn erreichen, während er bei seiner Mutter ist?« Er sah, dass sich ihr Gesicht veränderte, einen besorgten Ausdruck annahm. Rasch fügte er hinzu: »Wir wollen nur eine Bestätigung dafür, dass er zur Tatzeit nicht in Bremen war. Alles andere geht uns nichts an.«

»Im Augenblick jedenfalls«, ergänzte Mareike schmallippig und trat fröstelnd von einem Fuß auf den anderen. Vielleicht liegt es auch an ihr, dass andere Frauen sie möglichst lang zu ignorieren versuchen, dachte Larsen. Schweigend stapfte sie neben ihm zum Wagen. Als sie da waren, fragte sie: »Was wissen Sie eigentlich über SM, Chef?«

»Aus eigener Erfahrung nichts«, antwortete er, die Hand schon auf dem Türgriff. »Das ist eine andere Welt, die sich nach gewissen Regeln richtet: Feste gemeinsame Absprachen sind besonders wichtig. Dem Masochisten geht es um das eigene Leiden und um Demütigungen. Ähnlich wie ein Extremsportler versucht er, seine Grenzen herauszufinden – wie viel Schmerz halte ich aus, kann ich ertragen? Bei einem Sadisten sieht die Sache anders aus, je nachdem, zu welcher Kategorie er gehört: Die einen wollen einvernehmlich mit den Partnern das Leid anderer spüren, ihre beherrschende Dominanz ausleben und dabei so weit gehen, wie sie eben dürfen. Die anderen sind besessen von dem Wunsch, zu zerstören, und wollen am liebsten immer weitermachen, bis es keine Grenze mehr gibt. Wenn der Sadist dabei den anderen verletzen, verstümmeln oder töten müsste, würde er es tun.«

Mareike betrachtete ihn nachdenklich. »Mir kommt es so vor, als wäre dieses ganze SM-Zeug eine ziemlich egoistische Angelegenheit«, meinte sie. »Jeder bleibt in seiner Haut und gibt sich dem Gefühl hin, einmalig zu sein. Wenn man sich verliert, dann nur an sich selbst. Es sieht riskant aus, aber eigentlich ist es das Gegenteil.«

»Du irrst dich«, sagte Larsen. »Es ist sogar sehr gefährlich.«

»Wenn Sie wählen müssten, wofür würden Sie sich entscheiden: Sadist oder Masochist?«

»Ich muss nicht wählen«, sagte Larsen, öffnete die Tür und setzte sich hinter das Steuer.

22

Sommer 1996
Zwei Monate später

Nicole merkte, dass ihr schlecht wurde, wenn sie beim Fahren las, und deswegen legte sie die *Super Illu* weg und sah wieder aus dem Fenster, weil bald das Meer kommen musste. Den Moment wollte sie nicht versäumen. Draußen waren aber bloß Felder zu sehen, gleichförmig in der Hitze, einige schon halb abgeerntet, das fand sie irgendwie traurig. Bloß die Sonnenblumen, die immer wieder dazwischen herumstanden und mit ihren großen Köpfen das Licht aufzufangen versuchten, heiterten sie auf. Mit ihren langen, dürren Hälsen kamen sie sich bestimmt vor wie die Giraffen unter den Pflanzen.

Nicole trank einen Schluck aus der Wasserflasche, die

schon ganz warm war. Danach hielt sie Daniel die offene Flasche hin, aber er wollte nichts. Er schüttelte den Kopf und sah weiter starr geradeaus, auf die Straße und die Dächer der anderen Autos, über denen die Luft flimmerte. Wenn er so war, sagte man am besten gar nichts, weil er dann schnell wütend wurde. Sie fragte sich, ob sie etwas Dummes gesagt hatte. Das mochte er gar nicht, weil er so klug war und sie nicht aufgepasst hatte. Du musst zuhören, sagte er dann immer, und sie hörte zu, aber manchmal verstand sie einfach nicht, was er meinte oder warum er etwas sagte.

Sie hatte sich so auf diesen Ausflug gefreut, drei Tage, nur für sie beide, ohne dass einer von ihnen arbeiten musste. Bestimmt war es nur der Stress, der ihn so gereizt machte, und dass sie jetzt auch noch dauernd im Stau standen oder hinter irgendwelchen stinkenden Lastwagen herzockelten. Wenn sie erst mal am Meer waren und in dem Bungalow ihre Sachen ausgepackt hatten, konnte er sich entspannen. Drei Tage nur wir beide, dachte sie wieder. Wie ein richtiges Paar, als wären wir verheiratet.

»Wann sind wir denn da?«, fragte sie. Es kam ihr so vor, als wären sie schon ewig unterwegs. Auch diesmal antwortete er nicht, und sie trank noch einen Schluck, bevor sie die Flasche zuschraubte und zwischen ihre Oberschenkel klemmte. Ich könnte mir vorstellen, dass wir in Spanien sind, dachte sie. Wir sind in Spanien und fahren dort ans Meer, nach Barcelona, und Mellie ist bei uns, und wir sind eine richtige Familie, die zusammen Urlaub macht.

Sie presste die Lippen zusammen. Wenn sie an Mellie dachte, fiel ihr wieder ein, warum Daniel sie ihr weggenommen hatte. Was für ein schlechter Mensch sie gewesen war. Genau konnte sie sich nicht mehr daran erinnern, nur dass damals niemand mit ihr zusammen sein wollte, weil sie zu viel trank und sich das ganze Zeug spritzte, alles, was sie kriegen konnte. Sie ließ auch alles mit sich machen, meistens jedenfalls. Sie kriegte einfach nichts auf die Reihe, die Typen kamen in ihre Wohnung, und manche störte es nicht einmal, dass die Kleine da war. Sie nahm, wen sie kriegen konnte, scheißegal, wie der Typ aussah oder roch oder was er verlangte, Hauptsache, er bezahlte.

Sie trieben es auf dem versifften Bett, neben dem Mellie in ihrem Körbchen schlief wie ein Hund. Einer nannte sie die kleine Pest, was Nicole nur ein paar Sekunden lang störte, dann fand sie es zum Lachen. Gott sei Dank war die kleine Pest dauernd müde, sodass sie ihnen nicht oft mit ihren großen Augen zusah. Sie sagte nichts, sie weinte auch nicht; sie sah nur zu, bis Nicole sie in die Kammer sperrte. Irgendwann kamen keine Typen mehr, weil das Apartment sie abstieß, der Müll überall, die Verwahrlosung. Dem letzten hatte sie die Brieftasche geklaut, der war dann zu Daniel gerannt, um sich zu beschweren, was ihr ziemlich am Arsch vorbeiging, weil sie da gerade Crack entdeckte. Sie lag die meiste Zeit irgendwo herum und schlief, wenn sie nicht drauf war.

Daniel kam sofort vorbei. Er war schon lange nicht mehr da gewesen, sie hatte ihm das Geld immer in die Kanne gebracht. Sie schaffte es nicht schnell genug vom Bett zur Tür, und deswegen trat er sie einfach auf. Er tobte. Sie konnte sich immer noch an sein Gesicht erinnern, als er Mellie entdeckte, die auf dem Boden saß, nur in einem schmutzigen Höschen, und auf dem Pappdeckel einer Pizza-Schachtel herumkaute.

Sie erinnerte sich daran, wie er sie ansah, die Mutter, die halbnackt, mit ungewaschenem Haar und verschmierter Schminke, besoffen im Bett lag, das seit Monaten nicht frisch bezogen worden war. Wie er da stand, mit den polierten Halbschuhen knöcheltief in leeren Bierdosen, aufgerissenen Chipstüten, kleinen Wodkaflaschen, Zigarettenschachteln und Mellies halb zertretenen Schokoladenkeksen. Wie er die kleine Pest aufhob und im Arm hielt, während er ihr mit der anderen Hand den Sabber vom Mund wischte und dabei leise ›Hallo, wen haben wir denn da, hallo, hallo, kleine Mellie‹ sagte. Wie er mit ihr auf dem Arm aus dem Zimmer ging, sie mitnahm, ohne auch nur einen Ton zu ihr zu sagen, ohne sich umzudrehen, während Nicole krächzte: Was machst du, wo gehst du hin? Das ist meine Tochter, lass meine Tochter da. Er nahm ihr die Tochter weg, drehte sich nicht um und blieb nicht stehen und sagte ihr auch lange nicht, wo er sie hingebracht hatte.

Sie ist bei Leuten, bei denen sie es gut hat.

Aber sie ist doch meine Tochter.

Du bekommst sie wieder, wenn du dich wie eine Mutter benimmst.

Ich sage es Mellies Vater.

Sie sagte es Mellies Vater nicht, weil sie nicht wusste, wer das war. Daniel war es nicht, obwohl er sich wie ein Vater benahm. Er war immer gut zu Mellie, setzte sie auf seinen Schoß, spielte mit ihr, streichelte ihr Haar. Brachte ihr Kinderschokolade mit. Erzählte ihr Sachen, die wie Geschichten klangen. Das war derselbe Dany, der sie im Keller schlug und ihr Metallhaken da unten reinstieß und heißes Wachs auf ihre Brüste tropfen ließ. Der Thor-Dany, der Käfig-Dany, den sie ganz für sich allein hatte, mit niemandem teilen musste. Es gab nur den Meister und seine Sklavin. Und der Schmerz machte es heilig, verband sie für immer.

»Woran denkst du?«, fragte er plötzlich.

»An was Schönes«, sagte sie.

»Du siehst aus, als würdest du gleich losheulen.«

»Ich hab an Mellie gedacht.«

Er runzelte die Stirn, blickte in den Rückspiegel, schaltete und gab Gas. »Wir sind bald da«, sagte er. »Nur noch eine halbe Stunde. Ich hoffe, es liegt nicht zu weit weg vom Strand. Wenn man im Internet bucht, ist das immer ein halbes Glücksspiel.«

»Ich habe Glück im Spiel«, sagte sie und sah ihn an. »Weißt du noch, der Abend, an dem ich im Spielcasino gewonnen habe? Und dann beim Pokern in dem Hotel das viele Geld?«

»Es war kein echtes Geld«, sagte er. »Es sollte nur so aussehen, für Robert.«

»Aber im Casino das Geld war echt«, sagte sie. »Und ich habe es gewonnen, die ganzen dreißigtausend. Beim Roulette.«

»Und wie hast du gewonnen?«

»Wie ich gewonnen habe? Ich habe auf Zahlen gesetzt.«

»Auf was für Zahlen?«

»Was für Zahlen? 18 oder 34 oder 7 oder –«

»Sieben ist keine Zahl«, sagte er, ohne den Blick von der Straße zu nehmen. »Sieben ist eine Ziffer, weil sie nur eine Stelle hat. Eins bis neun sind Ziffern, danach fangen die Zahlen an. Bei deiner Intelligenz kannst du vielleicht bis zehn zählen, aber das auch nur, wenn du eine günstige Mondphase erwischst. Ziffern und Zahlen sind ein Geheimnis, das man verstehen muss. Es gibt positive und negative Zahlen. Ich kann mit ihnen rechnen, im Kopf. Ich kann dir sagen, wie viel minus 18 mal minus 47 geteilt durch 29 ist, sofort, und das kann ich mit allen Zahlen bis 1000, und ich kann dir sagen, ob das Ergebnis positiv oder negativ ist –«

»Und 33?«, fiel sie ihm ins Wort, weil sie es nicht mochte, wenn er so mit ihr redete. »Ist 33 eine positive Zahl? Ist das beim Roulette eine positive Zahl?«

»Ja.«

»Siehst du, ich habe auf die 33 gesetzt und gewonnen. Ich habe auf Gerade oder Ungerade gesetzt und auf Rot oder Schwarz, aber auch auf die 33, und die 33 ist gekommen.«

»Und was für eine Zahl war die 33?«

»Wie meinst du das, was für eine Zahl? Du hast selbst gesagt, es war eine positive Zahl.«

Jetzt sah er nicht mehr auf die Straße, sondern blickte ihr in die Augen. Der Ausdruck auf seinem Gesicht machte ihr Angst. Er war genau wie damals, als er in ihren Kopf kam. Sie erinnerte sich daran, wie sie plötzlich an nichts anderes mehr denken konnte, als dass sie sterben wollte, in ihrem Kopf. Sie wollte nicht, dass er das noch einmal machte. Aber er sagte nur: »Es war eine von meinen Zahlen, darum geht es. Du hast mit Zahlen gewonnen, die ich dir genannt habe! Mit einem System, und das habe ich entwickelt!«

»Was für ein System?« Ihre Stimme überschlug sich fast. »Es war mein Glück. Ich habe auf Zahlen gesetzt, nicht du! Sie hätten auch nicht kommen können. Aber sie sind gekommen, weil ich es war – mein Glück!« Sie schüttelte empört den Kopf und blickte wieder aus dem Fenster, aber was da draußen war, sah sie gar nicht. Ich darf nicht wütend werden, sonst ist alles hin, dachte sie. Ich habe doch manchmal Glück, und an dem Abend war es so, ganz bestimmt.

Sie wusste noch genau, wie sie sich gefühlt hatte, als sie durch den Eingang in dem alten, ehrwürdigen St.-Petrus-Haus gegangen war, in einem superschicken Kleid, so eins wie die, in denen Dalida immer im Fernsehen aufgetreten war. Glitzernd, lang und so eng wie ein Handschuh. Sie war etwas enttäuscht, dass die meisten anderen Gäste sich gar nicht besonders rausgeputzt hatten, eher so, als wären sie nur mal eben einkaufen gegangen. Bloß Daniel trug einen Anzug, dunkelblau, nicht schwarz wie James Bond.

Es war Freitagabend, und der hohe Gewölberaum, in dem die Spieltische standen, war erfüllt vom Rattern der Rouletteräder, dem Klicken der Kugeln und dem schrillen Plingpling der Spielautomaten draußen vor der Tür. Gläserklirren mischte sich mit dem Summen von Stimmen, Gelächter, Freudenschreien und dem stets gleich klingenden ›Ihre Einsätze, bitte!‹ und etwas später: ›Nichts geht mehr!‹

Nicole war so aufgeregt, dass sie ihren Herzschlag bis in

den Mund hinauf spürte, da, wo ihr die Zunge am Gaumen klebte. Ihr war sogar etwas schwindlig. Sie klammerte sich an ihre kleine Seidentasche, in der sich bunte Chips für 1000 Mark befanden. Daniel hatte sie an der Kasse gekauft und hineingestopft und ihr gesagt, wie sie setzen sollte, erst nur auf Rot oder Schwarz, später dann auf bestimmte Zahlen, aber nie mehr als 20 Mark. Er selbst blieb an der Bar, beobachtete sie von dort aus. Es war wichtig, dass es so aussah, als wäre sie allein.

Sie ging an einen der Roulettetische, suchte eine Stelle, an der sie noch hineinpasste, und drängte sich zwischen den Croupier und einen Mann in einem weinroten Samtsakko, das in den Siebzigerjahren bestimmt der letzte Schrei gewesen war. »Ihre Einsätze, bitte!«, sagte der Croupier. Der Mann in dem weinroten Samtsakko roch nach einem schweren Eau de Toilette, aber er hatte breite Schultern und eine teure Uhr, und Nicole spielte ihre Rolle und bat ihn: »Wären Sie so freundlich, das für mich auf Rot zu setzen?«

Er sah sie an, nur kurz und mit einem freundlichen Lächeln. Er nahm den Chip, den sie ihm hinhielt, und warf ihn mit genau berechnetem Schwung aus dem Handgelenk auf das rote Feld, gerade als der Croupier sagte: Nichts geht mehr! Das Rad begann sich zu drehen, die silberne Kugel hüpfte von Zahl zu Zahl, von Rot zu Schwarz, von Schwarz zu Rot, zu Rot, zu Schwarz, Schwarz, Schwarz, bis das Rad langsamer wurde und immer langsamer. Rot! Auf einmal spürte Nicole das Glück, so stark, dass sie es fast berühren konnte, wie einen heftigen Windstoß. Sie schloss die Augen und öffnete sie erst wieder, als das Klicken aufhörte und der Mann in dem roten Sakko sagte: Sie haben gewonnen, wollen Sie es stehen lassen?

Ja, sie nickte, stehen lassen, bitte. Ich habe Glück. Sie sah den Mann zum ersten Mal richtig an, die etwas zu langen Haare, das eine Spur zu füllige Gesicht, die schwarzen Jeans und dazu auch noch Stiefeletten. Er sah, was sie dachte, lächelte wieder und sagte: Robert Kosinski. Können Sie mir nicht 'ne Scheibe abgeben von Ihrem Glück? Er warf einen Hundert-Mark-Chip zu ihren beiden Zehnern, und diesmal gewannen sie beide, denn wieder kam Rot. Nicole sagte: Na klar, kann ich. Weiter rot, weil sie wusste, dass das Glück es so wollte. Robert setzte für sie und sich, und während er das tat, sah Nicole zu Daniel hinüber. Robert bemerkte ihren Blick und fragte: Wollen Sie an der Bar was trinken, ich lade Sie ein.

Nicole schüttelte den Kopf. Sie hatte Angst, das Glück könnte sie verlassen, wenn sie die Strähne unterbrach, obwohl es so stark war. Ich will Sie nicht anmachen, sagte Robert. Ich bin verheiratet und habe eine Geliebte. Ich will mir nur das Glück warmhalten.

Dann sind Sie bei mir richtig, sagte Nicole. Ich bin übrigens die Nicole. So fühlt es sich also an, wenn man Glück hat, dachte sie, so ist das also. Plötzlich ist man auch ein Star. Wie berauscht sah sie sich in dem großen Raum um, in dem es keine Uhr und keine Fenster gab, sah all die gespannten, konzentrierten Gesichter und hätte am liebsten gejauchzt vor Freude. Man musste gar nicht arbeiten, um Geld zu bekommen, um frei zu sein. Eine einfache Entscheidung genügte – Rot oder Schwarz, Gerade oder Ungerade, diese Zahl oder eine andere –, und der Luftstoß, das unsichtbare Gewicht des Glücks entschied, ob man gewonnen oder verloren hatte.

Jetzt auf eine Zahl, sagte sie zu Robert, die 33. Sie gewann an diesem Abend mit Rot und Schwarz und mit den Zahlen, die Daniel ihr genannt hatte. Dann, nach ungefähr zwei Stunden, tat sie so, als entdeckte sie einen alten Freund, ›Ach, da ist ja der Daniel!‹, und machte die beiden Männer miteinander bekannt. Noch keine zwei Jahre ist das her, dachte sie, und jetzt ist Robert tot.

Sie griff nach der Wasserflasche, schraubte sie auf und trank noch einen lauwarmen Schluck. Ich habe doch Glück, dachte sie, nicht nur im Spiel. Wäre ich sonst jetzt hier mit Daniel in diesem blöden kleinen Lieferwagen? Und da – »Schau mal, da hinten ist das Meer!«

23

Frühjahr 1996
Zwei Monate vorher

Die Fotos von Robert Kosinski und dem Ford Sierra, in dem er getötet worden war, erschienen in den Donnerstagsausgaben der Zeitungen, und am späten Vormittag summte Larsens Handy. »Ich habe hier jemanden in der Leitung, der behauptet, sachdienliche Hinweise im Fall Kosinski geben zu können«, sagte die Beamtin in der Telefonzentrale. »Wollen Sie mit ihm sprechen?«

»Wieso rufen Sie mich nicht über die Hausleitung an?«, fragte Larsen.

»Habe ich ja«, sagte die Beamtin. »Sie sind nicht ans Telefon gegangen.«

»Wann denn?«

»Eben gerade. Vor einer Minute.«

»Ich war die ganze Zeit an meinem Schreibtisch.«

»Dann stimmt was nicht mit Ihrem Apparat. Soll ich einen Techniker kommen lassen?«

Larsen nickte, L'art pour l'art, denn sie konnte ihn ja nicht sehen. »Ja, aber jetzt geben Sie mir erst mal den Anrufer.« Ein kurzer Moment der Stille, in den hinein eine Männerstimme platzte: »Hallo? Hallo?! … Scheiße, wenn das noch lange dauert, lege ich auf!«

»Larsen, bitte entschuldigen Sie, dass Sie warten mussten. Sie können uns bei unseren Ermittlungen im Fall des getöteten Robert Kosinski weiterhelfen?«

»Ja«, sagte der Mann in der Leitung, »na ja, weiß ich nicht ... das müssen Sie entscheiden ... Über das Opfer kann ich nichts sagen ... den kannte ich nicht, diesen Kosinski. Aber den Wagen, also, den schwarzen Ford Sierra mit den Streifen – ›lila und grün‹ stand in der Zeitung –, den habe ich schon mal gesehen, aber nicht in Bremen.«

»Wo denn?«

»In Mersfeld.«

»Wann war das?«, fragte Larsen und dachte, kein Wunder, Kosinski war schließlich Vertreter, so einer kommt herum.

»Vor anderthalb Jahren«, antwortete der Mann. »Zwei Wochen vor Weihnachten, so um den Dreh rum.«

»Im Dezember 1994 – daran können Sie sich noch erinnern?«

»Ja.« Der Mann schwieg ein paar Sekunden, dann redete er weiter. »Der Wagen stand abends vor dem Bahnhof, fast eine Stunde lang. Im Dunkeln, in der Kälte. Drei Männer saßen darin, junge Kerle, die ganze Zeit, als warteten sie auf jemanden. Ich weiß das noch so genau, weil ich an dem Tag Geburtstag hatte, und den habe ich im Lucky Elefant gefeiert, das ist eine Kneipe gleich neben dem Bahnhof. Ich bin ein paarmal rausgegangen, um in Ruhe frische Luft zu schnappen, und jedes Mal stand der immer noch da. So was merkt man sich, wenn ein Auto von woandersher ist, oder? Ich meine, heutzutage ist es ja nicht mehr –«

»Schon klar«, sagte Larsen. »Sie wohnen in Mersfeld?«

»Ja.«

»Und Sie haben sich das Kennzeichen eingeprägt?«

»Nee, das habe ich längst wieder vergessen. Weil dann ja auch irgendwann jemand aus dem Bahnhof gekommen ist, auch ein junger Mann, aber kein Deutscher, wissen Sie, ein

Asiat in so 'ner bunten Jacke. Und einer von denen aus dem Ford hat ihn zu dem Wagen geführt und ihm die hintere Tür aufgemacht, damit er einsteigen konnte. Mit dem sind die dann weggefahren. Aber warum ich mir das gemerkt habe, das war, weil der ja danach verschwunden ist.«

»Wer ist verschwunden? Der Mann aus dem Bahnhof?«

»War ein paar Monate später, da stand das in der Zeitung, dass einer von den Asylanten verschwunden ist, ein Paki, und wer was weiß soll sachdienliche Hinweise geben. Ich hab mich nicht gemeldet, weil ich ihn ja bloß kurz gesehen hatte, und die sind sich ja alle schon sehr ähnlich, im Dunkeln sowieso, und dann hatte ich ja auch was getrunken. Aber jetzt, wo ich das in der Zeitung gelesen habe, dass der Halter von dem Fahrzeug erschossen worden ist, dachte ich, vielleicht war der das, der Paki!«

»Vielleicht«, murmelte Larsen. »Danke für Ihren Anruf. Ich bräuchte jetzt noch Ihren Namen und Ihre Anschrift in Mersfeld, falls wir noch Fragen haben.«

»Köster. Ronald Köster.«

»Und Ihr Geburtstag ist am –?«

»Am 13. Dezember.«

»Noch mal danke, Herr Köster.« Larsen legte auf. Er hatte auf Hinweise gehofft, die sich auf die Tatnacht bezogen, vielleicht auf den Tag davor, nicht auf einen Zeitraum, der anderthalb Jahre zurücklag. Trotzdem … Er griff nach dem Hörer seines Schreibtischtelefons und drückte die Kurzwahltaste für Hauptkommissar Lenz. Torsten meldete sich beim zweiten Klingeln. »Geht ja«, sagte Larsen.

»Was geht?«, fragte Lenz.

»Mein Telefon. Die in der Zentrale sagte, es würde nicht funktionieren.«

»Warum rufst du mich mit einem Telefon an, das nach deinem Kenntnisstand nicht funktioniert?«, fragte Lenz. »Willst du gar nicht mit mir sprechen?«

»Doch, will ich«, sagte Larsen. »Kannst du mal versuchen, rauszufinden, ob vorletztes Jahr am 13. Dezember –«

»Du meinst den 13. Dezember 1994?«, fragte Lenz.

»Eben den«, bestätigte Larsen. »Also, ob um dieses Datum herum ein Asylbewerber oder Asylant, vermutlich ein Pakistani, verschwunden ist? Vielleicht hat die Vermisstenstelle was darüber oder jemand in der Ausländerbehörde. Es könnte auch was in der Presse erschienen sein.«

Larsen überlegte kurz. »Oder ob in der Gegend um Mersfeld in der Zeit vor Weihnachten sonst irgendwas Ungewöhnliches passiert ist. Außerdem möchte ich wissen, ob Robert Kosinski schon damals der Halter des Ford Sierra war oder, falls nicht, wem der Wagen zuvor gehörte. Versuch, so viel herauszufinden wie möglich.«

»Steht das im Zusammenhang mit unserem Fall?«

»Könnte sein.«

»Kann Mareike das nicht machen?

»Mareike ist beim Gewerbeamt, um ein bisschen mehr über die Besitzverhältnisse der ComTec von Daniel Becker in Erfahrung zu bringen. Und danach brauche ich sie, um Grit Weichsel alias Nicole zu durchleuchten.«

Lenz schwieg einen Moment, in dem er wieder vor und zurück rollte. »Apropos Daniel Becker«, sagte er dann, »das Maritim in Bonn hat mir das Anmeldeformular von ihm und seinem Partner Moritz Vogel gefaxt, ein Doppelzimmer, scheint soweit alles in Ordnung zu sein. Beide wurden beim Ein- und Ausschecken gesehen, auch morgens im Frühstücksraum.«

»Ihr Alibi steht also?«

»Nach derzeitigem Wissensstand, ja.« Ein Scharren verriet, dass Lenz mit seinem Bürostuhl herumrutschte. »Ach, die Frau von Kosinski ist übrigens weder telefonisch noch persönlich zu erreichen; ich war zweimal bei ihr zu Hause. Die Nachbarn sagen, sie sei wahrscheinlich verreist, weil sie die Kinder auch seit ein paar Tagen nicht mehr gesehen haben.«

»Wie alt sind diese Kinder eigentlich?«

»Drei und fünf, also noch nicht schulpflichtig. Ein Junge und ein Mädchen. Aber die Ehefrau können wir eigentlich als Verdächtige ausschließen. Wer schlachtet schon die Gans, die noch eine ganze Zeit lang goldene Eier legen kann?«

»Jemand, der die Gans hasst«, sagte Larsen. »Irgendwelche Hinweise auf den Inhalt der Sporttasche?«

»Nope.«

»Danke.« Larsen legte auf und fragte sich, was es mit dieser Sporttasche auf sich hatte, ob es wohl dieselbe war, in der sich früher einmal das beim Pokern gewonnene Geld befunden hatte. Ich könnte Grit Weichsel fragen. Aber was, genau genommen, wäre damit gewonnen? Er notierte Sporttasche auf das Kuvert, das dazu diente, verirrte Gedankenblitze festzuhalten. Dann ging er zu der friedlich vor sich hin röchelnden Kaffeemaschine, um sich noch eine Tasse einzuschenken.

Es klopfte an der halb offenen Tür, und eine junge Polizistin in Uniform streckte ihren Kopf herein. »Hauptkommissar Larsen?«

»Ja.«

»Die Waffenkammer will wissen, ob es stimmt, dass Sie aus Amerika zurück sind.« Ihr Blick fiel auf die Plakate an den Wänden. Sie verstummte kurz; offenbar war sie noch nie in diesem Büro gewesen. »Also, falls ja, soll ich Sie fragen, wann Sie Ihre Waffe abholen wollen.«

»Alles, was ein Mann wirklich braucht, ist eine Tasse Kaffee und was zu rauchen«, sagte Larsen und hob zur Illustration die Tasse in seiner rechten Hand.

Die junge Polizistin fragte: »Soll ich das so ausrichten?«

»Sagen Sie, ich komme, sobald ich Zeit habe.«

Sie nickte, warf einen letzten Blick auf High Noon und

zog sich wieder zurück, ohne die Tür zu schließen. Larsen setzte sich noch einmal an den Bericht der Spurensicherung, der jetzt schriftlich vorlag, 39 Seiten mit 187 Punkten, in größter Sorgfalt von den Beamten der Tatortbereitschaft aufgeführt, beginnend mit Nummer eins, der Leiche. Wie hast du deinen letzten Tag verbracht, Robert Kosinski, wie sind deine letzten Stunden verlaufen? Wo warst du, mit wem hast du gesprochen, wer hat dich gesehen, wer kann uns etwas darüber sagen? Warum bist du jetzt tot?

Je länger eine Ermittlung dauerte, desto näher fühlte er sich dem Opfer, bis er es in Gedanken zu duzen begann. Das dauerte so lange, bis sich die Hinweise auf den Täter häuften, zum Schemen einer noch unbekannten Person verdichteten, deren Motive er herausfinden wollte. Dann gab er die Nähe zum Opfer zugunsten des Täters auf, suchte immer stärkeren Kontakt zu ihm und bot nun auch ihm ungefragt das »Du« an.

Bis dahin musste er sich wie ein indianischer Fährtenleser auf die Spuren konzentrieren, angefangen mit der Leiche, und von der Nummer eins weiter zu den in immer größeren Kreisen folgenden Ziffern vorarbeiten, die bald zu Zahlen wurden: Blutspritzer, Textilfasern, Haare, Fingerabdrücke an Griffen, Schaltern, Knöpfen und Lenkrad, Zigarettenkippen und -asche, teils fotografiert, teils mit Klebeband abgenommen, teils einfach mitgenommen, zur Untersuchung im Labor, wo dann jedes Einzelne zugeordnet wurde. Dem Opfer, dem möglichen Täter, zufälligen Zeugen oder auch den am Tatort beschäftigten Polizeibeamten, Sanitätern, sogar Journalisten, the whole enchilada.

Aber mehr als auf die sichtbaren Indizien musste er sich auf das Unsichtbare konzentrieren: die Entscheidungen des Täters nachvollziehen, das Tatgeschehen rekonstruieren, Versionen bilden. Immer wieder die Spur hinter der Spur suchen. Die Gefühle und Bedürfnisse des Täters herauszufinden versuchen, seine Fantasien erahnen, die er mit dem Verbrechen Gestalt annehmen lassen wollte. Das Klingeln des Telefons auf seinem Schreibtisch riss ihn aus der Lektüre, und er wechselte in die gegenwärtige Realität zurück, in der leichthin totgesagte Objekte wieder lebendig wurden. »Es geht offenbar immer noch«, sagte Torsten Lenz am anderen Ende der Leitung.

»Oder wieder«, meinte Larsen.

»Wie auch immer.« Lenz fing an, auf seinem Stuhl hin und her zu rollen. »Hör zu: Am 13. Dezember 1994 ist tatsächlich ein Asylant aus Pakistan verschwunden, genauer, an diesem Tag wurde er das letzte Mal gesehen, ein junger Mann namens Radschiv Khan, vierundzwanzig Jahre. Er wohnte in einem Heim in der Nähe von Gütersloh. Angeblich wollte er zu seiner Freundin, einer jungen Deutschen, einer Andrea Rossi, achtzehn, nach Mersfeld, ist dort aber nie angekommen. Diese Andrea Rossi hat ihn ein paar Tage später auch als vermisst gemeldet. Seitdem hat nie wieder jemand etwas von ihm gesehen oder gehört. Die Mitbewohner im Heim sind davon ausgegangen, dass er untergetaucht ist, um der Abschiebung zu entgehen, dito das Ausländeramt. Seitdem ist er wegen Verstoßes gegen das Ausländergesetz zur Fahndung ausgeschrieben.«

Larsen spürte, wie etwas in ihm aufsprang und zu flackern begann wie der Flammenkranz der eben entzündeten Kochmulde eines Gasherdes. »Sonst noch was?«

»Komische Sache«, fuhr Lenz fort, »ist wahrscheinlich auch bedeutungslos, aber am Morgen derselben Nacht vom 13. auf den 14. Dezember hat ein Wildhüter, der in aller Herrgottsfrühe Futter auslegen wollte, auf einem Feldweg in der Nähe von Mersfeld ein Nummernschild gefunden und im Lauf des Tages bei der nächsten Dienststelle abgegeben. Als die Kollegen eine Woche später bei dem Halter des VW-Transporters, zu dem das Kennzeichen gehörte, angerufen haben, hatte der sich bereits ein neues machen lassen. Damit war der Fall für die erledigt.«

»Und das Siegel auf dem Kennzeichen?«

»Gefälscht, würde ich mal sagen.«

Er hörte auf, hin und her zu rollen. »Der Wildhüter hat übrigens angegeben, einen Tag vorher schon mal dort langgefahren zu sein, und da hätte das Schild noch nicht an der Stelle gelegen. Bestimmt ist das Zusammentreffen der beiden Ereignisse ein Zufall. Trotzdem habe ich mich gefragt: Was macht einer mitten im Winter mit einem VW-Transporter da draußen in der Pampa? Und warum hat er den Verlust des Nummernschilds nicht gemeldet?«

Jetzt brannten auch die letzten Flämmchen hell in Larsens Verstand. »Wie lautet der Name des Halters?«

»Lothar Schmidt, wohnhaft in Mersfeld, angestellt in einer Autoreparaturwerkstatt, dessen Besitzer, ein gewisser Bernd Böhlich, Spitzname: Bulle, kein ganz unbeschriebenes Blatt ist.«

»Inwiefern?«

»Die Kollegen da draußen mussten ihm immer wieder auf die Pelle rücken, weil er sich diverser Delikte schuldig gemacht hatte: gestohlene Wagen umgespritzt, gefälschte Kennzeichen angebracht, mit Blanko-Fahrzeugbriefen gehandelt, TÜV-Plaketten ausgestellt, ohne den TÜV zu bemühen, solche Sachen. Sein Kundenkreis reichte bis nach Bremen, ohne dass er je mehr als eine Bewährungsstrafe kassiert hätte.«

Im Licht des brennenden Gaskranzes stach plötzlich ein Wort aus dem Bericht der Spurensicherung hervor, das Wort, das Larsen schon beim Anruf aus dem Labor überrascht hatte. Urin. Ein Gedanke sprang zum anderen über, und am Ende stand auf einmal ein Bild: ein anderes Opfer, ein noch gesichtsloser Pakistaner, der auf der Rückbank des Lakritz-Autos die Kontrolle über seine Blase verlor und nie wieder irgendwo gesehen wurde. Wenn es sich bei dem Sierra um das Bindeglied zwischen Radschiv Khan und Robert Kosinski handelte, waren dann die Werkstatt und das verlorene Nummernschild der feste Punkt, an dem er den Hebel ansetzen konnte?

Vielleicht irre ich mich aber auch, und die beiden Fälle haben überhaupt nichts miteinander zu tun, dachte er. Radschiv Khan ist längst wieder in Pakistan, und in Kosinskis Sierra hat einfach irgendjemand anderer fröhlich auf die Polster gepinkelt. »Ich brauche alles, was die Ausländerbehörde über diesen Radschiv Khan hat«, entschied er.

Sein Stellvertreter seufzte vernehmlich. »Ist Olaf mit der Mauser weitergekommen?«

»Der macht das schon«, sagte Larsen, denn Torstens Zweifel an der Richtigkeit seiner Entscheidung waren unüberhörbar. »Und wenn nicht, habe ich ja immer noch dich.«

24

Gegen Mittag hatte Lothar den Jaguar Sovereign, der am frühen Abend abgeholt werden sollte, fertig gemacht und wollte sich gerade den 63er Porsche Carrera RS 2.7 vornehmen, als sein Handy losging. Das Display war noch immer kaputt, deswegen meldete er sich, nur zur Sicherheit, um nichts Wichtiges zu verpassen. Er stand dicht an der Hebebühne, die den Porsche hochstemmte, und der Lärm der Hydraulik übertönte die Stimme des Anrufers. »Wer ist da?«, rief Lothar.

»Ich!«, sagte Daniel. »Ich muss mit dir reden. Such dir mal ein ruhiges Plätzchen.«

»Ist gerade ganz schlecht, Dany.« Lothar merkte, wie sich

wieder das Gewicht auf seinen Magen legte, das er in letzter Zeit immer spürte, wenn Daniel anrief. »Ich stecke bis zum Hals in Arbeit. Kann ich dich später –«

»Such dir eine ruhige Stelle, habe ich gesagt«, wiederholte Dany scharf, »und zwar rapido! Hast du die Zeitungen gesehen?«

»Zeitungen? Welche Zeitungen?« Lothar presste das Handy ans Ohr und ging raus, denn weiter hinten in der Halle jagte jemand einen Motor hoch, uuumm, uuumm, uuumm!, und ein elektrischer Schraubendreher jaulte auf. Beim Rolltor hielt Aldo ihn am Arm fest. »Gehst du in Mittag?«

»Nein.«

»Kann ich 'n bisschen am Porsche rumschrauben, wenn du weg bist?«, fragte Aldo.

»Was? Nein, ich mach gleich weiter.«

»Du hattest schon den Jaguar! Du holst dir immer die besten Schlitten –«

»Geh mir nicht auf den Senkel!« Lothar schüttelte ihn ab und ging weiter, raus auf den Hof, kehrte dann aber noch einmal um. »Aldo, mit der Hebebühne stimmt was nicht, irgendwas klemmt da. Guck dir das mal an!« Draußen fragte er Dany nervös: »Was ist denn mit den Zeitungen?«

»Da ist ein Bild von Roby-Toby drin«, sagte Dany, jetzt fast zu klar. »Er ist tot. Jemand hat ihn erschossen.«

»Robert erschossen?« Lothar blinzelte in die kühle Aprilsonne, die wie ein beschlagener Messingteller im blauen Dunst des Himmels hing. »Wann denn? Wer?«

»Ist doch scheißegal, wann oder wer! Du weißt doch, dass er sowieso nicht mehr leben wollte, da hat eben jemand nachgeholfen. Deswegen hatte er ja so eine hohe Lebensversicherung, damit seine Familie versorgt ist, wenn er nicht mehr anschaffen gehen kann.«

Lothar betrachtete die im Hof abgestellten Fahrzeuge und den gelben Abschleppwagen mit der roten Lampe auf dem Dach, Auto Böhlich & Söhne Gebraucht- und Neuwagen, und dann die Straße vor dem Areal, die zu der Lagerhalle von ComTec führte. Das Gewicht auf seinem Magen verrutschte und schien seine Kehle hochzusteigen, sodass er kaum noch Luft bekam. »Aber er hat mich doch vor Kurzem erst gefragt, was ein neuer Audi Quattro kostet«, brachte er mühsam heraus. »Robert wollte nicht sterben, ganz bestimmt nicht! Das mit der Gewalt bei der Versicherung sollte ein Unfall sein, weißt du doch, beim Baden im Schwarzen Meer …«

»Das erzählst du aber besser nicht der Polizei«, meinte Daniel nach einer kurzen Pause. »Am besten erzählst du denen überhaupt nichts, falls die zu dir kommen und blöde Fragen stellen, kapiert?«

Lothars Augen begannen zu tränen. Er sah auf einmal alles etwas verschwommen, die Autos und die Straße und den kalten blauen Himmel. »Aber irgendwas muss ich doch sagen, oder?«

»Ich weiß nicht, ob du was sagen musst.« Danys Stimme klang so kalt wie der Himmel. »Aber wenn du meinst, du müsstest, dann denk auf alle Fälle daran, dass du die Pistole besorgt hast. Du hast sie in der Videothek gekauft, und du hast sie verschwinden lassen.«

Lothar schluckte und spürte auf einmal ein feuchtes Kitzeln auf den Wangen. »Warum machst du das?«, fragte er. »Warum machst du das mit mir?«

»Ich mache ja nichts, ich nicht und Mo nicht. Wir haben nie etwas gemacht. Wir waren in Bonn, und dafür gibt es Zeugen. Das habe ich auch der Polizei gesagt, bei mir haben die sich nämlich schon vorgestellt.«

»Und wenn es Zeugen dafür gibt, dass Moritz sich mit mir an der Autobahn getroffen hat?«, fragte Lothar erbittert. »Wenn die uns da gesehen haben, wie er mir die Mauser gegeben hat?«

Dany stieß einen abschätzigen Laut aus. »Vergiss nicht, du hängst in jedem Fall mit drin, Motörhead, bei Radscha und bei Robert, egal, was du sagst.«

»Dany … ich … warum …«

Aber die Leitung war schon tot, und Lothar dachte, ich habe es gewusst; ich habe es die ganze Zeit gewusst. Er wischte sich die Wangen mit dem Hemdsärmel ab, aber seine Lippen zitterten, ohne dass er etwas dagegen tun konnte. Er ging zurück, weil er ja noch den Carrera auf der Hebebühne hatte, und als er gerade an der Schwelle zur Halle war, hörte er hinter sich einen Wagen auf den Hof biegen. Seine Kollegen in der Halle guckten an ihm vorbei auf etwas in seinem Rücken, das er nur kurz grün und weiß im Rückspiegel des Jaguar auftauchen sah, und er wusste nicht, warum – es war ihm auch egal, selbst wenn er es gewusst hätte –, aber Falco fiel ihm ein, das Lied, in dem er am Ende rief: Sie kommen, sie kommen, mich zu holen …! Dabei war das Danys Lieblingssänger, er selbst stand gar nicht so auf den.

Er hörte, wie der Motor des Polizeiwagens abgestellt wurde, und dann hörte er, wie Aldo zu jemandem sagte: »Da hinten, bei dem Porsche«, und da wusste er, die Polizisten hatten nach ihm gefragt. Er drehte sich um.

Es war nur einer, ein großer, kräftiger Mann, für einen Bullen echt braun und auch ziemlich gut gekleidet, fast elegant, mit einem Sportsakko und einer hellen Leinenhose, dazu Lederschuhe mit Nähten und kleinen Löchern vorn, die aber keine echten Löcher waren. Der Mann zeigte seinen Ausweis und sagte: »Larsen, Kripo Bremen. Lothar Schmidt?«

Er nickte. Sagte Ja. Zeigte sich kooperativ.

Der Bulle namens Larsen fragte: »Können wir uns irgendwo unterhalten?«

»Im Büro vom Chef«, schlug Lothar vor. »Der ist noch nicht vom Mittag zurück.« Er ging voran, durch die Werkstatt, wo die anderen so taten, als wären sie alle beschäftigt wie seit Weihnachten nicht mehr. Das Büro war durch eine Metallwand mit einem vergitterten Fenster und einer Tür vom Rest des Geländes getrennt. Es gab einen Schreibtisch, einen Schrank und einen Safe, weil viele Kunden die Kohle in bar abdrückten. An der Wand hingen ein Pirelli-Kalender mit der rothaarigen Bikini-Tussi vom April und daneben ein Brett mit lauter Haken, an denen die Fahrzeugschlüssel der abholbereiten Wagen hingen. Wenn man die Tür schloss, hörte man den Lärm immer noch, aber nicht mehr so laut.

Der Bulle nickte. »Herr Schmidt«, fing er an, »sind Sie der Halter eines VW-Transporters mit dem Kennzeichen ME-WS 3547?«

Lothar neigte den Kopf zur Seite, als müsste er überlegen, was er aber nicht wirklich musste. »Nein.«

Der Bulle blinzelte kurz. »Waren Sie im Dezember 1994 Halter eines Wagens mit diesem Kennzeichen?« Dezember und 1994 betonte er, also ging es darum, gar nicht um Kosinski. »Ja«, gab Lothar zu. »Aber ich habe ihn kurz danach verkauft.«

»Kurz wonach?«

»Nach dem Dezember. Im Januar.«

»Aber als Sie ihn noch hatten, haben Sie da mal Ihr Nummernschild verloren, etwa zwei Wochen vor Weihnachten?«

Das Nummernschild, das ist doch schon ewig her: »Weiß ich nicht mehr. Kann sein. Warum?«

»Es geht um den Abend des 13. Dezember, vielleicht auch um die Nacht oder den frühen Morgen des 14., da wurde dieses Schild auf einem Feldweg in der Nähe von Mersfeld gefunden.« Der Bulle redete frei, ohne auf einen Notizblock oder so was zu gucken. »Die Polizei hat daraufhin Kontakt mit Ihnen aufgenommen, Sie hatten sich aber schon ein neues Nummernschild besorgt.«

»Ja, jetzt erinnere ich mich.«

»Das ging ziemlich schnell, oder? Warum haben Sie sich nicht zuerst bei der Polizei erkundigt, ob jemand das Schild vielleicht gefunden hat?«

Lothar zuckte mit den Schultern. Sie können mir nichts beweisen. »Kann ich echt nicht mehr sagen.«

»Sie waren also am 13. oder früh am 14. Dezember mit Ihrem VW da draußen unterwegs«, redete der Bulle weiter. »Uns interessiert, ob Ihnen dabei –«

»Das habe ich nicht gesagt«, fiel Lothar ihm ins Wort. »Dass ich in der Nacht da draußen war.«

»Wie soll das Schild sonst da hingekommen sein?

»Vielleicht hat es jemand da hingelegt.«

»Sie meinen, jemand hat es von Ihrem Wagen abgeschraubt und dann da liegen lassen?«

»Kann doch sein.«

»Warum sollte er das tun?«

»Ich meine nur, dass es dafür keine Beweise gibt, für das, was Sie erzählen«, wies Lothar ihn auf den Schwachpunkt der ganzen Sache hin.

Larsen betrachtete ihn einen Moment lang schweigend. »Da liegt wohl ein Missverständnis vor: Es geht mir nicht darum, Ihnen etwas zu beweisen. Eigentlich wollte ich Sie fragen, ob Ihnen am Abend des 13. Dezember oder in der folgenden Nacht etwas aufgefallen ist, während Sie mit Ihrem VW-Transporter unterwegs waren.«

Lothar entspannte sich, blieb aber auf der Hut. »Was denn aufgefallen?«

»Was einem so auffällt in einem kleinen Ort wie Mersfeld, in dem man sich auskennt, weil man da lebt. Ein Auto mit einem fremden Kennzeichen oder auffälliger Lackierung. Jemand, der da nicht hingehört – eine oder mehrere Personen. Ich denke vor allem an die Gegend um den Bahnhof und den Lucky Elefant.«

Lothar spürte, wie ihm das Blut aus dem Kopf stürzte,

sein Gesicht wurde erst kalt und dann heiß. Aber er kann mir doch nichts beweisen, dachte er. »Da gibt es ziemlich viele in letzter Zeit.«

»Sie meinen Asylbewerber.«

»Auch.«

»Pakistaner?«

»Pakis. Fidschis. Neger. Alles Mögliche.«

Larsen schwieg wieder, dann fragte er plötzlich: »Kennen Sie einen Robert Kosinski?«

»'n Polacke?«

»Ein Deutscher mit polnischen Wurzeln. Besitzer eines schwarzen Ford Sierra mit auffälligen lila und grünen Streifen, der am Abend des 13. Dezember am Bahnhof hier in Mersfeld gesehen wurde.«

Lothar tat, als müsste er nachdenken. »Nein. Nie gehört.«

»Und einen Daniel Becker?«

»Ja, den kenne ich!« Lothar bemühte sich, aufrichtige Freude auszustrahlen, weil er helfen konnte. »Manchmal lässt er seinen BMW bei uns warten.«

»Er war auch mit Robert Kosinski befreundet.«

Lothar breitete die Hände aus. »Wie ich schon sagte«, das klang gut, souverän, »ich kenne keinen Robert Kosinski. Tut mir leid, dass ich Ihnen nicht helfen kann.«

»Dann trifft es Sie ja auch bestimmt nicht, wenn ich Ihnen sage, dass er tot ist. Jemand hat ihn erschossen, vor drei Tagen. Zwei Kugeln von hinten in den Kopf. Einfach so.«

Wieder breitete Lothar die Hände aus, diesmal ohne Worte; das war noch souveräner.

25

Sommer 1996
Zwei Monate später

Nachdem sie die A 19 bei der Abfahrt 11 verlassen hatten, fuhren sie auf einer Landstraße weiter, und das ganze letzte Stück bis zu der Anlage konnten sie von der Straße aus das Meer sehen. »Irre, wie mein Herz rast«, sagte Nicole, »als wäre ein kleiner Vogel in meiner Brust, ein Kolibri oder so, weißt du, der mit seinen Flügeln flattert.« Das Meer hatte schneeweiße Tupfer wie von Schlagsahne, über denen andere weiße Tupfer hin und her segelten. »Das sind Möwen«, sagte Daniel. Er hatte jetzt keine schlechte Laune mehr, sondern fing an, sich zu entspannen.

Es war eine schmale Straße, die erst an einer DEA-Tankstelle neben einem kleinen Flugplatz vorbeiführte und dann immer weiter bis zum Strand. Rechts und links gab es nur noch Pappeln und abwechselnd Felder und Wiesen, und schließlich kam eine Abzweigung mit einem Schild: Zum Möwenwinkel 3 km. Die Sonne stand schon tief, fast hinter dem Schild und dem hohen Strandhafer.

Ich mache es, dachte Daniel; ich bin wirklich hier und mache es. Er steuerte den Bulli von der Straße auf einen schlecht asphaltierten Weg voller Löcher, der bei vier einstöckigen Bungalows mit flachen Dächern endete, genau neben dem nächsten Schild: Willkommen im Möwenwinkel. Die Bungalows waren in verschiedenen Farben gestrichen – ziegelrot, ockergelb, lindgrün und himmelblau –, aber sonst sahen sie gleich aus, jeder mit einem Schornstein und einer Satellitenschüssel auf dem Dach. Sie lagen in kleinen Gärten mit schmalen Rasenstreifen, Blumenrabatten und Kachelterrassen. Die Gärten hatten keine Zäune. Es gab aber befestigte

Plattenwege zwischen den Häusern, hinter denen gleich die Wiesen begannen. Am anderen Ende der Wiesen verbargen Bäume und dichtes Gebüsch den Verkehr der in der Ferne gelegenen Bundesstraße. Die Anlage war genauso abgeschieden, wie er es sich vorgestellt hatte; einsam und gottverlassen.

Daniel hielt neben dem großen Willkommensschild. An den Eingangstüren prangten emaillierte Schilder mit den Hausnummern Möwenwinkel 1, 2, 3 und 4. Gelbliche Butzenglasfenster in den Türen reflektierten das Licht der tief stehenden Sonne. Die übrigen Fenster und die Terrassentüren waren durch herabgelassene Metalljalousien gesichert. »Und wir sind wirklich die Einzigen hier?«, fragte Nicole mit belegter Stimme.

»Ja. Nur du und ich und die Füchse.«

»Welche Füchse?«

»Die sich hier Gute Nacht sagen.«

»Irgendwie unheimlich, findest du nicht? Die Häuser mit den heruntergelassenen Jalousien. Und alle leer. Das war bestimmt nicht billig. Wo ist denn der Mann mit den Schlüsseln?«

»Der ist natürlich schon weg«, sagte Daniel. »Wir sind drei Stunden zu spät dran.« Er holte sein Handy heraus und tippte die Nummer des Hausmeisters ein, die er von einem Zettel auf der Mittelkonsole zwischen den Vordersitzen ablas. Die Nummer erschien auf dem Display, dann verschwand sie wieder, sonst geschah nichts. »Funkloch«, stellte er fest. Nicole sagte nichts. Er startete den Wagen wieder, wendete auf dem mit ziegelroten Platten ausgelegten Platz zwischen den Bungalows und fuhr über den löcherigen Asphaltweg zurück. Der Ofen rumpelte bei jedem Loch gegen die Trennwand.

An der Abzweigung zur Bundesstraße versuchte Daniel es noch einmal. Nach dem dritten Klingeln meldete sich ein

Mann. »Markowitz.« Daniel sagte, wer er war, und fragte, wo er die Schlüssel für die Häuser bekäme. »Bei mir«, sagte der Mann.

»Kommen Sie zur Anlage?«, fragte Daniel.

»Nein«, sagte der Mann. »Wir essen gerade.«

»Dann komme ich bei Ihnen vorbei und hole sie ab«, sagte Daniel. »Wo finde ich Sie?«

»Das Haus neben der DEA-Tankstelle«, sagte der Mann. »Beim Flugplatz.«

Daniel startete den Wagen wieder. »Wir müssen noch mal zurück zur Tankstelle«, sagte er.

»Können wir auch ins Dorf fahren?«, fragte Nicole.

»Warum?«

»Vielleicht ist da eine Post.«

»Hast du hier irgendwo eine Post gesehen? Und selbst wenn da eine wäre, hätte die jetzt längst zu. Was willst du überhaupt bei der Post?«

»Kindergeld abholen.« Nicole setzte die Sonnenbrille ab. »Ich kriege doch 200 Mark für Mellie.«

»Das brauchst du hier nicht«, sagte Daniel.

»Aber wenn ich es nicht abhole, habe ich gar kein Geld, den ganzen Monat nicht. Und wenn ich Melanie wiederkriege und zu Weihnachten mit ihr nach Bad Nauheim fahre, zu Oma und Opa –«

»Es ist schon nach sieben«, fiel Daniel ihr ins Wort, »hier ist um die Zeit überall Feierabend. Ich habe ja Geld.« Er wollte nicht, dass sie von zu vielen Leuten gesehen wurde, bevor sie nach Bad Nauheim abreiste oder wie immer der Ort hieß, an den man kam, wenn man nicht mehr lebte.

»Dann fahre ich nicht mit zu der Tankstelle«, sagte sie. »Ich steig da vorn aus und warte auf dich. Ich kann nicht mehr sitzen.«

Daniel hielt an und ließ sie aussteigen. Sie stellte sich an den Straßenrand, setzte ihre Sonnenbrille auf und schob die

Hände in die Ponchotaschen. Wie bestellt und nicht abgeholt, dachte er; wie eine billige Straßennutte. Und dann noch das Scheiß-Kindergeld. Er knallte den Gang rein, gab Gas und steuerte die Tankstelle an, die sie vorhin passiert hatten. In der Dämmerung konnte er die Neonbeleuchtung und das DEA-Schild schon von Weitem sehen. Hoffentlich sind die Pommes frites und die ganzen anderen Sachen in der Frosta-Tüte nicht schon verdorben, dachte er; hoffentlich ist der Kühlschrank überhaupt eingeschaltet.

Als er das kleine reetgedeckte Haus neben der Tankstelle erreichte, trat ein Mann aus der Tür und musterte den KIA misstrauisch. »Sind Sie Herr Becker?« Der Mann trug Sandalen, eine Cordhose und ein kariertes Hemd. In der einen Hand hielt er eine Serviette, in der anderen einen Schlüsselbund. »Wie viele sind Sie denn?«, fragte er.

»Zwei«, sagte Daniel und nahm die Baseballkappe ab, um sich mit dem Unterarm die Stirn abzuwischen, wie die Männer auf der Baustelle das immer machten. »Und zwei kommen morgen nach.«

»Und dafür mieten Sie alle vier Bungalows?«

»Wir wollen ungestört sein«, sagte Daniel.

»Na, geht mich ja auch nichts an.« Der Mann reichte ihm den Schlüssel für das rote Haus, einen zweiten für das grüne und noch einen für das gelbe. »Ich war heute Nachmittag da. Die Kühlschränke sind an. Jedes Haus hat einen Kaminofen im Wohnzimmer und Satelliten-TV, funktioniert alles. Bloß die Sauna im blauen Haus ist leider defekt. Bettwäsche finden Sie in den Schlafzimmern, Geschirr und Besteck in der Küche. Wäre schön, wenn nach der Abreise alles noch da ist. Endreinigung am letzten Tag, bevor Sie die Schlüssel zurückgeben. So weit alles klar?«

»Alles klar«, bestätigte Daniel, bevor er beiläufig fragte: »Kommen Sie zwischendurch mal vorbei?«

»Warum sollte ich, wenn Sie ungestört sein wollen?«

Daniel nickte, setzte die Kappe wieder auf, stieg in den KIA und winkte zum Abschied. Er schaltete die Scheinwerfer ein, weil jetzt kaum noch Licht vom Himmel kam, ein rotvioletter Streifen über dem Horizont, wo das Meer war. Er fuhr zurück, und als er von der Straße auf den Asphaltweg zum Möwenwinkel bog, stand Nicole noch genauso da, wie er sie verlassen hatte, bunt wie ein Papagei, mit den Händen in den Ponchotaschen. Der Wind blähte den Poncho; es sah aus, als wäre sie schwanger. Die Haare flatterten ihr ins Gesicht. Daniel hielt, und sie stieg ein. »Warum ist eigentlich hinten das Fenster zugeklebt?«, fragte sie, als sie saß.

»Musst du Lobeck fragen«, sagte er. »Vielleicht will er nicht, dass jeder sehen kann, was da drin ist.«

»Sieht komisch aus«, sagte sie.

»Ja. Total.« Er fuhr bis vor das rote Haus, obwohl er noch nicht wusste, in welchem sie bleiben sollten. Laut PDF-Prospekt aus dem Internet hatten alle den gleichen Grundriss: ein Wohnzimmer, zwei Schlafzimmer, eine Küche, das Bad mit zwei Waschbecken und noch eine Sauna. Er drückte Nicole den Schlüssel für das rote Haus in die Hand. »Geh schon mal rein und sieh dich ein bisschen um, wie die Zimmer sind und so. Zieh die Jalousien hoch, bestimmt muss erst mal gelüftet werden.«

»In dem roten?«

»Wo du willst.«

»Ich will in das rote.«

»Na dann. Nimm die Lebensmittel mit und leg sie in den Kühlschrank, die Pommes kommen ins Tiefkühlfach.«

»Und mein Koffer?«

»Den bringe ich dir.«

Sie stieg aus, zerrte die Aldi-Tüte unter dem Sitz hervor und marschierte auf den Eingang des Bungalows zu. Er sah zu, wie sie die Schlüssel ausprobierte und die Tür öffnete. Dann stieg er selbst aus und guckte, wo er das Krematorium aufbauen sollte. Der Ofen musste im Freien stehen, wegen des Rauchs und des Geruchs, aber nicht vor dem Haus, in dem sie wohnten. Auf dem Rasenstreifen vor dem grünen Bungalow vielleicht. Das gab bestimmt einen guten Kontrast, das glühende Feuer und die Mauer dahinter. Hauptsache, man konnte den Rauch und die Flammen von der Straße aus nicht sehen.

Er setzte sich wieder hinter das Steuer des KIA, startete den Motor und legte den Rückwärtsgang ein. Das grüne Haus lag ungefähr fünfzig Meter entfernt, höchstens siebzig. Vorsichtig setzte er zurück. Er musste sich ganz auf den Außenspiegel verlassen, weil innen alles zugeklebt war. Er hielt mit den Hinterreifen genau da, wo der Rasen anfing. Er öffnete die Hecktüren und holte die Koffer heraus, erst seinen, dann den von Nicole, stellte sie neben den Bulli, dann noch das Sportrad und das Notebook.

Er hörte ein leises Rattern und sah, wie die Jalousien an den Fenstern des roten Hauses hochgingen, wahrscheinlich die vom Wohnzimmer. Elektrisch, dachte er, das wird sie glücklich machen. Er schloss die Haustür des grünen Bungalows auf und trat in die Diele, tastete nach dem Lichtschalter. Eine Lampe mit einem Kristallschirm, der wie eine Salatschüssel aussah, warf fleckiges Licht auf ockergelbe Fliesen und einen IKEA-Schrank. Ein muffiger Geruch hing in der Luft.

Daniel ging ins Wohnzimmer, das sich links vom Eingang befand. Es hatte ebenfalls einen gelben Fliesenboden, keinen Teppich. Er suchte den Schalter für die Jalousien und drehte ihn erst nach rechts, dann nach links. Als die Jalousien hochgingen, entdeckte er an der Wand neben der Terrassentür den Kaminofen, mit dem er das Krematorium aus dem Wagen verbinden konnte, genau wie er es sich beim Studium des Prospekts vorgestellt hatte. Er öffnete die Terrassentür und ging das kurze Stück über den Rasen zum Heck des

Wagens. Er holte die Filzdecke, mit der er sonst das Fahrrad abdeckte, und breitete sie auf dem Zimmerboden aus. Den sechseckigen Tisch vor dem Sofa schob er ein Stück zur Seite, damit er mehr Platz hatte. Es sollte möglichst wenig Dreck geben, der hinterher beseitigt werden musste.

Danach schaffte er sein Handwerkszeug aus dem Fahrzeug ins Haus – Hammer, Zangen, Schraubenschlüssel – und legte es sich auf der Decke zurecht, dazu noch die Rohre für die Abgasführung. Es waren drei Edelstahlrohre von je einem Meter Länge, die er aufrecht in die Ecke neben dem Terrassenfenster stellte. Zuletzt holte er die Dieselkanister. Das wär's, dachte er, fertig. Nur der Ofen selbst musste noch im Wagen bleiben, weil er nicht wusste, wie er ihn von der Ladefläche kriegen sollte, er war immerhin aus schwerem Eisenblech. Und ich bin schließlich nicht der Hulk, dachte er, nicht mal wenn das Haus grün ist.

Es war klar, dass er den Kaminofen im Haus nicht benutzen konnte, wegen der Fettreste, die bestimmt hinterher übrig blieben. Aber wenn es ihm gelang, den Kamin vom Schornstein zu trennen und stattdessen den mitgebrachten Ofen anzuschließen, hatte er die perfekte Abgasführung. Er maß das Kaminrohr aus. Mist! Passte nicht. Es war ein 180er. Solche Rohre wurden vielleicht in Polen hergestellt, aber nicht in Deutschland; sie entsprachen keiner DIN-Norm. Die Rohre, die er mitgebracht hatte, waren 170er, und er hatte nicht das richtige Werkzeug, um den Anschluss des Kamins zu verkleinern. Wäre ja auch zu schön gewesen.

»Dany?«, rief Nicole. Sie klang so nah, als wäre sie beim Bulli, und da stand sie auch und spähte auf die Ladefläche. »Was hast du denn für Zeug da drin?«, fragte sie. »Da hinten, das lange Eisenteil auf der Decke, was ist das?«

»Ein Ofen«, sagte Daniel.

Sie sah ihn an und begann zu lachen, ungläubig, wie ein Kind, das sich auf den Arm genommen fühlt. »Ein Ofen?«

Er knallte die Hecktüren des KIA zu und schloss auch die Terrassentür. »Wie ist denn die Küche? Ich könnte was zu essen vertragen, so langsam.«

»Super, alles da, ein Herd mit vier Platten, Geschirrspüler und ein Riesenkühlschrank, aber von Miele, nicht von Bauknecht.«

»Miele weiß auch, was Frauen wünschen«, sagte er und ging mit ihren Koffern vor, auf das rote Haus zu. »Und sonst? Wie sind die Zimmer?«

Sie lief neben ihm her. »Schön. Groß.« Sie schwieg einen Moment. »Kein Keller. Ich hab nachgeschaut.«

Plötzlich spürte er den Wind, der vom Meer über die Wiesen heranwehte; er war kühler als vorher. Ein Schauer zog seine Haut zusammen. Er fröstelte. Die Luft roch nach Salz und Algen, und die Schreie der Möwen klangen wie Scharniere, die dringend geölt werden mussten. »Wir brauchen keinen Keller«, sagte er.

In der Küche war noch nichts gemacht, kein Tisch gedeckt; nur die leere Frosta-Tüte lag auf der Anrichte. Nicole kümmerte sich einfach nicht um so etwas, auch nicht um die Tischdecke. Als er den Kühlschrank öffnete, stellte er fest, dass er vergessen hatte, Butter zu kaufen. Aufschnitt und Käse ja, aber keine Butter. In dem Hängeschrank über der Spüle fand er Geschirr und in einer Schublade neben der Waschmaschine das Besteck, von dem der Hausmeister hoffte, dass es noch da wäre, wenn sie die Schlüssel zurückgegeben hatten. Da lagen auch Papierservietten.

Daniel stellte zwei Teller auf den Tisch und legte Messer und Gabel daneben, so wie Susanne es zu Hause immer machte. Er sah, dass es einen Toaster gab und fragte: »Möchtest du dein Brot getoastet?«

»Hab keinen Hunger«, sagte Nicole. »Ich will nichts.«

Er stellte die Flasche Cola Light auf den Tisch, schob zwei Scheiben von dem schon geschnittenen Brot in den Toaster.

Er nahm Schinken und Cervelatwurst aus der Tüte mit dem Aufschnitt und legte sie nebeneinander auf seinen Teller. »Dann leiste mir wenigstens beim Essen Gesellschaft«, sagte er.

»Ich möchte lieber fernsehen«, sagte sie.

»Was kommt denn?«

»Weiß nicht. Irgendwas.«

»Na dann.« Er dachte, wie schön es hier sein könnte, wenn statt Nicole schon Sandra da wäre, aber es dauerte ja nicht mehr lange, höchstens bis morgen. Er zuckte mit den Schultern und schenkte sich ein Glas Cola ein. Er aß allein zwei Scheiben Toast, eine mit rohem Schinken, die andere mit Cervelatwurst, während aus dem Wohnzimmer Musik und dröhnende Stimmen durch den Flur schallten. Er sah sich in der modern eingerichteten Küche um und dachte, Frauke würde es hier gefallen, mit den ganzen elektrischen Geräten, die sie im Heim nicht haben durfte. Sie war schon zu Hause am liebsten in der Küche gewesen, bei dem Mädchen, das die Eltern sich leisteten. Vater und Mutter kamen beide selten in die Küche, weil sie immer andere Sachen zu tun hatten; sie waren beide Ärzte. Die Küche war eine Art Niemandsland gewesen.

Als Daniel aufgegessen hatte, räumte er das Geschirr in die Spülmaschine. Der Fernsehlärm aus dem Wohnzimmer regte ihn so auf, dass er unbedingt noch weiter an dem Krematorium arbeiten wollte, um es so schnell wie möglich fertigzustellen. Das Wort hatte er schon lange nicht mehr gedacht, Krematorium. Er ging durch die Diele ins Wohnzimmer, das genauso aussah wie das im grünen Haus. Nicole saß im Halbdunkel auf der Couch und starrte auf den Fernseher in der Schrankwand; da lief jetzt Derrick, der langweilige alte Sack. »Ich bin noch mal kurz weg«, sagte Daniel.

»Wo gehst du hin?«, fragte Nicole, ohne den Blick vom Fernseher zu lösen.

»Ich muss noch was ausladen.«

»Dauert das lang?«

»Kann ich noch nicht sagen. Der Ofen ist ziemlich schwer.«

»Weißt du, ich frag mich ja …« Jetzt wandte sie ihm das Gesicht zu, irgendwie silbrig im Widerschein des Bildschirms. »Was willst du denn hier bloß mit einem Ofen, Dany?«

Er blieb einen Moment unschlüssig in der Tür stehen. »Mo wollte, dass ich ihn mitnehme«, sagte er dann.

»Moritz?« Sie sah überrascht aus, kein Wunder. »Was hat der denn mit unserem Ausflug zu tun?«

»Wart's ab«, sagte er.

26

Frühjahr 1996
Zwei Monate vorher

Es war kurz vor neun Uhr morgens, vier Grad Celsius im Freien, und Kiefer Larsen freute sich auf die erste Tasse Kaffee an seinem Schreibtisch, als ihm auf dem Gang vor dem Büro Torsten Lenz entgegenkam. »Da bist du ja«, sagte Lenz, »ich hatte gerade eben jemanden in der Leitung, der wissen wollte, ob wir wegen der Pistole –«

»Ich hole sie heute Nachmittag ab«, erklärte Larsen. »Ich muss nur erst noch mit der –«

»Die Pistole, nach der wir suchen«, präzisierte Lenz. »Die Mauser, mit der Robert Kosinski erschossen worden ist, nicht deine Dienstwaffe. Der Anrufer hat gefragt, ob wir deswegen gestern Mittag in der Werkstatt in Mersfeld waren.«

»Wie hieß der Anrufer?« Larsen vergaß den Kaffee. »Woher wusste er von dem Besuch?«

»Er hat seinen Namen nicht genannt. Als ich ihn danach fragte, hat er aufgelegt.«

»Was hat er genau gesagt?«

»Er hat gefragt, wer von uns mit dem Mord vor dem Freibad zu tun hätte, an dem Mann in dem Ford Sierra.«

»Er hat den Namen nicht genannt? Hat nicht von dem Mord an Robert Kosinski gesprochen?«

»Nein, er hat gefragt, ob wir deswegen gestern Mittag in der Werkstatt von Bulle Böhlich in Mersfeld gewesen wären und –«

»Er hat ›Bulle‹ Böhlich gesagt, als würde er ihn kennen?«

»Klang zumindest so. Und dann hat er gefragt, ob es um die Pistole geht, mit der Kosinski erschossen worden ist, weil, wenn wir die suchen würden, sollten wir mal jemanden zu der Videothek in Harting schicken, da würde manchmal mit Waffen gedealt.«

»Hat er einen Namen genannt? Nach wem wir da fragen sollen?«

»Nein.«

»Kennst du diese Videothek?«

»Nein. Aber der Mann hatte einen Akzent, ziemlich dick.«

»War der echt?«

»Keine Ahnung. Klang jedenfalls ausländisch, nach einem Türken oder jemandem vom Balkan.«

»Aber nicht pakistanisch?«

»Woher soll ich wissen, wie ein pakistanischer Akzent klingt?«

»Hat der Anrufer sonst noch was gesagt?«

»Nein. Ich habe ihn nach seinem Namen gefragt, und er hat aufgelegt. Es klang, als wäre er in einer Telefonzelle, vorbeifahrende Autos und so.«

»Danke. Ist Olaf schon da?«

»Nein.« Lenz verzog die Mundwinkel. »Der denkt bestimmt, er wäre undercover im Einsatz und dürfte nicht in der Nähe des Präsidiums gesehen werden. Wahrscheinlich fragt er sich schon, auf welche Seite er wirklich gehört.«

»Nach einem Tag? Und wo steckt Mareike?«

»Hier!« Mareike kam den Gang heraufgetrabt, diesmal sogar ohne Thermoskanne in der Hand.

»Kommt mal mit in mein Büro, alle beide«, sagte Larsen. »Ist Olaf mit einem Dienstwagen unterwegs? Ich muss mit ihm reden. Warum habt ihr keine Handys?«

»So fortschrittlich sind wir hier noch nicht«, antwortete Lenz. »Wir sind noch auf Funk angewiesen. Und ob wir je mobil telefonieren dürfen wie du und deine Freunde beim FBI, kann dir wahrscheinlich nur der Innensenator beantworten. Oder vielleicht auch der PP.«

»Es darf doch nicht sein, dass alle anderen mobil telefonieren, und wir hinken hinterher«, meinte Larsen. »Verbrecher verabreden sich mit Handys zu allen möglichen Straftaten, während wir nach Telefonzellen suchen oder ihnen in Funkwagen auf die Pelle rücken?!«

Er ging zur Kaffeemaschine, suchte mit der freien Hand einen Filter, stopfte ihn in den Trichter und griff nach der Tchibo-Dose, als sein Handy klingelte. Der Anrufer war Sundermann. Larsen meldete sich sofort. »Olaf, wie kommst du mit der Mauser voran?«

»Gar nicht. Ich habe jeden Zuhälter an der Küste, alle Import-Export-Läden durch und jede Kneipe in der Bahnhofsgegend, jeden Türsteher, sämtliche Discos und Klubs der Innenstadt. Außerdem gibt es keinen jugoslawischen Gebrauchtwagen-Fuzzy, keinen türkischen Gemüsehändler, keinen Ex-Knacki, den ich nicht –«

»Und wo bist du gerade?«, unterbrach Larsen ihn.

»Delmenhorst.«

»Kennst du eine Videothek in Harting?«

»Videoworld, klar, gegenüber vom Einkaufszentrum.«

»Wie schnell kannst du da sein?«

»Zwanzig Minuten. Warum?«

»Warte da auf Mareike. Wir haben einen Hinweis bekommen, dass die Mauser von jemandem stammen könnte, der mit der Videothek zu tun hat. Ich möchte, dass ihr dem nachgeht.« Larsen unterbrach die Verbindung und nickte Mareike zu. »Ihr trefft euch gegenüber vom Einkaufszentrum. Ich will entweder den Namen des Verkäufers oder den des Käufers, am besten beide.«

»Und lasst die Samthandschuhe ruhig im Wagen«, sagte Lenz.

Mareike verschwand, und Larsen füllte Wasser aus einer großen Karaffe in die Kaffeemaschine. »Torsten, so wirst du nie Leiter der Abteilung.«

»Indem ich früher als du zum Dienst erscheine?«

»Indem du unsere Beamten zu gewalttätigem Verhalten ermutigst.«

»Eine andere Sprache versteht der Abschaum doch nicht«, meinte Lenz. »Davon abgesehen, reicht es mir, der Zweite in Rom zu sein.«

Larsen schaltete die Kaffeemaschine an. »Ruf doch mal den zuständigen Sachbearbeiter bei der Union Leben an und frag ihn, ob schon jemand Anspruch auf die Versicherungssumme im Schadensfall Kosinski erhoben hat. Ach, und wenn Kosinski so hoch verschuldet war, wovon hat er dann eigentlich die monatlichen Beiträge bezahlt? Vielleicht weiß der Sachbearbeiter etwas darüber, von welchem Konto die Überweisungen kamen und so weiter.«

»Und was machst du?«, wollte Lenz wissen.

»Ich trinke Kaffee und denke nach«, sagte Larsen, was mehr oder weniger den Tatsachen entsprach. Er fragte sich, wer der Anrufer war, wie er von dem Besuch in der Werkstatt erfahren hatte und warum er der Polizei den Hinweis auf die Mordwaffe gab. Was versprach er sich davon? Was war sein Motiv – Geltungssucht, Neid, Rachsucht, Rivalität? Oder handelte es sich nur um einen der üblichen Wichtigtuer?

Larsen war wegen einer Sache zu der Werkstatt gefahren und erhielt als Folge einen Hinweis in einer anderen, und das Lakritz-Auto, wie Mareike es nannte, schien mit beiden zusammenzuhängen. Darin hatte Robert Kosinski den Tod gefunden; darin waren vielleicht sogar zwei Menschen getötet worden.

Der Hinweis des anonymen Anrufers konnte zur Tatwaffe führen, aber die Mauser allein war kein Beweis. Larsen würde auf die ballistische Untersuchung der Projektile durch das BKA warten müssen; ob die Waffe schon einmal bei einem Verbrechen benutzt worden war. Fingerabdrücke auf der Pistole waren allein kein Beweis, denn es mussten nicht unbedingt die des Täters sein. Und selbst wenn sie es waren, sagten sie nur aus, dass derjenige die Waffe irgendwann einmal in der Hand gehalten hatte. Larsen musste ihm die Tat erst noch beweisen, sein Motiv, seine Anwesenheit am Tatort zur Tatzeit, ein fehlerhaftes Alibi.

Er studierte die Briefkuverts mit seinen Notizen und trank zwei Tassen Kaffee. Dann stand er auf und trat ans Fenster. Er sah nach oben, zu dem verhangenen Himmel über dem Dom, und dann hinunter auf die Straße, auf die Menschen, die er beschützen musste, to protect and to serve, wie es an den Streifenwagen in Amerika zu lesen stand. Vielleicht bringt das heute den Knoten zum Platzen, dachte er; vielleicht ist der Hinweis auf die Videothek die erste richtige Spur.

Papa, kannst du mir den Knoten aufmachen?

Unvermittelt tauchte Ellies Gesicht in der Fensterscheibe auf, so klar und nah, dass er nur die Hand auszustrecken brauchte, um es zu berühren. Aber in der einen Hand hielt er die Kaffeetasse, und sie zitterte. Er selbst zitterte. Mit der anderen griff er nach dem Fensterbrett, denn ihm wurde plötzlich schwindlig. Die Vase mit den gelben Tulpen klirrte gegen die Scheibe, kippte aber nicht; nur der Kaffee schwappte auf den Boden.

Ich konnte sie nicht halten. Die Kapuze ist abgerissen. Sie ist gefallen, in die Dunkelheit gestürzt wie ein kleiner Komet mit einem Feuerschwanz, ohne ein Wort. Und als sie unten im Wasser aufgeschlagen ist, hat sie Funken versprüht, und dann war sie tot.

Ellie, die bei *Butch Cassidy und Sundance Kid* lachen musste, weil Paul Newman seinem Rivalen einfach in die Eier tritt, statt sich mit ihm zu prügeln. Er konnte ihr Lachen noch hören, hell und süß wie Zuckerwasser. Eine Zeit lang hatte Larsen versucht, sich einzureden, es wäre alles nur ein Traum gewesen; er hätte nie eine Tochter gehabt, die daher auch nie gestorben wäre. Er hätte nie mit ihr zusammen vor dem Fernseher gesessen und *Die glorreichen Sieben* angeschaut. Er hätte sie nie auf dem Schoß gehalten oder huckepack getragen, nie ihre kleinen, heißen Hände an seiner Stirn gespürt. Er hätte einfach nie sein Herz unsterblich an ein sterbliches kleines Mädchen verloren. Er hatte versucht, es sich einzureden, aber es war ihm nicht gelungen.

Tot. Eben noch lebendig. Dann tot. Einfach so.

Er hatte versucht, sich etwas einzureden, und Hanna hatte auch versucht, sich etwas einzureden, und ihr war es gelungen. Eines Abends war Larsen vom Dienst nach Hause gekommen, und auf der Couch im Wohnzimmer lag eine Stoffgiraffe mit einer Schleife um den Hals. »Was ist das?«, hatte er seine Frau gefragt

»Ein Geschenk«, hatte sie geantwortet.

»Für wen?«

»Für Ellie. Heute ist ihr Geburtstag.«

Er hatte nichts gesagt, beim ersten Mal noch nicht. Aber sie hatte damit weitergemacht, Geschenke für Ellie zu kaufen, Jahr für Jahr, zu den Geburtstagen, zu Weihnachten.

»Warum tust du das?«, hatte er beim zweiten oder dritten Mal gefragt.

»Wenn sie wiederkommt, kriegt sie die alle. Dann freut sie sich, weil sie sieht, dass wir sie nicht vergessen haben. Dass wir die ganze Zeit an sie gedacht haben.«

»Sie kommt nicht wieder. Sie ist tot.«

»Nein. Sie ist am Leben.«

»Warum meldet sie sich dann nicht bei uns?«

»Sie hat bestimmt ihre Gründe. Aber sie lebt.«

»Wo lebt sie denn? Im Fluss? Siehst du sie irgendwo da unten im Wasser brennen?«

Sein Handy summte. Es lag auf dem Schreibtisch und kroch summend Millimeter für Millimeter vorwärts, als wäre es selbst gerade aus einem Kälteschlaf erwacht. Larsen stellte die Kaffeetasse ab und meldete sich. Am anderen Ende der Leitung war Mareike, die tatsächlich aus einer Telefonzelle anrief. »Wir haben einen Namen.«

»Und der lautet?«

»Arkan. Der kann angeblich alles besorgen, auch Pistolen. Sogar Kalaschnikows. Es gibt bloß ein Problem.«

»Und das lautet?«

»Arkan ist wieder in Mostar. Und niemand weiß, ob er noch mal zurückkommt.«

»Dann brauchen wir die Namen von den Leuten, mit denen er hier Umgang hatte.«

»Da war der Typ in der Videothek wenig hilfreich. Er konnte sich nur an eine Autowerkstatt erinnern, und raten Sie mal, wo die ist.«

»In Mersfeld«, sagte Larsen zufrieden. »Auto Böhlich & Söhne Gebraucht- und Neuwagen.«

27

Bin ich verhaftet?« Lothar Schmidt saß in dem unpersönlichen, kaum möblierten Vernehmungsraum im dritten Stock und rieb sich das linke Handgelenk. Sein Blick flog von Larsen zu Lenz und wieder zurück, hin und her, hin und her. »Brauche ich einen Anwalt?«

»Wir wollen Sie nur als Zeugen vernehmen«, sagte Lenz.

»Gut.« Schmidt rieb sich weiter das Handgelenk. Er warf den Kopf in den Nacken, als hätte er einmal längere Haare gehabt, die ihm oft störend in die Stirn gefallen waren. In seinem rechten Ohr blinkte ein Ring. Er trug eine ölfleckige Jeans, ein T-Shirt, eine Wachsjacke und schmutzige Turnschuhe. Unter seinen Fingernägeln saßen dunkle Halbmonde. Seine blauen Augen wirkten wässrig und leicht gerötet. Vielleicht hatte er heute schon am Morgen zu trinken angefangen. Vielleicht tat er das auch schon seit einiger Zeit an jedem Morgen.

Für das Protokoll hatten sie seine Personalien aufgenommen, Name, Adresse, Beruf, Alter (41), und jetzt ließ Larsen etwas Zeit vergehen, damit die nüchterne Atmosphäre des Raums ihre Wirkung auf den Zeugen entfalten konnte. Der Raum war nicht sehr groß, nur zwölf Quadratmeter, und mit beige gestrichenen Akustikplatten schallisoliert. Auf dieser kleinen Bühne agierten sie zu viert – er selbst, Lothar Schmidt, Hauptkommissar Lenz und eine Schreibkraft, die an einem Schreibtisch im Hintergrund das Vernehmungsprotokoll führte. Außer dem Schreibtisch mit dem PC gab es noch zwei weitere Tische und die Stühle, auf denen sie alle saßen. Der venezianische Spiegel in der Wand war hinter einem Gemälde verborgen, Sonnenblumen, ein Stillleben.

»Ich wüsste gern«, sagte Lothar Schmidt endlich, kratz,

kratz, »ich wüsste gern, warum ich hier bin. Also, in welcher Sache.«

»Eigentlich sind es zwei Sachen«, sagte Larsen, und das leise Klicken der PC-Tastatur begleitete seine Worte. »In der einen geht es noch einmal um das Nummernschild, das am Morgen des 14. Dezember auf dem Feldweg unweit von Mersfeld gefunden worden ist. In der anderen um eine Pistole, eine Mauser HSC, die Sie im vergangenen Jahr in der Videothek ›Videoworld‹ in Harting von einem Jugoslawen namens Arkan gekauft haben. Mit dieser Waffe ist in der Nacht vom 11. auf den 12. April 1996 der Vertreter Robert Kosinski in seinem Ford Sierra vor dem Freibad in Bremen erschossen worden.«

Jählings wurde Schmidt so bleich, dass sein Gesicht wie aus weißem Wachs erschien. Dann schoss das Blut zurück in den Kopf. Larsen spürte, wie sein Puls schneller ging. Die Fährte, da war sie; er musste ihr nur folgen. »Das war ich nicht«, entfuhr es Schmidt. »Damit habe ich nichts zu tun.«

»Womit?«, fragte Larsen.

»Das ist nicht meine Pistole.«

»Aber Sie haben sie gekauft, oder nicht?«, sagte Lenz. »Einer Ihrer Kollegen bei Auto Böhlich hat mitgehört, wie Sie einen Kunden namens Arkan gefragt haben, ob er eine Pistole besorgen kann. Wenn Sie wollen, können wir zusammen hinfahren und sehen, ob der Manager der Videothek Sie wiedererkennt.«

Schmidt sog die Unterlippe zwischen die Zähne und rieb sich das Handgelenk noch heftiger.

»Lassen Sie uns zuerst noch bei der Nacht vom 13. auf den 14. Dezember letzten Jahres bleiben«, warf Larsen ein. »Um dieses Datum herum ist in der Gegend auch ein pakistanischer Asylbewerber mit Namen Radschiv Khan verschwunden und vielleicht getötet worden. Ist Ihnen in der besagten Nacht irgendetwas aufgefallen, als Sie mit Ihrem VW-Bus unterwegs waren und das Nummernschild verloren haben?«

Trotzig sagte Schmidt. »Ich war da gar nicht unterwegs.« Kratz, kratz. »Das Nummernschild habe ich schon früher verloren. Keine Ahnung, wie es da hingekommen ist.«

»Sie waren also in dieser Nacht zu Hause?«, fragte Lenz.

Schmidt zögerte kurz. »Ja.«

»Kann das jemand bestätigen?«

»Ich weiß nicht. Vielleicht. Meine Eltern. Ich habe damals noch bei meinen Eltern gewohnt.«

Larsen fragte: »Sie haben das Haus nicht vielleicht kurz mal verlassen, für einen kleinen Spaziergang oder so? Sie waren nicht zufällig am Abend in der Bahnhofsgegend und haben da einen schwarzen Ford Sierra mit drei Männern stehen sehen?«

Schmidts Blick flackerte, und er hörte auf, sich zu kratzen. Stattdessen nahm sein Gesicht einen Ausdruck an, den Larsen schon einige Male gesehen hatte, aber noch nie bei einem Unschuldigen. Zusammengepresste Lippen, nach unten gezogene Mundwinkel. Vor der Brust verschränkte Arme und ein kurzes Rutschen mit dem Stuhl suggerierten Unzufriedenheit, fast schon Verbitterung. Ich wusste es, schien er zu sagen; ich wusste, dass dieser Moment kommen würde. Trotzdem sagte er: »Nein.«

»Nein, was?«, fuhr Lenz ihn an. »Sie sind nicht aus dem Haus gegangen oder haben keinen schwarzen Ford gesehen?«

»Beides.«

»Gut.« Larsen wechselte das Thema. »Kommen wir jetzt zum August letzten Jahres, als Sie in der Videothek in Harting von einem Serben namens Arkan eine Mauser HSC samt Munition gekauft haben, für – wie viel? – 1100 Mark, richtig?«

»Tausendvierhundert«, sagte Schmidt und fing wieder an, sich das Handgelenk zu reiben.

»Sie geben also zu, eine Mauser gekauft zu haben«, stellte Lenz fest, zur Abwechslung jetzt ruhig und gelassen.

»Ja.« Schmidt nickte eifrig. »Aber sie war nicht für mich. Ich habe auch nicht so viel Geld.«

»Auch wenn sie nicht für Sie war, handelt es sich um einen Verstoß gegen das Waffengesetz.«

Schmidt schwieg, einen gequälten Ausdruck im Gesicht.

»Für wen war die Pistole dann?«, fragte Larsen.

»Muss ich das sagen?«

Larsen schwieg. Lenz schwieg. Die PC-Tastatur schwieg auch. Schweigen war immer eine gute Taktik, manchmal war sie sogar besser als gut. Schmidt sah erst ihn, dann Lenz an, als wollte er sie auffordern, endlich zu antworten. Er hörte auf, sich zu kratzen. Er will reden, dachte Larsen. Er steht unter großem Druck, wahrscheinlich schon seit langer Zeit, und er ist keiner, der Druck gut aushält. Die Zeit arbeitet für uns.

»Wo ist die Waffe jetzt?«, fragte Lenz.

»Ich habe sie entsorgt«, antwortete Schmidt.

»Wo?«

»An verschiedenen Orten. Ich habe sie vorher zerlegt.«

»Warum haben Sie das getan?«

»Jemand hat sie mir gegeben und gesagt, ich soll das tun.«

»Sie wissen also, wie man eine Waffe auseinandernimmt und wieder zusammensetzt?«

»Ja. Seit meiner Zeit beim Bund.«

»Ist damit geschossen worden?«

»Ja.«

»Wer hat sie Ihnen gegeben – wer, wann und wo?«

Schmidt öffnete den Mund und schloss ihn wieder. Die Finger der Protokollführerin schwebten über der Tastatur. Schmidt wollte reden und konnte es nicht. Ich muss ihm helfen, dachte Larsen.

»Die drei Männer in dem schwarzen Ford Sierra«, begann Larsen, »warteten auf einen Pakistani, der mit dem Zug kommen sollte. Sie wissen schon, wie in einem Wildwestfilm. Als der Pakistani eintraf, nahmen sie ihn in dem Wagen mit, irgendwohin außerhalb von Mersfeld, vielleicht zu der Stelle, wo am Morgen das Nummernschild Ihres VW-Transporters gefunden wurde. Wir glauben, dass Herr Khan nicht einfach verschwunden ist, sondern getötet wurde, von den drei Männern in dem Sierra, auf dem Rücksitz.«

»Genau wie der Vertreter Robert Kosinski«, ergänzte Lenz, »nur dass der auf dem Vordersitz erschossen wurde. Mit der Mauser, die Sie im letzten August gekauft haben. Aber Sie wollen, dass wir glauben, nicht Sie, sondern jemand anderer hätte die Morde begangen?«

»Wir möchten Sie von jetzt an nicht mehr als Zeugen vernehmen«, sagte Larsen. »Wir behandeln Sie von nun an als Beschuldigten. Wenn Sie wollen, ziehen wir einen Anwalt hinzu. Sie können weiter mit uns reden, müssen es aber nicht.« Als wäre ihm plötzlich eine Idee gekommen, wandte er sich an Lenz und die Protokollführerin: »Torsten, lasst ihr uns mal kurz allein?«

Hauptkommissar Lenz zögerte, bevor er sich erhob und mit offensichtlichem Widerstreben hinausging, gefolgt von der Kollegin am PC. Nachdem sie die Tür hinter sich geschlossen hatten, wartete Larsen noch einige Sekunden, dann nahm er seinen Stuhl und rutschte damit um den Tisch herum, näher an Schmidt heran. »Wenn wir jemanden als Beschuldigten behandeln«, sagte er ruhig, »bedeutet das nicht, dass wir ihn für den Täter halten. Wir denken nur, dass er in irgendeiner Weise mit der Tat zu tun hat, bewusst oder unbewusst, freiwillig oder unfreiwillig. Dass er vielleicht weiß, wer die Tat begangen hat, es aber nicht sagen kann, weil er niemanden verraten will. Verstehen Sie?«

Schmidt wich seinem Blick nicht aus, er kratzte sich auch

nicht mehr am Handgelenk. Larsen sagte: »Ich glaube nicht, dass Sie den Pakistani oder Robert Kosinski getötet haben. Ich glaube aber, dass Sie wissen oder zumindest ahnen, wer der oder die Täter sein könnten. Sie haben wahrscheinlich Angst vor ihnen. Diese Angst ist begründet, aber ich kann Ihnen helfen.«

Eine Mischung aus Resignation und Hoffnung trat in Schmidts Augen. »Manchmal ist es ganz einfach«, fuhr Larsen fort. »Man will einen Freund nicht verpetzen, obwohl der einen richtig tief in die Scheiße geritten hat. Aber so jemand ist kein Freund mehr, und Loyalität ist Anstand, den man nur den Anständigen schuldet.«

Schmidts Kopf kippte nach vorn wie der einer Marionette, deren Fäden plötzlich ihre Spannung verlieren. »Ich will Zeugenschutz«, sagte er. »Wenn ich mit Ihnen rede, bringen die mich um.«

»Wer?«, fragte Larsen. Sein Puls ging noch schneller, denn er spürte, dass er kurz vor einem Durchbruch stand. Aus einem Zeugen war ein Verdächtiger geworden – Verstoß gegen das Waffengesetz, vielleicht Beihilfe zum Mord, vielleicht sogar Mittäterschaft. »Dieser Mann aus Mostar, Arkan? Hat er mit dem Mord an Robert Kosinski zu tun? Steckt die bosnische Mafia dahinter? Werden Sie erpresst oder bedroht?«

Schmidt hob den Kopf. »Könnte ich jetzt doch einen Anwalt haben, bitte?«

»Natürlich«, sagte Larsen, blieb jedoch sitzen, um das Band, das die Nähe herstellte, nicht zu abrupt zu zerreißen. »Ab jetzt ist alles, was Sie sagen, offiziell und kann zu einer Anklage führen. Es findet Eingang in die Akten, die später dem Gericht vorgelegt werden. Es gibt dann keinen Weg zurück mehr, aber wenn Sie umfassend aussagen, wird das vermutlich strafmildernd wirken. Ob und wie Sie danach Zeugenschutz erhalten, hängt auch von Ihnen ab.«

Plötzlich fiel ihm noch etwas ein, einer jener Gedankenblitze, die sich immer wieder bei Vernehmungen ergaben, weil die Spannung schon die ganze Zeit im Unterbewusstsein sirrte. »Ich habe in unseren Unterlagen gesehen, dass die Werkstatt, in der Sie arbeiten, gleich neben einer Lagerhalle der Firma ComTec von Daniel Becker und Moritz Vogel liegt«, fügte er hinzu. »So haben Sie sich kennengelernt, richtig?«

Eine neue, ruhige Entschlossenheit trat auf Schmidts Gesicht. »Ich möchte reinen Tisch machen«, sagte er. »Ich war an zwei Tötungen beteiligt, aber ich habe die Taten nicht selbst begangen.«

Larsens Herz schlug jetzt so heftig, dass er fürchtete, jeder im Raum könnte es hören. Dass aus einem Zeugen im Verlauf einer Vernehmung ein Mittäter wurde, der auch noch dazu bereit war, ein Geständnis abzulegen, kam dem berühmten Sechser im Lottto gleich. »Gut, ich lasse einen Anwalt kommen«, sagte er. »Wenn Sie bis dahin noch etwas hinzufügen wollen –«

Schmidt schüttelte nur den Kopf.

28

Mit dem Radscha hat alles angefangen«, erklärte Lothar Schmidt anderthalb Stunden später in Gegenwart von Lenz, Larsen und einer Anwältin, die der Anwaltsbereitschaftsdienst gestellt hatte. Keiner achtete auf das leise Klicken der PC-Tastatur, den Schatten der Protokollführerin am anderen Schreibtisch. »Da bin ich reingeraten, ohne zu wissen, worum es überhaupt ging.«

Sie saßen zu dritt im Dunkeln in dem Haribo-Auto und rauchten. Sie hatten das Radio an, da lief Falco mit ›Junge

Römer‹, und als das Lied aus war, fragte Lothar von hinten: Und wenn er nicht kommt?

Er kommt, sagte Moritz, ohne sich umzudrehen.

»Mit Radscha ist Herr Radschiv Omar Khan aus Pakistan gemeint?«, fragte Larsen.

»Wenn der so hieß«, Schmidt nickte eifrig, »Radscha war ein Spitzname, so haben wir den Paki, den Herrn Khan, genannt.«

»Wann war das?«

»Vorletztes Jahr im Dezember.«

»Wann im Dezember?«

»Zehn Tage vor Weihnachten, ja.«

»Die Pistole für Herrn Becker haben Sie aber erst später besorgt?«

»Genau. Im letzten August.«

»Und als Moritz Vogel Ihnen am Abend des 12. April an der Autobahn dieselbe Pistole übergeben hat, wussten Sie da schon, dass Robert Kosinski kurz vorher mit dieser Waffe erschossen worden war?«, fragte Lenz.

»Nein, das habe ich erst durch einen Anruf von Dany, von Herrn Becker, erfahren, kurz bevor Sie wegen dem verlorenen Nummernschild in der Werkstatt aufgetaucht sind.«

»Was sollten Sie mit der Waffe machen?«

»Die sollte ich entsorgen.«

»Haben Sie das getan?«

»Ja.«

»Warum?«

»Weil Dany mich – er hat mich mit der Beteiligung an dem Mord an Radschiv Khan unter Druck gesetzt.«

»Warum sind Sie nicht zur Polizei gegangen, nachdem Khan getötet worden war?«

»Die haben gemeint, wenn ich das tue, sagen sie aus, dass ich dabei war. Sie wären zwei gegen einen und würden aussagen, dass ich sie angestiftet hätte.«

»Mit die meinen Sie Daniel Becker und Moritz Vogel?«

»Ja.«

»Und bei dem Mord an Radschiv Khan, hat er Sie da auch unter Druck gesetzt?«, hakte Lenz nach.

»Nicht direkt. Er hat gesagt, er braucht mich als Verstärkung, um jemanden ein bisschen einzuschüchtern. Damit der nicht austickt. Um wen es ging oder um was, habe ich erst erfahren, als ich schon dabei war. Da war ich praktisch schon Mittäter.«

Das darf ich nie jemandem erzählen, dachte er, nichts von dem, was heute Nacht hier passiert ist. Niemand wird mir glauben, dass ich unschuldig bin; dass ich nichts damit zu tun hatte.

»Um was ging es denn?«, wollte Lenz wissen.

»Angeblich hatte der Radscha, also Herr Khan, meine ich natürlich, Geld oder Rauschgift verschwinden lassen, für sich abgezweigt, im Rahmen einer Tätigkeit als Drogenkurier.«

»Haben Sie das geglaubt?«

»Ja. Nein. Ich weiß nicht. Moritz, Herr Vogel, hat mir im Vertrauen gesagt, in Wirklichkeit ginge es um die Andrea – um Daniels Freundin. Der Paki hätte sich an sie rangemacht und müsste eine Lektion erteilt bekommen.«

»Wann wurde Ihnen klar, dass die Lektion darin bestand, dass er getötet werden sollte?«

»Als wir draußen standen, hinter dem Wagen, während Moritz drinnen mit dem Radscha auf der Rückbank saß und auf ihn eingebrüllt hat«, erklärte Schmidt.

Larsen fragte: »Bei dem Wagen, auf dessen Rückbank das geschah, handelte es sich um den schwarzen Ford Sierra von Robert Kosinski?«

»Ja.«

»Herr Kosinski war nicht dabei?«

»Nein.«

»Wusste er, wozu sein Wagen an diesem Abend benutzt werden sollte?«

»Nein. Ich glaube nicht. Nein, sicher nicht!«

»Konnten Sie verstehen, was Herr Vogel gebrüllt hat?«

»Nein. Es drangen nur unverständliche Laute nach draußen. Ich denke mal, er hat nach der Andrea gefragt, ob sie miteinander geschlafen haben, ob sie über ihn geredet haben, was sie genau gesagt haben, so Zeug, aber der Radscha, der Herr Khan, meine ich, hatte ja nichts getan oder gewusst.«

»Kannten Sie Herrn Khan schon vorher?«

»Nein. Ich hatte nur seinen Namen mal gehört.«

»Wie sah er aus?«, fragte Lenz, als wäre ihm nichts aufgefallen, und vielleicht war es auch so.

»Klein«, antwortete Schmidt. »Kleiner als ich. Schlank, eher drahtig, ein sportlicher Typ. Sehr gepflegt. Schwarze Haare und ein weiches, freundliches Gesicht.«

»Würden Sie ihn auf einem Foto wiedererkennen?«

»Ich weiß nicht. Es war ja dunkel. Er war Asiate, mehr konnte man eigentlich nicht sehen.«

Lenz öffnete die Aktenmappe, die vor ihm lag, entnahm ihr einen Lichtbildbogen mit mehreren Fotos von verschiedenen Männergesichtern und legte ihn vor Schmidt auf den Tisch. Radschiv Khans Porträt befand sich in der zweiten Reihe.

Schmidt schüttelte den Kopf. »Nein, ich bin bei keinem sicher.«

»Aber Sie sind sicher, dass es Moritz, Herr Vogel, war, der Radschiv Khan auf dem Rücksitz des Sierra erwürgt hat?«, fragte Larsen. »Ich frage das, weil mir in Ihrer Aussage einige Widersprüche aufgefallen sind. Warum sollte Moritz für Daniel Rache nehmen?«

Schmidts Blick ruckte zu der Anwältin, die von ihren Notizen aufsah, erst zu Larsen, dann zu ihrem Mandanten.

Hastig blätterte sie zurück. »Einen Moment, bitte«, sagte sie, bevor sie sich an ihren Mandanten wandte: »Vielleicht haben Sie die Namen durcheinandergebracht?«

Schmidt schwieg verunsichert.

Larsen sagte: »Wenn es bei der Lektion darum ging, dass Herr Khan die Finger von Andrea, der Freundin von Herrn Becker, lassen sollte, wieso war es dann Moritz Vogel, der in dem Wagen auf ihn eingebrüllt und ihn in der Folge erwürgt hat? Wäre es nicht viel wahrscheinlicher, dass Herr Becker der Mann im Wagen war und Herr Vogel der, der mit Ihnen daußen stand und Ihnen die Wahrheit gesagt hat? Waren das nicht eben Ihre Worte: Ich weiß nicht. Moritz, Herr Vogel, hat mir im Vertrauen gesagt, in Wirklichkeit ginge es um die Andrea – um Daniels Freundin?«

»Kann ich kurz mit meinem Mandanten unter vier Augen sprechen?«, warf die Anwältin ein.

Tief in seinem Inneren wusste Lothar Schmidt, dass er eine viel größere Rolle gespielt hatte, als er zugeben wollte, dachte Larsen. Er hat uns erst den einen Film erzählt, und wenn er zurückkommt, wird er uns einen anderen erzählen, Der Feind der Wahrheit ist nicht die Lüge, sondern eine andere Wahrheit.

Und so war es. Als alle zurückgekehrt waren und wieder an ihrem Platz saßen, sagte Schmidt: »Auf Anraten meiner Anwältin möchte ich meine vorhin gemachten Aussagen dahin gehend korrigieren, dass es nicht Moritz Vogel war, der den Radscha, den Herrn Khan, erwürgt hat, sondern Daniel Becker.«

»Warum haben Sie erst Herrn Vogel beschuldigt?«

»Daniel hat es von mir verlangt.«

Lenz setzte nach: »Als er Sie unter Druck gesetzt und erpresst hat, da hat er Ihnen auch erklärt, was Sie sagen sollen, falls jemand Sie zu den Vorkommnissen in jener Nacht befragt?«

»Ja, genau. Er hat gesagt, dass er nicht davor zurückschrecken würde, noch jemanden zu töten.«

»Und damit meinte er Sie?«

»Davon ging ich aus, ja.«

»Dann berichten Sie jetzt doch bitte, wie sich die Tat in Wahrheit abgespielt hat«, sagte Larsen.

Schmidt nickte. »In Wahrheit lief es so«, sagte er. »Wir haben den Herrn Khan zu dritt über die Wiese und zurück zum Wagen geschleppt, wo wir ihn auf die Rückbank gedrückt haben, aber es war Daniel, nicht Moritz, der sich zu ihm gesetzt hat. Moritz und ich, wir haben uns dann gegen die Hintertür gestemmt, als der Radscha sie aufzustoßen versuchte, damit er nicht noch einmal abhauen konnte. Dann hat Daniel ihm eine geknallt, also ihm einen Schlag ins Gesicht versetzt und seinen Kopf mit dem Unterarm nach hinten auf die Hutablage gedrückt. Etwas später hat Moritz die Tür wieder aufgemacht und den Herrn Khan am Hals gepackt, während Daniel eine Rolle Paketklebeband unter der Rückbank hervorgeholt und es um die Handgelenke des Gefangenen gewickelt hat und danach auch noch um die Füße. Anschließend hat er die Tür wieder zugeschlagen und gesagt: So langsam müsste es aber mal reichen. Da habe ich dann gefragt: Worum geht es hier eigentlich? Und der Moritz hat geantwortet: was Privates.«

»Bedeutete dieses ›So langsam müsste es aber mal reichen‹, dass Herr Vogel nicht einverstanden war mit dem, was da geschah?«, fragte Lenz.

»Ich glaube, das hat es bedeutet, ja.«

»Und warum hat er dann nichts dagegen unternommen? Oder Sie – warum haben Sie nichts unternommen?«

»Ich weiß nicht. Es ging alles irgendwie, es war, als könnte niemand es aufhalten.«

»Und danach, am nächsten Morgen? Warum sind Sie da nicht zur Polizei gegangen?«

»Ich hatte doch mitgeholfen, die Leiche wegzuschaffen! Wir hatten sie in meinem VW-Bus zum See gebracht, Daniel und ich. Ich hatte den Radscha mit eingefangen, als er zu fliehen versuchte. Und auf der Rückfahrt wurde mir von beiden erklärt, dass ich so oder so mit drinhänge und wir jetzt das Beste aus der Situation machen müssten. Daniel, Herr Becker, hat noch gesagt, dass sie beide behaupten würden, ich hätte den Radscha umgebracht, falls ich nicht die Klappe halte.«

»Und das haben Sie geglaubt?«

Schmidt nickte. »Die beiden sind ganz dicke Freunde, die halten zusammen wie Pech und Schwefel. Mit denen legt man sich besser nicht an.«

Interessant, das heißt also, dachte Larsen, wenn man die Namen vertauscht, wenn man aus Moritz Daniel machte und sich noch einmal genau anschaute, wer in dieser Nacht was getan hatte, was und wie, dann kam eben eine andere Wahrheit zum Vorschein. Dann war das Opfer zwar immer noch das Opfer, es blieb tot, aber der Mörder war jemand ganz anderer.

Er musste an sein Gespräch mit Becker denken, an den jungen, eloquenten Mann im Kamelhaarmantel, den gelben Anzug, das hellblaue Hemd mit den Perlmuttknöpfen, die Seidenkrawatte, die rotbraunen Slipper mit den Lederquasten. Warum nicht?, dachte er. Könnte durchaus sein. Aber noch war es nur ein Gedanke, eine Frage, kein Gefühl, und schon gar keine Gewissheit.

»Bei Robert Kosinski«, hakte er nach, »hat er Sie da auch gezwungen, zu sagen, dass es Moritz Vogel war, der Ihnen an der Autobahn die Pistole gegeben hat? War das in Wirklichkeit nicht auch der Herr Becker?«

»Nein.« Schmidt schüttelte den Kopf. »Es war wirklich Moritz.«

»Angeblich waren aber beide zu dem Zeitpunkt in Bonn

im Hotel Maritim. Wie erklären Sie diese unterschiedlichen Angaben?«

»Das kann ich nicht«, sagte Schmidt.

»Na gut, dann ist das, was Sie sagen, jetzt die Wahrheit?«, fragte Larsen. »So hat sich alles abgespielt?«

»Ja.«

»Können Sie das beweisen?«

»Was?«

»Sie beschuldigen im Fall Radschiv Khan erst den einen des Mordes, dann den anderen und behaupten schließlich, der eine hätte Sie erpresst, damit Sie den anderen bezichtigen. Ich frage mich, wie verlässlich Sie als Zeuge sind, was Sie uns beim nächsten Mal erzählen werden. Welche Beweise haben Sie für das, was Sie gerade ausgesagt haben?«

Schmidt sah ihn verblüfft an. »Die Leiche. Ich weiß, wo die Leiche von dem Paki, von Herrn Khan, ist. Ich kann Ihnen den See zeigen, in dem wir ihn, in dem er versenkt worden ist. Und ich kann Sie dahin führen, wo ich die Teile der Pistole weggeworfen habe.«

»Ich meine eigentlich Beweise, die jemand anderen als Sie selbst belasten«, sagte Hauptkommissar Lenz. »Beweise dafür, dass es die Herren Becker und Vogel waren, die diese Morde begangen haben. Bisher weist aus meiner Sicht alles auf Sie als Täter hin. An den Pistolenteilen werden wir wahrscheinlich lediglich Ihre Fingerabdrücke finden. Und außer in dem Ford Sierra des Herrn Kosinski wird es nur in Ihrem VW-Bus Spuren von der Leiche des Pakis geben.«

Was machst du denn?, dachte Larsen, verärgert über das Vorpreschen seines Kollegen. Was soll das? Legst du es darauf an, dass unser Zeuge zu bocken anfängt? Soll er seine Aussagen widerrufen, kaum dass er sie gemacht hat? Die Widersprüche können wir später immer noch aufklären.

»Moment mal«, protestierte auch die Anwältin. »So geht das nicht. Herr Schmidt ist aus freien Stücken hier. Wenn Sie meinen Mandanten einzuschüchtern versuchen, können wir die Vernehmung jederzeit abbrechen –«

»Das steht Ihnen frei«, erwiderte Larsen. »Ich würde Ihnen aber davon abraten, denn bis wir die Angaben von Herrn Schmidt überprüft und die Leiche von Herrn Khan gefunden haben, bleibt Ihr Mandant in jedem Fall hier bei uns.«

Schmidt schwieg und begann wieder, sein Handgelenk zu reiben. Auch seine Anwältin schwieg. Für einen Moment schwiegen alle Anwesenden.

29

Am Abend, als er nach Hause fuhr, wusste Larsen, dass er dieses Mal wieder ausziehen musste. Es war unvermeidlich. Kristin verlangte es nicht, aber es war besser. Er betrat das Haus durch den Garteneingang und warf einen Blick in die Töpfe auf der Anrichte, von denen einer leer war; der andere enthielt geschälte Kartoffeln. In der Diele rief Larsen Kristins Namen. Sie antwortete nicht. Das bedeutete, dass sie arbeitete und die Tür ihres Zimmers geschlossen hatte, weil sie nicht gestört werden wollte. Er hörte leise Musik, etwas Klassisches. Die Stehlampe im Wohnzimmer brannte. Alles war so friedlich wie die Darstellung einer Kaufmannswohnung auf einem alten holländischen Gemälde, vielleicht von Vermeer.

Er setzte sich an seinen Schreibtisch, um selbst auch noch etwas zu arbeiten, bis es Zeit zum Abendessen war. Die Schilderung des Mordes an Radschiv Khan hatte ihn tiefer berührt, als ihm zunächst aufgefallen war. Die Kälte. Die Rohheit. Die teilnahmslose Beschreibung des Mechanikers. Mit Bleistift notierte er Stichworte und füllte dann die Zwischenräume mit Text, um die letzten Stunden im Leben des Radschiv Khan aus Pakistan zu rekonstruieren und die Entscheidungen des Täters einzuordnen. Er schrieb die Worte: FALL EINS: Feldweg, Bahnhof Mersfeld, Asylantenheim (wo?), Andrea (wann?).

Dann schlug er das oberste Blatt zurück und beschrieb das darunter mit den Worten FALL ZWEI: Ford Sierra (Haribo-Auto), verlassenes Freibad, Bonn (Alibi), Lebensversicherung (Opfer), wo er in Gedanken hängen blieb. Wie immer in solchen Momenten waren es ungeordnete Gedanken, aus denen sich irgendwann genauso ein Muster ergab wie aus den ihnen zugrunde liegenden Begleitumständen einer Tat.

Da waren die Schulden, die alle Beteiligten hatten. Ging es im ersten Fall um ein Mädchen und um gekränkte Eitelkeit, wie die Aussagen des Mechanikers nahelegten, dann im zweiten Fall um Geld. Daniel Becker, der das Auftreten eines Lebemanns pflegte, musste wegen seiner hohen Schulden aus gescheiterten Geschäften und seinem Hang zum Luxus als Angestellter seiner Frau arbeiten. Für jemanden wie ihn bestimmt unerträglich. Sagte man das heute noch, »Lebemann«? Moritz Vogel verdiente dagegen als Anlageberater bei der Sparkasse wohl gut, teilte aber die Schwächen seines Freundes und hatte daher offenbar gleichfalls Schulden in beträchtlicher Höhe. Was musste man sich unter beträchtlicher Höhe vorstellen? 50 000 Mark? 100 000? 200 000? Eine halbe Million?

Selbst der kleine Vertreter Robert Kosinski hatte es geschafft, riesige Schulden anzuhäufen. In seinem Fall kannten sie sogar die genaue Höhe, soweit es sich um Steuerschulden handelte: 500 000 Mark. Da bot eine Versicherungssumme von 2,5 Milllionen schon einen Ausweg. Frage: Für wen war dieser Ausweg gedacht? Frage: Wie sollte er funktionieren? Die komplizierten Verträge über gegenseitige Darlehen offenbarten eine Mechanik, aber keinen Weg. War der Tod von vornherein eingeplant, fiktiv oder real?

Ich muss noch mal mit Becker reden, dachte Larsen – und mit Vogel, den ich noch gar nicht kenne. Sie haben ein Alibi. Beide waren zur Tatzeit in Bonn, wurden von Zeugen gesehen. Mit denen muss ich auch reden, dachte er. Kann man das erschüttern? Er schrieb: Wie nach Bonn gelangt – Zug, Auto, Flugzeug? Wenn Auto – ein Wagen oder zwei? Was ist mit Handydaten? Telefonate, Standorte.

Seine Gedanken kreisten noch eine Weile um Kosinski, Becker und Vogel, dann kehrten sie zu Radschiv Khan zurück. Er holte die im Büro schnell ausgedruckte PC-Mitschrift der Vernehmung aus der Aktentasche. Er legte sie auf seinen Schreibtisch, und etwas in ihm dachte: Giftmüll. Er verspürte die Versuchung, sich die Finger abzuwischen, widerstand ihr aber. Er blätterte bis zu der Stelle, wo er gefragt hatte: Was können Sie uns sonst zu Daniel Becker und Moritz Vogel sagen?

Schmidt: Wie meinen Sie das? Was Bestimmtes?

Hauptkommissar Larsen: Alles, was Ihnen einfällt. Sie haben im Zusammenhang mit der Tötung des Radschiv Khan im Dezember 94 immer wieder eine gewisse Andrea erwähnt, die Freundin von Daniel Becker zu jenem Zeitpunkt. Vielleicht fangen Sie mit der an. Wie lautet ihr voller Name?

Schmidt: Andrea Rossi. Die Andrea, ja … also, mit der war Dany, der Herr Becker, zu der Zeit eigentlich gar nicht mehr so richtig zusammen. Er hatte nebenbei noch die Nicole, also die Frau Weichsel, die damals für ihn anschaffen ging, und die Susanne, die er dann ja geheiratet hat. Es war eher so, dass er nicht wollte, dass sie, die Andrea, einen anderen hatte, dazu noch so ein Asylantenschwein. So hat er die genannt. Der Dany, Herr Becker, war nämlich politisch eher rechts und hatte auf die ganzen –

Hauptkommissar Lenz (wirft ein): Sie können ihn ruhig Dany nennen. Die Vornamen reichen.

Larsen: Was meinen Sie mit »politisch eher rechts«?

Schmidt: Na ja, Nazi eben. Da haben die sich ja kennengelernt, in der Neonaziszene bei uns.

Larsen: Die Frau Rossi war mit dem Herrn Khan zusammen, obwohl sie zur Neonaziszene gehörte?

Schmidt (schüttelt den Kopf): Nein, die war nie richtig aktiv. Er eigentlich auch nicht. Das waren eher Mitläufer, die nur wollten, dass nicht so viele Ausländer hierherkommen und uns die Arbeit wegnehmen, Deutschland den Deutschen, oder? Und die Andrea war auch nicht wirklich mit dem Radscha zusammen, das war mehr so ein Verliebtsein, wo man sich nur anguckt und Briefchen schreibt. Ging ja auch gar nicht, weil der gar kein Deutsch sprach. Nur seine Pakisprache und ein bisschen Englisch.

Lenz: Hat die Frau Rossi nie einen Verdacht gegen ihren Freund gehabt?

Schmidt: Wenn so einer wie der Radscha plötzlich verschwindet, glaubt man doch nicht daran, dass er gekillt worden ist, oder? Nee, da hat niemand einen Verdacht gehabt, auch nicht die vom Ausländeramt. Dem hat kein Hahn nachgekräht. (Pause) Die Andrea hat schon noch versucht, ihn zu finden, eine Zeit lang wenigstens. Aber dann hat sie auch gedacht, der wäre einfach untergetaucht. Schon komisch … Da kommt jemand von so weit her, weil er zu Hause Angst hat, umgebracht zu werden, und dann wird er hier erledigt, wo er denkt, dass er sicher wäre.

Larsen: Stimmt, das ist komisch. Wissen Sie, wo wir die Frau Rossi antreffen können? Lebt sie noch in Mersfeld?

Schmidt: Nein, die ist weggezogen. Weil der Dany ja dann die Susanne geheiratet und ihr ganz schnell ein Kind gemacht hat, damit ihm so was nicht noch mal passiert. Erst eins und dann noch eins. Ich glaube, die Andrea hat noch eine Zeit lang versucht, den Radscha zu finden, aber das hat nicht geklappt, weil der ja in dem See lag, oder? Aber wohin sie gezogen ist, weiß ich nicht. Man hat nie wieder was von ihr gehört.

Lenz: Und wie ist das dann weitergegangen mit den Herren Becker und Vogel? Was können Sie uns über die Zeit zwischen dem Tod von Herrn Khan und dem Mord an Herrn Kosinski sagen?

Schmidt: Also, die haben eigentlich weitergemacht wie vorher auch. Sie wollten ja als Unternehmer groß rauskommen. Aber das hat alles nicht so geklappt, und deswegen kam ihnen der Robert, also, der Herr Kosinski, gerade gelegen.

Larsen: Können Sie das etwas genauer ausführen?

Schmidt: Also der Moritz hatte ja seine Stelle bei der Sparkasse, aber er war trotzdem immer verschuldet. Und Dany hat nie lange durchgehalten bei allem, was er machte. Der hatte auch Schulden, und zwar nicht zu knapp, trotz der ganzen Bräute, die für ihn angeschafft haben.

Larsen: Er war als Zuhälter tätig?

Schmidt: Zuhälter würde ich das nicht nennen. Obwohl, man kann das natürlich so sehen. Er hatte ein paar Mädchen wie die Nicole, für die hat er Zimmer gemietet, da konnten sie Männer empfangen, und den Verdienst mussten sie mit ihm teilen, wegen der Miete und weil er für sie in den St.-Pauli-Nachrichten inseriert hat. Dazu musste er sie natürlich vorher ausprobieren, ihre Stärken rausfinden, hat er gemeint. Mo musste das auch. Sie haben aber auch noch andere Sachen gemacht, um an Kohle zu kommen.

Larsen: Zum Beispiel?

Schmidt: Bei der Haftpflichtversicherung teure Sachen als gestohlen melden – Sachen, die er gar nicht hatte, um von denen das Geld zu kriegen, das die angeblich gekostet haben. Und einmal hat er einen Kettenbrief gestartet, wo man

1000 Mark einzahlen muss, und wenn man andere anwirbt, die auch alle 1000 Mark zahlen, steigt man in so 'ner Pyramide auf, und wenn man ganz oben angekommen ist, kriegt man 10000 Mark. Aber er hat nicht genug Leute zusammengekriegt, und irgendwie haben alle ihr Geld nie wiedergesehen. Mo hat er dann seine Kohle wiedergegeben. Mir nicht.

Larsen: Wie sieht es mit Rauschgifthandel aus?

Schmidt: Also, darüber weiß ich nichts.

Larsen: Dennoch haben Sie es zunächst geglaubt, als Daniel Becker in der Nacht vom 13. Dezember behauptete, das Opfer hätte Geld genommen, das ihm nicht gehört. Aus einem Drogendeal.

(Schmidt nickt).

Lenz: Wie sieht es denn mit Ihren Vermögensverhältnissen aus?

Schmidt: Meinen was?

Lenz: Vielleicht haben Sie Kosinski ja umgebracht, um an das Geld zu kommen.

Anwältin: Das hatten wir doch schon. Wenn Sie so weitermachen, werde ich meinem Mandanten von weiteren Ausführungen abraten.

Schmidt: Ich bin doch nicht der Begünstigte.

Lenz: Moritz Vogel auch nicht. Vielleicht machen Sie halbe-halbe oder was auch immer. Der eine ist der Begünstigte, der andere verübt die Tat. Der Begünstigte hat ein Alibi.

Die nächsten Zeugenbefragungen mache ich ohne Lenz, dachte Larsen. So ein Blödsinn, sich in den Vordergrund zu drängen und einen Geständigen zu provozieren, statt ihn behutsam dem Ziel zuzuführen. Rasch hatte er versucht, die Befragung wieder zu versachlichen.

Larsen: Was ist mit der ComTec? Was wissen Sie darüber?

Schmidt: Ich bin aber kein Mörder, oder? Ich besorge mal jemandem einen getürkten Kfz-Brief oder 'ne gefälschte

TÜV-Plakette, verdien 'n bisschen schwarz nebenbei, aber Mord? Nee.

Larsen: Niemand hier hält Sie für einen Mörder. Was können Sie uns jetzt über die ComTec –

Schmidt (schüttelt den Kopf): Das ist eine neue Firma, die sie erst vor Kurzem gegründet haben. Erst wollten sie Waschstraßen bauen und eine Kette von Diskotheken eröffnen, aber dann haben sie wohl gedacht, die Zukunft gehört dem Computer oder so. (Pause) Kann ich etwas zu essen bekommen. Ich habe Hunger.

Anwältin: Ich finde, mein Mandant hat für heute genug gesagt. Wenn Sie noch weitere Fragen haben, kommen wir gern morgen wieder. Mein Mandant ist zu einer vollumfänglichen Zusammenarbeit bereit. Im Gegenzug sollten Sie ihn bis zu einer möglichen Anklageerhebung auf freiem Fuß belassen.

Larsen war nach anfänglichem Zögern einverstanden gewesen. Quid pro quo. Geständnis gegen Freiheit, für den Moment. Lenz hatte protestiert, sich dann aber widerstrebend Larsens Autorität unterworfen.

Es fängt ja schon an, dachte Larsen jetzt; genau das willst du vermeiden. Er klappte den Block zu und wartete darauf, dass die Bilder verschwanden, die nicht in dieses Haus gehörten. Ich könnte schon mal mit dem Packen anfangen. Er stieg die Treppe hinauf und ging ins Schlafzimmer, wo er den großen Reisekoffer vom Kleiderschrank herunterhob und aufs Bett legte. Aus dem Bad holte er einen feuchten Waschlappen, mit dem er den Staub vom Kofferdeckel wischte, bevor er ihn aufklappte. Er nahm einen Stapel Hemden aus dem Schrank und legte ihn in den Koffer, dazu ein paar Garnituren Unterwäsche und jede Menge Strümpfe.

Die Musik im Nebenzimmer klang hier näher; er erkannte ein Klaviertrio von Schubert. Dann knarrten die Bodenbretter, die Tür wurde geöffnet, und Schritte bewegten sich auf das Schlafzimmer zu. »Du bist ja schon da«, sagte seine Frau. »Ich habe dich überhaupt nicht kommen gehört. Was machst du?«

»Packen für die Pension«, sagte er.

»Also doch wieder so ein Fall?«, fragte sie.

»Es sind jetzt sogar zwei.«

Sie nickte, als hätte sie das schon befürchtet, und wandte sich zur Treppe. »Hast du Hunger? Es gibt Cottoletta Milanese mit Broccoli und Röstkartoffeln, wenn du willst.«

»Ich will«, sagte er, schloss den Koffer und legte ihn auf einen Stuhl unter dem Fenster.

»Wirst du lang wegbleiben?«, fragte sie, als sie unten waren.

»Ich hoffe nicht. Ich habe schon Verdächtige, weiß aber noch nicht, wie ich sie überführen kann.«

»Willst du heute noch los?«

»Nein, morgen früh.«

»Du musst das nicht tun, weißt du.«

»Doch.«

Sie gingen in die Küche, wo Kristin die Gasflamme unter dem Topf mit den Kartoffeln anschaltete und den zweiten Topf mit Wasser für die Brokkoli bereitstellte. Dann nahm sie zwei Schnitzel aus dem Kühlschrank. »Es kommt wieder mal alles zusammen, nicht?«

»Das geht schon«, sagte er. In einer Woche war der Jahrestag von Ellies Tod, und er sagte, dass es ginge, weil es gehen musste.

Sie hatten damals in Hamburg gelebt, Hanna und er, in einem Wohnblock direkt an der Elbe. Von der kleinen Wohnung im vierten Stock sah man auf alte Speicherhäuser und das Wasser, das an die tangbewachsenen Mauern des Fundaments schwappte. In der Nacht, in der das Haus brannte, war er zum KDD eingeteilt, Spätschicht, damals gerade erst

Kommissar, und Hanna war zur Geburtstagsparty ihrer besten Freundin eingeladen.

Sie hatten eine Babysitterin, Clara, sechzehn Jahre, absolut verlässlich, die in dieser einen Nacht aber nicht verlässlich gewesen war, nur in dieser einen. Als der Brand in der Wohnung neben der ihren ausgebrochen war, hatte sie geschlafen, dann war sie aufgewacht und in Panik geraten. Die Tür zu Ellies Zimmer klemmte, er hatte immer vorgehabt, sie abzuschleifen, hatte es aber nicht getan, und als Clara sie nicht aufgekriegt hatte, war sie weggelaufen, denn es konnte ja nichts passieren, sie hörte schon die Sirenen der Feuerwehr. Sie hatte alle angeschrien, da ist noch ein Kind, da oben in der Wohnung. Dann hatte sie Hanna angerufen, und Hanna war sofort nach Hause gerast, und von unterwegs hatte sie ihn angerufen, und er war auch sofort losgefahren, scheiß auf den KDD. Er hatte nicht lange gebraucht, wirklich nicht lange, für die Strecke von der Davidswache bis zu sich nach Hause. Und da stand Ellie im Fenster und brannte.

Die Feuerwehr war auch schon da. Die Männer versuchten, von dem schmalen Fundament zwischen Hausmauer und Wasser aus zum Fenster hochzukommen, aber der Platz reichte nicht für eine Leiter, er reichte nicht, und der Löschstrahl der Boote kam nicht bis in den vierten Stock. Den Rettern blieben nur die Stahlsprossen der Feuertreppe außen an der Mauer. Larsen wusste nicht mehr, warum er dabei war, wie es gekommen war, aber er kletterte mit den Feuerwehrmännern die Steigeisen hoch. Wie von Sinnen stieß er den Mann vor ihm aus dem Weg, um zu seiner Tochter zu gelangen, und er wünschte, er wäre ihnen nicht in die Quere gekommen, er hätte sie ihre Arbeit machen lassen, für die sie ausgebildet waren. Das wünschte er mehr als alles andere in seinem Leben. Aber er hatte die Angst in Ellies Gesicht gesehen, die Angst und, bei seinem Anblick, das Vertrauen, das jetzt alles gut werden würde.

Sie war brennend ins Wasser gestürzt, und obwohl die Männer an Bord des Löschbootes sofort nach ihr gesucht hatten, war es zu spät gewesen. Sie war erstickt, an irgendetwas in ihrer Lunge. Ihr Herz hatte aufgehört zu schlagen, bevor sie gerettet werden konnte, und es hatte trotz aller Reanimationsversuche nicht wieder angefangen.

»Ich habe gestern Nacht noch mit Steve telefoniert«, sagte Larsen. »Er wollte wissen, ob ich heil zurückgekommen bin.«

»Guter Mann, viel zu schade für das FBI«, sagte Kristin und gab Olivenöl in die Pfanne. »Ich mag ihn. Karen mag ich auch.«

»Karen und du, ihr zwei wart unschlagbar, nicht nur beim Tennis«, sagte Larsen, aufgeheitert von der Erinnerung an die Tage in Santa Fé. »Die K.-u.-k.-Monarchie.«

Sie schlug mit dem Holzklopfer auf die Schnitzel ein. »Hast du ihm erzählt, dass du wieder in einem von den Fällen steckst, die dich auf lange Sicht umbringen? Dich und mich?«

»Das wusste ich da noch nicht.«

»Erzähl ihm, dass du mich jedes Mal verlässt, wenn so ein Fall dich aufzufressen droht. Frag ihn, was er davon hält.«

»Ich verlasse dich nicht«, sagte er. »Ich bin bei dir. Ich bin nur nicht in deiner Nähe. Das Böse ist ansteckend, und es hat in unserem Haus nichts zu suchen.«

Es hatte fast zwei Jahre gedauert, bis er einsehen musste, dass seine Ehe mit Hanna Ellies Tod nicht überleben würde und dass sie alles, was zu ihnen beiden gehörte, opfern mussten, wenn sie selbst überleben wollten. Und dann hatte es noch einmal fast drei Jahre gedauert, bis er bereit für einen anderen Menschen gewesen war. Aber nicht für irgendeinen, nur für Kristin, so kam es ihm jedenfalls vor. Mit ihr schien alles gut zu gehen.

»Aber wir sind nicht zusammen«, sagte sie. »Obwohl du

mich liebst, das weiß ich, und obwohl ich dich liebe, und zwar so richtig, bist du nicht bei mir, und ich bin nicht bei dir. Wir fehlen uns in dieser Zeit, und wir sind nicht mehr so jung, dass diese Zeit keine Rolle spielt.«

»Wir sind aber auch nicht so alt, dass wir nicht hin und wieder eine Trennung vertragen können. Es ist zu unserem Schutz.«

Sie stellte die Pfanne auf das brennende Gas und legte die Schnitzel hinein. »Zu meinem Schutz, willst du sagen.«

»Meinetwegen. Was ist schlimm daran, dass du mir zu kostbar bist, um dich mit mir an den Rand des Abgrunds zu ziehen?«

»Ich bin stark genug, um das auszuhalten.« Sie behielt die Pfanne und die beiden Töpfe im Auge und wendete die Schnitzel, dann gab sie etwas Knoblauch in das Öl. »Glaubst du mir das?«

»Wenn nicht dir, wem dann?«

Sie lachte. »Und wenn nicht jetzt, wann? From Jeanne d'Arc, with compliments.« Dann wurde sie wieder ernst. »Weißt du, es kommt mir vor, als würde mein Leben angehalten in der Zeit, in der du nicht da bist. Du schaust zwar manchmal vorbei, um irgendwas zu holen, was du da draußen benötigst oder um etwas zurückzubringen, das du nicht mehr brauchst, aber es ist trotzdem, als nähmst du einen halb vollen Karton mit und brächtest einen halb leeren wieder. Als bliebe immer weniger Gemeinsames übrig.«

Es roch verbrannt. »Die Schnitzel«, sagte er.

30

Sommer 1996
Zwei Monate später

Zwischen den Häusern herrschte Dunkelheit. Es gab nur den Mond und den Widerschein des Fernsehers, der aus dem Wohnzimmerfenster des roten Hauses fiel. Die Landstraße, die zu der Anlage führte, verlief fast einen Kilometer entfernt, und die Autobahn war genauso weit weg. Wenn ein Auto vorbeifuhr, hörte man nichts, und die Scheinwerfer sahen zwischen den Bäumen und dem Buschwerk aus wie lautlos vorbeitreibende Sternschnuppen. Der KIA – ein schwarzer, eckiger Schatten – stand vor dem grünen Haus, mit dem Heck zur Terrasse. Daniel öffnete die Hintertür des Transporters, und dann ging er ins Haus und schaltete das Licht im Wohnzimmer an, um ausreichend Helligkeit zu haben, wenn er auf die Ladefläche kletterte und den Ofen auszuladen versuchte. Er wollte es erst mal allein versuchen, bevor er Moritz zu Hilfe rief.

Eins nach dem anderen, dachte er. Den Brenner rauszuholen war kein Problem, der hatte praktisch kein Gewicht. Er konnte ihn hochheben und an die Kante der Ladefläche stellen, und dann wieder runtersteigen und ihn ganz heraushieven. Für die Stromversorgung hatte er ein Verlängerungskabel mitgebracht, das leicht bis zur Steckdose im Wohnzimmer reichte, wenn er den Ofen auf die Terrasse stellte. Die Terrasse war gut als Standort, denn das Haus schirmte sie zur Autobahn hin ab, und den Wagen konnte er dann so hinstellen, dass sie auch von der Landstraße aus verborgen war. Er wollte nicht, dass man das Feuer im Vorbeifahren sah, weil dann vielleicht jemand die Feuerwehr rief.

Nachdem er den Brenner ausgeladen hatte, stieg er wieder in den Transporter und holte den Ständer für den Ofen. Der Ständer war auch nicht schwer. Danach versuchte er, die Röhre an die Kante der Ladefläche zu ziehen, was anfangs wegen der Decke darunter ganz gut ging. Die Röhre war aus Eisenblech und wog gut 150 Kilo.

Die Nacht hatte sich noch nicht abgekühlt, sodass Daniel schnell zu schwitzen begann, auch die Handflächen. Als er den Ofen bis zur Kante der Ladefläche gezerrt hatte, sogar einen halben Meter darüber hinaus, schob er die Füße des Ständers darunter, um ihn als Hebel zu benutzen. Metall auf Metall, das musste funktionieren, wenn er die Schwerkraft nutzte und das Gewicht des Ofens Millimeter für Millimeter richtig einsetzte.

Sein Atem ging jetzt schnell, und sein Herz hämmerte gegen das Brustbein. Er hatte seine Armbanduhr abgelegt, und bald zog er auch das Hemd aus. Seine Arme fingen an wehzutun, die Arme und die Sehnen, wenn sich der Ständer in die Haut grub. Er hörte nur seinen Atem, der stoßweise ging, und das Schaben und Knirschen des Metalls. Er hörte auch das kurze Schnappen, jedesmal wenn die Röhre an einer der Schweißnähte hängen blieb. Als der Ofen kippte und abzurutschen drohte, stemmte er sich mit der Brust dagegen; sein Rückgrat knirschte. Er ging langsam in die Knie. Er dachte, die Adern in seinem Kopf würden platzen, brauchte eine halbe Ewigkeit, bis er das Scheißding ausgeladen hatte.

Das Licht im Wohnzimmer des roten Hauses erlosch. Nicole kam nicht heraus, um nach ihm zu sehen. Er war noch nicht müde, deswegen beschloss er, den Ofen gleich anzuschließen. Rohre, Frontplatte, Verbindungsstücke, Kabel und Schrauben, von allem hatte er genug mitgebracht. Es war wie ein Baukastensystem, genauso. Er brauchte nur drei große Schrauben, um die Platte anzubringen, danach den

Bogen, der zum Rohr führte, und schließlich das drehbare Rohr selbst, das ungefähr einen Meter lang war und die Wärme ableiten sollte.

Als Nächstes holte er den Brenner aus dem Karton, beflügelt von einem seltsamen Glücksgefühl. Die Kanister mit dem Dieselöl hatte er schon vorher bereitgestellt, vor dem Abendessen. Er sah, dass Ofen und Brenner mit einer Bajonettverschraubung verbunden werden mussten, für die er nicht das richtige Werkzeug dabeihatte. Im Werkzeugkasten fand er nur eine Rohrzange. Es dauerte eine ganze Weile, bis er mit ihr die komplette Drehung schaffte, die nötig war, um die Schrauben sicher zu befestigen. Der Rest war wieder einfach: Er schob den Schlauch für die Ölzuleitung des Brenners in den Kanister und den Stecker des Brenners in das Verlängerungskabel.

Ein gelbes Lämpchen zeigte an, dass der Brenner sich anwärmte. Es roch jetzt stark nach Öl. Die Einspritzpumpe sog Diesel aus dem Kanister und versuchte zu zünden. Stattdessen erlosch das gelbe Lämpchen, und ein anderes zeigte auf Störung. Daniel wartete. Vielleicht brauchte das Gerät noch mehr Zeit, um die Leitung mit dem Öl zu füllen, doch beim zweiten Versuch passierte dasselbe und beim dritten auch. Stattdessen spritzte das Öl an der Seite der Zuleitung heraus. Daniels Glücksgefühl erlosch wenige Sekunden nach dem gelben Lämpchen.

Er suchte sein Handy. Es lag vorn im Wagen, auf seinem Sitz. Er schaltete es ein und wählte die Mobilnummer von Max Lobeck, nicht die Festnetznummer, sonst ging noch seine Frau dran. Die Nummer erschien auf dem Display, dann verschwand sie wieder, genau wie vor dem Essen. Er stieg in den KIA, startete und fuhr runter vom Gelände der Anlage in Richtung Straße, bis zu der Stelle, wo er aus dem Funkloch raus war. Dort hielt er bei laufendem Motor und drückte auf Rufwiederholung. Lobeck meldete sich schnell, nach dem vierten Klingeln. »Der Brenner funktioniert nicht«, sagte Daniel.

Lobeck zeigte nicht das geringste Erstaunen, sagte auch nichts über die Uhrzeit; das gab in jedem Fall einen Pluspunkt. »Haben Sie ihm etwas Zeit gelassen?«, fragte er.

»Ja, ich hab's dreimal versucht. Das Öl spritzt an der Seite raus.«

»Das könnte an der Düse liegen«, sagte Lobeck nach kurzem Nachdenken.

Die Verbindung war nicht sehr gut; Daniel stellte den Motor ab, um ihn besser verstehen zu können. »Welche Düse?«

»Die Düse, die das Öl zerstäubt. Sie wissen, wo die sitzt?«

»Ja.«

»Die müssten Sie sich mal ansehen. Das ist keine große Sache, das können Sie selbst machen.«

»Und wenn die kaputt ist? Wo kriege ich auf die Schnelle eine neue her?«

»In jedem Heizungsladen, der GC-Produkte verkauft. Oder beim Großhandel. Wo sind Sie denn?«

»Ach, irgendwo in der Pampa«, sagte Daniel ausweichend. »Danke, Lobeck. Gute Nacht. Wenn ich noch Fragen habe, melde ich mich wieder.«

»Jederzeit, Chef. Gute Nacht.«

Daniel saß einen Moment still hinter dem Lenkrad und sah auf das flache Land hinaus, Felder und Wiesen im Mondschein, dunkelblauer Himmel und das Silber rund um den Mond. Alles friedlich, wie tot. Dann drückte er die Kurzwahl für Moritz. Auch Mo meldete sich so schnell, als hätte er auf seinen Anruf gewartet. Im Hintergrund herrschten Lärm, Gläserklirren, Gerede wie in einem Restaurant. »Mo, ich brauche deine Hilfe. Wann kannst du hier sein?«

»Was soll ich? Wo?« Moritz klang nicht mehr ganz nüchtern. »Wir sind gerade beim Griechen, Odysseus. Ich kann jetzt nicht gut reden.«

»Ist Monika bei dir?«

»Ja, die Moni ist hier und der Gerd und die Gisela. Mal ein gemütlicher Abend, der Babysitter ist bei den Kindern.«

Daniel schaute auf die Uhr; er hatte gedacht, es wäre schon viel später. »Pass auf, ich kriege den Ofen nicht allein aus dem Bulli. Das Teil ist zu schwer, und Nicole kennst du ja. Du musst herkommen und mir helfen.«

»Und wann?«

»Morgen Abend.«

Moritz jammerte noch etwas herum, von wegen Wochenende und Zeit mit der Familie, zu Hause Stress kriegen und so, und Daniel konnte sich schon Monikas Gesicht vorstellen, aber schließlich willigte Mo ein. Daniel guckte, ob sein Akku noch genug Saft für ein weiteres Gespräch hatte, dann rief er Sandra an. Während das Freizeichen erklang, freute er sich auf einmal darauf, ihre Stimme zu hören, jetzt hier in der Stille und mit dem Mondlicht, aber dann meldete sich nur die Mailbox: Hallo, hier ist die Sandra. Sag einfach, was du auf dem Herzen hast, und wenn's gut klingt, rufe ich dich zurück.

Das versetzte ihm einen Stich, direkt in den Magen hinein. Wo steckst du?! Ein heißer Feger wie Sandra ging um diese Zeit bestimmt noch nicht schlafen. Er bemühte sich, munter und gelassen zu klingen, als er sagte: »Hi, Sandy-Maus, hier ist Daniel. Du, ich ruf an, weil es eine kleine Planänderung gibt, alles verzögert sich etwas. Ich melde mich noch mal, um dir genauer zu sagen, wann du losfahren sollst. Schlaf gut und – du fehlst mir!«

Das war gut, er hatte nicht gefragt: Wo steckst du?, sondern ganz cool gesagt: Schlaf gut, und »fehlen« konnte schließlich alles bedeuten. Zufrieden legte er das Handy auf die Mittelkonsole, startete den Wagen wieder und fuhr zurück zur Anlage, wo jetzt nirgendwo mehr Licht brannte. Kurz überlegte er, ob er schnell noch den Brenner auseinandernehmen sollte, um zu gucken, was mit der Düse war. Aber das konnte er auch morgen früh machen; er wachte bestimmt vor Nicole auf. Er parkte den KIA wieder mit dem Heck zur Terrasse des grünen Hauses und ging dann zurück zum roten Haus.

In der Tür drehte er sich noch einmal um. Er versuchte sich vorzustellen, wie der Ofen aussah, wenn das Feuer darin brannte. Mehr nicht, damit er hinterher nicht enttäuscht war. Nur den Anblick der flackernden Flammen hinter dem Glas der Luke. Sein Herz schlug ganz hart, und der Mund wurde ihm trocken vor Aufregung.

In der Küche trank er noch einen Schluck Mineralwasser aus dem Kühlschrank. Das Geschirr stand gespült und abgetrocknet wieder im Schrank, und auch der Rest der Küche war blitzblank geputzt. Das sah Nicole überhaupt nicht ähnlich, sie war sonst ziemlich schlampig. Er schaute nach, in welchem Zimmer sie schlief, weil er dann das andere nehmen wollte, damit sie nicht auf dumme Gedanken kam.

Aber dann sah er im Lichtschein aus dem Flur das große Bett, und da lag sie auf der einen Seite ganz tief schlafend, nur das blonde Haar und ein Fuß schauten unter der Decke heraus. Auf der anderen Seite hatte sie eine Wasserflasche auf den Nachttisch gestellt und schon eine Ecke der Decke für ihn zurückgeschlagen wie im Hotel. Auf das Kopfkissen hatte sie zwei Gummibärchen gelegt, ein blaues und ein gelbes. Das war schon irgendwie süß. Vor dem Einschlafen dachte Dany aber lieber an Sandy.

31

Frühjahr 1996
Zwei Monate vorher

Sandra, die er Sandy nannte, hatte nichts mehr an außer einem Strumpf aus schwarzem Nylon und ihrem BH aus dunkelroter Spitze. Ihr Körper schimmerte bleich im Licht der Kerzen, der Bauch, die Schenkel, die Schultern. Eine Gänsehaut überzog ihre Arme. Sie war beim Friseur gewesen, ihr Haar war nicht mehr lang wie an dem Abend in der Bar, sondern bedeckte gerade noch die Ohren. Jetzt sah sie aus wie Debbie Harry, die Sängerin von Blondie. Das hatte er ihr nicht erlaubt.

In der Luft hing der Geruch von Moschus und heißem Wachs. Sandy stand vor ihm, die Scham vorgereckt; er konnte ihre Erregung riechen. Ihre Augen waren flaschengrün, stolz und ängstlich zugleich. Ihre Schamhaare hatten sich zu kleinen Löckchen geringelt, feucht an den Spitzen. »Dreh dich um«, befahl er. Der Anblick ihrer nackten Arschbacken machte ihn geil. Es war wie eine Schwäche, ein Flimmern in den Knien. »Du warst ein böses Mädchen«, sagte er. »Du weißt, was passiert, wenn du deinem Meister nicht gehorchst!«

»Dany –«

»Thor!«

»Ich habe so was noch nie gemacht.« Ihre Stimme war jetzt leise, schwankend, nicht mehr so selbstsicher wie an dem Abend in Bonn. »Ich dachte, wir – ich habe Hunger. Und mir ist kalt.«

»Du sprichst nur, wenn ich es dir erlaube«, fiel er ihr ins Wort. »Und du siehst mich nur an, wenn ich es dir erlaube! Du bekommst vielleicht zu essen, wenn du deine Lektion für heute gelernt hast. Vielleicht! Spreiz die Beine! Beug dich vor. Stütz dich auf der Liege ab.«

Sie gehorchte, beugte sich vor im Halbdunkel des Kellers. Ihr Arsch streckte sich ihm entgegen, die Blässe in der Mitte gekerbt und unten der kleine Busch, der die Möse einrahmte. Die Schamlippen glänzten rosig. Bald würden sie sich vor Schmerz zusammenziehen, öffnen und zusammenziehen wie eine Seeanemone.

Er fühlte sich benommen, wie betrunken, den Rohrstock in seiner Hand spürte er kaum. Der Stock war ein Teil von ihm, eine Verlängerung seines Arms, seines Schwanzes. Er war nicht nackt. Er trug eine Hose aus Flanell, sein Vater hatte so eine getragen, und ein weißes Hemd, das bis zum Kragen zugeknöpft war. Er hob den Stock wie ein Dirigent – einige Sekunden in der Luft, der Schwebe – und schlug dann zu, schnell und hart.

Sandy stieß einen überraschten Schrei aus. Sie richtete sich auf, fasste sich an den Arsch. Rieb die Stelle, wo sich ein roter Striemen zeigte. Das waren normale Reflexe, auch dass sie sich umdrehte, ihn ansah mit Tränen in den Augen.

»Nicht umdrehen!«, sagte er scharf. »Nicht bewegen! Ich will nichts hören, keinen Laut!« Nichts außer dem scharfen Klatschen, wenn der Stock dein Fleisch trifft, vielleicht deine Haut aufplatzen lässt. »Zieh jetzt den zweiten Strumpf aus.«

Sie bewegte sich noch ungeschickt, anfängerhaft, fast tapsig. Sie zog das Bein an, rollte den Nylonstrumpf herunter und ließ ihn auf den kleinen Haufen fallen, den ihre anderen Kleider neben der Liege bildeten. Er stellte sich vor, wie sie vor dem Kleiderschrank hin und her gegangen war; wie sie überlegt hatte, was ihm gefallen könnte, was ihn geil machen würde. Sie hatte ihm etwas vorgespielt, sich wagemutig und lasziv gegeben, experimentierfreudig. Sie hatte gelogen. Sie tat lauter Dinge, für die er sie bestrafen musste. Sie war ideal, noch unerfahren, aber lernwillig. Noch fürchtete sie den

Schmerz, doch er würde sie lehren, ihn zu lieben. Am Ende würde sie ihm verfallen – dem Schmerz und ihm, ihrem Meister, der ihn gewährte oder zurückhielt. Und immer mehr wollen.

Sie wandte ihm den Rücken zu, und jetzt überraschte er sie wieder, schlug ihr nicht auf den Arsch, sondern auf die Oberschenkel, wo es noch weher tat. Diesmal zuckte sie nur zusammen, trat schnell von einem Fuß auf den anderen. Drehte sich nicht um, beherrschte ihre Reflexe, gab keinen Laut von sich. Er hatte sich nicht getäuscht in ihr. »Willst du mir dienen und gehorsam sein?«, fragte er.

»Nein«, antwortete sie mit halb erstickter Stimme.

»Nein, Thor. Oder nein, Meister!«

»Nein, Meister.«

Der Schlag traf ihren Wurmfortsatz, da, wo die Arschspalte zwischen zwei schweißglänzenden Grübchen auslief. »Warum nicht?«

»Dafür ist es noch zu früh, Meister. Dafür bin ich noch nicht reif.«

»Willst du es dir verdienen? Willst du mir gehorchen?«

»Ja. Ja, Meister.«

»Willst du mir gehorsam folgen, wohin ich dich führe? Dahin, wo der Schmerz keine Qual mehr ist, sondern Licht?«

Ein kurzes Zögern, für das sie einen Schlag verdiente, von unten zwischen die Beine. Dort, wo ihre Schamlippen auf die im Feuer erhitzte glühende Sicherheitsnadel warteten, die ihr Gelübde besiegelte und ihre Lust verschloss, bis er sie wieder öffnete.

»Ja«, sagte sie. Senkte den Kopf und wartete. Alles, was jetzt kam, war besser als Sex, ja, besser als Sex. Er führte sie zu dem Stehpranger, den er extra für sie angeschafft hatte. Er nannte die Übung Göttliches Feuer, und er war gespannt, wie weit sie mit ihm gehen würde.

32

Einen halben Kilometer hinter der Tankstelle verließ der kleine Konvoi die B 213 und bog nach rechts ab. Sie fuhren jetzt auf einem von Schlaglöchern übersäten Weg durch ein Stück Wald, bis sie an den Maschendrahtzaun kamen. »Da ist es«, sagte Lothar Schmidt. Er saß auf der Rückbank hinter dem Fahrer und deutete auf das geschlossene Tor in dem Zaun. An dem Tor hing ein Schild: Segelklub. Privatbesitz. Parken verboten! Eine Telefonnummer fehlte. Rechts und links von einem lehmverklebten Halteverbotsschild führte der Zaun, der an einer Stelle eingerissen war, um ein flaches Klubgebäude herum und verschwand dann zwischen den Bäumen. Ein Segelflugzeug schwebte lautlos hoch über den Kronen der Bäume am diesigen Himmel.

Larsen stieg aus und gab den Technikern in den Fahrzeugen hinter ihnen ein Zeichen, damit jemand mit einer Zange kam und das Schloss an dem Tor aufbrach. Danach fuhren sie weiter auf dem matschigen Weg, der direkt am Baggersee endete. Der See war nicht viel breiter als ein Fußballfeld und ungefähr einen halben Kilometer lang. Ein Streifen Brachland trennte ihn von den Bäumen und dem Rollfeld der Segelflugzeuge.

»Ist das der See?«, fragte Larsen.

»Es war dunkel, und überall lag Schnee«, sagte Schmidt. »Aber das ist er ganz bestimmt.«

»Wenn ich meine Taucher jetzt da reinschicke, finden sie die Leiche von Herrn Khan?«

Schmidt nickte. »Ja, wenn die Fische sie nicht aufgefressen haben.«

»Wie weit vom Ufer entfernt?«

»Ziemlich genau in der Mitte.«

»Wie tief ist es da?«

»Keine Ahnung. Dany hat was von dreißig Metern gesagt.«

Larsen nickte den Tauchern in dem Mannschaftswagen zu. Die Taucher stiegen aus, zogen ihre Neoprenanzüge an und schnallten die Sauerstoffflaschen um. »Braucht ihr kein Boot?«, fragte Larsen.

»Erst mal gucken, wie's da unten aussieht«, sagte der Einsatzleiter. »Wir teilen den See in Felder ein und kennzeichnen sie mit Bojen, damit wir hinterher sagen können, wo genau wir die Leiche gefunden haben. Falls es da unten starken Bewuchs gibt, kann es sein, dass wir mehrmals runtermüssen, um zu suchen.«

Langsam gingen die vier Taucher in ihren schwarzen Anzügen in den See hinein. Schon nach einem Meter verloren sie den Grund unter den Füßen und mussten schwimmen. Fünfundzwanzig Meter vom Ufer entfernt platzierten sie die erste Boje, fünfundzwanzig Meter weiter die zweite und noch mal fünfundzwanzig Meter in derselben Linie die dritte. Die nächsten Bojen wurden im selben Abstand rechts und links von dieser Linie angebracht, sodass sich deutlich sichtbare Planquadrate ergaben.

Larsen blickte auf seine Armbanduhr. Es war halb elf morgens. Von dem Bundeswehrübungsgelände hinter dem Waldgürtel drang das Knattern eines Maschinengewehrs herüber, drei kurze Salven. Das Segelflugzeug zog einen großen Kreis über dem See und drehte dann ab. Nach ein paar Minuten waren von den Tauchern nur noch die Köpfe zu sehen, die verschwanden, als sie die Mitte des Sees erreicht hatten. »Wer hatte die Idee, Herrn Khan hier zu versenken?«, fragte Larsen. »War das Herr Becker oder Herr Vogel?«

»Der Dany«, antwortete Schmidt. »Eigentlich komisch, dass er ihn nicht verbrannt hat, wo er doch so ein Feuerfreak ist.«

Larsen verspürte einen kleinen Stoß in der Brust, als hätte jemand mit der Fingerspitze gegen sein Herz geschnippt. »Was heißt das – Feuerfreak?«, fragte er.

»Da steht er total drauf, wenn Sachen verbrennen«, meinte Schmidt. »Manchmal hat er sich in Filmen immer wieder dieselben Stellen angeguckt, wo irgendwas von Flammen aufgefressen wird, ein Hochhaus oder eine ganze Stadt. Oder so alte Ritterfilme, wo Menschen auf Scheiterhaufen verbrannt werden, Hexen oder Märtyrer. Er sah dann aus wie ein Kind, das Ameisen verbrennt, nicht richtig grausam, mehr neugierig.«

Filme mit brennenden Kindern, die aus Häusern stürzen.

Larsen spürte, wie das Fingerschnipsen aufhörte, keine kleinen Schläge gegen sein Herz mehr, aber nur weil er für Sekunden auch kein Herz mehr hatte. Er sah auf den See hinaus, in dessen Mitte Blasen aus dem Wasser stiegen. »Wie gut kennen Sie Grit Weichsel«, fragte er, »die ursprüngliche Begünstigte aus Robert Kosinskis Lebensversicherung?«

»Die Nicole?« Schmidt schnaubte wie ein Pony. Er schob die Hände in die Taschen seiner Jeansjacke. Sein Gesicht war blass, und die kurzen Haare schienen sich im kalten Wind zu sträuben. »Also, ich hatte nie was mit der. Ich hab sie auch nicht in ihrem Puff besucht. Obwohl die mit jedem vögelt.«

»Aber Sie sind ihr doch bestimmt gelegentlich begegnet und haben sich ein Bild von ihr gemacht.«

Schmidt antwortet nicht sofort. Schließlich sagte er: »Na ja, die ist nicht ganz dicht. Hat ein paar Schrauben locker.« Er bewegte die flache Hand schnell vor der Stirn hin und her. »Ballaballa, wenn Sie verstehen. Nicht nur, weil sie säuft und kokst, auch sonst. Ich hab nie verstanden, was die von ihr wollten, Dany und Mo. Das ist so eine, die überhaupt nicht klarkommt, mit nichts. Einmal hat sie versucht, sich umzubringen, obwohl sie ein Kind hat.«

Plötzlich sah Larsen das Bild auf dem Nachttisch vor sich; das kleine Farbfoto von Grit Weichsel und einem blonden Mädchen in dem Zimmer, das sie bei ihrer Mutter bewohnte. Beide blickten ernst in die Kamera, ohne Fröhlichkeit, ohne Erwartungen, so schien es.

»Ich wette, die macht das auch eines Tages«, redete Schmidt weiter, »springt irgendwo runter oder so. Die ist total verknallt in Dany. Und in Mo. In beide. Aber die wollen nichts von ihr, schon gar nicht mehr jetzt, nach der Sache mit dem Robert. Unerwiderte Liebe, was für ein Scheiß!«

»Wie alt ist das Kind?«, fragte Larsen.

»Die Melanie? Sieben, glaube ich.«

»Wo ist Melanie jetzt? Bei ihr haben wir sie nicht gesehen.«

Schmidt zuckte mit den Schultern. »Keine Ahnung. Weiß die Nicole wahrscheinlich selbst nicht. Alles, was die interessiert, sind Männer, Koks und Wodka. Und dann noch Karten, Spielkarten. Da ist die auch richtig gut drin – Männer und Kartenspiele.«

»Und in der Arbeit?«, fragte Larsen. »Hat sie auch SM angeboten?«

»Sie meinen so Sex mit Foltern und so was? Davon weiß ich nichts. Das müssen Sie sie selbst fragen. Aber die lässt bestimmt alles mit sich machen. Der Dany redet manchmal davon, dass er das geil findet, wenn er andere erniedrigen und quälen kann, aber mich interessiert das nicht. Mo auch nicht.«

»Dann wissen Sie auch nicht, ob Herr Kosinski sich vielleicht für so etwas interessiert hat?«, hakte Larsen nach.

»Der Robert?« Schmidt gab wieder sein Pony-Schnauben von sich. »Das glaube ich nicht. Nie. So einer war das nicht. Wenn der Träume hatte, dann nicht von hartem Sex, sondern von einem Dutzend Cuba Libre in der Sonne.«

»Ich frage das, weil wir in Kosinskis Wohnung einen Koffer mit SM-Utensilien gefunden haben. Ich frage mich, was der da zu suchen hatte, wenn Herr Kosinski nicht auf so etwas stand.«

»Ach, der gehört bestimmt dem Dany. Den hat der da stehen lassen, weil das ja seine Wohnung ist. Also, die seiner Frau, der Susanne gehört ja alles. Robert hatte sie nur von Dany gemietet, mit den ganzen Möbeln.«

Noch ein Puzzlesteinchen, das seinen Platz fand, dachte Larsen. »Wissen Sie denn etwas von einem anderen Koffer, einem gestohlenen Koffer mit Geld? Geld, das Nicole bei sich zu Hause aufbewahrt hat?«

»Nein. Echt jetzt? Ich habe mal was von einem Gewinn beim Pokern gehört, den die Nicole in Hamburg gemacht hat. Richtig viel Asche, so an die zweihunderttausend. Da müssen Sie aber den Dany fragen, der weiß das, der war dabei. Mo und Robert auch. Robert hat an dem Abend ziemlich viel verloren. Hey, da passiert was!«

Einer der Froschmänner erschien an der Wasseroberfläche, blickte zum Ufer und hob den Daumen. Larsen blickte zu dem ein paar Schritte entfernt stehenden Einsatzleiter hinüber. Der Einsatzleiter hielt ein Funkgerät in der Hand; Kopfhörermuscheln bedeckten seine Ohren. »Wie sieht es da unten aus?«, wollte er wissen. Er lauschte konzentriert, die Augen schmal in der durchbrechenden Aprilsonne. »Okay, wir nehmen den ganzen Fundort mit Folie auf.« Er sah Larsen an und nickte. »Scheint so, als wäre da was.«

Der Taucher schwamm aufs Ufer zu. Der Einsatzleiter holte eine große Rolle Plastikfolie aus dem Mannschaftswagen. Der Taucher nahm die Rolle entgegen und schwamm damit zurück in die Mitte des Sees, wo er mit der Folie im Wasser verschwand.

Larsen fragte: »Was genau ist da unten?«

»Eine skelettierte Leiche, Rückenlage, von der Hüfte abwärts in Tuch gehüllt«, berichtete der Einsatzleiter. »Außerhalb des Tuchs fünf oder sechs große Kalksandsteine, zwei oder drei auch innerhalb des Tuchs. Anscheinend sind die Steine durch Schnüre miteinander verbunden, die auch um das Tuch führen. Einer der Steine liegt auf dem Rumpf der Leiche, ein anderer auf dem Kopf.«

Schmidt presste die Lippen zusammen und zog die Schulter hoch. Er zitterte, aber es war eine andere, längst vergangene Kälte, die ihn zittern ließ.

»Wir nehmen alles mit der Folie auf«, erklärte der Einsatzleiter. »Sie wird unter der Leiche, dem Tuch, den Schnüren und den Steinen durchgezogen, damit wir das Ganze möglichst in einem Zug nach oben bringen können. Danach suchen wir noch mal sorgfältig den Grund rings um die Stelle ab.« Er lauschte eine Sekunde und sprach in das Funkgerät. »Was? Dann bringt beides separat hoch.« Sein Blick kehrte zu Larsen zurück. »Der Kopf hat sich gelöst. Und der Unterkiefer ist abgefallen.«

Er hatte gerade ausgesprochen, da geriet das Wasser neuerlich in Bewegung. Einer nach dem anderen tauchten die vier Köpfe der Froschmänner auf und bewegten sich auf das Ufer zu. Sie schwammen rückwärts, paddelten mit den Füßen, kamen langsam näher. Drei von ihnen schienen etwas zu ziehen, das wie eine in nasses Tuch gehüllte Mumie aussah. Der vierte kraulte in Seitenlage und hielt mit einer Hand einen Totenschädel ohne Unterkiefer hoch.

Ein paar Schritte vor dem Ufer hatten die Taucher festen Grund unter den Füßen und hielten die Folie mit der kopflosen Mumie wie ein Sprungtuch zwischen sich, das sie auf den Boden legten, sobald sie das Wasser verlassen hatten.

Ein Körper, schmal und klein, triefend vor Wasser; Taucher, die ihn an Land trugen.

Larsen spürte einen Froststoß in der Brust, der ihm den Atem stocken ließ. Sein Rücken schien zu brennen, wo sich die Haut kalt zusammenzog. Niemand hat Schuld, dachte er. Das hatte er immer wieder zu Hanna gesagt: niemand hat Schuld. Aber Hanna sagte, doch, wir haben sie getötet. In den Momenten, in denen sie nicht glaubte, dass Ellie noch lebte, sagte sie: Wir sind schuld.

Und später: Du bist schuld.

Der in nasses schwarzes Tuch gehüllte Körper auf der Folie war mit einer hellblauen Wäscheleine verschnürt. Eine zweite Kordel verband die Kalksandsteine mit dem Skelett, das schmal und zart wirkte, kaum größer als das eines Kindes. Die Knochen hatten sich durch das lange Liegen im Wasser schwärzlich verfärbt. Schlamm verklebte die Augenhöhlen. Der vierte Taucher legte den Schädel dazu, aber nicht ans obere Ende der Wirbelsäule, sondern neben die rechte Hüfte, als hätte der Tote ihn zu Lebzeiten unter dem Arm getragen. Dann ging er noch einmal ins Wasser, um den Unterkiefer zu holen.

Die anderen Männer streiften die Sauerstoffflaschen ab, bevor sie aus ihren Neoprenanzügen stiegen. Der Einsatzleiter hielt jetzt statt des Funkgeräts ein Mobiltelefon in der Hand. »Wollen Sie sich die Leiche noch ansehen, bevor ich sie abtransportieren lasse?«, erkundigte er sich.

»Ja«, sagte Larsen. »Haben Sie einen Fotoapparat dabei?«

»Im Wagen liegt einer.«

»Dann holen Sie ihn und machen Sie Fotos von der Plane, der Art der Verschnürung und dem Zustand der Leiche. Ich möchte das alles hier dokumentiert sehen.« Er wollte der Rechtsmedizin nicht vorgreifen, hatte aber auch nicht die Geduld, zu warten, bis man in Oldenburg an die Arbeit ging.

»Also gut, machen wir die Verpackung mal ab.« Der Einsatzleiter holte eine Schere, die aussah, als könnte man damit Geflügel zerteilen, und schnitt die blaue Wäscheleine durch, dann die schwarze Kordel. Einer der Taucher machte ein Foto.

Das nasse Tuch rutschte von den Knochen des Toten, die aus der gut erhaltenen Jacke und der nur noch in Fetzen erhaltenen Jeanshose ragten. Ein Ledergürtel mit einer Messingschließe hielt die Hose, die für das Skelett zu weit geworden war. Einer der Füße steckte noch in einem moosbefallenen Turnschuh, die Knochen des anderen spreizten sich nackt im kalten Wind. Der Taucher machte das nächste Foto.

»Sollen wir auch in den Taschen nachsehen?«

Larsen nickte, und einer der Männer fischte mehrere Münzen aus der rechten Hosentasche, insgesamt fünf Mark und sieben grünschimmelige Kupferpfennige. In der anderen Tasche steckte ein Schlüsselbund mit drei BKS-Schlüsseln. Beim Rausholen verfing sich der Anhänger im nassen Stoff, die Tasche zerriss. Der Taucher fotografierte. »Was bedeutet die Prägung da auf dem Anhänger?«, fragte Larsen.

»Taekwando Championship Seoul Korea 1968«, las der Mann vor. »Hat ihm nicht viel genutzt. Muss ein Kinderwettkampf gewesen sein.«

»Davon ein Foto machen, bitte.«

»Ich habe ein Bestattungsunternehmen gerufen«, bemerkte der Einsatzleiter. »Wohin sollen sie die Leiche bringen?«

»Nach Oldenburg, in die Gerichtsmedizin«, ordnete Larsen an. Er sah zu, wie die Männer eine Kunststoffwanne aus dem Wagen holten, die Leiche mitsamt Steinen, Schnüren und allen Habseligkeiten auf der Folie anhoben und in die Wanne legten. Dann sagte er: »Fahren wir zurück.«

Der Mechaniker ging ein paar Schritte hinter ihm, als fiele es ihm schwer, sich von dem Leichnam zu trennen. »Er wollte ja sterben«, erklärte er, »der Radscha.«

Larsen blieb stehen. »Wie kommen Sie darauf?«

»Dany hat das gesagt. Damals. Er hat gesagt, der Paki ist

den ganzen Weg vom Hindukusch bis nach Deutschland gekommen, weil er hier sterben wollte. Das hätte er gespürt – Dany, meine ich.«

»Hat er das bei Robert Kosinski auch gesagt?«

Schmidt schüttelte den Kopf. »Robert wollte ja nicht sterben. Er wollte nur für tot erklärt werden, um seine Ruhe zu haben.«

»Wie sollte das gehen?«, fragte Larsen überrascht.

»Er hat gesagt, er bekäme bald viel Geld, damit könnte er sich einen neuen Pass kaufen, in dem dann ein anderer Name und ein falsches Geburtsdatum stehen würden. Damit könnte er sich weit weg von Deutschland zur Ruhe setzen, irgendwo in der Sonne.«

Larsen sagte nichts. Wartete, ob noch etwas kam.

»Er wollte bei einem Badeunfall sterben«, fuhr Schmidt fort, »natürlich nur zum Schein. Es sollte so aussehen, als wäre er beim Tauchen im Schwarzen Meer ertrunken, untergegangen mit dem Boot und von der Strömung weggetrieben, irgendwo vor der bulgarischen Küste. Er hatte sich das genau ausgetüftelt, hat irgendwas mit so einem Gesetz zu tun, wonach man für tot erklärt wird –«

»Das Verschollenheitsgesetz«, sagte Larsen.

»Oder so, genau«, meinte Schmidt. »Also, wenn du normal verschwindest, spurlos natürlich, dann dauert das wohl zehn Jahre, bis man dich für tot erklärt und du an deine Lebensversicherung rankannst. Aber wenn du mit 'nem Schiff absäufst, passiert das schon nach sechs Monaten. Is'n Ding, was?«

»Und was für eins«, bestätigte Larsen. »Wusste sonst noch jemand von diesem Plan?«

»Nur ich und die Leute, die ihm die falschen Papiere besorgen sollten. Und Dany, weil der ja das Geld in Empfang nehmen musste.«

Larsen versuchte, diese neue Information einzuordnen.

»Wissen Sie, wer diese Leute sind – die mit den falschen Papieren?«

»Nein.«

»Warum erzählen Sie mir das erst jetzt?«

»Ich dachte nicht, dass der Tod so endgültig ist«, sagte der Mechaniker. Larsen schüttelte den Kopf. Nirgendwo geht es so zu wie auf der Welt, dachte er.

33

Daniel Becker und Moritz Vogel kamen zu spät. Schnösel, dachte Larsen. Oberkommissar Olaf Sundermann und er warteten schon über eine Viertelstunde vor dem verschlossenen Eisentor der Halle, in der sich Büro und Lager der ComTec befanden. Er spürte, wie er nah daran war, die Geduld zu verlieren, und dachte, ich muss meine Gefühle im Griff behalten. Cool bleiben.

Becker und Vogel waren Verdächtige in einem Mordfall; er durfte nicht zulassen, dass irgendetwas seinen Blick trübte. Es gab weder gut noch böse, keine Sympathie und keine Antipathie – nur Fakten. Die Tatsachen sprechen lassen, die Motive analysieren, ohne Wut, ohne Abscheu. Spekulieren ja, vielleicht vermuten, das Wahrscheinliche vom Unwahrscheinlichen trennen.

Die Lagerhalle der ComTec lag an einer Straße, die gesäumt war von anderen Hallen, die genauso aussahen, mit riesigen Parkplätzen und Rampen zum Be- und Entladen anfahrender Lastwagen. Es gab keine Fußgänger auf den Gehwegen und auch keine Bäume oder Grünflächen. Zwischen den Großmärkten – Lidl, Metro, Aldi – erstreckten sich die Blechwüsten von Gebrauchtwagenhändlern neben Tankstellen und Reparaturwerkstätten wie Böhlich & Söhne auf der gegenüberliegenden Straßenseite. Hinter den Hallen verliefen die Eisenbahngleise, und noch weiter entfernt führte die Bundesstraße zum Bremer Kreuz.

»Ob die den Termin vergessen haben?«, fragte Sundermann.

»Sie kommen immer zu spät«, meinte Larsen. »Alle, die wir befragt haben, sagen das aus. Das sind ihre kleinen Machtspielchen.«

Es war wieder ein kalter Tag, und der Nebel hielt sich lange zwischen den Hallen und den geparkten Autos. Wo der Dunst sich aufgelöst hatte, war die Luft klar; man konnte die Risse im Asphalt sehen und das Unkraut, das an den Rändern der Parkplätze wuchs. »Könnte noch mal richtig schneien dieses Jahr«, sagte Larsen.

»Sehnen Sie sich nach Arizona zurück?«, fragte Sundermann.

»New Mexico«, korrigierte Larsen. Dann sagte er: »Wenn wir hier fertig sind, müssen wir noch mal die Frau des Opfers überprüfen, Britta Kosinski. Ist sie schon aus dem Urlaub zurück, oder wann kommt sie? Wo ist sie jetzt, und ist sie da wirklich schon zur Tatzeit gewesen? Wie groß ist die Entfernung zwischen ihrem Urlaubsort und dem Tatort? Kann man die Kinder abends ins Bett bringen, nachts hin und her fahren und morgens zurück sein, wenn sie aufwachen?«

»Okay«, sagte Sundermann.

»Und Gisela Horvat, die Geliebte. Sobald ihr Ehemann wieder da ist, müssen wir uns seinen Pass anschauen, Ein- und Ausreisestempel und so weiter. War er am 5. April wirklich bei seiner Familie in Zagreb oder wo auch immer?«

»Alles klar«, sagte Sundermann.

»Aber vor allem Andrea Rossi, die Ex-Freundin von Daniel Becker: Wo lebt sie jetzt? Wo wohnen ihre Eltern, falls sie noch leben? Heißt sie noch immer Rossi, oder hat sie vielleicht geheiratet und jetzt einen anderen Namen?«

»Wird gemacht«, sagte Sundermann.

Die Halle, vor der sie standen, hatte Betonmauern und ein flaches Dach wie fast alle hier im Gewerbegebiet. Im Erdgeschoss nahm ein breites, mit grauer Rostschutzfarbe gestrichenes Metalltor einen großen Teil der Front ein. Darüber verlief eine Reihe kleiner, runder Milchglasfenster. Links vom Tor befand sich eine dunkelrote Stahltür, neben der ein schlichtes Schild mit den gestanzten Worten ComTec Becker + Vogel GmbH an die Mauer geschraubt war. Vor der Halle erstreckte sich ein betonierter Parkplatz, auf dem jetzt nur das Zivilfahrzeug der Mordkommission stand. Auf der anderen Seite stieß der Platz an die Rückseite eines Möbelhauses; ein gut zwei Meter hoher Maschendrahtzaun trennte ihn von einem Fabrikgelände, das düster und verlassen wirkte. Hinter dem Zaun stapelten sich Betonröhren, auf denen eine verirrte Silbermöwe ihr Gefieder spreizte.

Sundermann deutete zur Straße und sagte: »Das könnten sie sein, oder nicht?«

Ein silbermetallic lackierter, funkelnagelneu wirkender Mercedes 500 SL bog von der Straße in die Einfahrt und hielt hinter dem Dienst-VW der Bremer Polizei. Listenpreis circa 220 000 Mark, dachte Larsen, mit Extras mehr. Die Fahrertür ging auf, und Daniel Becker stieg aus, auf der anderen Seite gefolgt von einem ebenso jungen Mann, bei dem es sich um Moritz Vogel, Co-Geschäftsführer von ComTec, handeln musste.

Schnösel, dachte Larsen, erneut gegen seinen Willen.

»Entschuldigen Sie bitte die Verspätung, der Verkehr!«, sagte Becker, während er lächelnd und mit ausgestreckter Hand auf die wartenden Kommissare zuging. Larsen dachte, wenn John Travolta jetzt sein Sakko wegschleudert und zu tanzen anfängt, haue ich ihm eine rein.

Travoltas Partner – Moritz Vogel, sechsundzwanzig – wirkte, als wäre er gerade erst von der Schule abgegangen und stünde nun davor, sich an einer Privatuniversität fürs BWL-Studium zu immatrikulieren. Er war schlank, ohne drahtig zu sein; die Schultern hatten erkennbar nie schwer getragen. Das rote Haar, mehr Rost als Kupfer, war sorgfältig geschnitten, nicht zu lang, nicht zu kurz; früher hatte man das eine Popper-Frisur genannt. Seine Haut, ordentlich mit Sommersprossen gewürzt, war faltenlos, und die grauen Augen kultivierten einen Blick, der zu offen war, um unschuldig sein zu können. Er trug einen dunkelblauen Anzug, wie es sich für einen jungen Mann gehörte, der mit Geld zu tun hatte, vor allem wenn es nicht das eigene war, dazu ein knitterfreies weißes Hemd und einen ebenfalls dunkelblauen Schlips. Die einzige Extravaganz bestand in bordeauxroten Loafers mit Quastenbommeln, das Leder so faltenlos wie das Gesicht.

Ein Spielzeugbanker, dachte Larsen, gefühlsecht, in Lebensgröße und komplett mit einer angedeuteten, durch und durch mechanisch wirkenden Verbeugung, als er sich vorstellte, »Moritz Vogel«.

Schnösel, dachte Larsen, obwohl er es wirklich nicht wollte. Aber die beiden waren ihm einfach zu selbstsicher. Woher nehmen die das? Dann dachte er: Das kann ich auch. Das kann ich sogar besser.

»Warten Sie schon lange?«, erkundigte sich Vogel, ehe er, ohne die Antwort abzuwarten, fortfuhr: »Ich musste mir extra bei meiner Arbeitsstelle freinehmen.« Er wirkte etwas beleidigt, als wäre es eine Zumutung, von der Polizei in die Untersuchung des Mordes an einem Geschäftspartner hineingezogen zu werden. »Ich weiß wirklich nicht, warum Sie unsere Firmenräume sehen müssen.«

»Reine Routine«, sagte Sundermann. »Dauert nicht lange.«

»Dann wollen wir mal«, sagte Becker munter und ging auf das Eisentor in der Hallenfront zu. Er griff in die Tasche, um den Schlüssel herauszuholen, aber die Hand kam nicht wieder zum Vorschein. Er verharrte und runzelte die Stirn, dann sah er seinen Partner an. »Hast du den Schlüssel?«

Vogel schüttelte den Kopf. »Ich dachte, du hast ihn.«

»Dachte ich auch, aber ich habe ihn nicht.«

»Ich habe meinen zu Hause gelassen.«

»Und meiner ist im Büro.«

»Wo ist denn Ihr Büro?«, erkundigte sich Larsen.

»Da oben, in der Halle.« Becker deutete auf die kleinen Fenster in Höhe des ersten Stocks. »Wäre es sehr schlimm, wenn wir die Lagerbesichtigung auf ein anderes Mal verschieben? Wenn ich jetzt erst in die Firma meiner Frau fahre und den Ersatzschlüssel hole, am Freitagnachmittag –«

Larsen hatte das Gefühl, einer Inszenierung beizuwohnen, ohne sagen zu können, welchem Zweck sie dienen sollte. Wenn ihr es so spielen wollt, gut, dachte er; mit Zeit kenne ich mich besser aus als ihr. »Wir können nächste Woche wiederkommen«, sagte er gelassen. »Um Ihre Firma geht es uns im Moment auch nur am Rande. In erster Linie haben wir noch ein paar Fragen zum Tod Ihres Partners, Robert Kosinski.«

»Wussten Sie, dass Herr Kosinski einen Versicherungsbetrug plante?«, fragte Sundermann.

Weder Becker noch Vogel zeigten irgendeine Reaktion, als hätten sie sich sorgfältig auf den Moment vorbereitet, in dem sie genau diese Nachricht erhielten: kein Stirnrunzeln, kein Wimpernzucken, kein Laut der Überraschung. Stattdessen sagte Becker: »Also doch. Ich hatte fast schon so etwas geahnt.«

»Herr Kosinski«, fuhr Sundermann fort, »wollte seinen Tod vortäuschen und die Versicherungssumme von zweieinhalb Millionen mit dem Begünstigten teilen, um sich irgendwo in der Karibik hinter einer neuen Identität vor den deutschen Behörden zu verstecken.«

»Das ist mir neu«, sagte Becker mit einer genau abgemessenen Dosis Erstaunen in der Stimme. »Immerhin bin ich dieser Begünstigte. Aber wenn das stimmt, wäre es ja wohl der Hammer, oder?! Die Police sollte doch als Sicherheit für seine Beteiligung an der ComTec dienen. Von wem haben Sie denn diese Information?«

Diese Schnösel sind so eiskalt, dass sie nicht einmal frieren, dachte Larsen. Die Kälte begann ihm zuzusetzen, denn der Wind, der den letzten Nebel vertrieb, war feucht.

»Wann haben Sie Herrn Kosinski eigentlich kennengelernt?«

»Vor ungefähr zwei Jahren. Aber genau genommen war es Nicole, Frau Weichsel, die ihn kennengelernt hat. Im Spielcasino. Sie hat uns dann miteinander bekannt gemacht.«

»Sie hat damals als Prostituierte für Sie gearbeitet?«

Beckers Augenbrauen zogen sich zusammen. »Wie kommen Sie denn darauf?«

»Keine Sorge, das interessiert uns nicht. Dass sie als Prostituierte arbeitet, hat Frau Weichsel uns selbst erzählt. War sie dort auf Männerfang, im Casino?«

»Nein, sie spielt einfach gern. Weil sie da manchmal Glück hat. Nicole hat sonst nicht viel Glück. Aber beim Roulette oder am Spieltisch fliegt es ihr einfach so zu.«

»Mit welchem Geld hat sie denn da gespielt?«

»Ich habe ihr am Anfang ein paar Chips gekauft, das stimmt. Später hat sie sich dann revanchiert, indem sie uns das Startkapital für unsere neue Firma gegeben hat.«

»Für ComTec?«

»Ja.«

»Geld, das sie im Casino gewonnen hat?«, fragte Sundermann.

»Nein. Gewonnen hat sie es, aber nicht beim Roulette.

Warum wollen Sie das denn alles so genau wissen? Das hat doch nichts mit Roberts Tod zu tun.«

»Wie viel Geld hat Frau Weichsel denn in Ihre Firma gesteckt?«, insistierte Larsen.

Becker blinzelte, dann seufzte er. »Sie hat 200 000 Mark beim Pokern gewonnen und mir als Darlehen zur Verfügung gestellt.«

Zweihunderttausend, dachte Larsen – genau die Summe, die sich in dem Koffer unter ihrem Bett befunden hatte, der dann angeblich gestohlen wurde.

»Wo fand dieses Pokerspiel statt?«

»In einem Hotel in Hamburg.«

»Wer hat sonst noch daran teilgenommen?«

»Robert und ich. Die anderen kannte ich nicht. Bei solchen Runden fragt man sich gegenseitig nicht nach den Namen. Das läuft über Empfehlungen.«

»An nur einem Abend hat Frau Weichsel also die ganzen 200 000 Mark gewonnen?«

»Ja.«

»Und wer hat sie verloren? Sie doch wohl nicht, oder?«

»Ich bin mit plus/minus null rausgegangen.«

»Und Herr Kosinski?«

»Der hat einiges verloren.«

»Einiges heißt?«

»Um die fünfzigtausend. Aber Grit hat ihm versprochen, ihm seinen Verlust zu ersetzen, aus ihrem Gewinn.«

Der aber mitsamt dem Koffer gestohlen wurde, bevor es dazu kommen konnte, dachte Larsen und sah ein weiteres Puzzlesteinchen an seinen Platz im Bild rutschen. »Sie meinen den Gewinn, den sie in einem Koffer unter ihrem Bett aufbewahrt hat, wo er dann ganz plötzlich verschwunden ist, weil in der Nacht ein Dieb durch das offene Fenster eingestiegen und mit dem Koffer samt Inhalt mir nichts, dir nichts verschwunden ist?«

Beckers Augen wurden schmal, und plötzlich hatte er nicht mehr viel mit John Travolta gemeinsam. »Woher wissen Sie denn davon?«

»Wir haben unsere Quellen«, sagte Larsen.

»Ach, das kann ja nur Nicoles Mutter sein«, seufzte der junge Mann. »Ihnen kann ich ja die Wahrheit sagen, jetzt, wo Robert nicht mehr lebt. Der Diebstahl war eine Erfindung, eine Art Notlüge, damit Nicole Robert sein Geld nicht zurückgeben musste, nicht sofort jedenfalls. Also, später, wenn die Firma profitabel geworden wäre, hätten wir ihm den Verlust natürlich erstattet – obwohl er die fünfzigtausend ja eigentlich verloren hatte, nicht? Aber zu dem Zeitpunkt benötigten wir die gesamte Summe als Startkapital für ComTec. Wir wussten, dass Nicoles Mutter keine Ruhe gegeben hätte, deswegen hat Nicole den Dieb erfunden, auch Robert gegenüber.«

»Offenbar kannten Sie und Herr Kosinski sich da schon gut genug, um ihm den Einstieg in Ihr neu gegründetes Unternehmen schmackhaft zu machen«, konstatierte Larsen.

»Wir fingen an, uns sympathisch zu werden«, sprang Moritz Vogel seinem Partner bei.

»Für uns sieht es nämlich so aus, als hätten Sie Frau Weichsel gezielt losgeschickt, damit sie im Casino einen dicken Fisch an Land zieht«, warf Sundermann ein. »Und als Sie feststellten, dass der Fisch gar nicht so dick war, haben Sie einen anderen Weg gesucht und gefunden, um sich trotzdem an ihm zu bereichern.«

»So war es nicht«, sagte Becker. »Es ging uns wirtschaftlich eine Zeit lang nicht besonders gut, das ist richtig. Einige unserer geschäftlichen Unternehmungen hatten leider nicht den gewünschten Erfolg. Aber wir haben unser Lehrgeld bezahlt, und jetzt sind wir auf dem richtigen Weg. Da hinter uns in der Halle lagern PCs und Laptops im Wert von über einer Million Mark, die nur noch ausgeliefert werden müssen. Wir können Frau Weichsel wahrscheinlich schon in wenigen Wochen das Darlehen zurückzahlen.«

»Und das Darlehen, das Sie von Herrn Kosinski erhalten haben? Laut Darlehensvertrag immerhin eine Million Mark.«

Becker schüttelte den Kopf. »Leider ist er vor seinem Tod nicht mehr dazu gekommen, die Summe an uns zu überweisen, wie Sie vermutlich herausfinden werden, wenn Sie sich mit seiner Bank in Verbindung setzen.«

»Bisher haben wir uns nur mit der Union Leben in Verbindung gesetzt«, sagte Larsen, »und dort hat man uns gesagt, dass Sie sich bereits danach erkundigt haben, wann die Versicherungssumme zur Auszahlung kommt und ob dann auch wirklich Sie der Empfänger sind.«

»Das stimmt. Und?«

»Mich überrascht vor allem der Zeitpunkt«, fuhr Larsen fort. »Laut Auskunft des Sachbearbeiters erfolgte Ihr Anruf am Morgen des 6. April. Da konnten Sie noch gar nicht wissen, dass der Versicherungsfall schon eingetreten war, weil Robert Kosinski seit dem vorangegangenen Abend nicht mehr lebte.«

»Zufall«, sagte Becker. »Ich wollte nur sichergehen, dass alles immer noch seine Richtigkeit hat, bevor wir den Vertrag mit Robert definitiv abschließen.«

»Hatten Sie Angst, Herr Kosinski könnte es sich in letzter Sekunde anders überlegt haben, ohne dass er Sie darüber informiert hätte?«, fragte Sundermann.

Becker strafte ihn mit einem herablassenden Lächeln der schmalen Lippen. »Sie kennen sich in der Geschäftswelt nicht besonders gut aus, nehme ich an. Man muss sich einfach doppelt und dreifach absichern, immer.«

»Kommen wir noch einmal zu Ihrem Alibi für die Tatzeit«, schaltete Larsen sich ein. »Ihr Aufenthalt in Bonn. Sind Sie mit dem Zug oder mit dem Wagen gefahren?«

»Mit dem Wagen.«

»Mit einem oder zwei Fahrzeugen?«

Becker und Vogel tauschten einen schnellen Blick, dann antwortete Becker. »Mit einem – meinem BMW. Moritz hatte seinen Alfa seiner Frau überlassen, mit ihrem stimmte irgendwas nicht. Der musste in die Werkstatt.«

»Die Werkstatt von Böhlich & Söhne da drüben?«

Becker nickte. »Da bringen wir alle unsere Autos hin. Sehr zuverlässige Firma, kann ich nur empfehlen.« Kurz blitzte ein Funkeln in seinen Augen auf, wie bei einem Kind, das ein reizvoll gefährliches Spiel entdeckt. »Robert hat seinen Sierra da auch warten lassen.«

»Der Wagen war in tadellosem Zustand«, bestätigte Larsen. »Bis auf das Blut auf dem Fahrersitz – und den Urin im Polster der Rückbank.«

Beckers Augenbrauen ruckten überrascht nach oben, aber er sagte nichts. Nur Vogel wirkte einen Moment verunsichert, deswegen richtete Larsen seine nächste Frage an ihn. »Haben Sie eine Ahnung, wie er dahin gekommen sein könnte? Der Urin, meine ich?«

»Nein«, stotterte Vogel schwach, »wieso sollte ich?«

»Ich dachte, Sie wären am 13. Dezember vor zwei Jahren auch dabei gewesen«, sagte Larsen. »In der Nacht, in der Radschiv Nasir Khan aus Pakistan getötet wurde.«

Bevor Vogel antworten konnte, entgegnete Becker: »Wer? Ich verstehe nicht ganz, was diese Fragen mit dem Tod von Robert zu tun haben, wenn unsere Alibis für die Tatzeit sich bestätigt haben, wie Sie am Telefon selbst gesagt haben.«

»Wir ermitteln noch in einem zweiten Fall, der jetzt anderthalb Jahre zurückliegt«, erklärte Larsen. »Können Sie uns sagen, wo Sie in der Nacht vom 13. auf den 14. Dezember 1994 waren?«

»Wahrscheinlich bei meiner Freundin«, antwortete Becker nach kurzem Überlegen.

»Frau Rossi?«, setzte Larsen nach. »Andrea Rossi?«

Beckers Augen weiteten sich, nur eine oder zwei Sekunden lang, dann hatte er sich wieder im Griff. »Genau.«

»Wissen Sie, wo wir sie finden können?«

»Nein, leider nicht. Seit ich geheiratet habe, ist der Kontakt zu ihr abgerissen.«

Vogel rieb sich die Hände, als spürte auch er jetzt die Kälte. »Ich war bestimmt zu Hause, wir hatten gerade unser erstes Kind bekommen, Monika und ich. Monika ist meine Frau. Ich werde sie fragen, wenn es Ihnen wichtig ist.«

»Es ist uns wichtig«, sagte Larsen, bevor er sich wieder Daniel Becker zuwandte. »Sie waren also noch mit Frau Rossi zusammen, obwohl sie eine Liebesbeziehung mit dem genannten Radschiv Khan hatte?«

Becker blickte zu der Werkstatt hinüber, daher weht der Wind also. »Falls Sie diese Informationen von Lothar Schmidt haben sollten, dann muss ich Sie warnen –«

»Das haben wir nicht gesagt«, fiel Sundermann ihm ins Wort.

»Das müssen Sie auch nicht«, beschied Becker ihn. »Es kann sich nur um Schmidt handeln, der mit dem von Ihnen erwähnten Herrn Khan über Kreuz war, weil er für Drogen bezahlt hatte, die ihm nie geliefert wurden. Der lügt, sobald er den Mund aufmacht, wie alle Drogies.«

»Das heißt also«, sagte Larsen, »wenn dieser Lothar Schmidt unser Zeuge wäre und auch noch behaupten würde, dass er in Ihrem Auftrag und mit Ihrem Geld die Pistole gekauft hat, mit der Robert Kosinski erschossen worden ist, dann entspräche das nicht der Wahrheit?«

»Wie ich schon sagte, Motörhead ist ein chronischer Lügner. Ein Wichtigtuer. Ich kann nur noch einmal betonen, dass ich nie eine Pistole besessen und auch nie jemanden beauftragt habe, mir eine zu besorgen. Wie sind Sie bloß auf jemanden wie diesen Mechaniker gestoßen?«

»Durch einen anonymen Anrufer«, antwortete Sundermann, und Larsen wünschte sich, er hätte Mareike mitgenommen, die aber leider einen Zahnarzttermin wahrnahm.

»Ach, und so was gehen Sie nach?« Becker nickte Larsen zu. Er ging zu seinem Mercedes, dessen fabrikneuer Geruch sogar dem scharfen Wind standhielt. Vogel folgte ihm. Sie stiegen ein, und die Türen schlossen sich mit einem Geräusch, das kaum lauter war als der Klaps, dem man einem Baby versetzt, damit es aufstoßen kann.

34

Sommer 1996
Zwei Monate später

Daniel stand am Ufer eines Sees und beobachtete zwei Polizisten in Uniform, die mit einer Trage zu einem Bootssteg gingen. Auf der Trage lag eine zugedeckte Leiche, nur das blonde Haar fiel wie ein Fächer an der Seite unter der Decke hervor. Eine Frauenhand baumelte neben der Trage und schwang im Takt der Schritte hin und her. Die starren Finger hielten eine Wodkaflasche. Die Polizisten kamen dicht an Daniel vorbei, aber sie sahen ihn nicht. Er war da, und er war auch nicht da. Als die Polizisten auf dem Bootssteg waren, kippten sie Nicole in den vom Regen aufgerauten See.

Die Leiche trieb im Wasser, und Daniel hoffte, dass sie unterging, doch sie trieb weiter dicht am Ufer. Er wollte zum See laufen. Sie geht nicht unter, dachte er in seinem Traum; sie geht nicht unter, und alle werden denken, dass ich sie getötet habe.

Dann waren die Polizisten weg, und er bemerkte einen Wagen, der unter den Bäumen am Ufer stand. Er konnte nicht erkennen, um was für einen Wagen es sich handelte Die Lackierung erinnerte an eine Lakritzschnecke. Die Fahrertür stand offen, und auf dem Sitz hinter dem Lenkrad saß ein Mann. Der Mann war etwas zur Seite gesunken, genau so weit, dass man das Blut an seinem Kopf sehen konnte. Er bewegte sich nicht, und das Blut war frisch und glitzernd, es leuchtete im Schatten der Bäume. Auch seine linke Hand hing neben dem Sitz herunter, bloß dass sie leer war.

Daniel spürte, wie er traurig wurde. Im selben Moment bemerkte er, dass auch auf dem Rücksitz des Wagens noch ein Mann saß. Der Mann auf dem Rücksitz hatte ein fremdartiges Aussehen. Er presste sein Gesicht gegen das Seitenfenster. Seine Augen waren starr und leer, und auf seinem Hals zeichneten sich dunkelrote Druckstellen ab, als wäre er gewürgt worden. Er war tot, genau wie der Mann hinter dem Lenkrad. Trotzdem schien er zu weinen und mit den Lippen ein Wort zu formen, immer dasselbe.

Mama.

Er kann mich nicht sehen, dachte Daniel erleichtert. Keiner kann mich sehen. Plötzlich konnte er sich bewegen, und er lief auf den Bootssteg zu, der mit jedem Schritt schwankend näher rückte. In der Sekunde, in der er die Holzbohlen betrat, verwandelte der Steg sich in einen Rechenschieber. Der Rechenschieber war riesig und wirkte endlos. Daniel begann zu rennen. Hinter ihm kam der durchsichtige Läufer auf dem Lineal näher und näher. Längst gab es kein Wasser mehr unter seinen Füßen, nur noch einen dunklen Abgrund. Die Zahlen, auf die er trat, wurden niedriger, 100, 95, 90, 85, 75, 35, 12, bis er bei den Ziffern und der Null angelangt war, aber dahinter wurden sie wieder höher, nur mit einem Minuszeichen davor.

Krachend stach eine Zirkelspitze in die Leere neben dem Rechenschieber. Der andere Zirkelarm schlug donnernd einen Kreis um ihn, einen und noch einen und noch einen.

Schließlich gab es keinen anderen Ausweg mehr als die Kathete eines eisernen Winkelmessers vor ihm, die er hastig hinaufzuklettern versuchte. Das Metall des Geräts war glatt, und er rutschte ab, immer wieder, immer –

Plötzlich stand Sandra vor ihm, nackt bis auf eine Sonnenbrille und einen Tanga aus schwarzem Leder. Sie schlug mit einer Peitsche nach seinem Gesicht. Das Knallen der Peitsche klang wie ein Donnerschlag. Er zuckte zurück. Schmerz flackerte hinter seinen Lidern. Dann drehte Sandra sich um und lief weg von ihm, wurde kleiner und kleiner und –

An dieser Stelle erwachte er. Einen Herzschlag lang wusste er nicht, wo er war; die Umgebung war ihm fremd. Dann erkannte er das Zimmer wieder. Draußen regnete es. Das Fenster stand einen Spaltbreit offen, und er konnte hören, wie die Tropfen auf das Fensterbrett und den Fußboden fielen. Der Schlaf hatte einen schalen Geschmack in seinem Mund hinterlassen. Trotzdem hätte er gern länger geschlafen, selbst wenn die Träume noch weitergegangen wären. So quälend sie auch sein mochten, sie waren nicht die Wirklichkeit. Die Wirklichkeit zog unterdessen vielleicht an ihm vorbei, ohne ihn zu bemerken.

Sein Herz raste vor Angst. Die Angst erfüllte das ganze Zimmer und hielt ihn im Bett fest. Sie war so stark, dass er am liebsten gebetet hätte, aber er hatte seit Jahren nicht mehr gebetet. Als Kind hatte er oft so eine Angst gehabt, war ihr ausgeliefert gewesen, wegen Frauke, wegen seinem Vater, wegen seiner Mutter. Wegen allem. Damals hatte er gebetet: Lieber Gott, mach, dass Papa stirbt.

Er wandte den Kopf, um zu sehen, ob Nicole noch neben ihm lag, doch ihre Hälfte des Bettes war leer. Es darf keine Spuren geben, dachte er, während er die leere Hälfte mit dem zerdrückten Bettlaken betrachtete. Keine Spuren, keine Leiche. Nur Cobalt in der Erde.

Er schüttelte die Angst ab und stand auf. Nach und nach wurde er wieder Daniel Becker, der alles kontrollierte. The Mastermind. Er rief nach Nicole. »Ich bin hier, im Bad«, antwortete sie, gedämpft durch die geschlossene Tür. Als er die Tür öffnete, stand sie in Slip und BH nach vorn gebeugt vor dem Spiegel und fönte sich die frisch gewaschenen Haare. Mit einer Bürste kämmte sie die Haare vom Nacken über den Hinterkopf in die Stirn und bewegte den Fön dabei aus dem Handgelenk schnell hin und her, ehe sie sich wieder aufrichtete und den Kopf mit einem Ruck nach hinten warf. Schließlich ließ sie ihn nach rechts und links geneigt kreisen, bis alles so saß, wie sie es sich vorstellte.

»Beeil dich!«, rief er. Er schloss die Tür und nutzte die Gelegenheit, um sein Handy herauszuholen und Sandra eine SMS zu schicken. I miss you. Dann rief er wegen der Düse des Brenners seinen Heizungsgroßhändler in Bremerhaven an, der ihm sagen konnte, wer hier in der Gegend so ein Teil führte. Es gab ein Sanitärgeschäft in Diestelhorst, dreißig Kilometer entfernt. Er dachte, dass sie nicht genug zum Essen hatten, wenn Moritz heute Abend kam. Er ging in die Küche und schaute unter der Spüle nach, wie es mit Reinigungsmitteln aussah, weil hinterher einiges sauber gemacht werden musste. Da war nur eine Flasche Meister Proper, ansonsten nichts als Öko-Putzzeug, mit dem man nichts richtig sauber kriegte. Also musste er noch chemischen Reiniger kaufen, wenn er wollte, dass wirklich keine Spuren zurückblieben. Porentief rein, dachte er. Zuletzt überprüfte er die Besteckschublade, guckte nach den Messern. Der Vorrat ließ ebenfalls zu wünschen übrig. Bis Nicole endlich im Bad fertig war, hatte er gefrühstückt; sie war wie üblich nicht hungrig. Er musste sich nur noch die Zähne putzen, dann konnten sie los.

Der KIA fuhr sich jetzt viel leichter. Als er an der Straße nach links statt nach rechts abbog, sagte Nicole: »Das ist nicht der richtige Weg«, gab sich aber zufrieden, als er erklärte, heute würden sie zur Abwechslung mal nach Diestelhorst zum Einkaufen fahren.

Der Sanitärladen lag nur ein paar Häuser von einem Netto entfernt. Daniel steuerte den KIA auf den kleinen Parkplatz vor dem Supermarkt, auf dem um diese Zeit noch keine anderen Autos standen. Es hatte aufgehört zu regnen, und in der Nässe auf dem Asphalt spiegelte sich der aufklarende Himmel. Nicole sagte: »Da hinten war eine Post. Ich geh nur schnell das Kindergeld holen.«

Er dachte, ist mir egal, wo du jetzt noch hingehst. »Gut, wir treffen uns in einer halben Stunde wieder hier.«

Er kontrollierte noch einmal sein Handy, ob jemand angerufen hatte, Sandra, Mo oder Susanne. Nada. Er betrat den Laden für Heizungsbedarf, der gerade erst aufgemacht hatte. »Solche Düsen werden hier in der Gegend selten verlangt«, entschuldigte sich der Verkäufer, und dann sagte er noch, Daniel hätte Glück, im Lager müsste noch irgendwo eine sein. »Wie wär's, wenn Sie die jetzt mal holen gehen?«, forderte Daniel ihn freundlich auf. Hoffentlich liegt es an der Düse, dachte er. Danach ging er in den Netto, um Gummihandschuhe, Meister Proper und Lysol zu kaufen. Messer gab's da nicht. »Was möchtest du heute Abend essen?«, fragte er, als Nicole endlich aufkreuzte.

»Weiß nicht«, sagte sie.

»Pizza? Pommes frites?«

Sie zuckte mit den Schultern, und er dachte, kein Wunder, dass Mo die blöde Kuh damals loswerden wollte. So war es nämlich gewesen: Erst hatte Moritz was mit ihr angefangen; sie hatten sich in der Disco kennengelernt, dem Saloon, wo sie die Männer anmachte. Immer die gleiche Masche: Allein auf die Tanzfläche, sich hin und her wiegen wie so 'ne indische Schlange im Korb, und wenn dann einer angebissen hatte, gab's Sex für Kohle, wenn einen die Einstiche von den

Spritzen nicht störten. Dann hatte Mo keinen Bock mehr auf sie gehabt und sie an Daniel abgetreten, der zwar nichts von ihr wollte, aber hey, sie besaß immerhin Qualitäten, die sich zu Geld machen ließen. Vor allem, als das mit dem Kettenbrief nicht so lief wie gedacht. Jetzt fragte er: »Was würdest du denn kochen, wenn Moritz uns besuchen käme?«

»Moritz?!« Sie strahlte. Ihre Augen waren zweimal Freude mit Schlagsahne, und ihr Mund leuchtete. »Moritz kommt?«

»Vielleicht. Mal sehen.« Er kaufte noch zwei Sixpacks Warsteiner, eine Flasche Genever und eine große Tüte tiefgefrorener Pommes frites, dann wollte er so schnell wie möglich zurück zum Haus, um zu checken, ob der Brenner mit der neuen Düse funktionierte. Vielleicht können wir erst mal die Koteletts in dem Ofen grillen, dachte er, zur Probe.

Während der Fahrt zum Möwenwinkel klarte der Himmel weiter auf, und die Sonne überzog das Meer mit glitzernden Flecken, wie Blattgold. »Manchmal ist es so schön, am Leben zu sein«, sagte Nicole. Sie sah zu, wie die Möwen im blendenden Dunst rauf- und runterstießen, als wollten sie Himmel und See am Horizont zusammennähen. »Warum kann es nicht immer so sein?«

Er sagte nichts.

Sie träumte: »Stell dir vor, Mellie wäre auch hier, und wir könnten zusammen an den Strand gehen.«

»Möchtest du das? Sollen wir schwimmen gehen?«

Sie überlegte. »Ich möchte lieber fernsehen«, sagte sie. Er nickte, und als sie die Anlage erreichten, parkte er den Wagen wieder so, dass man den Ofen von der Autobahn aus nicht sehen konnte. Sobald Nicole ins rote Haus gegangen war, machte er sich vor dem grünen Haus an die Arbeit. Er baute die alte Düse aus und die neue ein, und als er mit klopfendem Herzen den Startknopf drückte, sprang der Funke schon beim dritten Versuch über. Der Geruch nach brennendem Öl war nicht sehr stark, und auch die Flamme brannte nicht gerade lichterloh, aber das spielte keine Rolle. Er hatte das Gefühl, als träte alles andere in den Hintergrund, nur das Feuer existierte noch, ein heißer, sengender Punkt, der ihn hypnotisch anzog. Als wollte er ihn in eine andere Existenz locken, eine bessere.

Plötzlich verspürte er heftigen Hunger. Er holte ein Kotelett aus dem Tiefkühlfach und taute es in der Mikrowelle auf. Dann legte er die Hälfte der Pommes frites aus der Tüte auf Alufolie in den Backofen und drehte die Temperatur auf 250 Grad. Er stellte eine Pfanne mit Margarine auf den Herd, um das Kotelett von beiden Seiten anzubraten und später zu den Pommes in den Ofen zu legen.

»Ich muss gleich noch mal los!«, rief er, bevor er ins Bad ging, um das Öl vom Brenner abzuwaschen. Nicole antwortete nicht. Sie saß im Wohnzimmer und sah irgendeine dämliche Talkshow, das Gekeife drang bis in die Diele. Als Daniel wieder aus dem Bad kam, hatte sie den Fernseher ausgeschaltet, saß in der Küche und las *Coupé*. Er sah nach, ob die Pommes schon fertig waren. Nicole hatte die Temperatur von 250 auf 100 Grad heruntergedreht. Er merkte, wie er wütend wurde. »Bist du noch ganz dicht?! Hast du noch nie Pommes gemacht?«

»Die verbrennen, wenn du den Ofen so hoch einstellst«, sagte sie, ohne von ihrer bescheuerten Illustrierten hochzugucken.

»Du spinnst doch!« Er drehte die Temperatur wieder hoch und deckte den Tisch: Ketchup, Mayo, Salz und Cola Light. »Isst du mit?«, erkundigte er sich.

»Du weißt doch, dass ich so fettige Sachen nicht esse.«

»Sag mal, was ist eigentlich los mit dir?«, fragte er. »Willst du verhungern? Du siehst beschissen aus.« Er nahm die Pommes frites aus dem Ofen und lud sie mit dem Kotelett auf seinen Teller, aber irgendwie war ihm der Appetit vergangen. Trotzdem verzehrte er das halbe Kotelett und fast alle Fritten. Danach stellte er das Geschirr in die Spüle. »Ich fahr dann jetzt noch mal kurz weg«, sagte er.

»Warum denn?«

»Sag ich dir dann.«

»Wann?«

»Wenn ich wieder da bin. Du kannst ja noch fernsehen.«

»Vielleicht lege ich mich etwas hin«, sagte sie.

»Meinetwegen«, brummte er und fuhr los, um Mo von der Autobahnabfahrt abzuholen. Mo hatte so einige Talente, aber er verfügte nicht über den geringsten Orientierungssinn, nicht mal wenn es nur eine einzige Straße gab. Dafür war er zur Abwechslung mal pünktlich, sodass sie bei der DEA-Tankstelle halten konnten, als sie noch offen hatte. »Frag doch einfach, ob du den BMW hier stehen lassen kannst«, schlug Daniel vor, als wäre ihm die Idee gerade erst gekommen. »Für das kurze Stück zur Anlage brauchst du den nicht. Der wird bloß schmutzig.«

Mo fand, das wäre eine gute Idee, und die Frau hinter der Kasse hatte auch nichts dagegen. Sie sagte bloß, dass sie keine Verantwortung übernähme, falls hinterher etwas mit dem Wagen wäre. Mo stieg zu Daniel in den KIA und fragte: »Weiß Nicole eigentlich, dass ich komme?«

»Nee, soll eine Überraschung werden.«

Mo war salopp gekleidet – sandfarbene Chinos, Nikes, ein moosgrünes Polohemd von Lacoste, darüber ein beiges Leinensakko, eine Rolex und im Haar über der Stirn eine Ray-Ban-Sonnenbrille mit grünen Gläsern wie bei Miami Vice. Die Straße war voller Schlaglöcher, und als Daniel den KIA von der Straße auf den Weg zum Möwenwinkel steuerte, sagte Mo: »Schade, dass du den Mercedes zurückgeben musstest.«

»Den hole ich mir wieder, sobald die Versicherung gezahlt hat«, sagte Daniel.

»Falls sie das jemals tut. «

»Der Sachbearbeiter hat nicht gesagt, dass sie es nicht tut. Es liegt bloß an dem Bullen, dass der gesagt hat, nicht vor Abschluss der Untersuchung.« Daniel lachte. »Und die schließen wir ja gerade ab.«

»Monika hat ziemlich Stress gemacht, weil ich sie übers Wochenende mit den Kindern allein lasse«, erklärte Mo. »Ich kann nicht lange bleiben. Sobald wir die Sache mit dem Ofen geschafft haben, muss ich zurück. Ist er hinten?« Er deutete mit dem Kopf zu der abgetrennten Ladefläche in seinem Rücken. »Irgendwas scheppert da.«

»Ach so, das ist nicht der Ofen«, sagte Daniel beiläufig. »Den habe ich dann doch noch allein runtergekriegt.«

Mo sagte nichts, sah nur durch die Frontscheibe, die mit kleinen braunen Punkten übersät war. Dany konnte sehen, dass er nicht überrascht war. Dass er wusste, warum er wirklich hier war, und mit allem, was er von seiner Frau und dem Wochenende erzählt hatte, verhielt es sich so: Er hatte es gesagt, weil er es selbst hören musste.

»Brennt er, der Ofen?«, fragte er. »Funktioniert dein Krematorium?«

35

Frühjahr 1996
Zwei Monate vorher

Larsen wohnte jetzt bis auf Weiteres in einem nicht zu großen Zimmer im ersten Stock der Pension Splendid in der Nähe der Baumwollbörse. An diesem Abend ging er in Gedanken noch einmal die Begegnung mit Daniel Becker und Moritz Vogel vor der Lagerhalle der ComTec durch. Er glaubte nicht, dass sie ihre Schlüssel wirklich vergessen hatten. Sie wollten nicht, dass ich die Halle betrete, dachte er. Warum nicht? Was ist da, das ich nicht sehen soll? Er hatte sie überrascht, und sie hatten ihn abblitzen lassen. Du willst spielen? Das kannst du haben, hatten sie ihm gesagt – ohne Worte, einfach nur, indem sie in ihren Mercedes gestiegen und weggefahren waren. Er konnte noch das Flüstern der Reifen auf dem Beton hören. So einen Wagen könnt ihr euch nie leisten, signalisierten sie, und er merkte, dass er sich immer noch über die Arroganz der beiden jungen Männer ärgerte. Ihr tut euch keinen Gefallen, wenn ihr so seid, dachte er – ich kriege euch!

Er war ziemlich sicher, dass Daniel Becker der anonyme Anrufer gewesen war, der sie auf die Spur zur Autowerkstatt gesetzt hatte. Daniel, der Spieler von den beiden. Aber was versprach er sich davon? Gute Frage, dachte Larsen und notierte sie auf dem obersten Blatt seines Schreibblocks. Bei jemandem wie Becker ging es immer um Macht und Kontrolle. Der klassische Psychopath und Narzisst. Einerseits selbstbewusst, eloquent und sogar charmant, andererseits manipulativ, skrupellos und ohne jegliche Empathie. Auch das notierte Larsen mit seiner deutlichen, kräftigen Handschrift.

Vielleicht will er, dass wir unsere Ermittlungen auf Lothar Schmidt konzentrieren und nicht weiter in seinem Alibi herumstochern. Er hat ja dafür gesorgt, dass alle Verdachtsmomente auf Schmidt hinweisen. Ich bin sicher, der Mechaniker hat ihn angerufen, nachdem ich in der Werkstatt war. Die Bullen waren bei mir, was soll ich denn jetzt machen?! Und Becker hatte ihm gesagt, überlass das mir, ich kümmere mich darum.

Ich muss noch mal mit Grit Weichsel sprechen, überlegte er weiter. Follow the money. Das Casino, Robert Kosinski, das Pokerspiel, der Koffer mit dem Geld, das Startkapital für die Firma, die Police der Lebensversicherung, bei allem ist Grit Weichsel die Marionette gewesen, an deren Fäden Daniel Becker gezogen hat. Aber vor allem brauche ich Beweise und Antworten auf das Warum. Zeugenaussagen allein nützen mir nichts, solange ich keine Beweise für ihre Richtigkeit habe.

Sobald der Mercedes mit den flüsternden Reifen und der leise zuklappenden Tür vom Gelände gerollt war, hatte er Sundermann den Auftrag gegeben, herauszufinden, wer an der Pokerrunde in Hamburg teilgenommen hatte. Er wollte alle Namen, jeden einzelnen; irgendjemand musste die Suite ja gebucht haben.

Larsen klappte seinen Block zu und kehrte in die Gegenwart seines vorübergehenden Zuhauses zurück. Die Wände des Zimmers waren mit einer wasserfleckigen Tapete verkleidet, die an einigen Stellen Wellen geworfen hatte. Es gab ein kleines Fenster mit hellbraunen Leinenstores und einer gestärkten Gardine. Neben dem Fenster befand sich das altmodische Doppelbett mit einem Gestell aus Messing und einer schweren Tagesdecke, die das Rosenmuster der Tapete variierte. Über dem Bett hing ein Stich der Kaiserlichen Korvette S.M.S. Elisabeth bei hohem Seegang. Das Meer war grünlich grau, ganz ähnlich wie der fast farblos getretene Teppich.

Der einzige andere Zierrat des Zimmers bestand in einem Holzkreuz über der mit zerschlissenem moosgrünem Samt bezogenen Couch an der Wand unter dem Fenster. Es gab einen nierenförmigen Beistelltisch, der Larsen als Schreibtisch diente, und eine Stehlampe mit einem cognacgelben Ölpapierschirm. Das spärlich in den Raum fallende Tageslicht hatte denselben fahlen Ton wie die Tapeten und reichte kaum bis zur Badezimmertür.

Ich habe schon schlimmer gewohnt, dachte Larsen. Er hatte seine Sachen noch nicht in den Schrank geräumt, nur die, die knittern konnten, wenn er sie in dem offenen Koffer am Fußende des Bettes ließ. Auf dem Beistelltisch lagen Block und Bleistift, daneben das Handy, und jedes Mal, wenn sein Blick darauf fiel, verspürte er den Impuls, Kristin anzurufen. Schließlich legte er es ins Bad, wo er es nicht sehen konnte, aber der Impuls blieb. Ist ja vielleicht nicht für lange, dachte er und wusste, dass er das auch die letzten beiden Male gedacht hatte.

In der Pension gab es nichts, was ihn ablenkte, und nichts, worauf er Rücksicht nehmen musste. Das letzte Mal war er hier vor über einem Jahr eingezogen, als er einen Mann gejagt hatte, der Frauen quälte und umbrachte, nur blonde Frauen, eine nach der anderen. Bis er den Mann stoppen konnte. Danach war nichts mehr mit Larsen anzufangen gewesen, und er hatte bloß zwei Möglichkeiten gehabt: zum Trinker zu werden oder so weit wegzugehen, wie der Verstand es zuließ, ohne über den Rand der Welt hinauszumarschieren. Amerika war Kristins Vorschlag gewesen, the Wild West, und nach ein paar Monaten hatte er sich so weit wiedergefunden, dass er Quantico und das FBI dranhängen konnte.

Er dachte daran, wie er sich damals gefühlt hatte und was aus ihm geworden wäre, wenn es Kristin nicht gegeben hätte. Sie ließ ihn gehen, wenn es unerlässlich war, und holte ihn zurück, wenn er es nötig hatte. Davor und danach war sie einfach da, geheimnisvoll leuchtend wie ein Fjord in der Sonne oder die roten Klatschmohnblätter vor dem Schnee des Hindukusch.

Jetzt, kurz bevor er den Block zuklappte und ins Bett ging, sah er einen Moment im Sommer vor sich: einen frühen Augustnachmittag in Santa Fé, die Luft windstill, spiegelnd, zu heiß zum Atmen. Alles, was man ansah, hatte einen Quecksilberrand und schien zu schwimmen, sogar die Menschen; sie bewegten sich nur träge, schwerfällig. Kristin trug ein Kleid, von Indianerinnen gefertigt und dünn wie ein Sarong. Und dann, ganz plötzlich, war der Himmel fast schwarz geworden. Wolken krachten gegeneinander wie riesige, kämpfende Büffel. Eine tosende Sintflut hatte sich über die trockene Erde ergossen. In Sekunden verschwand alles in dem tobenden Regen, und unter dem bunten Kleid, das an Kristins Körper klebte, konnte er die Muskeln ihrer Beine sehen – wie sie rannte, wie sie beim Rennen lachte! Später, im Haus, als sie sich aus dem nassen Kleid geschält hatte, waren die Naturfarben aus dem Stoff gelaufen: er hielt einen Gepardenkörper in den Armen, mit blauen, roten und gelben Flecken auf der feuchten Haut.

Ich werde dich nie verlassen, und ich werde nicht sterben, solange du lebst, hatte sie ihm erklärt, ohne zu lächeln. Das war in seinem Beruf, nach seinem Verlust, ein tröstlicher Gedanke.

Im Bad fand er sein Handy und wollte sofort die Kurzwahltaste drücken, um ihr zu erzählen, woran er gerade gedacht hatte. Weißt du noch, letzten August, der Regen am Nachmittag in Santa Fé?

Er betrachtete das Mobiltelefon in seiner Hand, und da fiel ihm ein, dass er von Lenz noch keine Liste der Telefonate erhalten hatte, die mit Robert Kosinskis Handy am Tag seines Todes geführt worden waren – wer mit wem, wie lange und von wo aus. Vielleicht hatte Kosinski Becker oder Vogel angerufen, während er auf sie wartete, weil sie ja immer zu spät kamen.

Wieder stellte er sich vor, wie der Vertreter vor dem Freibad in der Dunkelheit hinter dem Steuer seines Sierra saß und wartete. Wartete und rauchte. Der Regen trommelte auf das Wagendach. Das Handy, das sie nicht gefunden hatten, lag neben ihm auf dem Beifahrersitz. Ich hätte irgendwann angerufen und gefragt, wo sie bleiben, dachte Larsen. Oder hatte Kosinski gar kein Handy gehabt? Ein Vertreter, in unserer Zeit? Unwahrscheinlich, aber nicht unmöglich. Larsen versuchte sich zu erinnern, ob in Kosinskis Papieren ein Handyvertrag gewesen war.

Gut, ich sitze also da in der Dunkelheit, aber warum? Weil ich verabredet bin, mit Daniel Becker oder Moritz Vogel oder beiden. Ich habe diesen Ort nicht vorgeschlagen, das haben sie. Spätabends, an einem abgelegenen Ort, weil sie mich töten wollen. Aber wie haben sie es geschafft, mich dazu zu bringen, dass ich diese Umstände akzeptiere? Haben sie mir etwas versprochen, das mir zu wichtig war, um auf einem anderen Ort, einer anderen Zeit zu bestehen? Oder habe ich so etwas verlangt, und wenn ja, was war das?

Larsen betrachtete sein Gesicht im Badezimmerspiegel, so wie vielleicht Kosinski sein Gesicht im Innenspiegel des Wagens angestarrt hatte, müde im spärlichen Licht der Deckenlampe. Habe ich Daniel Becker erpresst? Womit? Ich weiß, dass du auf SM stehst – du, ein verheirateter Familienvater und Jungunternehmer? Kann man mit so etwas heute noch jemandem drohen? Oder habe ich etwas über ihre Geschäfte in Erfahrung gebracht, das niemand wissen darf? Interna von ComTec, Betrug, falsche Versprechungen?

Plötzlich sah Larsen die Antwort in seinen Augen: Ich wollte einen größeren Anteil von meiner eigenen Lebensversicherung! Ich bin gierig geworden. Das war eines der häufigsten Mordmotive: Gier, die eigene oder die eines anderen. Entweder kriege ich mehr ab, oder ich ändere noch einmal den Begünstigten im Todesfall. Und sie haben gesagt, gut, lass uns darüber reden. Aber es musste bald sein, denn sie wussten, dass ich schon mit jemand anderem die Details eines fiktiven Badeunfalls ausklamüsert hatte.

Er wechselte die Perspektive und dachte: Ich bin Daniel Becker oder Moritz Vogel. Ich will Kosinski umbringen, und es muss heute sein. Woher weiß ich, wo er an diesem Abend ist? Ich weiß es, weil ich ihn dort hinbestellt habe. Wir haben eine bessere Idee als dein Tauchunfall im Schwarzen Meer. Und woher weiß ich, dass ich ihn wirklich am festgesetzten Treffpunkt vorfinde? Ich überprüfe es, indem ich ihn anrufe.

Deswegen müssen wir die Handyverbindungen haben, dachte Larsen. Der Mechaniker hat zu diesen Punkten keine Angaben machen können, und außer ihm ist nur Grit Weichsel mit allen drei Beteiligten bekannt. Das heißt, wir haben lediglich zwei äußerst unzuverlässige Zeugen, die eine ist eine Prostituierte, kindlich, vielleicht drogensüchtig. Der andere, Lothar Schmidt, ist nicht besonders helle und korrigiert dauernd seine Aussagen. Das ist ziemlich wenig, zumal Schmidt sich seit einigen Stunden wieder auf freiem Fuß befindet.

Gestern am frühen Nachmittag hatten sie im Präsidium die erkennungsdienstliche Behandlung durchgeführt, Schmidts Finger- und Handflächenabdrücke genommen, Porträtfotos und Ganzaufnahmen geschossen und eine Speichelprobe für die Typisierung seiner DNA archiviert. Danach hatte er die Nacht im Polizeigewahrsam verbracht, aber heute Morgen war ein Haftrichter zu der Entscheidung gelangt, dass nicht genügend Beweise für einen Haftbefehl vorlagen. Sie hatten Schmidt allerdings für morgen Vormittag erneut einbestellt, damit er sie zu den Stellen führte, wo er in der Nacht nach dem Mord die zerlegte Mauser losgeworden war.

Mal sehen, was die Analyse der Waffenteile erbringt, wenn wir sie haben, dachte Larsen. Wenn sich nur Schmidts eigene Fingerabdrücke auf der Waffe fanden, sah es schlecht für ihn aus. Fanden sich auch die von Daniel Becker, war der zumindest der Lüge überführt, und man konnte nach den Gründen für diese Lüge bohren. Gab es zusätzlich noch Spuren von Moritz Vogel an der Waffe, hatten sie vielleicht einen Mörder, der unter etwas Druck zusammenbrach. Oder es kam zu der Pattsituation, die Larsen am meisten fürchtete: Im schlimmsten Fall beschuldigten Becker und Vogel sich gegenseitig, keinem konnte die Tat ohne jeden Zweifel nachgewiesen werden, und gemeinschaftlicher Mord als Tatbestand war vom Tisch.

Er schlug seinen Block noch einmal auf und fing an, ein genaueres Profil von seinen Verdächtigen zu erstellen, zunächst nur stichwortartig. ›Folie à deux?‹ wählte er als Überschrift, bevor er jeweils eine Spalte für Becker und Vogel anlegte. Sein Gefühl sagte ihm, dass Becker die treibende Kraft war. Er wusste, dass Becker verheiratet war, zwei Kinder hatte, in der Firma seiner Frau arbeitete und mit seiner Familie in einem schönen Haus in einem Außenbezirk von Mersfeld lebte. Außerdem besaß er eine Sporttasche mit SM-Utensilien, schickte Mädchen auf den Strich und fuhr neuerdings einen teuren Mercedes. Er hatte ihn gesehen und reden gehört, und es war unübersehbar, dass Becker zur Selbstüberschätzung neigte, sich für unfehlbar hielt.

Larsen fragte sich, ob Beckers Frau diese andere Seite ihres Mannes kannte, vielleicht sogar ein Teil davon war. Oder ob sie nur die Augen davor verschloss.

Die Kluft ist zu groß, dachte Larsen. Wenn er die Aussagen von Lothar Schmidt über Beckers früheres Leben heranzog und seine bisherigen Versuche, als Unternehmer auf eigenen Füßen zu stehen, betrachtete, klaffte ganz eindeutig eine große Diskrepanz zwischen Sein und Sehnsucht. Ein Zitat von Sigmund Freud fiel ihm ein, eines der wenigen, das er sich gemerkt hatte, weil er es immer wieder bestätigt gefunden hatte: Die Kluft zwischen dem, der wir sind, und dem, der wir sein wollen, ist der Ort, wo die Neurosen entstehen. Er schrieb es dazu, setzte es aber nicht in Anführungszeichen, weil er nicht sicher war, ob es tatsächlich wortwörtlich so lautete.

Dann notierte er die Charaktereigenschaften, die ihm bisher an Daniel Becker aufgefallen waren: kalt, geltungssüchtig, überheblich, selbstgefällig, ehrgeizig, wahrscheinlich herrisch und sadistisch, eifersüchtig, dazu skrupellos, ohne Rücksicht auf andere, vielleicht sogar größenwahnsinnig. In jedem Fall: zwei Gesichter. Unter Umständen: schizophren. Hinter einige dieser Begriffe setzte er Fragezeichen, weil er noch keine Gelegenheit gehabt hatte, sie zu verifizieren. Zuletzt schrieb er Nietzsche und Übermensch, strich die beiden Worte dann aber wieder durch. Das Wort (Mehrfach-) Mörder, das bisher als einziges in der Moritz Vogel gewidmeten Spalte stand, unterstrich er dagegen.

Keine Schnösel, dachte er – das Böse.

Anschließend schlug er das nächste Blatt auf, schrieb aber, noch ohne Überschrift, auch hier nur Stichworte: Opferauswahl – Radschiv Khan, Flüchtling, Asylbewerber, arbeitslos, 23 Jahre, ledig, Asylantenheim;

Robert Kosinski – Vertreter, 45 Jahre, Bremen, getrennt lebend, arbeitslos;

Art der Tötung: Radschiv Khan – erwürgt. Blickkontakt;

Robert Kosinski – erschossen von hinten, kein Blickkontakt, keine Berührung;

Tatorte: Khan – einsamer Feldweg, Rücksitz Ford Sierra;

Kosinski – Parkplatz vor Schwimmbad, Fahrersitz Ford Sierra;

Tatzeit: in beiden Fällen nach Einbruch der Dunkelheit, vor Mitternacht;

Nachtatverhalten: Khan erwürgt bei Mittäter gelassen, später im See versenkt, soll nicht gefunden werden;

Kosinski erschossen im Auto zurückgelassen, soll gefunden und identifiziert werden;

Tatmotive: Khan – persönlich, Eifersucht (Freundin liebt anderen), Wut, Hass auf Ausländer;

Kosinski – unpersönlich, Gier, Bereicherung (Geld aus Lebensversicherung).

In beiden Fällen keine Hinweise auf Personifizierung, das

heißt, keine Handlungen, die mit der eigentlichen Tötung nichts zu tun haben, dem Täter aber wichtig sind für sein geistiges Drehbuch, seine Fantasien, etwa besondere Fesselung, Verstümmeln der Sexualorgane;

Rückschlüsse: kein Serienmörder, entweder Mehrfachmörder oder verschiedene Täter. Tötungen von unterschiedlichen Motiven bestimmt, keine Fantasieumsetzungen.

Wenn Daniel Becker der Täter ist, muss er in Sicherheit gewiegt werden, dachte Larsen. Daniel kennt sich selbst; er ist klug, aber vielleicht eine Spur zu selbstsicher, zu überheblich. Keine erneute Befragung, kein Hinweis darauf, dass wir weiter gegen ihn und Vogel ermitteln, nichts mehr, bis wir absolut sicher sind. Wenn wir ihn ins Visier nehmen, muss der Schuss sitzen, denn wir haben nur einen einzigen. Es ist wie bei einem Duell, wie in *High Noon*. So oder so, morgen sind wir einen Schritt weiter; vielleicht muss ich diesmal wirklich nicht lange hierbleiben.

Erneut widerstand er der Versuchung, Kristin anzurufen, einfach nur, um ihr eine gute Nacht zu wünschen. Er machte das Licht im Bad aus und ging in das noch kühle Bett.

36

Sommer 1996
Zwei Monate später

Am Abend, lange nach Feierabend, lag Lothar unter dem 79er Carrera und überprüfte den Fahrzeugboden auf Korrosionsschäden. Mehr blieb nicht zu tun, dann konnte der Besitzer seinen Wagen abholen. Außer ihm war niemand mehr in der Werkstatt, und er musste auch langsam Schluss machen, obwohl er nicht wusste, was er dann mit dem Rest des Abends anfangen sollte. Er hatte nicht gedacht, dass sie ihn so schnell wieder auf freien Fuß setzen würden. Er hatte ihnen alles gesagt, was er wusste, und sie hatten gesagt, sie würden bestimmt noch weitere Fragen haben, und außerdem musste er sie ja noch zu den weggeworfenen Teilen der Mauser führen. Aber trotzdem hatten sie ihn nicht bei sich behalten, bloß die eine Nacht.

Jemand hämmerte mit der Faust gegen die Metalljalousie des Werkstatttors. Er lauschte. Das Klopfen wiederholte sich. Er schob sich unter dem aufgebockten Porsche hervor und legte die Lampe aus der Hand. Er hielt den Atem an, sein Herz raste. Die Werkstatt lag im Halbdunkel; das einzige Licht kam von der Handlampe auf dem Boden unter der Hebebühne und einer vergitterten Glühbirne an der Wand neben der Tür zum Büro.

Bumm, bumm, bumm.

Geh weg, dachte Lothar, ist doch schon Feierabend.

»Ich weiß, dass du da bist, mach auf!«, rief eine Stimme draußen vor dem Tor. Lothar spürte, wie alles an ihm zu jucken begann, sein Handgelenk, die Kniekehlen, seine Nase. Er ging zum Tor, auf einmal schrecklich müde. »Was willst du?«

»Ich will nur mit dir reden«, sagte Dany durch die Jalousie. »Mach auf.«

Lothar drückte auf den Knopf, der die Automatik in Gang setzte. Scheppernd rollte die Jalousie nach oben, gestattete den Blick auf Sneakers, eine bleigraue Jeans, schließlich die Wachsjacke von Boss und die schwarze Baseballkappe. Alles an Dany sah nach Feierabend aus, nur sein Gesicht nicht. »Hallo, Motörhead.«

»Mensch, Dany, komm rein.«

Langsam trat Dany durch das Tor, zog sogar den Kopf ein, als hätte er Sorge, sich an der Jalousie zu stoßen; als wäre er zu groß für die Werkstatt. Er klopfte Lothar kurz auf die

Schulter und sah sich um. Bückte sich, um nachzuschauen, ob noch jemand unter den Wagen in der Werkstatt lag. Dabei lächelte er die ganze Zeit, ein starres Lächeln, seine Lippen wirkten wie aus Knetmasse. »So spät noch bei der Arbeit?«

»Ich wollte gerade Schluss machen.«

»Ist wohl einiges liegen geblieben die letzten Tage?« Dany drückte auf den Knopf neben dem Tor, und die Jalousie rollte langsam wieder herunter.

Lothar wischte sich die verschwitzten Hände an der Hose ab. »Na ja, du weißt ja, wie das ist ...«

»Eigentlich nicht«, sagte Dany. »Bei mir bleibt nichts liegen. Ich erledige die Dinge immer sofort. Woran schraubst du denn gerade so rum? Der 79er Carrera da?«

»Ja. Aber ich bin – praktisch bin ich fertig.«

Dany schlenderte auf den Porsche zu, schnalzte sogar mit der Zunge, ganz der Kenner. »Wem gehört denn der rote Flitzer? Einem von deinen Gangstern?« Bedächtig ging er um die Hebebühne herum, bückte sich, um in die Grube darunter zu spähen. »Mit denen ist bestimmt nicht gut Kirschen essen, wenn ihr Spielzeug aus Versehen einen Kratzer abkriegt, was?«

Lothar folgte ihm, aber jetzt war ihm bei jedem Schritt etwas schwindlig, und irgendwo um die Knie herum verlor er den Kontakt zu seinen Füßen. »Ich habe ihnen alles gesagt«, stieß er hervor. »Sie wissen alles.«

Dany richtete sich wieder auf und legte den Kopf zurück, um Lothar ins Gesicht sehen zu können. Seine Augen strahlten in dem Schatten unter dem Schirm der Kappe. »Wem hast du was gesagt, Motörhead?«

»Der Polizei. Alles über dich und Mo.« Lothar stotterte. »Und den Radscha ... und die Pistole ... und ich habe ihnen gezeigt, wo wir den Radscha beerdigt haben und –«

Dany nahm die Kappe ab und kratzte sich am Hinterkopf. »Ja, aber das entspricht nicht unserer Abmachung, oder?«

»Wir hatten keine Abmachung, Dany. Du hast gesagt, du kümmerst dich um alles, aber das hast du nicht getan.«

»Vielleicht bist du zu ungeduldig. Pass auf, Motörhead, es ist noch nicht zu spät. Wo hast du die Pistole entsorgt?« Dany setzte die Kappe wieder auf und klopfte Lothar erneut auf die Schulter. »Wenn du hier fertig bist, machst du das Licht aus, schließt zu und fährst mit mir zu der Stelle.«

»Es sind mehrere Stellen.«

»Dann fahren wir zu mehreren Stellen«, sagte Dany.

Lothar spürte plötzlich, wie der kalte Schweiß auf seiner Haut zu trocknen begann, und sein Herz raste nicht mehr so wild. »Wie bei einer Schnitzeljagd«, ergänzte er hoffnungsvoll.

»Wie bei einer Schnitzeljagd«, bestätigte Dany. »Und am Ende wartet eine Überraschung auf dich.«

»Du – du wirst mir nichts tun?«

Dany lachte leise. »Ich tue nie jemandem etwas, was er nicht selbst will.«

»Ich will nicht sterben.«

»Nein, du willst glücklich sein. Alle Menschen wollen das. Ich kann in ihre Köpfe schauen. Ich kann in deinen Kopf gehen und sehe da, was dich glücklich macht.«

»Was denn?«

Dany deutete auf den Porsche, auf die Hebebühne. »Das da. Wenn du da drunterliegst, mit so einem Schlitten über dir, dann bist du glücklich.«

Das stimmte, Dany hatte recht. Er war ein wirklicher Freund, niemand, vor dem man Angst haben musste. »Ich will nur nicht sterben«, sagte Lothar.

»Nein, natürlich nicht. Sag mal, wie alt bist du eigentlich?«

»Achtundzwanzig.«

Nickel.

37

Der Anruf kam am nächsten Morgen um 8:47 Uhr, und weil der Apparat auf Larsens Schreibtisch immer noch gestört war, erhielt Torsten Lenz die Nachricht als Erster. »Unser einziger Zeuge ist tot«, informierte er Larsen, der gerade das Präsidium betreten hatte.

»Wo?«, fragte Larsen.

»In der Werkstatt. Ein Unfall. Offenbar ist er unter eine Hebebühne geraten. Einer der anderen Mechaniker hat ihn entdeckt, als er zur Arbeit kam.«

»Wer von uns ist da?«

»Noch niemand«, sagte Lenz. »Der Mechaniker hat die Kollegen vor Ort informiert. Aber die Spurensicherung ist schon unterwegs.«

»Gut, ich fahre hin.« Larsen machte auf dem Absatz kehrt. »Ich brauche einen Wagen, ruf beim Fuhrpark an. Olaf und Mareike sollen nachkommen.« Er lief auf den Parkplatz und sah Mareike schon neben einem Einsatzfahrzeug. Es war wie ein Déjà-vu: In der einen Hand hielt sie den unvermeidlichen Kaffeebecher, in der anderen das Handy, und als sie ihn erblickte, sagte sie: »Wir können gleich los.«

Bis zu der Werkstatt von Böhlich & Söhne im Gewerbegebiet von Mersfeld brauchten sie genau eine Dreiviertelstunde, in der Larsen kein Wort sagte. Wir werden keine Spuren finden, dachte er, keinen Hinweis auf eine Gewalttat, keine Zeugen. In einer Gegend wie dieser sind die Straßen von Feierabend bis in den Morgen verwaist; niemand sieht oder hört irgendetwas. Wölfe könnten nachts im Licht der Peitschenlampen über den Asphalt streifen. Alles wird so aussehen, wie Torsten gesagt hat – ein Arbeitsunfall, tödlicher Leichtsinn, das Ende eines armen Schweins, das im

Leben ein paar Chancen zu wenig hatte. Und wie viel Schuld haben wir?

Diese Frage beschäftigte ihn immer noch, einer Heimsuchung gleich, als er zwei Stunden später wieder im Büro war. Er stand mit dem Rücken zum Fenster und sah zu, wie der Telefontechniker die Steckdose neben seinem Schreibtisch mit einem kleinen blauen Messgerät untersuchte. In Gedanken verfolgte ihn das Bild von Lothar Schmidt in der halbdunklen Halle unter der Hebebühne – der eingedrückte Brustkorb, der zerquetschte Kopf, das tief in den Schädel gedrungene Auspuffrohr.

Hoffentlich finden wir Grit Weichsel, dachte er; hoffentlich finden wir sie, bevor auch ihr etwas zustößt. Mareike hatte sich noch nicht gemeldet, seit sie von der Werkstatt in die Stadt gerast war, um in der Helenenstraße nach ihr zu suchen. Hoffentlich ist sie da, dachte er; egal, was sie gerade treibt, sie soll nur da sein.

»An der Leitung liegt es nicht«, sagte der Telefonmann und packte sein kleines blaues Messgerät wieder in seinen schwarzen Lederkoffer. »Sie brauchen einen neuen Apparat.«

»Und wann kommt der?«

»Dafür bin ich nicht zuständig. Ich lasse Ihnen eine Nummer da.« Der Techniker legte eine kleine Karte der Telefongesellschaft auf Larsens Schreibtisch und unterstrich mit einem Kugelschreiber die einzige Telefonnummer, die darauf stand. »Aber klären Sie das vorher mit Ihrer Firma.«

»Meine Firma ist die Polizei«, sagte Larsen. »Wir brauchen funktionierende Telefone.«

»Und die werden Sie bekommen«, sagte der Techniker. »Wenn Sie hier anrufen.« Er tippte auf die Karte, nickte Larsen zu und verließ das Büro nach einem letzten Blick auf die Plakate an den Wänden. »Warum haben Sie da keins von *Spiel mir das Lied vom Tod*?«

»Das Lied höre ich in meinem Beruf zu oft«, antwortete Larsen, gerade als Torsten Lenz hereinkam. »Welches Lied?«, wollte Lenz wissen.

»Das vom Tod«, brummte Larsen und schüttete Kaffeepulver in den Filter der Kaffeemaschine.

Wie viel Schuld haben wir?

»Ich dagegen singe von Männern und Waffen«, zitierte Lenz den lange schon toten Vergil. »Arma virumque cano. Ich habe einen Suchtrupp losgeschickt, der die Gegend um den Autobahnparkplatz nach der Mauser durchforsten soll, aber ich mache mir wenig Hoffnung. Ach, und von der Union Leben hat jemand angerufen, wegen der Police und wie weit wir mit unseren Ermittlungen sind. Offenbar hat Daniel Becker sich erkundigt, wann er mit dem Geld rechnen kann.«

»Überhaupt nicht, wenn es nach mir geht«, erklärte Larsen. »Sag denen doch bitte, die Auszahlung kann erst erfolgen, wenn unsere Ermittlungen abgeschlossen sind. Ich will wissen, was passiert, wenn Becker feststellt, dass seine Rechnung nicht aufgeht.«

Lenz runzelte die Stirn, aber bevor er etwas sagen konnte, summte Larsens Handy, und Mareike erschien auf dem Display. Sie war schon mitten im Satz, als er noch nicht mal auf Annehmen gedrückt hatte. »Noch mal von vorn, bitte«, sagte er.

»Ich bin jetzt in der Helenenstraße«, sprudelte Mareike. »Nicole, also Grit Weichsel, ist nicht hier, in dem Puff, meine ich. Sie war da, jedenfalls haben ein paar von den anderen Nutten sie gesehen, aber jetzt ist sie weg, angeblich nach Hause gefahren. Bloß dass sie da nicht angekommen ist. Sie geht auch noch immer nicht an ihr Handy. Ihr Zimmer hier ist zugeschlossen.«

Larsen überlegte. »Was bedeutet das in deinen Augen?«

»Das muss noch gar nichts bedeuten«, meinte Mareike. »Vielleicht ist sie noch shoppen gegangen, wie in ›Shoppen und Ficken‹, diesem englischen Theaterstück, nur umgekehrt. Oder sie trifft sich mit einer Freundin zu einem After-Work-Drink, bisschen abhängen, bevor es dann allein in die Heia geht.«

»Hast du dir das Zimmer zeigen lassen?«, fragte Larsen.

»Nein.«

»Lass es dir vom Hausverwalter aufmachen. Ich will nicht, dass sie tot an ihrem Arbeitsplatz liegt und auch noch unser letzter Draht zu den beiden Hauptverdächtigen abreißt, ohne dass wir darüber Bescheid wissen. Und danach fährst du zu ihrer Mutter und siehst nach, ob ihre Sachen noch da sind.«

»Okay, ich bin sowieso gerade im Büro des Verwalters.« Mareike legte auf, und Larsen legte das Handy weg. Lenz stand an der Tür, eine Hand auf der Klinke. »Ich finde, du verrennst dich da«, sagte er. Seine Augenbrauen zogen sich zusammen wie zwei Raupen, die aufeinanderzukrochen. »Lothar Schmidt ist der Einzige, den wir bisher wirklich mit den beiden Morden in Verbindung bringen konnten. Er hat doch –«

»Was war sein Motiv?«, fragte Larsen. »Was für einen Grund hätte er gehabt, den Pakistani umzubringen? Und den Vertreter?«

»Das passiert doch immer wieder, dass wir über das Motiv rätseln, obwohl die Beweise eine klare Sprache sprechen«, entgegnete Lenz. »Oft erfahren wir es nie, beispielsweise wenn der Täter sich umgebracht hat. Schmidt hat gemerkt, dass sich die Schlinge um ihn zuzieht, und in einer Kurzschlussreaktion hat er sich unter die Hebebühne gelegt und den Knopf gedrückt. Basta.«

Larsen schaltete die Kaffeemaschine an und beobachtete, wie die ersten Tropfen in die Kanne rannen. »Weißt du, warum ich immer Kaffee trinke? Weil ich die Antwort auf meine Fragen im Kaffeesatz finde. Und darin lese ich, dass

Schmidt es nicht getan hat. Außerdem lese ich darin, dass Daniel Becker und Moritz Vogel die Täter waren und dass es irgendwo weitere Beweise gibt, die sie belasten. Wir müssen sie nur finden. Genau das werden wir jetzt tun: Wir rekonstruieren das Geschehen, bestimmen die Motive und fragen uns, wer so etwas tut. Wir suchen und finden die Beweise, mit denen wir die beiden überführen können. Das sind wir den Opfern schuldig. Und denen, die sonst vielleicht noch Opfer werden!«

Wie viel Schuld haben wir?

»Du warst zu lange in Amerika«, sagte Lenz, »oder hast zu viele Western gesehen. Oder beides.« Er öffnete die Tür ganz und trat hinaus in den Gang, wo er auf Oberkommissar Sundermann traf. »Ich habe versucht, Sie anzurufen, Chef«, verkündete Sundermann außer Atem. »Sie gehen nicht an Ihr Telefon, dabei ist es –«

»Anrufe von jetzt an nur über Handy, bis ich einen neuen Apparat bekommen habe«, unterbrach ihn Larsen. »Und wo wir gerade dabei sind: Ich will, dass sich jeder von euch ein Handy zulegt, und zwar bis morgen. Egal, wie ihr das macht. Vielleicht hat die Fundwerkstatt welche, die sie in diesem Fall ausgibt. Wenn nicht, kauft ihr euch eins. Wegen der Kosten, das regele ich mit der Materialbeschaffung. Ab jetzt muss jeder von euch erreichbar sein, rund um die Uhr! Okay, was wolltest du sagen, Olaf?«

»Dass wir die Andrea Rossi aufgespürt haben«, redete Sundermann weiter. »Die junge Frau, mit der Daniel Becker zusammen war, als Radschiv Khan verschwunden ist.«

»Ihr habt die Rossi? Wo ist sie?«

»In Kiel.«

»Wie schnell kann sie hier sein?«

»Keine Ahnung. Sie ist verheiratet und heißt jetzt Bushoff. Wir haben sie über das Einwohnermeldeamt gefunden.«

»Adresse, Telefonnummer!« Larsen vergaß seinen Kaffee. Er wählte die Nummer, die Sundermann ihm gab und dachte: Geh dran, Andrea Bushoff, geborene Rossi, vielleicht bist du der Schlüssel, der mir gefehlt hat, also, bitte, geh dran. Das Freizeichen erklang. Vielleicht kann ich mit dem, was du mir sagst, Daniel Beckers Seele auftun und in ihre dunklen Kammern gucken, also, geh verdammt noch mal dran.

Piep – piep – piep –

Larsen drückte auf Anruf beenden. »Olaf, du fährst da hin und bringst sie her«, sagte er. »Nimm dir noch jemanden mit. Wenn sie nicht zu Hause ist, such sie in der Arbeit auf. Ich will sie spätestens morgen hierhaben, egal, ob mit oder ohne Mann, Kind oder Hund. Noch besser wäre heute Abend, klar?«

38

Hauptkommissar Larsen hatte sich immer, wenn er auf diesen Begriff gestoßen war, gefragt, was er sich eigentlich unter einer »Dorfschönheit« vorstellen sollte. Als er Andrea Bushoff, geborene Rossi, zum ersten Mal sah, war es zu seiner eigenen Überraschung jedoch genau dieses Wort, das ihm einfiel. Schlank, aber nicht zierlich. Mittelgroß. Ein offenes, klares Gesicht mit wasserblauen Augen, einer hohen Stirn, einer kleinen Nase und spröden Lippen, die nicht zu schnell lachten. Kastanienfarbenes Haar, das bis zu den Schulterblättern fiel. Keine Sommersprossen, dafür Spuren lang schon verheilter Akne. Ein Mädchen, um das sich die Jungs aus dem Dorf geschart hatten, wenn sie mit ihrer besten Freundin am Brunnen vor der Kirche den frühen Abend vertrödelte. Noch immer umgab sie ein Echo jener Jahre in Mersfeld.

»Frau Bushoff, danke, dass Sie sich so schnell die Zeit genommen haben«, sagte Larsen, nachdem er den Vernehmungsraum betreten hatte, in dem sie wartete. »Ich bin Kiefer Larsen, das ist meine Kollegin, Oberkommissarin Jung. Wie Ihnen meine Mitarbeiter auf dem Weg hierher sicher schon gesagt haben, geht es um den Fall des vor zwei Jahren verschwundenen pakistanischen Staatsbürgers Radschiv Omar Khan, zu dem wir Sie als Zeugin befragen möchten. Sie sind weder mit Herrn Khan noch mit Herrn Daniel Becker oder Moritz Vogel verwandt?«

»Verwandt? Mit Radschiv oder Dany? Und Moritz?« Die junge Frau runzelte die Stirn. »Nein. Warum?«

»Sie haben als Zeugin Aussageverweigerungsrechte, falls Sie mit einem der Genannten verwandt oder verschwägert sind«, belehrte Larsen sie.

»Nein, mit keinem von denen. Was wollen Sie denn wissen?«

Larsen nickte, blieb aber zunächst vage. »Nach unseren Informationen haben Sie Herrn Khan damals als vermisst gemeldet.«

»Haben Sie ihn gefunden – Radschiv?«

Statt zu antworten, erklärte Larsen: »Wenn Sie erlauben, würde ich unser Gespräch gern aufnehmen, Frau Bushoff.«

»Sie können mich Andrea nennen, bitte.«

Andrea trug verwaschene, aber nicht ausgeleierte Jeans, nachlässig gebundene Laufschuhe, eine veilchenfarbene Bluse und eine hellbraune Lederjacke mit abgewetzten Ärmeln. Am linken Handgelenk eine Swatch mit violettem Plastikarmband. Einen Ehering. Am rechten Gelenk einen Messingreif. Sonst keinen weiteren Schmuck.

Larsen drückte die Record-Taste des Aufnahmegeräts, nannte ihren und seinen Namen und den von Mareike Jung. Danach sprach er Datum sowie Anlass und Umstände der Befragung auf Band. Diesmal hatte er keine Schriftführerin hinzugezogen, und weil es sich bei dem Zeugen um eine Frau handelte, führte er die Befragung lieber mit Mareike durch als mit Lenz oder Sundermann. »Frau Bushoff, zum Zeitpunkt seines Verschwindens waren Sie mit Herrn Khan zusammen, ist das richtig?«

»Nein.« Sie schüttelte den Kopf, ohne die Hände zu bewegen, die sie im Schoß verschränkt hatte. »Wir haben uns zweimal getroffen. Das kann man nicht als ›zusammen sein‹ bezeichnen. Offiziell war ich noch mit meinem damaligen Freund liiert.«

»Ihr damaliger Freund war Daniel Becker?«

»Ja.«

»Wie und wo haben Sie ihn kennengelernt?«

»Daniel?«

»Ja.«

»Warum wollen Sie das denn wissen? Ich dachte, es ginge um Radschiv?«

»Ich werde Ihnen gleich sagen, warum ich danach frage.« Das war riskant, aber Larsen ließ es darauf ankommen, weil alles, was er gegen Becker und Vogel in der Hand hatte, noch zu dünn schien. »Bitte, haben Sie etwas Geduld. Aber vorher wüsste ich gern, wo Sie Daniel Becker zum ersten Mal begegnet sind.«

»In Mersfeld.« Ihre Hände bewegten sich, schlossen sich fester umeinander. »Das war vor ungefähr sechs Jahren. Da gab es damals eine rechtsradikale Szene, in die ich so reingerutscht bin. Die haben sich immer auf dem Marktplatz getroffen. Daniel war in der Szene aktiv, den kannte jeder.«

Unvermittelt hatte Larsen das Gefühl, auf eine Goldmine gestoßen zu sein. »Inwiefern?«, fragte er und fügte dem Profil von Daniel Becker in Gedanken das Wort rechtsextrem hinzu.

»Na ja, er war wirklich gegen Ausländer und so. Sagte, dass man kurzen Prozess mit dem ganzen Gesochs machen müsste, genauso wie mit den Asozialen, den Drogenfreaks, Arbeitslosen und sogar mit den Behinderten, obwohl er selbst eine behinderte Schwester hatte, die Frauke.«

»Und Sie?«

»Meine Clique hing da auch immer rum, vor dem Bahnhof oder auf dem Marktplatz. Wir waren zehn oder fünfzehn Mädchen, die meisten auch rechts. Ich habe da nur mitgemacht, weil ich dazugehören wollte, also zu den Deutschen. Meine Eltern besaßen eine kleine Pizzeria. Sie waren aus Italien eingewandert, und deswegen wollte ich wohl deutscher als deutsch sein, eine Zeit lang wenigstens. Aber bei Daniel war das anders, seine Eltern waren Akademiker, so Gutmenschen mit einem Schuldkomplex wegen dem Dritten Reich und Hitler. Wir sind nichts wert als Deutsche, so in der Art.«

Ohne es darauf anzulegen, sah Larsen vor seinem inneren Auge ein Bild von Andrea Rossi und ihren Freundinnen vor sechs Jahren auf dem Marktplatz von Mersfeld: Sie standen oder lehnten an einem steingefassten Brunnen, über den die alten Eichen vor der Kirche ihre grün belaubten Zweige breiteten. Andrea trug einen dunkelblauen Rock und violette Strümpfe, die bis zu den Knien reichten, dazu eine weiße Bluse und eine Strickjacke, hellbraun wie die Lederjacke, die sie gerade anhatte. Sie hatte nur wenig Lippenstift aufgelegt, sittsam, aber auf merkwürdige Weise wirkte das lockender, als wenn sie sich grell geschminkt hätte. Nein, dachte er, das Bild passt eher in deine eigene Jugend, vor allem die violetten Pumps.

»Wie sind Sie dann zusammengekommen?«

Andrea strich sich eine Haarsträhne aus der Stirn. Sie sah jetzt nicht mehr Larsen an, sondern fixierte einen Punkt außerhalb des Raums, den nur sie sehen konnte. Dort schlenderte Dany heran, mit diesem tänzelnden Gang von John Travolta in *Saturday Night Fever*, schlank, smart, frisch gewaschene Jeans, weißes Hemd, weiße Sneakers, dazu ein gelber Pullover, nur umgeworfen und von auf der Brust verknoteten Ärmeln gehalten. Er lächelte sein Siegerlächeln und lehnte sich im Schein der tief stehenden Sonne neben den Mädchen an die Brunnenfassung, während seine Kumpels den bewundernden Rahmen für die Szene bildeten.

»Das kann ich heute nicht mehr so genau sagen«, korrigierte Andrea auch dieses Bild. »Er war erst noch mit einer anderen zusammen, aber irgendwann dann nicht mehr. Es hat sich irgendwie ergeben. Er war ja derjenige, der immer das große Wort führte. Und er hatte als Einziger schon einen eigenen Wagen, einen weißen VW Käfer.«

»Wie würden Sie Ihre Beziehung beschreiben?«

»Ich glaube, sie war ganz okay. Wir haben uns meistens nur am Wochenende gesehen, weil er noch zur Schule ging. Wir sind dann mit dem Auto rumgefahren und haben Freunde getroffen. Manchmal haben wir im Partykeller der Eltern von Moritz Vogel gefeiert, rechte Musik gehört und das Horst-Wessel-Lied gesungen. Das kann ich mir heute alles gar nicht mehr vorstellen. Aber Daniel war sehr nett zu mir und hat mir geholfen, auch bei meinen Eltern, die nicht wollten, dass ich mich mit Neonazis abgebe. Er konnte richtig charmant sein, wenn er wollte.«

»Moritz Vogel gehörte auch zu der Szene?«

»Ja, die beiden waren dauernd zusammen, allerdings hatte Moritz nicht viel zu melden. Das war mehr so ein geschniegeltes Muttersöhnchen, immer total etepetete, wenn Sie verstehen. Daniel gab eindeutig den Ton an. Genau wie bei mir.«

»Sie befanden sich also beide in einer Art Abhängigkeit von ihm?«, wollte Mareike wissen.

»Ja.«

»Hat Sie das nicht gestört?«, fragte Larsen.

Andrea überlegte kurz. »Am Anfang nicht. Er wusste immer ganz genau, was gerade noch ging. Und wenn er dann doch mal zu weit gegangen war, hat er es schnell wieder ausgebügelt und war ganz lieb. Dann konnte er ganz süße Liebesbriefe schreiben oder einen mit einem Ticket zu ›Starlight Express‹ in Bochum überraschen. Außerdem war er sehr intelligent. Er kapierte alles unheimlich schnell, und er konnte Kopfrechnen, besser als jeder Computer, sogar wenn die Zahlen ein Minuszeichen davor hatten oder es Brüche und so was waren. Das konnte er schon als Kind in der ersten Klasse. Ich muss allerdings sagen, dass ich aus heutiger Sicht wohl immer nach seiner Pfeife getanzt habe. Wir waren keine gleichberechtigten Partner. Das hat erst aufgehört, als Radschiv aufgetaucht ist.«

»Können Sie uns sonst noch etwas zu ihm sagen?«, fragte Larsen.

»Na ja, wie gesagt, sehr bestimmend, oberlehrerhaft. Er wusste alles besser. Das hatte er wahrscheinlich von seinem Vater. Der war ja Chefarzt an der Klinik. Der hat ihn auch geschlagen, sein Vater. Daniel selbst hat nie jemanden geschlagen, also nicht, wenn er allein war. Er hat aber mitgemacht, wenn die anderen losgezogen sind, um Ausländer zu klatschen.«

»Würden Sie sagen, dass er ein spontaner Mensch ist?«, warf Mareike ein.

Andrea runzelte die Stirn. »Überhaupt nicht. Er hat alles exakt vorausgeplant. Bei allem musste etwas rauskommen, sonst hat er gar nicht erst angefangen. Dauernd redete er von Strategie und Taktik, nur Spaß gab es für ihn nicht. Aber vielleicht sind intelligente Menschen so. Er war nämlich sehr intelligent. Er musste sich nie etwas erarbeiten, er konnte immer alles so. Allerdings hat er andere oft ausgenutzt, mich auch. Eigentlich jeden. Ich weiß noch, einmal sollte ich für ihn einen Kredit aufnehmen. Bloß warum oder wofür, wollte er auf keinen Fall verraten.« Sie schüttelte den

Kopf. »Das kam für mich natürlich überhaupt nicht infrage.«

Gold, dachte Larsen, pures Gold, das er mit beiden Händen schürfen konnte. Er warf einen Blick auf den Rekorder, um zu kontrollieren, ob er noch aufnahm. »Eine letzte Frage zu Herrn Becker: Hat sich zwischen Ihnen auf sexuellem Gebiet etwas Ungewöhnliches abgespielt?«

»Wir hatten normalen Sex. Auch aus heutiger Sicht. Er war ja mein erster Mann, und ich hatte damals keine Vergleichsmöglichkeit. Aber er war sehr einfühlsam und zärtlich.«

»Er hat Sie nie geschlagen oder gewürgt?«, fragte Mareike.

Sie schüttelte wieder den Kopf. »Nein. Einmal hat er mir die Augen verbunden und wollte mich fesseln. Aber das wollte ich nicht. Da hat er damit aufgehört. Das war alles.«

»Entschuldigen Sie, jetzt habe ich doch noch eine andere Frage«, warf Larsen ein. »Sie haben vorhin erwähnt, sein Vater hätte ihn geschlagen. Können Sie uns mehr darüber sagen?«

Die junge Frau rutschte auf ihrem Stuhl hin und her. »Könnte ich ein Glas Wasser haben, bitte?«

»Natürlich.« Larsen stand auf und ging zum Waschbecken in der Ecke neben der Tür. »Geht auch ein Pappbecher?« Er füllte einen der Pappbecher auf dem Beckenrand mit Wasser aus der Leitung und stellte ihn vor die Zeugin auf den Tisch.

Sie trank einen Schluck und dann noch einen. Große, durstige Schlucke. »Viel kann ich dazu nicht sagen«, erklärte sie dann. »Nur das, was ich von Dany weiß. Er hat nicht gern darüber gesprochen, logo, aber es hatte jedenfalls nichts mit seinen rechtsextremen Umtrieben zu tun. Sein Vater war selbst ein Rechter, hatte sogar ein gerahmtes Bild von Hitler auf dem Schreibtisch stehen. Es war jedenfalls wohl so, dass Dany beim kleinsten Fehlverhalten ins Arbeitszimmer seines Vaters gerufen wurde, wo er seine Hose herunterlassen musste, die Unterhose auch, und dann hat ihm der Alte den nackten Hintern mit einem Rohrstock versohlt, ohne etwas zu sagen.«

»Hat seine Mutter nichts dagegen unternommen?«, wollte Mareike wissen.

»Nein, die hat immer so getan, als wäre nichts passiert. Selbst wenn er danach weinend zu ihr gerannt ist und sich noch den Hintern gerieben hat – nichts. Als wäre sie beschäftigt, selbst wenn sie nur aus dem Fenster geschaut hat.« Andrea presste kurz die Lippen zusammen. »Hat durch ihn hindurchgesehen, als wäre er gar nicht da, keine Berührung, kein Wort. Und dabei war sie Kinderärztin, das muss man sich mal reinziehen!«

Larsen hörte so etwas nicht zum ersten Mal, und trotzdem versetzte es ihm immer wieder einen Stich ins Herz. Es suchte sich eine Stelle zwischen den ganzen Narben und stieß ein weiteres kleines Loch hinein. Noch mehr Gold. Er sah einen kleinen Jungen mit einem kleinen, nacktem Hintern, der sich in einem halbdunklen, mit Fachbüchern dekorierten Raum über einen Stuhl beugen musste, und er sah einen Mann mittleren Alters, Akademiker, das Haar akkurat gescheitelt, in Anzughose und zugeknöpftem Hemd, und der Mann schlug zu, ohne eine Miene zu verziehen, Schlag um Schlag, die Brillengläser blinkten, und dabei zählte er mit, eins, zwei, drei …

Porträt des Mörders als kleiner Junge, dachte er. Die Sporttasche mit den SM-Utensilien im Schrank von Kosinskis Mietwohnung fiel ihm ein: kiloweise Gold. Zu Hause stand in seinem Bücherregal ein Buch über dynamische Psychiatrie, das er immer wieder zurate zog, wenn er das Gefühl hatte, auf einen psychischen Grenzfall gestoßen zu sein. Auf eine Seele, die Amok lief, um sich selbst zu schützen.

»Kommen wir jetzt zu Radschiv Omar Khan«, sagte er. »Wann und wo haben Sie ihn kennengelernt?«

»Das war an einem Samstag in der Disco in Mersfeld, dem Saloon.« Die junge Frau wirkte plötzlich erleichtert, als hätte sie ein Gewicht von ihren Schultern geladen. »Ich glaube, das Motto an dem Abend hieß Stayin' alive. Die Disco hatte immer nur Freitag und Samstag auf, da kamen dann die Leute aus der ganzen Gegend, um sich die Kante zu geben. Ich war allein da, weil Dany zu seiner Tante nach Gütersloh musste, die hatte Geburtstag oder so was, und er hoffte, von ihr was erben zu können. Wir waren auch schon nicht mehr so richtig zusammen, weil er inzwischen mit der Schule fertig war und jetzt sehen musste, was er aus seinem Leben machte. Es war die Phase, wo es eigentlich vorbei war zwischen uns und dann wieder doch nicht.«

Sie trank noch einen Schluck. »Radschiv war mit einer Gruppe anderer Asylbewerber und ein paar freiwilligen Helfern aus einem Heim in der Nähe da. Der Besitzer wollte sie erst nicht reinlassen, aber einer der Helfer hatte ein Handy und drohte, die Polizei anzurufen, und so kamen sie doch rein.«

»Was war ihr erster Eindruck von Herrn Khan?«, fragte Mareike.

»Erst habe ich ihn gar nicht richtig wahrgenommen«, sagte Andrea. »Er stand die ganze Zeit im Durchgang, wo so ein schwerer Filzvorhang Tür und Kasse vom Rest der Disco abtrennte. Er sah total jung aus, wie ein Sechzehnjähriger, dabei war er schon über zwanzig. Er war auch nicht sehr groß und ganz dünn. Der Saloon hatte dunkle Holzwände, und es gab einen Tresen mit Hockern davor, und man konnte in Nischen sitzen, mit Tischen und Bänken, die auch aus schwarzem Holz waren. Die Bänke waren nicht gepolstert, da waren nur so gefleckte Rinderfelle draufgetackert, weiß und braun. Wenn Radschiv nicht so komische bunte

Klamotten angehabt hätte, wäre er kaum von der Einrichtung zu unterscheiden gewesen. Wie gesagt, erst ist er mir gar nicht aufgefallen, aber dann hat er mich plötzlich angesprochen und gefragt, ob ich mit ihm tanze. Auf Englisch. Einfach so. You want dance with me next song? Echt.«

Ihre Stimme wurde weich, und Larsen wusste, dass sie gerade in eine Zeitmaschine gestiegen war, die sie in ihrem Leben nahezu zwei Jahre zurücktransportierte.

39

Winter 1994
Anderthalb Jahre vorher

Andrea lehnte an der Wand neben dem Zigarettenautomaten und wartete mit ein paar anderen Mädchen darauf, dass die Toilette frei wurde. Es war ziemlich dunkel in dem Gang, nur der Schein des Automaten und das Licht, das aus dem WC fiel, wenn die Tür auf- und zuging, brachten etwas Helligkeit. Andauernd kamen Jungs vorbei, weil sie sich beim Pinkeln nicht hinsetzen mussten und schneller fertig wurden. Plötzlich blieb einer von ihnen stehen und fragte: »You want dance with me next song?«

»Was?« Andrea hatte mit dem Mädchen neben ihr gesprochen und konnte nicht so schnell umschalten. Außerdem war ihr Englisch nicht so besonders.

»You dance with me?«, wiederholte der Junge. Jetzt konnte sie erkennen, dass es einer der Asylanten war, der schmächtige Kleine, der die ganze Zeit im Durchgang zur Kasse gestanden hatte. Das Mädchen neben ihr fing blöd zu kichern an, deswegen sagte sie spontan: »Yes.« Mehr fiel ihr auch nicht ein, obwohl sie sonst nicht auf den Mund gefallen war. »Sprichst du kein Deutsch?«, fragte sie, und weil er darauf nicht antwortete: »You not speak German?«

Er schüttelte den Kopf. Sie konnte seine Zähne sehen, als er lächelte; sie waren sehr weiß, sogar in dem Licht des Automaten. Er nahm ihre Hand und führte sie zur Tanzfläche, wo das Stroboskop an der Decke bunte Lichtpunkte über alles fliegen ließ. Der DJ spielte gern lange Songs, wo man beim Tanzen richtig in Trance fallen konnte, Stücke wie *In-a-Gadda-da-Vida* von Iron Butterfly oder Santa Esmeralda mit *Don't let me be misunderstood*, die vor hundert Jahren neu gewesen waren. Alle paar Minuten flackerte die Lichtanlage, hüllte alles in weiße Blitze, sodass es aussah wie bei einem Film, in dem bei jeder Szene ein paar Bilder fehlten.

»Wie heißt du?«, rief Andrea. »What is your name?«

»Radschiv!«

»Me, Andrea!« Sie deutete auf sich, und er nickte und lachte und wiederholte: »Andrea.« Er bewegte sich sehr geschmeidig, wie ein lachender Schatten zwischen den anderen Tänzern, die alle größer und kräftiger waren als er, sogar manche der Frauen. Er schwitzte auch nicht oder geriet außer Atem. Er sah sie die ganze Zeit an, mit großen glänzenden Augen. Sie schüttelte den Kopf hin und her, sie mochte es, wenn ihr die Haare ins Gesicht fielen, sodass sie wie ein Vorhang waren. Manchmal drehte sie sich auch um, alles, um ihn nicht dauernd anschauen zu müssen; weil sie sehr verliebt sein musste, um jemandem beim Tanzen in die Augen zu sehen. Wie am Anfang mit Dany, aber da war es jetzt auch nicht mehr so.

Nach ein paar Stücken rief sie: »I need a – a Pause!« Er nickte und lachte. »Hokay.«

»You want an beer?«

»I not drink Alkohol.«

Sie ging zu ihrer Mädchenclique an dem Tisch neben dem Tresen zurück, wo alle so taten, als wäre nichts gewesen, und sie auch. Eine Viertelstunde später stand er wieder vor ihr und sagte: »Dance, please.« Sie wollte erst nicht, aber er lächelte immer noch, und sein Lächeln war so voller Vertrauen, dass sie dann doch mitging auf die Tanzfläche. Sie hatte inzwischen eine Rumcola getrunken, und jetzt fand sie ihn noch schöner, obwohl er auch schon nüchtern schön genug war. Sie tanzten noch einmal zehn Minuten, bevor er von sich aus aufhörte, gerade als ein Klammerblues kam. »I must go back now«, rief er ihr ins Ohr, während Cindy Lauper in den großen Lautsprecherboxen rumsülzte. »Last train.«

Sie verstand, dass er zurück in seine Unterkunft musste, zusammen mit den anderen Asylbewerbern. »You give me your adress, please«, bat er. »I write you.«

»Why?«, rief sie zurück.

»I love you.«

»I have a friend!«, rief sie zurück. »A lover, you know.«

»I here next Saturday.« Sein Lächeln war unerschütterlich. »Maybe you here, too.«

»Maybe yes, maybe no.«

»Andrea«, sagte er so leise, dass sie es nur von seinen Lippen ablesen konnte. Dann machte er kehrt und verschwand hinter dem Filzvorhang zum Eingang, ohne sich noch einmal umzudrehen, und sie dachte, das ist doch noch ein Kind, so zierlich, so geschmeidig, so voller Vertrauen.

Die ganze Woche über dachte sie nicht an Radschiv. Eigentlich hatte sie auch nicht vorgehabt, am nächsten Samstag wieder in den Saloon zu gehen, aber am Montag kam Dany zurück und benahm sich wie Sau, weil sie ohne ihn tanzen gegangen war. Jeden zweiten Tag führte er sich so auf, bis sie die Nase voll hatte und sagte, leck mich, es ist aus, verstehst du, tutto completto aus. Deswegen ging sie am Samstag wieder in die Disco und freute sich sogar, als sie Radschiv hereinkommen sah. Denn er lächelte, und seine Augen strahlten.

Sie tanzten wieder, ohne viel zu reden, weil er ja kein Deutsch sprach. Wenn sie nicht tanzten, standen sie einfach nur nebeneinander an der Wand und guckten sich manchmal an. Sie wusste natürlich die ganze Zeit, dass sie nicht in ihn verliebt war. Auch dass sie keine Zukunft hatten. Sie wollte bloß zwischendurch mal fröhlich sein. Er musste wieder früher weg, um den letzten Zug zu kriegen, aber diesmal gab sie ihm ihre Adresse und sogar ihre Telefonnummer. Natürlich folgte darauf wieder der übliche Knatsch mit Dany, der wissen wollte, was sie die ganze Zeit trieb, wenn er nicht dabei war.

Am Mittwoch bekam sie dann einen Brief von Radschiv. Der Brief war handgeschrieben und auf Englisch, aber auch sein Englisch war nicht sehr gut. Außerdem fiel es ihr schwer, seine krakelige Schrift auf dem zerknitterten Papier zu entziffern.

Dear Andrea,
you know my english is not so good. Today I have to go to Bärlin unfurtunalty, so I can not see you next day.

Sie dachte, dass sie besser verstehen würde, was er meinte, wenn sie den Brief abschrieb und dabei übersetzte. Sie holte ihren Schreibblock, zündete eine Kerze an und setzte sich an den Tisch, der fast das ganze Zimmer in ihrem winzigen Apartment einnahm. Sie legte sogar ein kleines Langenscheidt-Wörterbuch zurecht, das sie dann aber doch nicht brauchte. Als sie fertig war, las sie alles noch einmal durch.

Liebe Andrea,
du weißt ja, dass mein Englisch nicht sehr gut ist. Heute muss ich leider nach Berlin, deswegen kann ich dich am nächsten Samstag nicht sehen. Eigentlich bin ich in Berlin registriert und darf von dort gar nicht weg, was sehr

schwierig ist, weil ich viele Freunde hier im Heim habe. Ich will auch bald wiederkommen, weil ich die ganze Zeit an dich denken muss. Ich bin nämlich verrückt nach dir und kann ohne dich nicht mehr leben. Ich kann auf alles verzichten, aber auf dich niemals. Ich will alles für dich tun, du musst mir nur sagen, was.

Dein Radschiv

Darunter hatte er noch gekritzelt:

Andrea, I love you Kiss me Baby 1000 Kisses

Noch weiter unten stand: Wenn du mir schreiben möchtest, gib den Brief meinem Freund Pamit im Flüchtlingsheim. Er weiß, wohin er ihn schicken muss. Wenn du mich anrufen willst, hier ist dic Nummer. Ich bin aber erst in zwei Wochen wieder da, vorher nicht. Vielleicht rufe ich dich an, wenn ich in Berlin bin. Ich bin traurig und einsam da. Du bist so schön.

Sie saß da und starrte auf die Zeilen und dachte: Was soll ich denn jetzt tun? Er ist verrückt. Ich darf ihn nie mehr sehen. Dann dachte sie: Aber ich bin vielleicht auch in ihn verknallt. Vielleicht bin ich auch verrückt. Am besten warte ich, bis er aus Berlin zurückkommt, mal sehen, vielleicht meldet er sich ja gar nicht mehr. Sie las den Brief immer wieder. Nach einer Weile kam es ihr vor, als könnte sie Radschivs Stimme hören, während sie seine Worte in sich aufnahm, und sie sah ihn vor sich, wie er vor ihr stand und sie anlächelte.

Spontan beschloss sie, ihm ebenfalls zu schreiben, damit er in Berlin nicht so einsam und traurig war.

Lieber Radschiv,

danke für deinen lieben Brief. Ich war sehr überrascht, dass du mir so schnell geschrieben hast. Aber ich habe mich auch gefreut, und ich will dir jetzt schreiben, weil ich auch dauernd an dich denken muss.

Sie hielt inne und suchte im Wörterbuch nach der englischen Vokabel für »verwirrt«. Sie fand gleich mehrere mögliche Ausdrücke, überlegte hin und her und entschied sich für confused.

Ich bin ganz verwirrt deinetwegen und weiß nicht, was ich denken soll! Ob ich auch nach dir verrückt bin?! Meine Gefühle sind ein einziges Durcheinander, aber ich kann unsere Begegnungen in der Disco nicht vergessen. Ich finde dich sehr schön, aber ich weiß nicht, ob ich dich küssen will. Vielleicht ja, vielleicht nein.

Manchmal muss ich an meinen Boyfriend denken, mit dem ich schon sehr lange zusammen bin. Vier Jahre! Deswegen ist es nicht einfach, zu ihm mal eben so Goodbye zu sagen. Sein Name ist Dany. Bevor ich dich in der Disco kennengelernt habe, hatten Dany und ich in der letzten Zeit oft Streit, und wir wollten unserer Beziehung eigentlich noch einmal eine zweite Chance geben.

Ich habe ihm von dir erzählt, und da ist er sehr traurig geworden. Er sagt, er kann ohne mich nicht leben. Und ich bin nicht sicher, ob ich ohne ihn leben kann. Trotzdem habe ich ja auch Gefühle für dich. »Feelings«, kennst du das Lied?

Bitte, lass mir etwas Zeit, mir darüber klar zu werden, was ich wirklich will. Ich weiß nicht, wie lange das dauern wird. Ich bin hin- und hergerissen und auch etwas verzweifelt. Ich möchte dich aber gern wiedersehen, bloß erst mal nur als Freunde. Keine Love-affair! Bitte, sei mir nicht böse. Ich habe dich nämlich sehr gern.

Andrea

Gerade als sie noch ein kleines Herz malen wollte, klingelte es. 21:35. Sie stand auf und ging zur Tür. »Mach auf, ich weiß, dass du da bist! Ich kann das Licht unter der Tür sehen.« Sie spähte durch den Spion und sah Dany auf dem Treppenabsatz stehen. Er hatte etwas in der Hand, das er hinter seinem Rücken verbarg. Sie zögerte einen Moment, aber dann öffnete sie. Er sagte: »Hi, ich hab was für dich, das wollte ich dir bringen!«

Was er hinter dem Rücken verborgen hatte, war ein Blumenstrauß, lauter bunte Feldblumen. »Ich weiß, du hast es in den letzten Wochen nicht leicht mit mir gehabt«, sagte er. »Aber ich werde mich ändern, versprochen!«

Sie freute sich so über die Blumen, dass sie ihn hereinließ und ihm sogar einen Kuss gab. Während sie die Blumenvase aus dem Hängeschrank über der Spüle nahm und mit Wasser füllte, ging er zu dem Tisch, an dem sie sonst immer saßen, wenn sie nicht gerade im Bett gleich daneben lagen. Ein paar Sekunden herrschte Stille. Dann fragte er: »Soll das ein Herz sein hier unten?«

Seine Stimme klang jetzt nicht mehr lieb und schmeichelnd, aber auch nicht laut oder scharf, eher ausdruckslos. Sie drehte sich um und sah, dass er die Briefe in den Händen hielt, den von Radschiv in der linken und ihre Antwort in der rechten. Er war blass geworden, eine Haarsträhne hing ihm in die Stirn. Er war wütend, ganz klar, und wenn er wütend war, sah er einfach total geil aus, vor allem im Kerzenschein. Wie John Travolta in Grease. »Radschiv – ist das der Scheißpaki, mit dem du dich immer im Saloon triffst? Schreibt ihr euch jetzt schon Briefe?«

»Und wenn? Ist doch nichts dabei.«

Er legte die Briefe wieder hin, sorgfältig nebeneinander, sodass sie ein perfektes Rechteck bildeten. »Ist das seine Telefonnummer da?«, fragte er.

»Ja.«

»Ich finde, du solltest ihn anrufen.«

»Was?« Sie stand da, fassungslos, die Vase mit den Blumen in der Hand.

»Hier steht seine Telefonnummer in dem Kanakenheim.« Er deutete auf Radschivs Brief. »Ruf ihn an und sag ihm, dass er gar nicht wiederzukommen braucht. Er soll in Berlin bleiben oder, noch besser, gleich zurückgehen nach Pakiland!«

»Dany –«

»Ruf ihn an, jetzt gleich.« Er sah sie unverwandt an, und da geschah etwas Merkwürdiges, es war fast, als brauchte er gar nicht mehr zu reden, als formten sich seine Worte in ihrem Kopf, ohne dass er sie aussprach. Er hat ja recht, dachte sie, ich bin so blöd! Sie stellte die Vase auf den Tisch und ging zum Telefon, das auf dem Fensterbrett stand. Sie wählte die Nummer, die Radschiv ihr aufgeschrieben hatte, und wartete eine Ewigkeit, bis am anderen Ende jemand abhob. »Hier Caritas-Unterkunft, ja?«, sagte eine Stimme mit einem Akzent wie bei Radschiv.

»Hier ist Andrea Rossi«, meldete sie sich. »Ich hätte gern Herrn Khan gesprochen.«

»Welche Khan? Viele Khan hier.«

»Radschiv.«

»Radschiv nicht da. Kennen keinen Radschiv.«

»Und ein Herr Pamit?«

»Pamit da. Moment, bitte.«

Ein Klacken in der Leitung, dann Schritte, die sich entfernten. Jemand rief: »Pamit! Telefon! Ein Frau!«

Andrea sah zu Dany hinüber, der sie unverwandt anstarrte. Sie versuchte zu lächeln, aber es gelang ihr nicht. Schließlich sagte eine andere Stimme im Hörer: »Hier Pamit, ja?«

»Herr Pamit, hier ist Andrea Rossi. Entschuldigen Sie bitte, dass ich so spät noch anrufe. Radschiv hat mir geschrieben, Sie würden es ihm ausrichten, wenn ich eine Nachricht für ihn habe.«

»Ah, Andrea, ja, er hat erzählt von dir.« Die Stimme klang plötzlich viel freundlicher. »Was soll ich sagen?«

»Ich möchte ihn nicht wiedersehen«, sagte sie und spürte, wie sich ihr der Magen umdrehte. »Ich weiß, dass er in Berlin ist, aber wenn er wiederkommt, soll er mir nicht mehr schreiben. Ich möchte keine Beziehung mit ihm. Ich komme auch erst mal nicht mehr in die Disco. Können Sie ihm das sagen?«

Es dauerte fast eine ganze Minute, bis Pamit antwortete, und dann war der freundliche Klang aus seiner Stimme verschwunden. »Ja. Ich habe verstanden. Ich werde es ihm sagen.« Er legte auf, und sie legte ebenfalls auf. »Bist du zufrieden?«, fragte sie.

»Mal sehen«, antwortete Dany. Er nickte und lächelte, aber nicht so, wie Radschiv gelächelt hatte. »Vielleicht bleibt er ja in Berlin. Vielleicht schicken sie ihn auch zurück nach Pakistan, wo er hingehört. Oder er verschwindet einfach.«

Radschivs Lächeln war viel schöner gewesen.

40

Sommer 1996
Anderthalb Jahre später

Und so kam es zum Mord an Radschiv Nasir Khan aus Pakistan, dachte Larsen, die Brust schwer von dem ganzen Gold. »Haben Sie Herrn Khan danach wiedergesehen?«

Die junge Frau schüttelte den Kopf. »Nein. Ich habe ihn nicht wiedergesehen und auch nichts mehr von ihm gehört. Bis zu dem Tag, an dem dieser Pamit mich aus dem Flüchtlingsheim anrief.«

»Wann war das?«

»Das war ungefähr drei Wochen später, im Dezember, kurz vor Weihnachten.« Andrea schien in Gedanken noch einmal nachzurechnen, dann nickte sie. »Er war auf meinem Anrufbeantworter und wollte wissen, ob Radschiv bei mir wäre. Er machte sich Sorgen, weil sein Freund vor einer Woche die Unterkunft verlassen hatte und seitdem verschwunden war. Ich habe ihn dann zurückgerufen, und er sagte, Radschiv hätte einen Anruf bekommen, von einem Mann, der ihm sagte, dass ein Mädchen sich mit ihm treffen wolle. Der Mann sprach sehr gut Englisch, sagte er. Er sagte, das Mädchen sei sehr schüchtern und wollte nicht, dass er ihren Namen nenne. Aber sie würden alle zusammen auf eine Party gehen, und da wäre wahrscheinlich auch Andrea. Andrea, also ich, hätte es sich anders überlegt mit ihm und wäre jetzt nur nicht mutig genug, ihn persönlich anzurufen. Deswegen wolle sie sich mit ihm am Bahnhof treffen. Radschiv nahm den Zug nach Mersfeld und ist nie mehr zurückgekommen.«

»Sie haben ihn dann als vermisst gemeldet?«, fragte Mareike.

»Nicht sofort. Erst als mir der Gedanke kam, er könnte sich vielleicht etwas angetan haben, meinetwegen. Weil ich mit ihm Schluss gemacht hatte. Und weil ich auch auf keiner Party war, ich wusste ja nichts davon. Allerdings hat die Vermisstenanzeige nichts gebracht, obwohl alle nach Radschiv gesucht haben. Jeder hat nach ihm gesucht, die Kripo, die Bahnpolizei, die Betreuer, hier, in Berlin, in den anderen Heimen und in den Krankenhäusern hier in der Gegend. Es gab sogar Suchanzeigen in der Zeitung. Er ist nicht wieder aufgetaucht.«

Doch, dachte Larsen, bloß nicht aus eigener Kraft. »Hat Herr Becker sich noch einmal zu der Angelegenheit geäußert?«

»Nicht direkt.« Andrea warf einen unruhigen Blick auf ihre Plastikuhr. »Nur einmal hat er gesagt, Radschiv wäre wahrscheinlich nach Berlin zurückgekehrt. Aber dort wusste man nichts über ihn. Von den Behörden schien sich niemand besonders große Sorgen zu machen, weil Asylbewerber angeblich immer wieder untertauchten oder manchmal sogar zurück in ihre Heimat fuhren. Sagen Sie, geht das hier noch lange? Ich müsste dann nämlich kurz meinen Mann anrufen und ihm Bescheid geben, wo ich bin.«

»Sie können Ihren Mann anrufen, wenn wir hier fertig sind«, sagte Larsen und konsultierte ebenfalls seine Armbanduhr. »Ganz am Anfang unserer Unterhaltung haben Sie eine Bemerkung gemacht, über Daniel Beckers Schwester. Können Sie uns dazu kurz noch etwas sagen? Zu, wie war ihr Name? Frauke? Wie war das Verhältnis?«

Andrea runzelte die Stirn und trank den Rest Wasser aus dem Pappbecher. »Gut. Ihr Verhältnis war gut. Er hat sie geliebt. Das kann man sich gar nicht vorstellen, wie besorgt er um sie war. Sie ist nur ein Jahr jünger als er und lebt in einem Heim, zusammen mit anderen, die auch so sind wie sie. Ich habe ja schon erwähnt, dass sie behindert ist, autistisch, so nennt man das wohl. Er hat sie regelmäßig besucht, einmal im Monat mindestens. Wenn er gerade Zeit hatte, die Tage waren egal. Einer war so gut wie der andere, denn für Frauke bestand kein Unterschied zwischen den Tagen. Meistens machte er sich nicht einmal die Mühe, sie vorher anzurufen, denn sie war ja sowieso da. Einmal hat er mich mitgenommen zu ihr, als es noch gut zwischen uns lief.«

Sie strich sich wieder eine Haarsträhne aus der Stirn, dabei lächelte sie. »Es war wie ein richtiger Ausflug. Das Heim liegt direkt an der Weser und sieht aus wie so eine Künstlerkolonie auf einem alten Bild – ein paar niedrige Häuser, einige mit wildem Wein bewachsen, umgeben von Wiesen und Bäumen. Aber bei unserer Ankunft bin ich im ersten Moment richtig erschrocken, als ich seine Schwester sah – sie war so anders als er. Obwohl sie nur ein Jahr auseinanderliegen, bestand zwischen ihnen nicht die geringste Ähnlichkeit. Sie war ziemlich stämmig, mit kurzen Beinen, kurzen Armen und einem großen, runden Kopf, der irgendwie nach vorn hing. Sie kam mir vor, als wäre sie aus verschiedenen Personen zusammengesetzt, die nicht einmal dasselbe Alter hatten. Obwohl sie ja jünger als Daniel war, wurden ihre Haare schon grau.

Sie redete sofort los, mein lieber Bruder, sagte sie dauernd, und alles andere wiederholte sie auch die ganze Zeit, irgendwie sprunghaft und zusammenhanglos. Sie griff nach seinem Arm und ließ ihn nicht mehr los. Er sagte ihr, wer ich war, aber das nahm sie gar nicht richtig zur Kenntnis; nur ihr Blick wurde ängstlich und misstrauisch. Sie hatte kleine braune Augen, die fast unter einem unregelmäßig geschnittenen Pony verschwanden. Ich habe dich so lieb, sagte sie andauernd zu ihm. Ich glaube, deswegen kümmerte Dany sich so um sie. Sie war der einzige Mensch, der ihm sagte, dass er ihn lieb hatte, aus tiefstem Herzen, verstehen Sie? Unschuldig.«

Larsen dachte: Ein Vater, der schlägt. Eine Mutter, die schweigt. Eine Schwester, die in sich eingeschlossen ist. Ein Junge, der als Kind mit negativen Zahlen rechnen kann und als Erwachsener tötet, wenn etwas seine Kreise stört. Das Puzzle war fast vollständig. »Wir waren dann noch beim Heimleiter, eigentlich nur um Guten Tag zu sagen«, fuhr Andrea fort. »Der Heimleiter sagte, sie wäre immer schon morgens völlig aus dem Häuschen, wenn Dany komme. Heute kommt mein Bruder, heute kommt mein Bruder, sie kann die ganze Zeit von nichts anderem mehr reden, bis Sie endlich da sind. Darauf Daniel: Sie konnte doch gar nicht wissen, dass ich komme. Und der Direktor: Sie spürt das. Heute war es so schlimm, das wir ihr etwas geben mussten, damit sie sich beruhigt. Da ist Daniel fast explodiert: Was haben Sie ihr gegeben – irgendwelche Drogen? Haben Sie sie unter Drogen gesetzt? Er wollte nicht, dass seine Schwester runtergedimmt wird, schrie er. Sie hätte ein Recht auf die Wirklichkeit!«

Jemand klopfte an die Tür. Eine dunkelhäutige Frau in einem grünen Overall trat ein und stellte einen Eimer auf den Boden. »Muss hier sauber machen«, sagte sie. »Bitte gehen in anderen Raum jetzt.«

»Was?«, fragte Larsen. »Wir sind gerade mitten in einer Besprechung –«

»Besprechen woanders weiter«, sagte die Frau nachdrücklich. »Sonst zu spät.« Sie tauchte einen Schrubber in den Eimer und klatschte einen Wischlappen auf den Linoleumboden.

»Das geht jetzt nicht«, sagte Larsen ungehalten. »Raus mit Ihnen. Der Raum bleibt heute ungeputzt!«

»Ich muss sowieso jetzt los.« Andrea stand auf. »Sie bringen mich doch zurück? Ich möchte nur noch schnell auf die Toilette, bevor wir losfahren.«

»Bitte, setzen Sie sich wieder«, sagte Larsen. »Nur einen

Moment. Wissen Sie noch, wo das Heim ist? Oder erinnern Sie sich an den Namen des Direktors?«

Sie schüttelte bedauernd den Kopf. »Nein, leider nicht. Das ist ja bestimmt fünf Jahre her. Warum fragen Sie nicht einfach Dany selbst? Wissen Sie, ich habe mit alldem längst abgeschlossen. Ehrlich gesagt, dachte ich, es ginge um Radschiv, nicht um Daniel.«

»Genau genommen geht es um beide«, erklärte Larsen und gab nun preis, was er ihr eigentlich früher hätte mitteilen müssen. Aber er fürchtete, dass es ihrer Aussage eine andere, weniger direkte Färbung verliehen hätte. »Wir glauben, dass er nicht mehr am Leben ist. Und wir glauben, dass Daniel Becker ihn getötet hat.«

»Dany?!« Ihre Überraschung war nicht gespielt.

»Erinnern Sie sich noch an einen Mechaniker namens Lothar Schmidt?«

»Motörhead? Ja … ja, sicher.«

»Er behauptet, er wäre dabei gewesen, als Daniel Becker und Moritz Vogel Herrn Khan getötet haben, am 13. Dezember 1994. Sie haben ihn nach Mersfeld gelockt, dort erwürgt und die Leiche in einem See beim Segelklub versenkt.«

»O Gott, Radschiv …« Einige Sekunden lang sagte Andrea nichts, schien nur in sich hineinzuhören. »Vielleicht wollte er verschwinden«, meinte sie dann. »Damals habe ich mich gefragt, was Daniel damit gemeint haben könnte.« Ein Schauer schien ihr über den Rücken zu laufen. »Aber eigentlich hätte ich gedacht, wenn er, wenn Dany mal jemanden tötet, dass er ihn dann verbrennen würde. Nicht versenken.«

»Wieso das?«, erkundigte sich Mareike.

»Er war, na ja, er war irgendwie besessen von Feuer. Schon als Kind, glaube ich. Er hat mal erzählt, wie er in der Schule kaum still sitzen konnte, wenn die Rede auf Nero kam – Kaiser Nero, der Rom in Brand gesetzt hat. Oder im Religionsunterricht, die Heiligen, die als Märtyrer verbrannt wurden, auf dem Scheiterhaufen. Dann die Hexen. Sie hätten sein Gesicht sehen sollen, wenn er das Wort aussprach: Feuer …« Sie hielt inne. »O Gott, Radschiv …« Plötzlich stiegen ihr die Tränen in die Augen. »Warum haben sie das nur getan?«

»Sie trauen es den beiden also zu?«, fragte Larsen.

Andrea schloss einen Moment die Augen. Dann sagte sie leise, kaum hörbar: »Ja.«

»Beiden? Oder vor allem Daniel Becker?«

»Dany«, antwortete sie, immer noch leise.

»Warum?«

Sie schwieg wieder ein paar Sekunden. »Weil er zu allem fähig ist. Dany ist zu allem fähig.«

Larsen nickte. Er wusste nicht mehr, wer gesagt hatte, das wahrhaft Schreckliche in der Welt sei, dass jeder seine Gründe hätte. Er wusste nicht einmal, ob derjenige es mit genau diesen Worten gesagt hatte; er wusste nur, dass es stimmte. Es gab Gründe für alles, und dann brauchte es nur noch einen Anlass. Er sah der jungen Frau nach, die Daniel Becker den Grund für Radschiv Khans Tod geliefert hatte; wie sie in ihr eigenes Leben zurückging, während der Mörder vielleicht einen neuen Grund gefunden hatte, einen anderen Menschen zu töten.

Er holte sein Handy heraus und schaltete es ein. Kein Anruf, keine SMS, keine Mail. Er gab einen Laut von sich, als hätte er zu lange die Luft angehalten. Wo bist du, Nicole?

41

Auf einen Schlag war Nicole glücklich. Als sie den KIA mit Dany zurückkommen sah, und als sie dann auch noch sah, dass Moritz bei ihm war. Mann, sie hätte platzen können vor Freude. Das hatte Dany nur gemacht, weil er wollte, dass sie es richtig schön hatten, sie alle zusammen. Er konnte Moritz ja jeden Tag im Büro sehen, er musste ihn nicht auch noch hierhaben, außer wenn er ihr eine Freude machen wollte. Das muss ich heute Abend gleich in mein Tagebuch schreiben, dachte sie. Sie stand am Küchenfenster und wusste schon, was sie schreiben wollte, praktisch jedes Wort.

Sie sah zu, wie Dany ausstieg, Moritz auf der anderen Seite, und dann – typisch Männer! – kamen sie aber nicht gleich ins Haus, um ihr Hallo zu sagen, sondern blieben erst mal bei dem Ofen, neben dem sie geparkt hatten. Sie standen da und sahen ihn an, wie Männer eben manche Sachen zusammen anguckten, Automotoren oder Rasenmäher oder Bohrmaschinen.

Dany zeigte Moritz etwas. Moritz nickte und beugte sich vor, um das Etwas genauer in Augenschein zu nehmen. Dann sagte er etwas zu Dany, und beide lachten. Was hatte Dany bloß mit diesem Ofen, es war doch warm wie im Sommer! Vielleicht wollten sie etwas grillen, fürs Abendessen.

Den Nachmittag über, während Dany weg gewesen war, hatte Nicole ein bisschen Angst gehabt, ganz allein in der menschenleeren Anlage. Die verwaisten Häuser mit den heruntergelassenen Jalousien, und dann die unheimliche Stille. Nicht einmal die Autos, die auf der weit entfernten Straße vorbeifuhren – ein blitzendes Fenster ab und zu –, konnte man hören. Nur den Wind, der über das flache Land heranstrich, dazu die Schreie der Krähen. Wie viele Krähen es hier gab! Jetzt, wo die beiden Männer da waren, fühlte Nicole sich sicher.

Sie ging schnell in den Flur und stellte sich vor den großen Wandspiegel, um ihr Aussehen zu kontrollieren. Die Haare waren in Ordnung, aber sie konnte noch etwas Lippenstift vertragen; auch die Brauen mussten nachgezogen werden. Die Männer brauchten bestimmt noch ewig draußen. Die Zeit reichte auf alle Fälle noch für einen frischen Aprikosenteint und die neue Wimperntusche, Midnight Blue. Sie kramte hastig einen kurzen Rock aus dem Koffer, Supermini, keine Hotpants, keine Jeans, nur ein Streifen roter Stoff, dazu das schwarze Top mit den silbernen Batikherzen. Damit sah sie aus wie Cheryl Ladd, die Blonde aus *Drei Engel für Charlie*.

Als sie wieder aus dem Schlafzimmer kam, standen Dany und Moritz in der Küche, jeder ein Bier in der Hand. Moritz hatte sich ebenfalls schnell umgezogen, jetzt trug er eine von Danys Jogginghosen und ein schilfgrünes T-Shirt. Er sah sie und sagte: »Na, du?«, wie nur er so etwas sagen konnte. Sie ging zu ihm, und er beugte sich vor und umarmte sie, etwas theatralisch, das Lächeln nicht echt, wie in einem französischen Film. Er ließ zu, dass sie ihn auf die Wange küsste; den Mund drehte er schnell weg.

»Hallo, Moritz.« Eigentlich wollte sie die Worte nur hauchen, bloß dass sie etwas heiser war von dem Wind, der hier die ganze Zeit wehte. »Kriege ich auch ein Bier?«

»Ist im Kühlschrank«, sagte Dany. Er hatte die restlichen Koteletts aus dem Gefrierfach genommen und legte sie kurz in die Mikrowelle. »Hast du denn jetzt mal Hunger?«, fragte er, während sie sich eine kalte Flasche aus dem Miele-Kühlschrank nahm. »Und ob«, sagte sie, obwohl sie eigentlich keinen hatte. Sie hakte die Flasche unter den Griff der Besteckschublade, um den Kronkorken herunterzuhebeln.

Dann setzte sie die Flasche an den Mund und trank, und dabei sah sie Moritz in die Augen. Moritz sah weg, als hätte er ein schlechtes Gewissen, dabei freute sie sich so. Alles nur Theater bei den Männern, dachte sie. Sie trank noch einen Schluck. Besser als essen. Den ganzen Tag hatte sie noch nichts getrunken, deswegen war alles so grau gewesen, aber jetzt wurde es heller am Horizont.

»Wir probieren den Ofen aus«, sagte Dany, »mit den Koteletts. Das kann etwas dauern.« Er zog einen Bogen Alufolie von der Rolle, die in einem Halter an der Wand neben der Spüle hing. »Du kannst ja in der Zeit fernsehen. Kommt bestimmt was für dich.«

»Ich will aber lieber zugucken«, sagte sie.

Er zuckte mit den Schultern und sah Moritz an, der auch mit den Schultern zuckte. Sie kümmerten sich nicht weiter um sie, sondern gingen raus. Dany trug die Koteletts, Moritz hielt die Bierflaschen.

Sie ging hinter ihnen her und dachte, wie ein Hund. Ich laufe hinter ihnen her wie ein Hund, der seinem Herrchen folgt. Sein Herrchen ist für einen Hund Gott, aber ich bin kein Hund. Ich bin ein Mensch, ein richtiger Mensch. Vielleicht ein schlechter, aber ein richtiger. Sie trank noch einen Schluck und dachte, das kann ein Hund nicht. Er hat vier Beine, aber er kann nicht im Gehen trinken, nur so als Beispiel.

Einen Ofen wie diesen hatte sie noch nie gesehen. Er war rund und sah ein bisschen so aus wie diese Röhren, in die man im Krankenhaus geschoben wurde, wenn mit einem irgendwas im Kopf nicht stimmte, nur nicht so weiß, sondern wie Eisen, das niemand lackiert hatte. Die Eisenröhre war bestimmt einen Meter siebzig lang; das musste ungefähr hinkommen, denn sie war einen Meter fünfundsechzig, deswegen hatte sie einen Vergleich. An der Seite gab es eine Klappe und ein kleines Fenster, damit man die Flammen sehen konnte. Ein Verlängerungskabel führte vom unteren Ende des Ofens zu einer Steckdose auf der Terrasse.

»Mo, tust du die Koteletts mal rein?«, sagte Dany, und Moritz machte die Klappe auf und legte das Fleisch auf der Alufolie in die Röhre. Sie dachte, vielleicht hätten wir die Koteletts vorher klopfen sollen, aber so ging es wahrscheinlich auch. Es war jedenfalls schön rot, mit einem breiten Fettrand und einem kräftigen Knochen. Dany drückte einen Knopf. Ein Klacken ertönte, und Funken sprühten. Einer der Funken fing eine Flamme. Nach ein paar Sekunden drehte Dany die Flamme höher, aber da ging sie aus. Dany drückte den Knopf noch einmal, und wieder ging die Flamme aus, als er den Ofen in die zweite Stufe hochschalten wollte. »Verdammt, was soll das denn«, sagte Dany. Er wirkte ziemlich ratlos.

»Vielleicht kriegt die Flamme nicht genug Luft«, meinte Moritz. »Lass mal die Klappe einen Spalt offen.«

Dany verschob den Deckel ein Stück weit und versuchte es noch zweimal. Erst beim dritten Mal klappte es: Jetzt brannte die Flamme auch weiter, als er sie auf die höhere Heizstufe drehte. Er betrachtete die Flamme durch das Sichtfenster. Sein Gesicht hatte auf einmal einen ganz seltsamen Ausdruck, so wie früher, wenn er Lust auf sie hatte und drauf und dran war, sie so richtig ranzunehmen. Angespannt und gleichzeitig irgendwie entrückt, als gäbe es die ganze Welt um ihn herum gar nicht mehr. »So, jetzt lassen wir das erst mal ein bisschen brutzeln«, sagte er.

»Wie lange denn?«, fragte Moritz, der wohl ziemlichen Hunger zu haben schien.

»Viertelstunde, zwanzig Minuten«, sagte Dany. »Möchte noch jemand ein Bier?«

»Ich hab noch«, sagte Moritz. Nicole hatte auch noch. Sie sah zu, wie die Flamme unruhig hinter dem Sichtfenster brannte, gelb und orangerot, und das erinnerte sie daran, wie früher bei ihren Großeltern manchmal ein Super-8-Film im Vorführapparat stecken blieb und das Zelluloid vor der Glühbirne des Projektors verschmorte. Auf der Leinwand konnte man dann sehen, wie das stehen gebliebene Bild in der Mitte ein weißes Loch kriegte, das sich zu den Rändern hin bräunlich verfärbte und immer größer wurde, bis das Bild ganz verschwunden war und man nur noch auf die weiße Leinwand starrte.

Da bin ich jetzt, dachte Nicole, vor diesem weißen Loch, das in Wirklichkeit die Leinwand ist. Das ist mein Leben in diesem Moment, es löst sich auf. Alles, was bisher war, ist abgelaufen und verbrannt, und wenn es weitergeht, fängt was völlig Neues an. Ich hole Mellie und fahre mit ihr zu Oma und Opa. Da fange ich noch mal ganz von vorne an, ohne den ganzen Dreck; ich bin ja noch jung.

»Nicole, träumst du?«, fragte Moritz und lachte. »Bist du gerade wieder Dalida?« Dany lachte auch. Der komische Ausdruck war immer noch auf seinem Gesicht, bloß dass er jetzt ihr zu gelten schien. »Wollen wir mal nachsehen, was die Koteletts machen?«, fragte er. Moritz nickte. Dany zog einen dicken Handschuh an und machte die Klappe auf, um hineinzuschauen. Sein Gesicht veränderte sich, wurde missmutig und enttäuscht. »Scheiße! Das Fleisch ist ja noch ganz roh! Der Ofen wird überhaupt nicht richtig heiß.«

Die Koteletts waren etwas heller geworden, nicht mehr so rot, und auf der Alufolie hatte sich Saft gesammelt, aber nicht einmal der Fettrand hatte eine braune Kruste bekommen. »Vielleicht müssen sie etwas höher liegen«, meinte Moritz, »nicht so dicht an der Flamme. Hitze steigt doch nach oben.«

Dany schaltete den Ofen aus und ließ ihn etwas abkühlen, um sich nicht zu verbrennen, wenn er das Fleisch herausnahm. Dann holte er zwei Ytong-Steine aus dem KIA, schob sie in den Ofen und legte dann die Alufolie mit den Koteletts darauf. Als er die Klappe berührte, runzelte er die Stirn. »Guck dir das an, kann man anfassen, ohne sich zu verbrennen.« Er überlegte kurz, bevor er den Ofen wieder anmachte und sagte: »Vielleicht brauchen die Brennkammern länger, um richtig heiß zu werden.«

»Kann man die nicht trotzdem essen?«, fragte Moritz gereizt.

»Nein, die sind ja voller Salmonellen.«

Nicole sagte: »Ich dachte, Salmonellen sind nur in Huhn.«

»Ich wollte eigentlich heute noch nach Hause fahren«, meinte Moritz, aber Dany und sie sagten beide: »Nein!«, jeder mit einer anderen Betonung. Moritz zuckte mit den Schultern. »Wenn schon der Testlauf nicht klappt …«

»Wart's doch mal ab«, sagte Dany.

»Testlauf wofür?«, wollte Nicole wissen. Keiner der beiden Männer antwortete, und sie beschloss, sich noch ein Bier zu holen. Vielleicht gab es auch was im Fernsehen, da lief eigentlich immer was.

Als sie zum roten Haus zurückging, konnte sie sehen, wie die Sonne unterging, weit draußen, wo das Meer war. Der Himmel war noch blau, aber die Wolken über dem Horizont schimmerten fliederfarben, und auf dem flachen Land, auf der Erde, dem Gras und in den Bäumen lag ein Leuchten. Nicole merkte, wie sie ruhig wurde, weil sie auf einmal spürte, dass vielleicht bald alles gut war.

An der Tür blieb sie kurz stehen und drehte sich um. Der Ofen brannte jetzt wieder, aber Dany und Moritz blieben nicht dabei, um weiter zuzuschauen. Sie kamen auch auf das rote Haus zu. Nicole war froh, dass sie da waren; ohne die beiden wäre ihr hier schon etwas unheimlich zumute. Dann dachte sie: Und wenn Dany mich belogen hat? Wenn das Erste die Wahrheit war, und das Zweite die Lüge? Wenn Moritz und er es tatsächlich getan haben; wenn sie doch die Mörder von Robert sind?

Plötzlich wurde ihr schwindlig. Für ein paar Sekunden hatte sie das Gefühl, dass ihre Füße den Kontakt zum Boden verloren. Es war wie früher, als ihre Großeltern sie einmal zum Baden am Meer mitgenommen hatten: Sie war ins Wasser gegangen, und die ganze Zeit spürte sie Sand unter den Fußsohlen, doch dann hob eine Welle sie hoch, sie verlor den Halt und drohte davongetrieben zu werden. Sie werden mich auch töten, schoss es ihr durch den Kopf. Sie lief ins Schlafzimmer, packte ihre Handtasche und durchwühlte sie bis auf den Grund. Irgendwo musste sie doch die Visitenkarte von diesem Kommissar haben, der bei ihr zu Hause gewesen war … Irgendwo … irgendwo … da!

Sie tippte die Nummer in ihr Handy. Schon nach dem zweiten Klingeln meldete sich eine weibliche Stimme: »Polizeipräsidium Bremen. Wie können wir Ihnen helfen?«

»Ich hätte gern Hauptkommissar Larsen gesprochen, bitte«, sagte Nicole.

»Und worum geht es?«

»Das ist –« Sie wusste nicht, wie sie es ausdrücken sollte, es erschien ihr plötzlich lächerlich. »Privat.«

»Einen Moment, bitte.« Die Stimme wurde von einem Tuten abgelöst, das sich endlos zu wiederholen schien, bis sich die weibliche Stimme wieder meldete: »Hauptkommissar Larsen geht nicht an seinen Apparat. Kann Ihnen jemand anderes helfen?«

»Nein … nein, ich glaube nicht.« Durch das offene Fenster hörte sie die Stimmen der Männer näher kommen. »Ich – können Sie ihm etwas ausrichten?«

»Soll er Sie zurückrufen?«

Es war aussichtslos, eine dumme Idee. »Nein. Das geht nicht. Sagen Sie ihm, ich habe Angst, dass mir etwas zustößt.« Sie unterbrach die Verbindung. Zu spät, zu spät. Sie stopfte das Handy in die Tasche zurück, fuhr sich mit den Fingern durch die Haare und eilte wieder zur Bungalowtür.

Von der Schwelle aus blickte sie Dany und Moritz entgegen, sah, wie sie nebeneinander schlenderten, die Bierflaschen in der Hand, und redeten und lachten. Nein, dachte sie, so was könnten die gar nicht. Dany nicht, und auch Moritz nicht. Vor allem Moritz nicht. Ich bin dumm, einfach nur dumm.

Das war eines von Danys Spielchen, sonst nichts. Sie fand zwar, dass man mit dem Tod eines Menschen keine Spiele treiben sollte, aber so war Dany nun mal. Trotzdem gut, dass es hier keinen Keller gab.

42

Sommer 1996
Vier Tage vorher

Es war ein kleines Grab dicht am Wasser, weil Ellie nur ein kleiner Mensch gewesen war, der das Wasser immer geliebt hatte. Auch der Friedhof war klein, genauso wie der Flecken, zu dem er gehörte, ein Dorf in der Nähe von Hamburg, wo Hannas Eltern gelebt hatten. Als Hanna wollte, dass ihre Tochter hier beerdigt wurde, hatte Larsen nichts dagegen gehabt. Es gab nur ein paar Dutzend Gräber hinter der Kirche, eingefasst von einer moosbewachsenen Steinmauer. Die meisten Dorfbewohner waren im Lauf der Jahre weggezogen, weil der Fluss bei Regen oft über die Ufer trat und alles überschwemmte, aber nie stieg er bis zum Friedhof, sodass die Toten es gemütlich und trocken hatten.

Auf dem schlichten Grabstein stand Ellen Gabriele Larsen, dazu das Geburtsdatum und der Tag, an dem sie gestorben war, sonst nichts. Heute vor neunzehn Jahren, dachte Larsen. Seitdem hatte er seine tote Tochter an jedem dieser Tage besucht, am Anfang sogar noch öfter, zuerst mit Hanna zusammen, dann allein. Er setzte sich auf eine verwitterte Bank, von der aus er das kleine Grab sehen konnte. Er dachte daran, wie Ellie gewesen war, und manchmal – selten – redete er mit ihr wie die alten Männer in einem John-Ford-Western, James Stewart oder John Wayne, die ihren gestorbenen Frauen alles erzählten, was gerade in ihrem Leben los war. Er hatte ihr von Kristin erzählt und davon, dass er für ein Jahr nach Amerika gehen würde, Butch Cassidy und Sundance Kid besuchen, und deswegen beim nächsten Mal nicht kommen konnte. Aber sie wusste ja, dass er immer an sie dachte, auch in New Mexico. Das war also der eine Tag gewesen, an dem er es nicht geschafft hatte; sonst jedes Mal.

Von den Fällen, an denen er arbeitete, erzählte er ihr meistens nichts, dafür war sie noch zu jung. In seiner Erinnerung blieb sie immer gleich, wurde nicht älter, war nur woanders. Hin und wieder erzählte er ihr aber von Menschen, denen er begegnet war, oder von Erlebnissen, die sie vielleicht spannend fand, und gelegentlich gehörten diese Menschen oder Erlebnisse doch zu einem Fall. Das Handy ließ er ausgeschaltet, solange er auf dem Friedhof war.

Ich muss dir von jemandem erzählen, sagte er jetzt – von einem Jungen, der aus Pakistan zu uns gekommen und hier getötet worden ist. Stell dir mal vor, sein Vater war eines Tages verschwunden, ein Regimegegner, zu Hause in Pakistan. Weißt du, was ein Regimegegner ist? Gut. Vermutlich hatte der Geheimdienst ihn verhaftet, aber der Junge war nicht sicher, deswegen hat er sich auf die Suche nach seinem Vater gemacht, der vielleicht seine Hilfe brauchte. Dabei geriet er selbst mit den Vertretern des Regimes in Konflikt, die ihn einsperrten und ihm in der Gefangenschaft sehr wehtaten, damit er alles verriet, was er über andere Regimegegner wusste. Woher ich das weiß? Ich habe seine Akte gelesen, das Protokoll der Anhörung, bei der er dazu befragt wurde, warum er bei uns Asyl haben will.

Schließlich ließen die Vertreter der Regierung ihn gehen, nachdem er ihnen alle Informationen gegeben hatte, die sie verlangten. Bevor sie ihn freiließen, sagten sie ihm noch, dass sein Vater im Gefängnis sei und man ihm den Prozess machen werde. Als er nach Hause zurückkam, war seine Mutter nach Indien geflohen. Die anderen Regimegegner sagten ihm, es wäre am besten, wenn er seiner Mutter folgte, sonst würde er wieder eingesperrt, und beim nächsten Mal würde man auch ihm den Prozess machen und ihn danach vielleicht sogar hinrichten wie seinen Vater. Das war nämlich in Wirklichkeit längst geschehen.

Sie gaben ihm etwas Geld, und er fuhr mit einem Bus über die Grenze zu Indien und dort bis nach Kalkutta, ein ziemliches Stück also. Dort arbeitete er für einen reichen Inder, dem mehrere Schiffe gehörten. Nach einigen Monaten gab er die Suche nach seiner Mutter auf und fuhr mit einem der Schiffe des reichen Inders über das Meer in einen Hafen, der zu einem russischen Staat gehörte; welchem, konnte er nicht mehr sagen. Von dort reiste er weiter, erst mit einem Lastwagen, dann mit einem Bus und zuletzt mit der Bahn, bis er endlich bei uns in Deutschland ankam, wo er dann ermordet worden ist, weil er sich in ein Mädchen verliebt hat. Er war noch nicht mal fünfundzwanzig Jahre alt. Jetzt pass auf, warum ich dir das alles erzähle: Der Junge heißt Radschiv, nur damit du Bescheid weißt, falls du ihm begegnest. Er spricht nämlich kein Deutsch.

Es gab noch einen anderen Grund, aus dem Larsen darüber redete, aber der hatte mehr mit ihm selbst als mit Radschiv Khan zu tun. Mit ihm und Hanna. Sie hatten sich vor fünfunddreißig Jahren auf ganz ähnliche Weise kennengelernt wie der Junge aus Pakistan und Andrea Rossi, als halbe Kinder, die nebeneinander in einer Dorfdisco standen und nur ein paar Blicke brauchten, um sich zu verlieben. Als die junge Frau von ihrer ersten Begegnung mit Radschiv erzählt hatte, war alles auf einmal wieder da gewesen – die Musik, der Geruch nach Zigaretten, Schweiß und Drogerieparfüm, das Geflimmer der Lichtanlage, der kühle Geschmack des ersten Kusses, Spucke, Bier und Cola. Nach Hause war er wie auf Watte gegangen, an diesem Abend.

Nur dass ihm damals nichts passiert war. Er lebte noch, anders als der Junge aus Pakistan. Dafür hatte Gott das Leben seines Kindes genommen, einfach so, weil am Anfang manchmal ein Kuss stand, aber am Ende immer der Tod. Nur diesmal nicht, redete Larsen weiter mit Ellie. Was das Mädchen angeht, werde ich ihm einen Strich durch die Rechnung machen. Sie heißt Grit und ist ungefähr so alt, wie du jetzt wärst. Sie ist leider ein bisschen vom Weg abgekommen und hat dabei die falschen Leute kennengelernt. Aber das ist kein Grund, sie sterben zu lassen, und ich verspreche dir, dass ich alles tun werde, um sie zu beschützen.

Er wusste, dass der Täter wieder töten würde, selbst dann, wenn es ihm keinen erkennbaren Nutzen mehr brachte. Gleich ob Daniel Becker oder Moritz Vogel, allein oder beide zusammen – einer von ihnen empfand Lust beim Töten, und was vielleicht am Anfang noch eine Mischung aus Nutzen und Lust gewesen war, verschob sich langsam, aber unaufhaltsam in Richtung Lust. Auch wenn es ihnen selbst vielleicht gar nicht klar war, hatten sie bereits ihr nächstes Opfer gefunden, nach dem sie unbewusst Ausschau hielten. Denn Grit Weichsel war in diese Rolle hineingeboren worden. Sie hatte die Struktur, und sie war in Reichweite des Täters. Er musste nur die Hand ausstrecken.

Larsen stand auf und sagte: »Auf Wiedersehen, Kleines, ich komme bald wieder.«

»Letztes Jahr bist du nicht hier gewesen«, sagte eine Stimme, und eine verrückte Sekunde lang dachte er, Ellie hätte ihm geantwortet. Er drehte sich um und entdeckte Hanna auf dem Weg von dem halb offenen Eisentor zu Ellies Grab.

»Ich war in Amerika«, antwortete er. »In Santa Fé.«

»In einem deiner Filme?«

»In Wirklichkeit.«

Hanna sah besser aus als bei den letzten Malen, zu denen sie sich hier getroffen hatten. Die Augen waren klar und hatten nicht mehr den falschen Glanz, der von den Quellen einer verstörten Seele gespeist worden war. »Ich glaube, ich habe schlecht über dich geredet«, sagte sie, »Ellie gegenüber, weil du nicht da warst. Es tut mir leid.«

»Ich hatte es ihr vorher erklärt«, verteidigte sich Larsen und ging ihr entgegen. Auch an ihrer dunklen Kleidung – dezent, dem Anlass angemessen – passte wieder alles zusammen, kein schriller, falscher Farbton. Sie reichte ihm die Hand. »Es tut mir auch leid, wie ich in den letzten Jahren zu dir war«, sagte sie. »Du hattest recht. Ich war irgendwie – irgendwie war ich nicht bei Sinnen. Ich konnte mir einfach nicht vorstellen, dass Ellie, dass unser Kind nicht mehr lebt.«

Er sagte nichts. Wie will man sich etwas vorstellen, das nicht mehr da ist?, dachte er. »Wie geht es dir?«

»Gut«, sagte sie. »Einigermaßen. Ich arbeite wieder in einer Galerie. Ich werde vielleicht noch einmal heiraten.«

»Ich wünsche dir viel Glück.«

»Ja, das kann man immer brauchen, nicht? Und du? Geht es dir gut mit, wie heißt sie noch, Christa?«

»Kristin. Ja, es geht mir gut.«

»Plant ihr, noch einmal …?« Sie unterbrach sich und schüttelte den Kopf, ach, nichts. Ihr Blick wanderte zu Ellies Grabstein und zurück zu ihm.

»Nein, darüber haben wir nie gesprochen.« Er sah auf die Uhr. »Ich muss zurück nach Bremen. Es war schön, dich zu treffen.«

»Ja.« Sie nickte. »Ach, übrigens, ich habe ihr geschrieben. Aber sie hat noch nicht geantwortet.«

»Wer?«

»Ellie.«

Larsen spürte, wie sein Herz einen kleinen Ruck tat, als wäre es ein winziger blutgefüllter Fahrstuhl, der anfuhr und sofort zum Halten kam. »Du lebst in einer Geisterstadt«, sagte er.

»Tun wir das nicht beide?«

Er schüttelte den Kopf. »Nein. Ich nicht.« Aber er wusste, dass seine Worte nicht der Wahrheit entsprachen, jedenfalls nicht ganz.

43

Im dritten Stau auf der A 1 von Hamburg nach Bremen rief Larsen das Präsidium an, und als Torsten Lenz sich über die Freischalteinrichtung meldete, sagte er: »Torsten, wir müssen sämtliche Mietwagenfirmen überprüfen, Hertz, Sixt, Avis, alle. Wenn man da einen Wagen ausleiht, muss man seinen Ausweis vorzeigen, außerdem halten die den Kilometerstand bei Abholung und Rückgabe fest. Becker oder Vogel, einer von beiden ist in der Nacht von Bonn nach Bremen gefahren, hat Robert Kosinski getötet und ist danach wieder zurück nach Bonn, es kann gar nicht anders gewesen sein. Olaf soll die Strecke abfahren und sehen, wie lang er braucht.«

»Olaf ist in Hamburg«, sagte Lenz. »Wegen der Pokerrunde.«

»Immer noch?«

»Er ist erst heute Morgen gefahren. Gestern war Sonntag.«

»Na gut. Aber wenn er zurückkommt, soll er das sofort als Erstes in Angriff nehmen.«

»Das heißt, du glaubst auch weiterhin nicht, dass Lothar Schmidt der Mörder war«, stellte Lenz fest.

»Und dann praktischerweise bei einem Arbeitsunfall ums Leben gekommen ist? Nein.« Larsen fuhr ein paar Meter weiter und hielt dann wieder, genau wie alle anderen. »Wir müssen außerdem bei allen großen Telefonanbietern nachfragen – die Dienststelle für Telekommunikation soll das sofort erledigen –, ob Daniel Becker oder Moritz Vogel einen Handyvertrag hat, und dann will ich eine Auflistung aller Gespräche, die am Abend und in der Nacht von Robert Kosinskis Tod von ihrem Festnetzanschluss oder einem der Handys geführt worden sind. Uhrzeit, Dauer, von wem mit wem.«

Der Wagen vor ihm setzte sich wieder in Bewegung. Larsen gab ebenfalls Gas, schaltete, beschleunigte und wechselte auf die Überholspur. »Und was Schmidt angeht: Die Leute, die in den Gebäuden und Firmen rings um die Werkstatt arbeiten, müssen noch einmal befragt werden, und zwar jeder Einzelne. Vielleicht gibt es da doch irgendwo nachts Videoüberwachung, Kameras, die auf die Straßen gerichtet sind, so was.«

»Für die Mobilfunkanbieter brauchen wir aber einen richterlichen Beschluss«, gab Lenz zu bedenken.

»Dann besorg einen – und zwar schnell!«

»Sollen wir den Zeitraum dann nicht gleich auch auf den 13. und 14. Dezember 94 ausweiten?«

»Da waren sie ja angeblich zu dritt in dem Haribo-Auto und mussten nicht telefonieren«, sagte Larsen.

Lenz schwieg einen Moment. »Was machen wir eigentlich, wenn diese Nicole nicht wieder auftaucht?«

»Wie ist denn da der Wasserstand im Augenblick?«

»Unverändert. Sie ist weder in ihren Puff zurückgekehrt noch zu Hause aufgetaucht.«

»Das kann alles und nichts bedeuten«, sagte Larsen. »Vielleicht ist sie vorübergehend in ein Hotel gezogen oder bei einer Freundin untergeschlüpft. Sie versteckt sich, weil sie Angst hat, oder sie befindet sich bereits bei Becker und Vogel.«

Er bemerkte, dass vor ihm mehrere Rücklichter rot aufleuchteten. Über den Fahrbahnen kündigte eine Leuchtschrift den nächsten Stau an. Er tippte mehrmals auf das Bremspedal, schaltete herunter und drosselte das Tempo. Weiter vorn tauchten wieder die gelben Warnleuchten einer Baustelle auf. Die Fahrzeuge rechts und links von Larsen bremsten ebenfalls, und bald stand der gesamte Verkehr zum vierten Mal auf dieser Fahrt.

»Hör zu, Torsten«, sagte Larsen. »Ich brauche jetzt Abstand zu den Ermittlungen im Fall Robert Kosinski, um herauszufinden, wie genau der mit den beiden anderen Fällen zusammenhängt. Deswegen übernimmst du bis auf Weiteres die Leitung der Mordkommission in diesem Fall. Ich gehe mit Mareike auf Tauchstation, um mich ganz auf die Fallanalyse zu konzentrieren.«

Lenz brummte, zum Zeichen, dass er einverstanden war. Dann fragte er: »Und wie ist das Leben in der Pension so?«

»Wie das Leben in einer Pension so ist.«

»Und wie geht es Kristin damit?«

»Gut.«

»Obwohl du nie da bist?«

»Deswegen«, log Larsen. »Ist das Telefon inzwischen ersetzt worden?«

»In deinem Büro? Hast du vergessen, dass du für die Polizei von Bremen arbeitest? Wir sind nicht das FBI. Aber es war jemand da und hat gefragt, was mit deiner Dienstwaffe ist, ob du die nicht bald mal abholen willst. Und wir haben jetzt alle Handys – Mareike, Olaf, ich. Teure Angelegenheit. Die jeweiligen Nummern habe ich auf deinen Schreibtisch gelegt.« Er schwieg eine Sekunde. »Ach, gerade fällt mir ein, heute Morgen hat jemand von der Union Versicherung für dich angerufen. Irgendwas wegen gestohlener Computer.«

»Was für gestohlene Computer?«

»Allem Anschein nach ist vorgestern Nacht im Lager der ComTec eingebrochen worden und –«

»Das sagst du erst jetzt?! Die Nummer der Nebenstelle!«

Lenz sagte ihm die Nummer durch, und Larsen unterbrach die Verbindung und rief den Sachbearbeiter der Union an. Das Freizeichen drang laut in den Innenraum des Wagens: Piep – piep – piep, dann wurde es nahtlos durch das Besetztzeichen ersetzt, tutututututut. Larsen legte auf und wählte erneut, mit dem gleichen Ergebnis.

Piep – piep – piep – tutututututut –

Im Geist schrieb er eine Liste: gestohlene Computer, dieselbe Versicherung wie bei Robert Kosinskis Lebenspolice. Der Einbruch zwei Nächte nach dem Tod des Mechanikers, der als Zeuge gegen Becker und Vogel ausgesagt hatte. Eine weitere mögliche Zeugin verschwunden.

Er wusste noch nicht, wie genau diese Umstände letzten Endes zusammenhingen, aber er hatte das Gefühl, dass seine Verdächtigen im Begriff standen, einen Fehler zu machen.

Piep – piep – piep – tututututut –

Er legte auf. Während es im Schritttempo vorwärtsging, betrachtete er die Insassen der anderen Fahrzeuge. Er überlegte, ob wohl einer der Männer und Frauen am Steuer rechts und links von ihm ein Verbrechen plante oder vielleicht sogar auf dem Weg zu einem Mord war. Unterwegs zur Tat oder auf der Flucht vom Tatort, durch Zufall oder absichtlich zum Mörder geworden.

Er wusste, dass unter bestimmten Umständen jeder Mensch zu allem fähig war: der blonde Mann in dem mokkabraunen Tesla rechts neben ihm, weißes Hemd, offener Kragen, gelockerte Seidenkrawatte, Ring mit Lions-Club-Emblem, Platin-Manschettenknöpfe, goldgerahmte Brille, zorniger Blick, zusammengepresste Lippen, nicht mehr so jung, wie er zu wirken versuchte – ein aussichtsreicher Kandidat!

Die nur schwach geschminkte Frau mittleren Alters – verstörte braune Augen, kleiner Mund, kleine Nase, dünner Hals, zu früh zu stark ausgeprägte Falten, mit den Zwillingen in den Kindersitzen hinter ihr in dem eingestaubten grünen Volvo linker Hand – die auch.

Seine Aufmerksamkeit wanderte weiter, zu einem gelben Opel Astra weiter vorn, einem Mercedes Cabrio im Rückspiegel, zwei Wagen hinter ihm. Er kam sich dabei vor wie ein Pianist, der jede freie Minute zum Üben nutzte, mindestens sechs Stunden am Tag, bis er wieder im Konzertsaal saß, um ein Konzert zu spielen, das zum ersten Mal auf dem Programm stand. Von einem unbekannten Komponisten, in einer unbekannten Tonart, begleitet von einem unsichtbaren Dirigenten. Alles, worauf er sich verlassen konnte, war, dass es nur vierundzwanzig Töne gab, die auf der Klaviatur der Motive und Gefühle immer wieder neu angeordnet und variiert werden konnten.

Eine Viertelstunde später erreichte er das Bremer Kreuz, und noch eine halbe Stunde später traf er im Präsidium ein, wo er sofort anfing, einen Ort zu suchen, in den er und Mareike sich zurückziehen konnten, um ihre Arbeit ungestört und unbeeinflusst von den anderen durchzuführen. Er fand einen abgeschiedenen Raum im Souterrain, der für seine Zwecke ideal schien: ein großer Tisch mit vier Stühlen, ein ausrangierter Aktenschrank, kein Telefon. Schmutzige Neonröhren an der Decke spendeten anämische Helligkeit; durch die winzigen Kellerfenster drang nur wenig Tageslicht. Mareike befestigte lange Bahnen hellbraunen Packpapiers an den Wänden, auf dem sie mit farbigen Filzstiften Punkt für Punkt ihrer Analyse festhalten konnten.

Larsen wollte erst die Umstände von Lothar Schmidts Tod rekonstruieren und dann den Zusammenhang mit den beiden anderen Morden herstellen, deren einzige Verbindung der Mechaniker war. »Abgesehen vom Täter«, bemerkte Mareike zutreffend. »Wollen wir nicht mit dem anfangen? Mit Andrea Rossis Ex? Wenn ich mir vorstelle, dass ein Wichser wie der immer noch –«

»Stopp!«, unterbrach Larsen sie. »Hast du zufällig irgendwann mal diese amerikanische Fernsehserie aus den Sechzigerjahren gesehen, die mit den beiden FBI-Agenten? Einer der beiden sagt immer: Just the facts, wenn er jemanden befragt, der sich in Meinungen oder Gefühlen ergeht. Nur die Fakten, Mam. Ich weiß, dass es schwer ist, Sympathie oder Antipathie herauszuhalten, wenn man seinen Hauptverdächtigen kennt, gerade bei jemandem wie Daniel Becker. Er hat andere Menschen sein Leben lang ausgenutzt und betrogen, vor allem Frauen. Er ist eitel, skrupellos und überheblich. Alles, was ihn zu interessieren scheint, ist das schnelle Geld, egal, auf welchem Weg er daran kommt. Und wahrscheinlich hat er zwei, vermutlich sogar drei Menschen ermordet.«

Er schrieb die Charakteristika mit einem schwarzen Filzstift auf das Packpapier an der Wand. »Er ist aber auch als Kind von seinem Vater verprügelt worden, wahrscheinlich immer wieder, und seine Mutter hat dazu geschwiegen. Er hat eine behinderte Schwester, um die er sich mit aufrichtiger Sorge zu kümmern scheint, ebenso wie vermutlich um seine eigenen Kinder. Verdient so jemand nicht unsere Anteilnahme? Nur, Gefühle haben in diesem Raum nichts zu suchen. Nicht mal die Aussagen und Meinungen von Zeugen sind für eine Fallanalyse relevant, nur die Spuren und die beweisbaren Tatsachen. Deswegen gehen wir vom Opfer aus, um das zu finden, was an seinem Tod auf den Täter weist.«

Mareike schluckte, dann nickte sie widerstrebend. »Also gut, aber ist es nicht so, dass vor allem die beiden letzten

Morde – Robert Kosinski und Lothar Schmidt – zusammenhängen, weil Schmidt die Täter mit dem Verbrechen am vorhergegangenen Opfer in Verbindung bringen konnte? Hier liegen doch die Motive dicht beieinander, während der allererste Fall – Radschiv Khan – eher isoliert betrachtet werden kann und nur insofern zu den anderen gehört, als er den Tätern das Selbstvertrauen für die Folgeverbrechen gegeben hat. In dem Sinn: Ich kann das, und ich werde nicht mal erwischt, weil die Polizei zu blöd ist?«

»Gut erkannt«, lobte Larsen. »Trotzdem waren sowohl Schmidt als auch Daniel Becker und Moritz Vogel an allen drei Taten beteiligt.«

»In gewisser Weise war Schmidt aber in jedem Fall das Opfer, nicht nur bei seinem eigenen Tod«, führte Mareike aus. »Die Befragung von Schmidts Kollegen hat ergeben, dass er nach Feierabend allein in der Werkstatt geblieben ist, weil er noch den Carrera fertig machen wollte, auf den der Kunde schon seit zwei Tagen wartete. Als die Kollegen weggegangen sind, hat er noch gelebt. Als sie am Morgen wiedergekommen sind, lag er tot unter der Hebebühne. Wenn es sich nicht um den plötzlichen Kindstod handelt, kommen wohl nur Unfall, Selbstmord oder Mord als Todesursache infrage.«

»Schreib das mal an die Wand«, regte Larsen an. »Den anderen Mechanikern und unseren Kollegen von der örtlichen Polizei zufolge war er für einen Unfall zu sehr Profi, selbst wenn er betrunken gewesen wäre oder unter Drogen gestanden hätte. Außerdem war er jung und geschmeidig und hätte sich wahrscheinlich zur Seite rollen können, bevor die Rampe ihn erwischte. Aber das werden wir noch in der Werkstatt selbst überprüfen. Schreib ›Unfall‹ hin und mach ein dickes Fragezeichen dahinter.«

Er setzte sich auf einen Stuhl am Ende des Tisches, so weit wie möglich von der Wand mit dem Packpapier entfernt.

»Für einen Selbstmord war er innerlich nicht stark genug, mal abgesehen davon, dass er wahrscheinlich den Porsche vorher runtergefahren hätte. Wenn man so eine Hebebühne auf sich herabsinken sieht ... Stellt dir das mal vor: Du liegst auf dem Rücken auf dem kalten harten Betonboden, du denkst, ich bin ja sowieso tot, wenn Dany und Moritz rauskriegen, dass ich geredet habe. Dann kann ich es gleich selbst machen. Du denkst, du wärst wirklich fest entschlossen. Aber dann setzt sich die Hebebühne in Bewegung, du siehst, wie die Rampe langsam auf dich herabsinkt, näher und näher kommt, und plötzlich, noch ehe sie dich berührt hat, fühlst du, wie sie dir den Brustkorb zerquetscht, ein Druck von tonnenschwerem Stahl, die Knochen brechen, die Luft wird dir aus der Lunge gepresst, ein schier unerträglicher Schmerz schießt dir in den Kopf, durch das Becken, in die Fingerspitzen.«

Er schüttelte den Kopf. »Das stehst du nicht durch, schon gar nicht, wenn du innerlich so ungefestigt bist wie Lothar Schmidt. Du gerätst in Panik und robbst zur Seite, mit Händen und Füßen, du willst nur weg sein, wenn das Ding unten ist, mit oder ohne Porsche drauf. Ich werde es dir vorführen.«

»Vorführen? Wie?«

»Ich lege mich selbst unter die Hebebühne und setze sie in Bewegung, um am eigenen Leib herauszufinden, was in einem vorgeht, wenn so eine Rampe auf einen zukommt. Erst ich, dann du.«

»Ist das nicht ein bisschen übertrieben?«

»Nicht, wenn es – wovon ich überzeugt bin – Mord war. Das Geheimnis der Fallanalyse ist der Selbstversuch. Du musst verstehen, was sich ereignet hat, um das Motiv zu erkennen.« Larsen stand auf, ging zur Wand und schrieb unter Mareikes »Unfall« die Wörter Selbstmord und Mord auf das Packpapier, bevor er Selbstmord gleich wieder durchstrich.

»Denn dann wird klar, dass der Täter das Opfer vorher betäubt oder bewusstlos geschlagen haben muss, damit es nicht in Panik geraten ist und sich in letzter Sekunde in Sicherheit bringen konnte. Er hat sich ihm genähert, seine Reflexe mit Valium ausgeschaltet oder ihm einfach etwas über den Schädel gehauen, den reglosen Körper unter die Rampe gelegt und dann RUMMMS!«

Er trat zurück und überlegte einen Moment lang, ob es nicht auch möglich gewesen wäre, dass der Täter das Opfer mit einer Waffe gezwungen hatte, sich unter die Hebebühne zu legen und dort zu bleiben, bis es von der Rampe zerquetscht worden war.

Eine Pistole, auf Schmidts Brust gerichtet.

Ein Springmesser, bis zur letzten Sekunde gegen seine Halsschlagader gepresst.

Nein, der Überlebenstrieb des Opfers wäre stärker gewesen. Schmidt wäre wie besessen davongekrabbelt. Lieber durch einen Messerstich oder eine Kugel sterben, als von der Rampe in blutigen Matsch verwandelt zu werden.

»Dass der Täter diese Vorbereitungen treffen konnte, zeigt, dass das Opfer ihn kannte«, fuhr er fort. »Es hat ihm entweder vertraut oder war in seiner Gegenwart schlicht wehrlos wie das berühmte Kaninchen im Bann der Schlange.«

»Die Obduktion hat jedenfalls keine Betäubungsmittel in seinem Blut nachgewiesen«, wandte Mareike ein, »auch keine übermäßig hohe Konzentration an Alkohol.«

»Dann ist er bewusstlos geschlagen worden. So wie Kopf und Oberkörper zugerichtet waren, lässt sich leider nicht sagen, ob Schmidt vorher einen Schlag auf den Kopf bekommen hat. Die Untersuchung der Hebebühne am selben Tag hat ja gezeigt, dass ein technisches Versagen ausgeschlossen werden kann. Ein- und ausschalten kann man sie auch nicht, wenn man direkt darunterliegt. Der Knopf ist zu weit weg.«

An der Tür erklang ein lautes Klopfen und Lenz streckte den Kopf herein. »Sagt mal, habt ihr beide eure Handys ausgeschaltet? Da war schon wieder ein Sachbearbeiter von der Union Versicherung für dich in der Leitung, Larsen. Du sollst unbedingt zurückrufen, weil Daniel Becker jetzt über einen Anwalt die umgehende Auszahlung der bei Kosinskis Tod fälligen Summe an den Begünstigten verlangt.«

»Da braucht wohl einer dringend Geld«, sagte Mareike.

»Es geht wohl eher darum, dass sich die Frau des Opfers auch einen Anwalt genommen hat und behauptet, ein Teil der zwei Millionen stünde ihr zu«, ergänzte Lenz. »Jetzt, wo die Staatsanwaltschaft die Leiche zur Bestattung freigegeben hat.«

»Ich rufe zurück, sobald wir hier Pause machen«, erklärte Larsen. »Sonst noch was?«

»Ja, wegen dieser Pokerrunde in Hamburg, du weißt schon, im ›Vier Jahreszeiten‹, bei dem die kleine Nutte das ganze Geld gewonnen hat, das dann mitsamt dem Koffer verschwunden ist –«

»Nenn sie bitte nicht kleine Nutte. Ihr Name ist Grit. Grit Weichsel.«

»Also Grit Weichsel«, korrigierte sich Lenz. »Olaf hat jemanden aufgetrieben, der damals dabei war. Einen der Mitspieler. Das heißt, er hat den Namen.«

»Das ist gut. Wie hat er das denn geschafft?«

»Einer der Zimmerkellner in dem Hotel konnte sich an die Runde erinnern, weil um so viel Geld gezockt wurde. Er musste in der Nacht mehrmals Nachschub in die Suite bringen – Wodka, Whisky, Tequila. Ein paar Wochen später hat er einen der Mitspieler in der Bar erkannt und sich den Namen auf dem Kreditkartenbeleg gemerkt. So, und jetzt zu Punkt drei: Unsere Anfragen bei den Autoverleihern haben keine Ergebnisse gebracht, soweit es Daniel Becker oder Moritz Vogel betrifft –«

Lenz unterbrach sich, hielt die Tonlage aber in der Schwebe, sodass klar wurde, er hatte noch etwas in petto.

»Aber?«, fragte Mareike.

»Aber wir haben eine Hertz-Filiale in Osnabrück gefunden, bei der eine Grit Weichsel einen Tag vor dem Mord an Robert Kosinski einen BMW 728i gemietet hat. Als er zwei Tage später zurückgebracht wurde, waren damit über 700 Kilometer gefahren worden, was ziemlich genau der Strecke Bremen–Bonn und zurück plus Osnabrück hin und zurück entspricht.«

Larsen sah zu dem kleinen Fenster hinüber, über dem es allmählich dunkel wurde. Er schwieg einen Moment, dann sagte er: »Selbst wenn jemand 700 Kilometer damit zurückgelegt hat, heißt das noch nicht, dass er wirklich die Strecke Bremen–Bonn gefahren ist. Er kann behaupten, ganz woanders gewesen zu sein, irgendwo in einer vergleichbaren Entfernung. Trotzdem, gute Arbeit! Mal sehen, was wir damit anfangen können.«

»Ruf bei der Versicherung an!«, mahnte Lenz.

»Und wie steht es ansonsten in Sachen Grit-Nicole?«, rief Larsen ihm nach. »Gibt es da was Neues?«

Lenz schüttelte nur den Kopf.

»Bleibt da dran!« Larsen kam sich vor wie in einem Film, in dem dieselbe Szene immer wiederkehrte, in einer Endlosschleife, bis man den Dialog nicht mehr hören konnte.

»Ruf bei der Versicherung an«, sagte Lenz noch einmal und verschwand endgültig.

Larsen holte sein Handy heraus, schaltete es ein und wählte die Nummer, bei der er die letzten Male nicht durchgekommen war. Jetzt meldete sich schon nach dem zweiten Klingeln ein Mann, mit dem er bisher noch nicht gesprochen hatte. »Union Versicherungsgruppe. Was können wir für Sie tun?«

Larsen stellte sich vor. »Sie haben bei uns angerufen? Es

ging um gestohlene Computer, die der Firma ComTec gehört haben sollen.«

»Computerteile«, bestätigte der Sachbearbeiter. »Fabrikneue Ware aus Asien im Versicherungswert von eins Komma fünf Millionen DM, gestohlen aus einem Lager in Mersfeld. Bevor wir –«

»Wann ist das passiert?«, fragte Larsen perplex. Es kam ihm vor, als hörte er plötzlich sein Blut durch die Adern schießen wie das Meeresrauschen in einer Muschel, die man am Strand gefunden hat und dicht ans Ohr hält.

»Vorgestern Nacht, wie 's aussieht. Die Schadensmeldung kam gestern im Lauf des Tages rein –«

»Eins komma fünf Millionen?«

»Exakt. Und bevor wir einen unserer Schadensermittler zum Lager der Versicherungsnehmer schicken, um den Fall zu untersuchen, wollten wir uns bei Ihnen nach dem Stand der polizeilichen –«

Larsen unterbrach ihn: »Das fällt in die Zuständigkeit der Abteilung für Eigentumsdelikte. Außerdem sind wir in Mersfeld nicht zuständig.«

Der Sachbearbeiter räusperte sich. »Das ist jetzt auch eher eine inoffizielle Anfrage, weil mein Kollege aus der Sparte Leben stutzig geworden ist, als er den Namen ComTec hörte. Er hat mir daraufhin den Tipp gegeben, mich mit Ihnen in Verbindung zu setzen, weil Sie uns offenbar gebeten haben, die ebenfalls sehr kurzfristig abgeschlossene Lebensversicherungspolice eines früheren Mitarbeiters der ComTec noch nicht zu bedienen.«

»Dieselbe Bitte richte ich auch jetzt an Sie«, erklärte Larsen. »Falls Herr Becker Ihnen einen Anwalt auf den Hals schickt, verweisen Sie ihn an mich. Ich melde mich wieder bei Ihnen.«

Er unterbrach die Verbindung und starrte Mareike einen Moment lang an wie blind, bis sie fragte: »Was ist?!«

»Wir fahren nach Mersfeld«, sagte er.

»Warum?«

»Bei der ComTec ist eingebrochen worden.«

»Das ist doch Sache des Einbruchskommissariats.«

»Stimmt«, sagte Larsen ungerührt. »Ich überschreite meine Kompetenzen.«

»Jetzt sofort?«

»Ja, jetzt sofort.«

»Warum?«

»Mein Bauch sagt mir, dass die Angelegenheit mit unseren Fällen zusammenhängt.«

»Irgendwie, irgendwo, irgendwann?«, intonierte Mareike.

»Genau.«

44

Es war schon dunkel, als sie in Mersfeld eintrafen, und Larsen hatte das Gefühl, als würde der Winter ewig dauern. Er wünschte, er wäre in New Mexico, nur für ein paar Tage. Die breiten Straßen zwischen den Hallen und Gewerbehöfen glänzten feucht im Licht der Hängelampen, die in großen Abständen zwischen den kahlen, fensterlosen Fassaden baumelten. Vereinzelte Fahrzeuge steuerten die Großmärkte an, die bis um zwanzig Uhr geöffnet hatten. Andere verließen die weitflächigen Parkplätze, um aus ihren Büros nach Hause zu fahren. Doch auch die blendenden Scheinwerfer konnten nicht darüber hinwegtäuschen, dass es eine einsame, triste Gegend war.

Becker und Vogel erwarteten Larsen bei ihrer Lagerhalle. Der silberne Mercedes 500 SL war der einzige Wagen auf dem Parkplatz vor dem Hallentor. Wie schon bei ihrer letzten Begegnung trugen beide dunkelblaue Anzüge mit Krawatten. So gehörte es sich für erfolgreiche junge Geschäftsleute, nur dass sie nicht mehr ganz so erfolgreich aussahen. Aber vielleicht bildete Larsen sich das nur ein, weil er sie schon durch das Gitter sah, das er nach und nach um sie herum aufbaute. »Danke, dass Sie so kurzfristig Zeit hatten«, sagte er und schüttelte beiden die Hand, obwohl es ihn Überwindung kostete. »Waren die hiesigen Kollegen schon da?«

Becker räusperte sich. »Ja. Schon gestern.«

»Es geht ja um viel Geld«, entgegnete Moritz Vogel, als würden dadurch sämtliche Naturgesetze außer Kraft gesetzt, vor allem das der Zeit. »Den genauen Schaden können wir allerdings erst beziffern, wenn Daniel anhand der Bücher den Lagerbestand überprüft hat. Er ist bei uns der Zahlenmensch. Es geht ja nicht nur um den Wert der Computerteile, sondern auch um Importzölle, Frachtgebühren und so weiter, Beträge, die umsonst entrichtet worden sind.«

»Der Versicherung haben Sie den Diebstahl auch schon gemeldet?«, fragte Larsen unschuldig.

»Gleich nachdem wir ihn entdeckt hatten«, antwortete Vogel eifrig wie ein Musterschüler.

»Wenn Sie nichts dagegen haben, würden wir uns den Schaden auch gern ansehen«, sagte Mareike.

»Das Besondere an Diebstahl«, Daniel Beckers Mundwinkel zuckten fast amüsiert, »ist ja eigentlich eher, dass man den Schaden nicht sehen kann. Negative Sichtbarkeit gewissermaßen.«

»Dann betrachten wir eben die Leere, die dadurch in den Regalen entstanden ist«, sagte Larsen gelassen. »Positive Sichtbarkeit von negativem Raum gewissermaßen.« Trotz der schlechten Lichtverhältnisse verstärkte sich sein Eindruck, dass sich an den beiden Männern etwas verändert hatte. Ihre Mienen wirkten weniger selbstsicher; mit dem bloßen Auge kaum erkennbare Risse zogen sich durch das glatte Porzellan ihrer jungen Mienen.

Vogel deutete einladend auf die Tür neben dem Hallentor, das offenbar mit einer Brechstange aufgestemmt worden war. Dicke Kratzer zogen sich rund um das neue, behelfsmäßig angebrachte Schloss durch den Anstrich der Metallfüllung. Vogel öffnete die Tür und ging voran. Hinter der Tür schaltete er das Licht ein, das an der Hallendecke flackernd von Neonröhre zu Neonröhre sprang. Kalte Luft schlug Larsen entgegen.

Der Boden der Halle bestand aus Beton, ebenso die Wände. Links von der Tür führte eine Stahltreppe zu einem Zwischengeschoss, das durch ein Geländer gesichert war. Eine weitere Tür und mehrere Fenster überblickten die leeren Metallregale, die an den Wänden der Halle bis zur Decke ragten. Auch zwischen den Wänden gab es leere Regale. Große Buchstaben an den Stützen unterteilten den Raum in Abschnitte von A bis M. An der Treppe lehnte eine mannshohe Leiter aus Aluminium.

»Sind das die Büros da oben?«, fragte Larsen und deutete auf das Zwischengeschoss.

Vogel nickte. »Wir haben eine Teilzeit-Sekretärin, aber die ist jetzt natürlich nicht mehr da.« Er warf einen Blick auf die flache Uhr an seinem linken Handgelenk. »Wir sollten ja eigentlich auch schon längst zu Hause bei unseren Familien sein.«

»Waren die Teile noch originalverpackt?«

»Ja, wie vom Hersteller geliefert.«

Larsen ging zu dem Regal, das der Tür am nächsten stand, fuhr mit der Hand über die unterste Fläche und überprüfte, ob seine Finger staubig geworden waren. Er holte die Leiter und benutzte sie, um auch die oberen Flächen zu untersuchen. Nachdem er an mehreren Regalen Stichproben vorgenommen hatte, stellte er die Leiter zurück. Die unteren Flächen waren fast staubfrei, aber die oberen hatten dicke graue Spuren auf seiner Haut hinterlassen.

»Was suchen Sie denn?«, erkundigte sich Vogel.

Larsen antwortete nicht. Er wusste nicht, was er suchte. Er spürte, dass noch mehr in der Halle war als das, was man sah, und auch mehr als das, was man nicht sah. Er spürte es in sich pochen wie einen zweiten Herzschlag. Unter der Balustrade des Zwischengeschosses gab es eine weitere Tür, ebenfalls Metall, die nur einen unbeweglichen Knopf statt einer Klinke besaß. Offenbar brauchte man einen BKS-Schlüssel, um sie zu öffnen. »Was ist dahinter?«

»Ein Geheimnis«, sagte Becker. Er versuchte, nonchalant zu klingen, konnte jetzt aber seine Nervosität kaum noch verbergen.

»Was heißt das – ein Geheimnis?«, fragte Larsen. »Wollen Sie mich auf den Arm nehmen?«

Becker breitete die Arme aus. »Wir wissen selbst nicht, was sich dahinter befindet. Wir haben die Halle erst vor ein paar Monaten gemietet. Seitdem verspricht der Vermieter uns den Schlüssel, hat ihn aber bisher nicht nachgereicht. Ich gebe allerdings zu, wir hätten etwas mehr Druck machen können.«

Larsen schrieb in Gedanken eine Notiz: sofort richterlichen Durchsuchungsbeschluss besorgen. Er klopfte gegen die Füllung. Sie klang massiv, als könnte man dahinter schreien, ohne je gehört zu werden. »Ich brauche Namen und Telefonnummer des Vermieters«, sagte er. Dann wandte er sich an Vogel: »Meine Kollegin kennt sich mit Bürokram ziemlich gut aus. Vielleicht wären Sie so freundlich, ihr die vorhandenen Unterlagen zu zeigen, also Lieferscheine, Frachtbriefe, Auftragsbestätigungen, Rechnungen, Zollerklärungen und so weiter, the whole enchilada.«

»Gern.« Vogel nickte. »Ich darf vorangehen.« Er stieg die Treppe hinauf. Mareike folgte ihm. Die Treppe bebte leicht unter ihren Schritten, und als sie oben waren, bebten auch die Metallplatten der Balustrade.

»Wissen Sie noch, wann die Lieferung der Ware erfolgt ist«, wandte Larsen sich an Becker, der gerade mit gerunzelter Stirn durch die große kalte Halle ging, als könne er noch immer nicht fassen, dass die Regale, die sich noch vor wenigen Tagen unter der Last der Kartons gebogen hatten, jetzt leer waren. »Das müsste aus den Papieren hervorgehen«, antwortete er ausweichend. »Ein paar Wochen, nachdem wir die ComTec gegründet hatten jedenfalls.«

»Und bezahlt haben Sie die Lieferung mit dem Geld, das Frau Weichsel Ihnen zur Verfügung gestellt hat?«

»Genau, mit unserem Startkapital.«

»War Ihre Sekretärin damals bereits in der Firma?«

»Ich glaube nicht.«

»Wann hat sie angefangen, für Sie zu arbeiten?«

»Etwas später, glaube ich. Ein oder zwei Wochen.«

»Sie hat die Kartons mit den Computerteilen also gesehen, bevor sie gestohlen worden sind?«

Becker schob die Hände in die Hosentaschen. »Natürlich, sie ist doch jeden Tag daran vorbeigegangen.«

»Sie meinen jeden Tag, an dem sie gearbeitet hat. Sie war ja nur eine Teilzeitkraft, wenn ich Sie richtig verstanden habe.«

»Ja, richtig. Sie war drei Tage in der Woche hier.«

»Ich brauche ihren Namen und ihre Adresse«, sagte Larsen und beobachtete die Hände in Beckers Hosentaschen. Die Finger spreizten den Stoff, bildeten kurz eine Faust. Dann erschien die Linke und fuhr zu Beckers rechter Schläfe hoch, wo sich ein Anflug von Schweiß zeigte. »Ja, natürlich«, sagte er zögernd. »Das ist die Frau Weichsel.«

»Grit Weichsel?«

»Nein, nein, ihre Mutter, Margot.«

Larsen verbarg seine Überraschung. Becker lächelte, auf

einmal entspannt und wieder John Travolta pur, Saturday Night Fever, der König der Tanzfläche. »Soll ich Ihnen ihre Telefonnummer geben?«

»Ach, Telefonnummern ...« Larsen schaute nun seinerseits auf die Uhr, dann beschloss er, das Thema zu wechseln. Er deutete auf die Hallenwand, die man sich wegdenken musste, um die Autowerkstatt auf der anderen Straßenseite sehen zu können. »Einer der Mechaniker von Böhlich & Söhne ist vorgestern Nacht ums Leben gekommen, von einer Hebebühne platt gedrückt wie eine Flunder.«

»Ich habe davon gehört«, meinte Becker. »Ein schrecklicher Unfall. Wir nannten ihn Motörhead, weil er nichts anderes im Kopf hatte als seine Motoren.«

»Ein paar andere Sachen hatte er schon noch im Kopf«, sagte Larsen, »und auch auf dem Herzen. Deswegen gehen wir von Mord aus, nicht von einem Unfall. Vielleicht haben Ihre Diebe hier sogar den Mörder gesehen.«

»Oder sie waren die Mörder, weil er sie gesehen hat«, bot Becker an. »Irgendwelche Osteuropäer, Typen vom Balkan, Jugos und anderes Gesocks. Die gehen da ein und aus.«

Über ihren Köpfen bebten wieder die Stahlplatten der Balustrade, und Vogel und Mareike kamen die Treppe herunter. Vogel warf seinem Partner ein selbstzufriedenes Lächeln zu, das schnell verschwand, als Larsen ihn anblickte. »Sieht so aus, als wäre alles in Ordnung, jedenfalls soweit ich das beurteilen kann«, sagte Mareike.

Larsen verspürte eine vage Enttäuschung, die er im Keim zu ersticken versuchte.

»Tut mir leid, wenn Sie sich umsonst herbemüht haben«, sagte Becker. »Ach, sind Sie eigentlich mit dem Mord an Robert Kosinski schon weitergekommen? Der liegt ja inzwischen auch einige Zeit zurück, nicht?«

Larsen wandte sich schnell ab, damit seine Augen nicht die aufsteigende Wut verrieten. Als er sich wieder in der Gewalt hatte, sagte er mit nur leicht belegter Stimme: »Wir wollen nichts überstürzen und niemand zu Unrecht beschuldigen. Ihren Angaben zufolge waren Sie ja beide zur Tatzeit in Bonn, richtig?«

»Stimmt genau.«

»Wie erklären Sie sich dann Zeugenaussagen, denen zufolge Herr Vogel in der Tatnacht mit einem blauen BMW 728i in der Parkbucht am Autobahnparkplatz in der Nähe der Auffahrt Groß-Mackenstedt gesehen wurde, wie er einem Unbekannten eine Edeka-Einkaufstüte übergeben hat?«

Vogel schüttelte den Kopf. »Das muss ein Irrtum sein. Ich fahre zwar einen BMW, der ist aber rot und auch kein 728i. Ich war die ganze Nacht im Maritim Bonn, zusammen mit Dany und einigen süßen Käfern. Stimmt's, Dany.«

Dany zögerte einen Sekundenbruchteil, bevor er bekräftigte: »Ja, stimmt.« Larsen fragte sich, ob dieses winzige Zögern für ihn gedacht war; ein Samenkorn, aus dem Zweifel an der Aussage seines Freundes wachsen sollten.

»Dann können Sie uns ja sicher auch die Namen der jungen Damen nennen«, sagte Mareike.

»Könnte ich«, bestätigte Vogel, »aber vorher muss ich ihre Zustimmung einholen, das verstehen Sie doch sicher.«

»Bestimmt würde jede Frau für Sie lügen«, sagte Larsen. »Kilometerzähler dagegen lügen nicht, genauso wenig wie die Unterlagen von Autoverleihern, zum Beispiel von Hertz in Osnabrück. Und deren Unterlagen zufolge hat am Tag vor dem Mord an Robert Kosinski eine Grit Weichsel dort einen BMW 728i gemietet und einen Tag nach dem Mord zurückgebracht, nachdem Sie laut Tacho damit etwas mehr als 700 Kilometer gefahren waren – was ziemlich genau der Strecke von Bremen nach Bonn und zurück entspricht.«

Vogel nickte. »Ja?«

»Wie erklären Sie das?«

»Das muss ich doch gar nicht. Das Recht zu schweigen oder so ähnlich, jedenfalls sagen sie das in den Filmen immer. Sogar wenn ich verhaftet bin. Bin ich denn verhaftet?«

»Nein«, sagte Larsen. »Noch nicht.«

»Ich kann es Ihnen aber trotzdem erklären, und die Erklärung ist außerordentlich naheliegend: Ich bin mit dem Wagen nach Bonn und zurück gefahren, denn dort war ich ja zur Tatzeit, wie Sie wissen. Meine Frau wollte meinen Wagen haben, um mit den Kindern zu ihrer Schwester nach Osnabrück zu fahren, und sie hat mich bis dahin mitgenommen, weil es hier in Mersfeld keinen Autoverleih gibt. Ihrer war ja kaputt.«

Das haben wir nicht nachgeprüft, dachte Larsen. Warum haben wir das nicht nachgeprüft? »Und warum hat Frau Weichsel den Wagen gemietet?«

»Ach, ich hatte vorübergehend ein kleines Problem mit meinen Kreditkarten. Grit ist für mich eingesprungen, weil wir, na ja, wir standen uns mal sehr nah.«

»Sie haben sich also nicht in der Nacht vom 7. auf den 8. April bei strömendem Regen auf einem Parkplatz an der A 1 mit Lothar Schmidt getroffen und ihm eine Edeka-Tüte übergeben?«

»Natürlich nicht. Was soll denn überhaupt in der Tüte gewesen sein?«

»Die Pistole, mit der Kosinski kurz vorher erschossen worden war«, sagte Larsen.

»Und die gebe ich ausgerechnet Motörhead, womöglich noch mit meinen Fingerabdrücken darauf? Hat er sie Ihnen denn vor seinem Tod ausgehändigt?«

Larsen antwortete nicht.

Vogel sagte: »Wissen Sie, es würde mich interessieren, was Ihre Zeugen bei dem von Ihnen erwähnten strömenden Regen mitten in der Nacht auf dem Parkplatz noch alles gesehen haben.«

Larsen blickte wieder eine oder zwei Sekunden zu Boden. Dann nickte er und entgegnete: »Und mich würde interessieren, warum Sie nicht mit einem Wagen nach Bonn gefahren sind, wie Herr Becker es bei unserer letzten Begegnung ausgesagt hat, oder? Sie beide in seinem BMW? Was stimmt denn jetzt? Na gut, darüber können wir später noch sprechen. Ich glaube, für den Moment sind wir hier fertig. Danke, dass Sie sich die Zeit genommen haben.« Diesmal verzichtete er darauf, einem von den beiden die Hand zu geben, und marschierte aus der Halle, ohne auf Mareike zu warten.

»Da hat seit Ewigkeiten nichts in den Regalen gestanden«, sagte er, als sie im Wagen saßen, »keine Kisten, keine Kartons. Deswegen haben sie bei unserem letzten Besuch so getan, als hätten sie ihre Schlüssel vergessen. Sie wollten nicht, dass wir die leeren Regale sehen, bevor der angebliche Diebstahl stattgefunden hat. Das heißt, sie haben auch nie ernsthaft in Betracht gezogen, Robert Kosinski in ihre Firma aufzunehmen – einfach weil es keine Firma gab. Fahr los.«

Er sah zu, wie Becker und Vogel in den Mercedes 500 SL stiegen und an ihnen vorbei auf die Straße rollten.

»Ich fahre ja schon.« Mareike startete den Wagen. »Wohin überhaupt?«

»Fahr hinter dem Mercedes her, aber so, dass sie es nicht sofort merken.«

Der Feierabendverkehr war bereits dünner geworden, und sie mussten so weit zurückbleiben, dass sie Beckers Wagen nur noch am Glanz der Lackierung im Schein der Straßenbeleuchtung erkennen konnten, grausilbern wie Haifischhaut.

»Sie haben Kosinksi bei der Pokerrunde ausgenommen«, fuhr Larsen fort, »und sie hatten vor, ihn immer weiter auszunehmen. Auf die Idee, ihn umzubringen, sind sie wahrscheinlich erst später gekommen, als ihnen klar wurde, dass auch die 200 000 Mark von Nicole nicht lange reichen würden. Ich frage mich nur, wo das Geld geblieben ist, wenn sie dafür keine Computer gekauft haben.«

»Vielleicht haben sie es einfach verballert – bei ihrem Lebensstil«, sagte Mareike. Ihre Augen schimmerten wie blaue Murmeln, wenn das Licht der Laternen durch das Wageninnere glitt. Sie steuerte nur mit der rechten Hand, die andere lag entspannt auf ihrem linken Oberschenkel. »Warum haben Sie denn bei der Geschichte mit dem Leihwagen nicht noch mal nachgehakt?«

»Das diente mehr der Ablenkung«, erläuterte Larsen. »In erster Linie ging es mir darum, sie von Nicole abzulenken, von der Gefahr, die ihnen von ihr als Zeugin drohen könnte. Aber in jedem Fall will ich die Namen der Mädchen, mit denen die beiden angeblich in Bonn zusammen waren.«

Der Mercedes rollte jetzt weit vor ihnen unter Kastanien dahin, im Schatten der Bäume blinkten nur die Rücklichter immer wieder rot, wenn der Fahrer auf die Bremse trat. Sie passierten eine Baustelle, dann mehrere Bürogebäude und einen hell erleuchteten Supermarkt. Auf der anderen Seite des Bahnübergangs bog der Mercedes links ab. »Da ist der Bahnhof, vor dem sie damals auf den Pakistani gewartet haben«, sagte Larsen leise, »und daneben die Kneipe, der Lucky Elefant.«

Etwas weiter die Straße hinunter – die meisten Geschäfte waren schon geschlossen – ragte die Kirche auf, dann folgte ein Platz, wieder gesäumt von Kastanien, dahinter die Post und noch ein Stück weiter die Feuerwehr. Die Fahrbahnen waren kaum noch beleuchtet, es gab jetzt keine anderen Fahrzeuge mehr, nur noch den Mercedes und den Einsatzwagen. »Nicht zu dicht auffahren«, sagte Larsen.

»Warum verfolgen wir sie überhaupt?«, fragte Mareike.

»Weil ich es nicht ertrage, gar nichts zu tun«, sagte er.

Vor einem Haus im Bungalowstil mit einer niedrigen Hecke und einem selbst im Dunkeln gepflegt wirkenden Rasenstreifen davor hielt der Mercedes. Die Beifahrertür öffnete sich, und Moritz Vogel stieg aus. Seine Bewegungen wirkten hektisch; er schlug die Tür so heftig zu, als wäre er wütend. Das Licht der Scheinwerfer auf der Straße vor dem Wagen ließ ihn wie einen Scherenschnitt wirken. Mit schnellen Schritten ging er zum Eingang des Bungalows, suchte seinen Schlüssel und sperrte auf. Eine Sekunde später war er verschwunden.

»Sieht fast so aus, als hätten sie sich gestritten«, bemerkte Mareike. Hoffentlich, dachte Larsen.

Der Mercedes löste sich mit quietschenden Reifen vom Bürgersteig und beschleunigte schlingernd. Mareike nahm den Fuß von der Bremse, schaltete und trat ebenfalls aufs Gas. Zwei Querstraßen weiter steuerte Becker den Mercedes in eine Auffahrt mit zwei Garagentoren. Kaum war er ausgestiegen, flog die Seitentür des Hauses auf. Ein Golden Retriever stürmte Becker entgegen, sprang an ihm hoch und lief aufgeregt hin und her, bevor er erneut an ihm hochsprang.

»Anhalten«, verlangte Larsen. Mareike steuerte den Wagen an den Fahrbahnrand und hielt. Eine Frau, die sie schon zu Beginn der Ermittlungen kurz gesehen hatten, erschien in der Tür, wie damals ein Kind auf dem Arm. Becker, inzwischen ohne Jackett, nahm ihr das Kind ab und schmiegte sein Gesicht an den kleinen Leib. Ein paar Sekunden standen sie so in dem Licht, das aus der Seitentür fiel, ohne sich zu bewegen. Dann küsste Becker seine Frau, gab ihr das Kind zurück und folgte ihnen ins Haus.

»Wohin jetzt?«, fragte Mareike.

»Lass mich einen Moment nachdenken«, sagte Larsen. Mareike schaltete Motor und Scheinwerfer aus. Schweigend saßen sie in der stillen Straße, aber statt nachzudenken, verspürte Larsen auf einmal eine abgrundtiefe Müdigkeit. Wo war Gott in diesen Tagen? Womit war er gerade beschäftigt?

Kriegte er nicht mit, dass Kain wieder über seine Äcker lief und seine Geschwister tötete, bevor er nach Hause zurückkehrte zu seiner Frau, seinem Kind, seinem Hund? Warum erhob er nicht seine Stimme irgendwo im Himmel und fragte: Wo ist dein Bruder, Kain? Wo steckt das Mädchen, das du zur Prostituierten gemacht hast? Ist es hinter der Eisentür unter der Balustrade in deiner Lagerhalle?

Nach einer Weile schaltete Mareike Licht und Motor wieder ein und erkundigte sich: »Wenn Sie mit Gott fertig sind, wohin dann?«

»In die Pension«, sagte Larsen mit einem Seufzen. »Oder nein, erst zum Bahnhof, ich habe den ganzen Tag noch nichts Richtiges gegessen.«

»Und was Richtiges ist für Sie Fisch und Chips.«

»Absolut.«

45

Sommer 1996
Vier Tage später

Der Ofen war eine riesige Enttäuschung, das musste man so sagen. Fast zwei Stunden, und die Koteletts waren innen noch ganz kalt, nur außen etwas angekokelt, da, wo das Fleisch einen Fettrand hatte. Sie konnten es erst essen, nachdem Nicole es in der Pfanne fertig gebraten hatte. Dany und Moritz trugen den Tisch aus der Küche auf die Terrasse des roten Hauses, und weil sie so lange mit dem Essen warten mussten, hatten sie von dem Bier schon einen sitzen, als sie endlich anfingen. Ungefähr dreihundert Gramm pro Stück, überlegte Dany, so viel wogen die Koteletts, grob geschätzt. Er hatte gedacht, dass sie schon nach einer Viertelstunde gut gegrillt sein würden, und nach einer ganzen Stunde wäre nichts mehr übrig als Fett und Asche. Der Brenner kam auf 1600 Grad, schaffte es aber nicht, die ganze Röhre zu heizen.

Er dachte daran, Lobeck noch einmal anzurufen, ließ es dann aber. Der Klempner hatte ein halbes Dutzend Nachrichten auf seine Mailbox gequatscht, und einmal war sogar der Bulle aus Bremen darauf gewesen, aber der kann mich mal; davon lasse ich mir das Wochenende nicht verderben. Was will der schon machen, ohne Beweise, ohne irgendwas?

Er sah zu Nicole hinüber, die ein Pommes-frites-Stäbchen nach dem anderen einzeln in den Mund schob. 55 Kilo, schätzte er. Es ging einfach nicht, schon gar nicht im Stück. Er musste seinen Plan völlig ändern, nicht nur etwas nachjustieren. Dabei konnte er es kaum noch erwarten. Irgendwie war er die ganze Zeit schon wie von Sinnen, hatte innerlich vibriert, dem Abend entgegengefiebert. Das Haar brennt als Erstes, hatte er gedacht und sich die Flammen vorgestellt, wie sie hochschlugen und –

»Woran denkst du, Dany?«, fragte Nicole, der Mund noch nicht ganz leer, Fett auf den Lippen.

»An morgen, Kätzchen«, antwortete er ausweichend. »Was wir morgen machen.«

»Enjoy the moment«, sagte Nicole. »Have fun, be happy. Ist doch so schön gerade.« Sie sah Moritz an. »Dany muss immer Pläne schmieden. Die ganze Zeit rattert was in seinem Kopf wie so 'ne Kugel aufm Rouletterad. Und er gibt mir immer Tiernamen, obwohl er weiß, dass ich das nicht mag.«

»Nicole hat recht, entspann dich«, sagte Moritz, weil er anscheinend ganz vergessen hatte, worum es hier eigentlich ging. Mal abgesehen von dem Ofen war er ganz eindeutig die nächste Enttäuschung. Er benahm sich, als hätte er mit nichts etwas zu tun, mit rein gar nichts. Als wären sie alle drei nur zu einem spontanen Picknick in die Pampa gefahren, um abends draußen bei Kerzenschein halbgare Koteletts zu essen. Dabei hatte er genauso viel zu verlieren wie Dany. Er war einfach nicht intelligent genug, sein Leben lang der geborene Mitläufer, aber in letzter Zeit schien er das zu vergessen. Nicht wie Max Lobeck. Lobeck wusste, wo sein Platz war. Der tat, was man ihm sagte, und widersprach auch nicht. Ich habe dich die ganze Zeit mitgeschleppt, dachte Dany und sah Moritz an, eine Klette, einen Parasiten. Aber damit ist nach dieser Sache Schluss.

»Vielleicht kommt ja was im Fernsehen«, sagte Nicole und setzte die Bierflasche an den Mund. Trank einen Schluck, bevor sie weitersprach: »Ein Film mit Bud Spencer und Terence Hill oder so was. Oder *Wetten dass?*«

»*Wetten dass?* kommt nur samstags. Ist heute etwa Samstag?« Dany konnte ihren Anblick auf einmal nicht mehr ertragen, und außerdem musste er sowieso mal für kleine Königstiger. Als er aufstand, war ihm eine Sekunde lang schwindlig, dabei hatte er gar nicht so viel getrunken. Er ging ins Haus, vorbei an der Küche und dann auch am Bad vorbei, weil die Schlafzimmertür offen stand. Das Licht war an, und das Zimmer sah jetzt aus wie ein Schweinestall, überall hatte Nicole ihre Sachen herumliegen lassen. Als hätte hier eine Modenschau stattgefunden, dachte er, eine Modenschau für Schweine. Nicoles Handtasche stand auf der IKEA-Kommode am Fußende des Doppelbetts, ein Teil des Inhalts verstreut daneben. Typisch Nicole; nicht mal ihr Tagebuch hatte sie weggeräumt.

Er nahm das kleine Lederbüchlein mit dem Messingschloss und steckte es zurück in die Tasche, holte es dann jedoch wieder heraus und schlug es beim letzten Eintrag auf.

Daniel, mein Geliebter, so fing der Eintrag an. *Bald wirst du bei mir sein! Du wirst mich abholen, und wir werden zusammen ans Meer fahren, nur du und ich. Ich schreibe das hier, weil ich es nicht abwarten kann, bis du da bist, wo ich dir doch so viel zu sagen habe.*

Er übersprang ein paar Zeilen, las weiter.

Ich werde dir jetzt jeden Tag schreiben, weil es dann ist, als wärst du bei mir, und ich kann dir alles sagen, ohne dass du mich auslachst. Wie sehr ich dich liebe, Daniel, wie verrückt ich nach dir bin, noch mehr als wenn du –

Das war am Donnerstag gewesen, doch einen Tag vorher hatte sie geschrieben:

Meine liebe süße Mellie, ich weiß jetzt, dass ich das Richtige tue. Zuerst war ich mir ja nicht ganz sicher, aber ich habe einfach keine andere Wahl, als mich von ihm zu trennen. Es gibt keine gemeinsame Zukunft für uns, nicht heute, nicht morgen, nie. Mein Herz liebt ihn immer noch, aber mein Verstand sagt, geh weg von ihm, einfach nur weg!

Was für ein Verstand?, dachte Dany. Und warum schreibt sie das ihrer Tochter, die sie tagelang in ihren vollgekackten Windeln neben ihrer Fickmatratze liegen gelassen hat, während sie auf Speed war?

Ich fühle mich wie eine Puppe, die man hervorzerrt, wenn man jemanden zum Spielen haben will, und in die Ecke wirft, wenn man sie nicht mehr braucht.

Er blätterte zum Anfang zurück, was keine große Sache war, weil sie offenbar erst vor ein paar Wochen angefangen hatte, die Seiten vollzukritzeln.

Liebe süße Mellie, dich habe ich ausgesucht, damit du mich in diesem kleinen Buch begleitest, weil ich dir als Einzigem auf dieser Erde vertraue. Ich weiß, ich habe dich nicht immer gut behandelt, aber du hast es mir nie vorgeworfen. Ich will ein anderer Mensch werden, und du musst mir dabei helfen. Du musst mir zuhören, wenn ich von meinen geheimsten Hoffnungen und Sehnsüchten erzähle. Und bestimmt wird am Ende für uns beide alles gut, da bin ich mir ganz sicher. Du bist meine allergrößte Liebe, und du wirst es auch immer bleiben.

Ein paar Tage später folgte der nächste Eintrag, die Schrift war jetzt krakelig und unsicher.

Liebe Mellie, gestern und heute waren schlimme Tage. Ich habe mich ganz einsam und verlassen gefühlt. Die ganze Zeit habe ich darauf gewartet, dass Dany sich bei mir meldet, aber das Telefon hat nicht geklingelt, und es ist auch keine SMS gekommen. Überhaupt kein Sterbenswort, seit über einer Woche.

Was will die Schlampe denn?, dachte er. Was erwartet sie? Wir haben doch kein Verhältnis. Sie hat für mich angeschafft, das war alles. Warum hat sie das nicht begriffen? Stattdessen stand sie eines Abends vor seiner Tür, völlig fertig, vor der Tür zu seinem Zuhause, wo er mit Susanne und den Kindern lebte. Susanne hatte die Tür aufgemacht, Ja, bitte?, und Nicole: Ich will zu Dany, ist er da? Das Blaue vom Himmel hatte er herunterlügen müssen, nachdem er sie mit allen möglichen Versprechungen endlich wieder losgeworden war. Eine Freundin von Lobeck, hatte er Susanne erklärt, weiß auch nicht, was der immer für Tussen hat.

Jetzt las er weiter:

Du kannst dir nicht vorstellen, wie das ist, wenn man jemanden liebt, der gar nichts von einem will! Nicht mal geküsst hat er mich, oder meine Lippen berührt, selbst im »Keller« nicht. Er denkt die ganze Zeit nur an sich und seine Zukunft, in der ich gar keine Rolle spiele. Ich komme darin überhaupt nicht vor.

Das hast du ja mal gut erkannt, genauso ist es.

Aber er wird schon sehen, was er davon hat! Das lasse ich nicht mehr lange mit mir machen, weil ich nämlich ein Mensch mit Gefühlen bin, keine Puppe. Wenn er mich das nächste Mal anruft und mich sehen will, sage ich ihm, dass es vorbei ist. Vielleicht breche ich ihm damit das Herz, aber es muss sein. Er hat es ja nicht anders gewollt! Schon bald werde ich das Kapitel Dany ganz abgeschlossen haben, für alle Zeiten!

Du ahnst ja gar nicht, wie recht du hast. Schade, dass deine kleine Mellie das ganze Zeug hier nie lesen wird, dachte er. Er stopfte das Büchlein zurück in ihre Handtasche. Danach knipste er das Licht aus, schloss die Tür und warf einen Blick in das zweite Schlafzimmer. Das Bett musste noch bezogen werden, falls Moritz nicht in seinen Klamotten schlafen wollte. Er ging ins Bad und pinkelte, und als er fertig war, dachte er, ich muss jetzt mit ihm reden. Er ging wieder hinaus, zurück auf die Terrasse.

»Wo warst du denn so lange?«, fragte Nicole.

»Musste was im Haus erledigen«, sagte er. Dein beschissenes Tagebuch lesen. Er schnippte mit den Fingern, was so viel heißen sollte wie Moritz, bei Fuß! Moritz runzelte fragend die Stirn. »Kann ich dich mal kurz sprechen?« Moritz kapierte endlich und stand auf. Sie gingen ein paar Schritte, weg vom Tisch. »Wir können es mit dem Ofen heute nicht machen«, sagte Dany. »Der wird nicht heiß genug. Ich muss erst noch daran arbeiten, gucken, wie ich die Leistung höher kriege.«

»Wie lange dauert das?«

»Keine Ahnung. Einen Tag, vielleicht auch mehr, weiß ich echt nicht.«

Moritz sagte: »Wenn du es heute nicht machen willst, fahre ich trotzdem morgen früh zurück. Ich fahr in jedem Fall zurück. Moni war schon sauer genug, dass ich einfach so abgehauen bin. Wie so 'n blöder Köter, wenn's Herrchen pfeift, hat sie gesagt.« Er schwieg einen Moment und sah zu Nicole hinüber, die ihren Kopf in den Nacken gelegt hatte. Mit geschlossenen Augen, als wollte sie sich sonnen, mitten in der Nacht. Der Wind spielte mit ihren Haaren, sie bewegten sich sacht wie blonder Seetang unter Wasser in einer trägen Strömung. »Wer macht es denn überhaupt?«

Dany antwortete nicht, weil Nicole gerade zu ihnen herüberschaute. Sie war blass und sah plötzlich aus, als würde ihr schlecht. Sie stand so abrupt auf, dass ihr Stuhl umkippte. »Ich glaube, ich leg mich kurz hin«, sagte sie. »Mir ist ganz komisch.« Leicht schwankend ging sie an ihnen vorbei und schaffte es nicht einmal, sie richtig anzusehen. Ihr Blick schwankte genauso wie sie. Moritz starrte auf ihren Hintern unter dem kurzen Rock, und Dany wollte gar nicht wissen, was gerade in seinem Kopf vorging. Du solltest mal 'ne Runde in ihrem Tagebuch lesen, dachte er, dann wärst du davon kuriert.

»Komm, wir gucken mal, was es im Fernsehen gibt, und trinken noch was«, sagte er und versetzte Mo einen kleinen Stoß mit dem Ellbogen gegen den Arm. »Du kannst das zweite Schlafzimmer haben, ich bezieh sogar das Bett für dich.«

Sie trugen den Tisch in die Küche zurück und räumten ein bisschen auf. Sie konnten Nicole im Bad hören, es klang wie ein Husten oder Würgen. »O, Mann«, sagte Mo, aber er hatte noch immer diesen Blick von eben, als er auf ihren Arsch gestarrt hatte. Dany nahm den Whisky aus dem Kühlschrank. Sie gingen ins Wohnzimmer, und er schaltete den Fernseher ein. Es war ein deutsches Markengerät von Blaupunkt, das eine sehr realistische Farbwiedergabe hatte. Auf RTL kam *Conan der Barbar*, ein Film mit Arnold Schwarzenegger, genau das Richtige jetzt. Gerade kämpfte Conan mit einer Riesenschlage aus Gummi oder so was, sie war jedenfalls nicht echt.

Mo saß im Sessel neben dem Couchtisch, Dany auf dem Sofa. Zwischen dem Sofa und dem Fernseher stand eine Stehlampe, die ganz schwach flackerte, als hätte sie noch eine DDR-Birne. Mo sagte die ganze Zeit kein Wort. Er trank nur seinen Whisky und guckte zu, wie Conan Brigitte Nielsen vögelte. Nach einer Viertelstunde stand er auf und meinte: »Ich seh mal nach, was Nicole macht.«

»Wieso?«, fragte Dany.

»Nur so«, sagte Mo und hatte wieder diesen Ich-schau-dir-auf-den-Arsch-Kleines-Blick. Er machte die Wohnzimmertür hinter sich zu und kam fast bis zum Ende des Films nicht mehr wieder. Dany fragte sich, was er so lange bei Nicole machte, aber es interessierte ihn nicht genug, um nachgucken zu gehen. Kurz vor Ende war Mo wieder da, setzte sich in den Sessel und guckte weiter, ohne etwas zu sagen. Er sah Dany nicht an. Sein Haar war etwas durcheinander, und sein Gesicht wirkte gerötet. Er schenkte sich noch einen Whisky ein. Als die Werbung losging, sagte er: »Was für'n Scheiß.«

»Wie geht's Nicole?«, fragte Dany.

»Schläft.«

Dany erhob sich von der Couch. »Ich seh mal kurz nach ihr.« Als er an der Tür war, sagte Mo: »Bleib hier.«

»Warum?«

Mo sah ihn nicht an. »Ist besser, wir lassen sie ein bisschen zur Ruhe kommen.«

»Ich will nur einen Blick auf sie werfen.«

»Das würde ich nicht tun.« Mehr sagte Mo nicht, dann schaltete er um und guckte, was es sonst noch für Sender gab. Bei jedem neuen Sender drehte er die Lautstärke weiter auf. Dany trat in den Korridor und lauschte kurz an der Schlafzimmertür, bevor er sie öffnete. Er hörte nichts, nur den Ton des Fernsehers. Er machte die Tür auf. Im Schlafzimmer waren die Lampen aus, nur vom Flur fiel etwas Licht auf das Fußende des Bettes. Schattenhaft konnte er Nicoles Körper auf ihrer Hälfte des Bettes erkennen. In der Luft hing ein komischer Geruch, irgendwie stickig und schal, wie es im Zimmer seiner Oma gerochen hatte, als sie gestorben war. »Nicole«, flüsterte er. Sie antwortete nicht.

Er tastete nach dem Lichtschalter und legte ihn um. Als die Deckenlampe anging, sah er Nicole rücklings auf dem Bett liegen, und bei ihrem Anblick hatte er plötzlich das Gefühl, dass etwas in seiner Brust verrutschte und abstürzte wie hart gefrorener Schnee auf einem Dach, wenn die Sonne es erwärmte. Ein kaltes Fallen, das ihm den Atem raubte. Er spürte den Aufprall in seinem Herzen, bevor er sich ereignete, und dachte, es ist ganz anders als bei den anderen.

Es war schrecklich. Ein schrecklicher Anblick, nur ein oder zwei Sekunden lang. Dann kam die Lust.

46

In seinem Zimmer in der Pension stand Larsen am Fenster und sah auf die schwach beleuchtete Straße hinunter. Das Fenster war klein; er konnte nicht mehr als die gegenüberliegenden Häuserfassaden und die Oberleitungen für die Straßenbahn sehen. Er hatte noch kein Licht gemacht. Er hörte eine Frau lachen und die Autos, die an der Kreuzung anfuhren, wenn die Ampel auf Grün sprang, und immer wieder das Knattern von Mopeds. Er wurde das Bild von Daniel Becker an der Tür seines Hauses nicht los – ein Mann, seine Frau, sein Kind und sein Hund, fast ein Gemälde, ›Die Heimkehr‹.

Er griff nach dem Handy und drückte die Kurzwahl für Stephen Meyers auf der anderen Seite des Atlantiks. Nach vier Signaltönen klickte es, und Stephens volltönende Stimme sagte: »Hello, this is the voice mail of Stephen Meyers. Please leave a message.«

»Hi, Steve«, sagte Larsen. »Hier ist Larsen in Bremen. Ich sitze an einem Fall, der mir einige Kopfschmerzen bereitet, und könnte etwas Hilfe gebrauchen, von Profiler zu Profiler. Wenn du Zeit und Lust hast, freue ich mich über einen Rückruf. Bye.«

Worüber redete Becker mit seiner Frau, wenn er die Tür hinter sich geschlossen hatte? Ahnte sie, wozu er fähig war, um seine Ziele zu erreichen? Was er tat, wenn jemand ihm gefährlich zu werden drohte? Oder wusste sie es sogar und hatte sich damit abgefunden? Weihte er sie in seine Vorhaben ein? Erzählte er ihr von den anderen Frauen, den Prostituierten, der Sporttasche im Kleiderschrank und den Lüsten, zu deren Befriedigung ihr Inhalt diente?

Liebte sie ihn? Ist sie ihm hörig?

Larsen fand es ungerecht, dass ein Mörder abends von seiner Familie aufgenommen wurde, während der Mann, der ihn zur Strecke bringen sollte, allein in eine kleine Kammer in einer Pension zurückkehren musste. Wie es Kristin wohl geht?, dachte er. Was macht sie gerade? Bestimmt sitzt sie in ihrem Zimmer am Computer, das Buch, das sie übersetzt, aufgeschlagen im Licht der Schreiblampe. Oder trifft sie sich mit Freunden?

Er brauchte dringend neue Wäsche. Die Hemden brachte er in die Reinigung, aber alles andere ging ihm langsam aus. In Gedanken schrieb er eine kurze Liste: Hemden, Unterwäsche, Strümpfe. Und das Handbuch über psychische Erkrankungen. Vielleicht ist Kristin nicht zu Hause, dachte er, dann kann ich die Sachen schnell holen. Es war nicht so, dass er Kristin nicht begegnen wollte. Es war nur gegen ihre Abmachung. Er wollte sie sehen und berühren und mit ihr reden, aber es war gegen die Abmachung.

Er griff erneut nach seinem Handy. Drückte die Kurzwahl für seine Nummer zu Hause. Das Freizeichen erklang. Im selben Moment spürte er, dass sie da war. Trotzdem unterbrach er die Verbindung nicht. Ich bin nur ein schwacher Mann, entschuldigte er sich. Er stellte sich vor, wie Kristin die Treppe zur Diele hinunterlief, wo das Telefon auf einem kleinen Jugendstil-Tischchen neben dem Spiegel stand. Oder vielleicht war sie so in ihre Arbeit vertieft, dass sie nur kurz aufsah und sich dann wieder auf den Text konzentrierte, denn sie konnte ja nicht wissen, dass er anrief. Und wenn sie es wusste, aber trotzdem nicht dranging, weil sie nicht an seiner Stimme hören wollte, wie das Gift in ihm arbeitete?

»Hallo?« Ihre Stimme überraschte ihn immer wieder, die Wärme, gewürzt mit einer Prise Neugier. Er wusste plötzlich nicht, was er ihr sagen wollte oder durfte. Er brach ihre Übereinkunft, aus egoistischen Motiven, um ihre Liebe zu spüren. Er sagte nichts.

»Hallo?«

Er hielt das Handy etwas von sich weg, damit sie ihn nicht atmen hören konnte. Wie ein Stalker, dachte er, der nachts fremde Frauen anruft. Einen Sekundenbruchteil lang blitzte ein Gedanke auf: Vielleicht ist sie immer noch eine Fremde für mich – oder wieder, nachdem ich so lange weg war.

»Hallo? Wer ist denn da?«

Ich bin's, dachte er, und im selben Moment fragte sie: »Bist du das, Larsen?«

Genau, ich bin's, dachte er und schwieg.

»Wenn du das bist, musst du auch was sagen, sonst lege ich auf.«

Ja, leg du auf, bevor ich es tue. Aber sie legte nicht auf, und er hörte sie atmen, ruhig, fast war es, als könnte er sie sogar lächeln hören. »Komm bald wieder«, sagte sie. »Gute Nacht.« Ein Klicken verriet, dass sie aufgelegt hatte, und es kam ihm vor, als hätte sie sich bemüht, es sanft zu tun.

Er hatte das Handy gerade auf das Fensterbrett gelegt, als es zu summen begann. Sein erster Gedanke war: Kristin – es reicht ihr nicht, dich schweigen zu hören. Aber das Display sagte Stephen. Er meldete sich. »Hi, Steve, danke, dass du zurückrufst.«

»Sorry, ich habe nur eine Minute«, entschuldigte Steve sich sofort, »bei uns ist richtig was los. Irgend so ein White-Trash-Heini aus Missouri plante ein Attentat auf Bill Clinton. Das konnten wir gerade noch verhindern. Wie kann ich dir helfen?«

»Ach, ich versuche auch einen Mord zu verhindern, aber nicht an einem Politiker, an einer jungen Frau. Die Täter haben schon drei Menschen getötet, und die junge Frau ist meine einzige Zeugin.«

»Du weißt also, wer sie sind?«

»Ja.«

»Kannst du sie nicht einfach einlochen oder die junge Frau in ein Safe House bringen?«

»Ich habe keine Beweise gegen die beiden, und die Frau ist verschwunden. Am liebsten wäre es mir, wenn ich von einem der beiden ein Geständnis kriegen würde, aber ich habe Angst davor, dass sie sich gegenseitig beschuldigen und ich keinen als Kronzeugen benutzen kann.«

»Verstehe«, sagte Meyers. »Klingt interessant.«

»Die Frage für mich ist jetzt: Wie komme ich an ein Geständnis, das ich vor Gericht verwenden kann? Hat der Täter eine schwache Flanke, von der er nichts weiß?«

»Und das fragst ausgerechnet du, der Verhörspezialist per se? Erlebt einer der beiden Männer sexuelle Befriedigung beim Akt des Tötens? Ich brauche mehr Informationen.«

Larsen skizzierte Meyers die Sachlage, schilderte die Morde und die beiden Verdächtigen und erstellte schließlich ein kurzes mündliches Profil der beiden Täter. Meyers lauschte schweigend. Als Larsen fertig war, sagte er: »Gut, dass das FBI die Telefonrechnung bezahlt. Aber, ehrlich gesagt, ich möchte nicht mit dir tauschen. Oder mit der jungen Frau.«

»Irgendein Rat?«

»Buddha«, sagte Meyers.

»Buddha?«

»Ich denke, er würde so was sagen wie: Wenn du zu einem Geständnis kommen willst, warte, bis das Geständnis den Weg zu dir findet.« Bevor Larsen protestieren konnte, fuhr Meyers fort: »Vielleicht würde er auch einfach nur sagen: Stell dein Licht zur Abwechslung mal unter den Scheffel. Spiel mit ihrer Eitelkeit, gib ihnen das Gefühl, dir haushoch überlegen zu sein.«

»Das haben sie schon.«

»Treib es noch weiter. So lange, bis sie nicht mehr die geringste Angst vor dir haben. Oder wenigstens einer von den beiden, der, der sich dem anderen überlegen fühlt. Bis er aus lauter Mitleid gesteht, weil er glaubt, du wärst sogar zu dumm, ihn mit seinem eigenen Geständnis ans Kreuz zu nageln. Mach es wie Columbo im Fernsehen. Und wenn wir das nächste Mal telefonieren, erzähle ich dir, wer Buddha getötet hat. Grüß Kristin von mir.«

»Und du Karen.« Ein Klick, und Larsen sah, dass Steve die Verbindung unterbrochen hatte. Im selben Moment leuchtete das Display schon wieder auf und identifizierte den Anrufer als Sundermann. »Ja, Olaf?«

»Es waren Blüten«, sagte Oberkommissar Sundermann am anderen Ende der Leitung atemlos. »Es war gar kein echtes Geld.«

»Was war kein echtes Geld?«, fragte Larsen, in Gedanken noch bei Meyers und Buddha.

»Die Pokerrunde im ›Vier Jahreszeiten‹ in Hamburg vor einem Jahr«, erklärte Sundermann. »Wo die Weichsel angeblich 200 000 Mark gewonnen hat. Die haben mit Falschgeld gespielt.«

Larsen schwieg so lange, dass der Oberkommissar fragte: »Sind Sie noch dran, Chef?«

»Ja.« Das letzte Stück des Puzzles, da war es und nahm seinen Platz ein. Aber noch immer war das Bild nicht ganz klar; es musste noch scharfgestellt werden. »Wer sagt das? Der Angestellte des Hotels oder der Mitspieler, den du gesucht hast?«

»Der Mitspieler. Es war alles eine Inszenierung, sagt er.«

»Von wem? Für wen?«

»Von Daniel Becker. Für das Personal, die Etagenkellner, die den Abend über Getränke und Snacks in die Suite brachten. Und die anderen Teilnehmer. Außer meinem Mann, der war eingeweiht.«

»Das heißt, wenn jemand das Personal befragt hätte, wären die überzeugt gewesen, dass an dem Tisch mit echtem Geld gespielt und auch echtes Geld gewonnen wurde?«

»Genau.«

»Und außer Becker und deinem Informanten wusste niemand davon? Kosinski? Grit Weichsel?«

»Kosinski wohl nicht«, sagte Sundermann, »den haben sie bei der Gelegenheit offenbar gleich selbst zur Schlachtbank geführt, glaubt zumindest meine Quelle. Der hat sein eigenes Geld auf den Tisch gelegt. Über die Weichsel hat die Quelle allerdings nichts gesagt.«

»Gute Arbeit, Olaf«, lobte ihn Larsen. »Richtig gute Arbeit. Danke.« Er unterbrach die Verbindung und sah weiter hinaus auf die Oberleitungen über der Straße. Also war das Geld in dem Koffer unter ihrem Bett Falschgeld, das jeder für echtes Geld hielt – jeder außer Becker, der behauptete, es als Startkapital in die ComTec eingebracht zu haben. Jetzt stand das Bild scharf und klar vor ihm: kein Startkapital, also keine Ware, die damit bezahlt worden sein konnte, also auch keine ComTec, nur ein Büro mit Unterlagen, die vermutlich gefälscht waren, um die Versicherung zu täuschen und einen armen Idioten dazu zu bringen, seine eigene Police auf einen Begünstigten zu überschreiben.

Er stellte sich vor, wie Daniel Becker den Plan zu diesem Spiel ersann, wie er den Druck der Blüten in Auftrag gab, den Schauplatz wählte, die Spieler besetzte, ihnen ihre Rollen als Profifalschspieler, Eingeweihte und Opfer zuwies und dafür sorgte, dass es Zeugen gab. Er sah in Beckers Kopf und gewann mehr und mehr den Eindruck, auf das Innere einer Uhr zu blicken, deren ganzer komplizierter Mechanismus darauf angelegt war, eine falsche Zeit anzuzeigen, nach der niemand gefragt hatte. Sie tickte und tickte, und am Ende wiesen die Zeiger auf zwei Morde, vielleicht drei, die komplett unnötig gewesen wären, wenn der komplizierte Mechanismus sich von vornherein darauf beschränkt hätte, die richtige Zeit anzuzeigen. Oder einfach stehen zu bleiben. Und das alles nur, um an fiktives Startkapital für eine fiktive Firma zu kommen und mit deren fiktiven Produkten eine Versicherung zu betrügen, dachte Larsen. Was für eine Vergeudung von Intelligenz und Leben.

Wusste Grit alias Nicole davon? Auf jeden Fall war sie eine Gefahr, die Becker und Vogel genauso wie Kosinski und Schmidt ausschalten mussten, bevor sie eins und eins zusammenzählte. Ich muss mit ihr reden, so schnell wie möglich, dachte Larsen. Und dann dachte er: wenn sie noch lebt.

Er versuchte, sich an das Gespräch in der Lagerhalle zu erinnern, an Beckers Gesicht, seine Stimme, als Grits Name gefallen war. Er konnte das, ein Bild aus der Erinnerung isolieren und gestochen scharf wie ein Foto zurückrufen. War Beckers Blick – wie kurz auch immer, nur für Sekunden – zu der versperrten Tür unter der Balustrade geflogen? Hatte seine Stimme geschwankt? Nein, nichts Auffälliges, nichts, an das Larsen sich jetzt erinnerte. Nur dieses Gefühl, dass irgendetwas den jungen Mann nervös gemacht hatte, als er durch die Halle gegangen war, die Tür zu öffnen versucht hatte.

Er drückte die Kurzwahltaste für Torsten Lenz, der sich schnell meldete, wie alle Polizisten, wenn ein Kollege anrief. »Ja?« Lärmende Musik im Hintergrund, Gläserklirren, laute Stimmen.

»Wir müssen Grit Weichsel zur Fahndung ausschreiben. Als Vermisste. Sie ist in Gefahr, das Opfer eines Verbrechens zu werden«, sagte Larsen. »Und ich brauche einen Schlosser und ein Team der Spurensicherung. Wir gehen da ohne Beschluss rein. Einfach so!«

»Warte einen Moment!«, Lenz brüllte fast. »Ich geh mal eben vor die Tür.« Die Musik blieb noch kurze Zeit laut, genauso wie das Stimmengewirr, dann stieß Lenz eine Tür auf, die schnell hinter ihm zufiel, und der Geräuschpegel sackte schlagartig ab. »So, jetzt das Ganze noch mal, Larsen.«

»Ich weiß jetzt, wie Becker es gemacht hat«, erklärte Larsen, »wie er das mit den gestohlenen Computerteilen gedreht hat. Und wenn ich richtigliege, schwebt Grit Weichsel in Lebensgefahr, also setz alle verfügbaren Fahnder auf sie an. Die sollen keinen Stein auf dem anderen lassen, in der Helene, bei ihrer Mutter, bei den Pflegeeltern der Tochter, wo auch immer, bis wir sie haben.«

»Und was willst du mit dem Schlosser und dem technischen Dienst?«

»Einen abgesperrten Raum in der Lagerhalle der ComTec öffnen und untersuchen.«

»Ich dachte, ich leite diese Ermittlung«, maulte Lenz.

»Nur soweit es den Fall Kosinski betrifft, und nur solange ich sie nicht wieder selbst übernehme«, erklärte Larsen, vom jäh wieder hochgeschnellten Jagdfieber erfüllt. »Aber grundsätzlich ist alles, was Daniel Becker betrifft, mein Fall.«

»Wer sagt das?«

»I do.«

Lenz erwiderte noch etwas, das Larsen nicht verstand, weil es von einem am anderen Ende vorbeifahrenden Auto übertönt wurde, dann war die Verbindung unterbrochen. Bevor das Handydisplay erlosch, sagte es Larsen schnell noch die Zeit: 22:09 Uhr. Fast von selbst wanderten seine Gedanken wieder zu Daniel Becker. Es war wie ein Zwang, der immer stärker wurde, bis er irgendwann kaum noch zu ertragen war.

Er wurde zu Dany.

Spürst du mich so, wie ich dich spüre? Merkst du, dass ich dir näher und näher komme? Dass die Schlinge sich immer enger um dich zusammenzieht, bis du darin gefangen bist? Gerätst du langsam in Panik, oder schaltest du auch noch die letzten Gefühle aus, bis du nur noch von deinen Instinkten gesteuert wirst?

Ich werde zu dir, Dany, ob du willst oder nicht. Ich fühle,

was du fühlst. Ich trage in mir die Erinnerung an die Schläge, die du von deinem Vater bekommen hast. Ich höre das Schweigen deiner Mutter so laut wie du. Ich teile deine tägliche Angst um deine Schwester, die sich nicht wehren kann, gegen nichts. Frauke, die ich beschützen muss. Ich versuche einen Ausweg zu finden, ein Loch, einen kleinen Tunnel. Ich flüchte mich in die gefühllose Welt der Zahlen, positive, negative. Will meinem Vater meinen Wert beweisen, damit er mich nicht mehr schlägt. Nichts hilft. Ich spalte mich auf, verschwinde immer wieder in einem Teil von mir, wo mich nichts erreicht, nichts geschieht; wo ich stark bin, stärker als alle anderen, und die Schläge nicht spüre.

Niemand kennt diesen Teil von mir, er macht mich überlegen. Was für ein schönes Gefühl; kein Wunder, dass der Teil sich ausweitet, größer und größer wird. Ich kann jetzt selbst schlagen, wenn ich will. Ich kann sogar töten. Ich habe das Recht dazu, und je öfter ich versage, je häufiger ich mit meinem Plänen scheitere, desto größer wird dieses Recht. Wenn sich mir etwas in den Weg stellt, kann ich es wegräumen, einfach weg. Ich darf jedes Mittel anwenden, ich darf über Leichen gehen. Die Welt schuldet es mir.

Ich bin cleverer als alle anderen. Niemand kennt den Tunnel, durch den ich verschwinden kann, ich habe ihn selbst vergessen. Er ist da, aber ich weiß nicht mehr, dass er da ist. Dass ich ihn benutze. Ich tue Dinge, weil sie getan werden müssen.

Was tue ich als Nächstes?

Ich, Dany.

47

Frühjahr 1996
Einen Monat vorher

Während Susanne im Bad war, schnappte sich Dany sein Handy und rief Lobeck an. Es war Viertel nach elf, aber das spielte keine Rolle; bei Lobeck konnte er anrufen, wann er wollte. Der hatte sein Handy immer an, so wie jetzt auch, als er sich meldete: »Lobeck, ja, hallo?«

»Max, ich bin's.« Dany sprach leise, weil Susanne nicht unbedingt mitbekommen musste, dass er noch telefonierte. »Hör mal, wie weit bist du mit dem Ofen?«

»Mit dem Ofen, Chef? Na ja, in den letzten Wochen … Sie hatten gesagt, ich hätte Zeit bis zur 37. KW –«

»Ich weiß, was ich gesagt habe. Die Umstände haben sich geändert. Wenn du alles andere stehen und liegen lässt, wie schnell kannst du dann fertig sein?«

Am anderen Ende entstand eine kurze Pause, dann sagte der Klempner: »Also, das Material steht ja schon in Ihrer Garage, ist Ihnen bestimmt aufgefallen. Eigentlich muss ich nur noch –«

»Wie schnell?!«

»Nächsten Mittwoch.«

»Gut. Das geht gerade noch. Du fängst gleich morgen früh damit an.«

»Aber die Chefin, Ihre Frau –«

»Ich kläre das mit Susanne. Was die junge Frau angeht, die ich bei dir untergebracht habe, gab es da irgendwelchen Ärger?«

»Nein, überhaupt nicht. Sie geht manchmal raus, ins Kino oder spazieren, sagt sie. Aber sonst ist sie immer da unten und sieht fern oder so, keine Besuche, von niemandem. Sie hat mich mal um fünfzig Mark gebeten, weil sie kein Geld mehr hatte, das war alles.«

»Gut. Mittwoch bist du die auch los, wir verreisen über das lange Wochenende. Gute Nacht, Max, und danke!«

»Keine Ursache, Chef. Gute Nacht.«

Dany unterbrach die Verbindung und schaltete das Handy aus, damit Nicole ihn nicht wieder anrufen konnte, nicht mitten in der Nacht, die blöde Schlampe.

48

Sommer 1996
Einen Monat später

Es war Viertel nach neun am Morgen, und Grit Weichsels Mutter hielt ein großes Glas in der Hand, bis zur Hälfte gefüllt mit Eis und einer blaugrünen Flüssigkeit, die vom Grund eines Aquariums zu stammen schien. Beim Reden stieß sie mit den Lippen immer wieder gegen einen rosa Strohhalm mit abgeknicktem Mundstück, so dicht führte sie das Glas vor ihr Gesicht. »Keine Ahnung, wo die wieder mal steckt«, sagte sie. »Die sagt mir ja nie, wo'se hingeht. Vielleicht ist sie in der Arbeit. Wenn Sie warten wollen – kann ja sein, sie kommt bald.«

»Wann haben Sie Grit denn das letzte Mal gesehen?«, fragte Larsen.

»Als sie ihre Sachen gepackt hat und abgeholt worden ist.« Grits Mutter sah aus, als hätte sie seit Tagen kaum geschlafen, dafür aber umso mehr getrunken. Sie sprach undeutlich, und ihre flatternden Lider schienen Morsezeichen zu geben, die den Inhalt ihrer Worte fragwürdig wirken ließen.

»Abgeholt?«, fragte Larsen. »Von wem?«

»Weiß ich nicht. Hab den Fahrer nicht gesehen, nur das Auto, so 'n großkotziger Mercedes.«

»Und wohin wollte sie?«

»Hat'se nicht gesagt, nur, dass'se umzieht.«

»Wann war das? Bitte versuchen Sie, sich genau zu erinnern.«

»Vor vier Wochen vielleicht.«

»Warum haben Sie das mir oder meinen Kollegen nicht schon früher gesagt?«

»Hat ja keiner nach gefragt. Nur ob'se da ist oder wann'se denn wiederkommt.« Sie zuckte mit den Schultern und saugte mit dem rosa Strohhalm den Boden des Glases ab. »Und da war'se nicht, und wiedergekommen isse auch nicht.« Sie warf einen sehnsüchtigen Blick über die Schulter in Richtung Küche. »Muss ich mir denn jetzt Sorgen machen oder so was?«

»Ja«, bestätigte Larsen und blickte wieder auf seine Armbanduhr. »Ich glaube, das müssen Sie. Aber vor allem müssen Sie eines – falls Sie irgendetwas von Grit hören, müssen Sie mich sofort informieren.« Er wandte sich zum Gehen, der offenen Haustür zu, vor der Mareike wartete. Um Viertel vor zehn musste er beim Lager der ComTec sein. Auf der Schwelle blieb er stehen und drehte sich noch einmal um. »Wann hat Daniel Becker Sie angerufen?«

Grits Mutter hatte sich nicht bewegt, hielt weiter mit der einen Hand das leere Glas und mit der anderen die Schöße ihres notdürftig vor der Brust zusammengerafften Steppmorgenrocks. »Angerufen?« Es klang, als hätte sie nicht die leiseste Vorstellung davon, was man sich unter diesem Wort vorzustellen hatte.

»Wegen der Teilzeitstelle, die Sie in seiner Firma bekleiden«, erklärte er. »Was genau war Ihre Beschäftigung da noch?«

»Sekretärin?«, antwortete sie mit einem fragenden Unterton.

»Richtig«, bestätigte Larsen. »Sie waren ja für das Office Management zuständig. Buchführung, Lagerbestand und so weiter, wann die gestohlenen Computer geliefert wurden und –«

»Gestohlen?«

»Hat Herr Becker Ihnen das nicht gesagt?« In Gedanken war Larsen schon in der Lagerhalle, stand vor der verschlossenen Tür. »Was hat er Ihnen denn gesagt? Was sollen Sie zu Protokoll geben, wenn die Polizei kommt und nach Ihrer angeblichen Tätigkeit bei der ComTec fragt?«

Grits Mutter schwieg. Reglos stand sie im Halbschatten des schmalen Flurs, als bliebe ihm gar nichts anderes übrig, als schließlich von ihr abzulassen, doch das tat er nicht. Obwohl die Zeit drängte. Obwohl er spürte, wie das Adrenalin durch seine Adern schoss.

Stattdessen sagte er: »Eigentlich spielt es aber keine Rolle, was er gesagt hat, weil er ein Verbrecher ist, und Verbrecher lügen, das gehört zu ihrer Natur. Er hat drei Menschen ermordet, Ihre Tochter könnte das vierte Opfer werden. Gerade plant er einen Millionenbetrug, und so wie's aussieht, sind Sie seine Komplizin dabei, weil Sie meine Ermittlungen zu behindern versuchen. Das ist mir allerdings mehr oder weniger egal, es klappt sowieso nicht. Aber das Leben Ihrer Tochter ist mir nicht egal, selbst wenn es nicht gerade ein besonders schönes Leben ist, als Prostituierte in der Helenenstraße, mit einem Mörder als Freund und einer Trinkerin als Mutter.«

»Vielleicht wissen die Roloffs, wo sie ist«, stieß sie hervor. Ihre Lider hatten jäh aufgehört zu flattern. »Vielleicht hat sie Mellie abgeholt oder …«

Larsen merkte, wie die Atemluft in seine Lungen strömte, als hätte während des ganzen Gesprächs ein eiserner Ring um seine Brust gelegen, bis jetzt. »Wer sind die Roloffs? Wer ist Mellie?«

»Mellie ist Grits Tochter, Melanie. Wir wissen nicht, wer der Vater ist. Sie – Grietchen musste Mellie weggeben, Daniel wollte es so. Er sagte, sie wäre nicht gut für ihre Tochter. Er hat gesagt, bei den Roloffs – Michaela und Björn – hätte das Kind es besser.«

»Also war es Daniel Becker, der Sie mit dem Mercedes abgeholt hat?«

»Ich weiß es wirklich nicht.« Beinahe hätte sie die Schöße ihres Morgenrocks losgelassen, um das ganze Ausmaß ihrer Ehrlichkeit zu demonstrieren, schien sich aber im letzten Moment noch auf das Gebot der Keuschheit zu besinnen. »Aber wer soll es sonst schon gewesen sein? Wer holt eine wie sie ab, mit so einem Auto? Und mit wem würde sie einfach so mitgehen? Sie war – sie ist ja so verliebt in Dany. Vielleicht haben sie Mellie abgeholt, um mit ihr zusammen zu leben, als Familie. Grietchen hat sich immer nach einer Familie –«

»Ich brauche Adresse und Telefonnummer der Roloffs«, unterbrach Larsen sie hastig. Halb zehn. Bestimmt waren Lenz und der Schlosser schon in der Halle, warteten vor der Tür. Ihre Tochter ist vielleicht da hinter der Tür, gefangen oder tot, schrie er Grits Mutter in Gedanken an.

»Die Telefonnummer habe ich nicht, und die Adresse, da muss ich nachschauen gehen.« Sie vollführte eine beinahe elegante Drehung, stützte sich kurz an der Wand ab und steuerte dann die Küchentür an. »Irgendwo in der Nähe jedenfalls. Einen Moment, ich schreib's Ihnen auf.«

Sie verschwand in der Küche. Mach schon, dachte Larsen, mach zu. Glas klirrte gegen Glas, ein Metallkorken fiel zu Boden, dann herrschte ein paar Sekunden Stille, bevor Grits Mutter mit einem Zettel in der Hand zurückkam, den sie Larsen reichte. Er prüfte rasch, ob er die Schrift lesen konnte. »Danke, Frau Weichsel. Sollte sich Daniel Becker wieder bei Ihnen melden, reden Sie nicht mit ihm«, sagte er und war schon in der Eingangstür, als ihm noch eine Frage durch den Kopf schoss. »Was ist eigentlich mit Grits Vater? Wo kann ich den finden?«

»Auf dem Friedhof.« Sie trat einen Schritt vor, verhielt aber vor dem nächsten wieder. »Er – er hat sich – hat sich umgebracht, als sie … Sie war noch ziemlich klein, als es geschehen ist. Es war meinetwegen.« Ihre Lider flatterten wieder stärker, und ihre rechte Hand suchte eine Haarsträhne, die sie hinter das Ohr streichen konnte. »Also, na ja, wegen der anderen Männer. Man sieht es mir nicht an, aber ich bin kein, ich bin keine Frau, die leicht Nein sagt. Es gab vielleicht einen … einen zu viel.«

»Sie sind sehr offen, danke. Wir melden uns, falls wir noch Fragen haben sollten.«

»Bitte, helfen Sie meinem Grietchen«, rief sie, aber das hörte er kaum noch, weil er schon auf dem Weg zum Wagen war, immer schneller wurde und im Laufen Mareike ins Bild setzte.

»Daniel Becker hat Grit Weichsel vor vier Wochen von hier weggeholt und irgendwo anders untergebracht. Die Mutter weiß nicht, wo. Wir müssen das so schnell wie möglich herausfinden. Vielleicht ist sie da noch. Wahrscheinlich lässt Becker sie auch nicht mehr zur Arbeit gehen – nirgendwohin, wo wir sie finden und mit ihr sprechen könnten. Er merkt, dass wir ihn einkreisen. Ich hoffe nur, dass sie noch am Leben ist.«

Als sie im Wagen saßen, klingelte sein Handy. »Torsten, wie sieht's aus?«

»Wir sind jetzt in der Halle«, sagte Lenz. »Ich rufe dich mit meinem neuen Nokia an.«

»Ich brauche noch mindestens eine Viertelstunde.« Larsen startete den Wagen, schaltete das Blaulicht ein. Fuhr selbst.

Trat das Gaspedal fast durch den Boden. Presste das Handy mit der linken Hand ans Ohr. »Wie seid ihr reingekommen? Hat einer von den beiden euch aufgemacht?«

»Nein, der Schlosser.« Torstens Stimme hallte. »Wir haben weder Becker noch Vogel erreicht. Von den beiden geht keiner ans Telefon, in der Firma nicht und privat auch nicht.«

»Dann schreibt sie zur Fahndung aus, genau wie Grit Weichsel. Und die Autos von beiden, Becker und Vogel.«

»Mit welcher Begründung?!«

»Mordverdacht. Vorläufige Festnahme. Den Haftbefehl dazu beantragen wir gleich nachher. Kein Vorhalt bei Antreffen.«

»Wir fangen jetzt an. Willst du mithören?«

»Ja.«

Im Hintergrund erklang das scharfe Sirren eines Handbohrers, zwei kurze Stöße. »Ist offen«, sagte eine Männerstimme.

Larsens Puls raste. Er stellte sich vor, wie Lenz, der Schlosser und das Team der Spurensicherung vor der Eisentür standen und sie vorsichtig aufzogen. Einige Sekunden lang hörte er nichts, nur eine Stimme, die »Achtung, Stufe!« sagte, und eine andere mit: »Mach mal Licht.« Dann wieder Lenz: »Ach, du heilige Scheiße! Das glaubst du ja nicht.«

»Was?«, fragte Larsen. Er umklammerte das Lenkrad und hatte das Gefühl, als schlüge sein Herz wie ein Hammer auf glühendes Eisen. »Was ist dahinter, hinter der Tür?!« Mit einem Ruck riss er das Steuer nach rechts, fuhr an den Bordstein.

Torstens Stimme wurde von selbst leiser. »Das sieht ja aus hier wie in einem … Mensch, Larsen, das solltest du dir angucken! Peitschen, Ketten, Latex, Handschellen, alles da!«

»Ist das alles?«, fragte Larsen, jählings so erleichtert, dass er für Sekunden fast fröstelte. »Es gibt keine verborgene Kammer mehr oder ein Verlies oder so was?«

»Nein, auch kein Blut auf dem Boden oder abgenagte Gerippe in den Ecken. Alles so sauber wie in einem Labor.«

Die Erleichterung hielt nicht lange an. »Gut, dann fahren wir jetzt zu den Zieheltern von Grit Weichsels Tochter«, erklärte Larsen mit belegter Stimme. »Vielleicht wissen die etwas über ihren Verbleib. Wenn Olaf mit seinem Informanten aus Hamburg kommt, fangt schon mal ohne mich an.«

»Roger«, sagte Lenz. »Over and out.«

Kein Hinweis auf Grit Weichsel.

Keine Spur von Nicole.

Nichts.

49

Die Adresse der Familie Roloff lag in einer Arbeitersiedlung, die zu Anfang des Jahrhunderts erbaut worden sein musste – eine durchgehende Zeile von niedrigen roten Backsteinhäusern mit grün gestrichenen Türen und ehemals weißen Fensterrahmen, je ein kleines Fenster links und rechts von jeder Tür. Statt Namensschildern gab es große, aus Eisen geformte Nummern. Hohe Steinschwellen trennten die Eingänge von den Gehwegen, die kaum breiter als Küchentücher waren. Am Fuß der Fassaden wuchs hier und da Huflattich in kümmerlichen Büscheln; das waren die Gärten.

Larsen klingelte an der Tür mit der Nummer 16. Als sie aufging, hielt er seine Dienstmarke hoch und sagte: »Larsen, Kripo Bremen. Das ist Oberkommissarin Jung. Sind Sie Michaela Roloff?«

Die junge Frau, die im Türrahmen stand, blickte ihn mit großen blauen Augen an, als lebte sie in einem Märchen, das von immer neuen, ungewöhnlichen Gestalten bevölkert wurde, die außer ihr niemand sah. Sie trug einen abgenutzten, aber sauberen Jeansrock, rotgelbe Ringelstrümpfe und einen Pullover aus Shetlandwolle, der so groß war, dass sie zweimal hineingepasst hätte und die Ärmel umkrempeln musste, wenn sie ihre Hände gebrauchen wollte. Ihr haselnussbraunes Haar bestand aus lauter winzigen Löckchen, die ihren Kopf wie eine permanente Verpuffung umgaben. »Ja«, antwortete sie mit einer hellen Mädchenstimme, »aber mein Mann ist nicht da, wenn Sie zu dem wollen. Der ist schon in der Arbeit.«

»Wo arbeitet er denn?«, fragte Mareike.

»In Bremerhaven. Beim Schiffbau.«

»Sie können uns bestimmt auch helfen«, sagte Larsen.

»Ich darf Sie nicht hereinbitten, mein Mann möchte das nicht.« Obwohl die Sonne ihr ins Gesicht schien, blinzelte sie nicht und schirmte die Augen auch nicht mit der Hand ab, sodass ihre Augen wie frisch gegossenes Glas strahlten. »Wenn er nicht da ist, darf niemand ins Haus, den wir nicht kennen.«

Larsen verstaute seine Dienstmarke wieder in der Jacke. »Wir sind auf der Suche nach Grit Weichsel, der Mutter von Melanie. Nach unseren Informationen haben Sie die Tochter in Pflege. Melanie ist jetzt bestimmt in der Schule, aber wir würden auch gern mit ihr reden.«

»Mellie ist eine kleine Fee«, sagte Michaela Roloff. »Feen müssen nicht zur Schule. Sie wissen schon alles.«

»Und was ist dann Melanies Mutter – ein Dunkelalb?«, fragte Mareike.

»Ein gefallener Lichtalb«, bestätigte die junge Frau ohne ein Lächeln, aber erfreut darüber, dass jemand sich im selben Märchenland bewegte. »Ein Kind, das nie richtig erwachsen werden konnte, weil es viel zu früh den Faden verloren hat, der es durchs Leben führen sollte. Die Männer behandeln es wie eine Frau, aber es ist keine. Es sieht nur so aus. Fast.«

»Wissen Sie vielleicht, wo wir diesen gefallenen Lichtalb finden könnten?«, fragte Larsen. »Haben Sie in letzter Zeit etwas von ihr gehört oder sie gesehen? War sie mal hier?«

Die junge Frau schüttelte bedächtig den Kopf. »Nein, wir möchten nicht, dass sie hierherkommt. Wenn sie da war, geht es unserer kleinen Fee immer viel schlechter … Sie ist dann fast auch wieder ein Elf.«

»Was ist, wenn Sie Frau Weichsel doch mal erreichen müssen, warum auch immer, was machen Sie dann?«

Michaela Roloff sah ihn mit gerunzelter Stirn an, als hätte er mit dieser Frage ein beträchtliches Maß an Dummheit offenbart. »Wir rufen sie an«, sagte sie.

»Und Daniel Becker – war der hier?«

»Daniel? Nein.« Wieder das bedächtige Kopfschütteln. »In letzter Zeit nicht. Sonst kommt er einmal im Monat, um nachzusehen, ob es Mellie gut geht, aber jetzt war er schon eine Weile nicht mehr da. Merkwürdig, ja, jetzt fällt es mir auf. Wie ungewöhnlich. Er hat Mellie sehr gern, wissen Sie. Er schickt immer Geld, damit es ihr an nichts mangelt. Ja, es darf ihr an nichts fehlen. Sonst wird er böse.«

»Glauben Sie, dass Ihr Mann uns vielleicht weiterhelfen kann? Wo arbeitet er in Bremerhaven?«

»Ach, das weiß ich gar nicht so genau. Ich habe eine Nummer, eine Telefonnummer, unter der ich ihn erreichen kann, aber nur in ganz, ganz wichtigen Fällen.«

»Sonst wird er auch böse?«, warf Mareike ein.

Die junge Frau nickte eifrig.

»Mama, was machst du denn so lange an der Tür?«, rief eine Kinderstimme aus dem Inneren des Hauses. »Das darfst du doch nicht.«

»Ist das Melanie?«, fragte Mareike.

»Ja.«

»Könnten Sie sie bitten, kurz herzukommen?«

Die junge Frau drehte sich um und rief: »Mellie, kommst

du mal? Hier ist jemand, der dich gern kennenlernen würde.«

Kurz darauf trat ein Mädchen in den Sonnenschein, der ein Stück weit in die Diele hineinreichte. Das Mädchen war klein und mager und sehr blass. Es trug die gleichen rotgelben Ringelsöckchen wie seine Pflegemutter, hellblaue Kinderjeans und ebenfalls einen Pullover über einem rosa Hemdchen. Die blonden, mittellangen Haare wurden von einer Spange dicht neben dem Scheitel aus der Stirn gehalten. Nichts an Melanie war wirklich ungewöhnlich, bis auf den Blick ihrer verschiedenfarbigen Augen, eins Bernstein, eins Ebenholz, und beide so klar wie Diamanten – forschend, unverstellt, grenzenlos offen und ohne jede Tücke. Sie trat auf Larsen zu und sah ihn unverwandt an. »Möchtest du, dass ich dir ein Küsschen gebe?«

Der Anblick ihres Gesichts verschlug ihm den Atem. Sein Herz blieb stehen, das Blut stockte ihm in den Adern. Sekundenlang geschah nichts in ihm, das wie Leben war. Die Erinnerung spielte ihm einen schrecklichen Streich: Sie projizierte das Bild seiner toten Tochter auf das blasse Gesicht dieses Kindes. Es war einfach nicht möglich, lag vielleicht an der Ähnlichkeit der Namen oder daran, dass Melanie nur wenig älter war als Ellen in dem Moment, in dem die Flammen sie erfasst hatten.

»Ich hab dich gefragt, ob du möchtest, dass ich dir ein Küsschen gebe?«, wiederholte das Kind geduldig.

»Nein«, sagte Larsen und wandte sich einen Moment ab, damit niemand sein Gesicht sah. Mareike sprang für ihn ein: »Hast du in letzter Zeit etwas von deiner Mama gehört, Melanie?«

»Meine Mama steht doch da«, sagte das Kind.

»Ich meine, deine andere Mama.«

»Meine andere Mama ist weg. Die anderen Onkels auch. Sie hat mich nicht so lieb.«

Mareike senkte den Kopf. Sie biss sich auf die Lippen, gab sich schließlich einen Ruck. »Sie war also lange nicht mehr hier?«

»Ganz lange.« Mellie sah zu Michaela Roloff hoch und fragte. »Darf ich weiter fernsehen gehen?« Die junge Frau nickte, und Melanie sagte: »Auf Wiedersehen und vielen Dank für Ihren Besuch«, bevor sie wieder im Inneren des Hauses verschwand.

Michaela Roloff verschränkte die Arme vor der Brust. »Sie hätten sie sehen sollen, als sie zu uns kam«, sagte sie, und auf einmal klang ihre Stimme nicht mehr nach einer Welt von Feen und Elfen. »Das erste Mal war an einem Nachmittag. Es klingelte, und draußen – genau da, wo Sie jetzt stehen – stand Daniel Becker in Begleitung einer Krankenschwester mit einem Säugling auf dem Arm. Das Kind war abgemagert und wirkte völlig vernachlässigt. Es schlug mit dem Kopf immer vor und zurück, und seinen rechten Daumen hatte es fast wund gebissen.«

»Woher kannten Sie Herrn Becker?«, wollte Larsen wissen.

»Ich kannte ihn gar nicht, mein Mann, Björn, kannte ihn. Sie waren sich irgendwo begegnet, wo genau, hat er nie gesagt. Nur, es wäre ein ›Männerort‹.« Sie blinzelte noch immer nicht, obwohl die Sonne jetzt höher stieg. »Ich darf keine Kinder bekommen, wissen Sie, aber Björn wünschte sich so sehr ein Töchterchen, und Daniel, Herr Becker, sagte, er kenne da ein Kind, das liebevolle Eltern brauche. Seine Mutter wäre eine Prostituierte, die sich nicht um ihre Tochter kümmern könne, sie wäre zu instabil.«

Larsen unterdrückte den Impuls, auf die Uhr zu sehen. Rund um sein Zwerchfell baute sich eine vibrierende Spannung auf, die mit jeder Minute stärker zu werden schien. Er dachte an das Kind, das in dieser Familie lebte, und an seine Mutter, die vielleicht gerade irgendwo starb.

Als spürte die junge Frau die Unruhe in ihm, redete sie schneller. »Es dauerte fast ein Jahr, bis Mellie keine Anzeichen von Hospitalismus mehr zeigte, ordentlich aß und ruhig schlief. Dann stand auf einmal diese –«, sie unterbrach sich, um ein anderes Wort zu suchen als das, an das sie offenbar dachte, »stand auf einmal Nicole vor unserer Tür und brachte uns völlig verdreckte Kindersachen vorbei, die Mellie längst nicht mehr passten. Sie war ganz eindeutig nicht nüchtern, kam einfach rein und wollte Mellie in den Arm nehmen. Aber Mellie wollte nicht, weil ihre Mutter nach Alkohol und Zigaretten stank und sich auch überhaupt nicht wie eine Mutter benahm. Wie betrunken Nicole tatsächlich war, merkten wir erst, als sie unsere Gesichter sah, Björns und meins, und uns anbrüllte: Was glotzt ihr denn so?! Das ist immer noch meine Tochter, auch wenn es euch nicht passt, wie ich lebe, euch allen! Mir macht es eben Spaß, im Puff zu sitzen und es vier Männern in der Stunde so richtig zu besorgen, das finde ich geil. Das törnt mich an, wenn sie mir ins Gesicht wichsen oder auf meinen Arsch pinkeln, Typen wie du, Björn, dem es seine Alte nicht richtig besorgt, nicht so, wie er's mag! Wisst ihr, dass euer feiner Freund Daniel auf SM steht, auf Schlagen und Fesseln?«

Sie schwieg ein paar Sekunden. »Und dann«, redete sie weiter, »dann hat sie Mellie gepackt und hinter sich her aus dem Haus gezerrt, und wir konnten nichts dagegen machen, weil wir offiziell noch nicht ihre Pflegeeltern waren. Bloß, dann hat sie versucht, sich das Leben zu nehmen, zweimal. Einmal mit Tabletten, und einmal wollte sie von einer Brücke springen. Ein Jahr später stand Dany wieder vor der Tür, diesmal ohne Schwester. Ganz allein stand er da, mit Mellie, die aussah, als hätte sie mehrere Tage in einem Schweinekoben gehaust. Er hatte sie Nicole, die arbeitete jetzt privat, von zu Hause aus, erneut weggenommen. Diesmal kommt sie nicht wieder, hat er uns versprochen! Und das Aufenthaltsbestimmungsrecht haben jetzt wir, vom Familiengericht beschlossen!«

»Da kann Mellie ja von Glück sagen, dass sie bei Ihnen bleiben durfte«, sagte Mareike.

Michaela Roloff nickte. »Das verdankt sie Daniel. Er liebt Kinder über alles.«

»Seitdem haben Sie Frau Weichsel nicht mehr gesehen?«

»Nein.« Michaela Roloff trat einen Schritt zurück, aus der Sonne in den dunklen Flur. »Wir haben sie noch einmal angerufen, weil wir Mellies Impfpass brauchten, aber den hatte sie natürlich verschlampt. Sie hatte ja nie mehr, als in zwei Einkaufstüten passt. Ich weiß noch, dass ich sie gefragt habe, ob ihr noch irgendwas wichtig ist, Mellies Zukunft betreffend, und sie sagte nur: Ist mir scheißegal. Macht mit ihr, was ihr wollt.«

Sie legte eine Hand auf die Türklinke. »Nicole hat bestimmt kein leichtes Leben, vielleicht nicht mal aus eigener Schuld. Aber wenn Sie von mir wissen wollen, ob ich weiß, wo sie ist, weil sie sich vielleicht etwas antun könnte, dann sage ich: Soll sie doch, soll sie sich umbringen, oder soll jemand anderer sie umbringen. Hauptsache, sie ist weg, ein für alle Mal einfach weg aus dieser Welt!«

Damit drückte sie die Tür ins Schloss, und für einen kurzen Moment hatte Larsen das Gefühl, als wäre etwas in ihm passiert, auf das er nicht vorbereitet gewesen war. Als hätte jemand mit einem Stock das unsichtbare Netz zerschlagen, das er unter sein Herz gespannt hatte, damit es nicht fallen konnte.

»Das war jetzt nicht sehr ergiebig«, meinte Mareike. »Kein Hinweis auf Grit Weichsel. Keine Spur von Nicole.«

»Nichts«, sagte Larsen und wusste es besser.

50

Kripo Bremen, Larsen. Das ist Oberkommissarin Jung. Wir möchten mit Herrn Vogel sprechen.«

»Mein Mann ist nicht da.« Monika Vogel trug ein weißes, mit roten Rauten, Kugeln und Kreisen besticktes Umstandskleid, das an einigen Stellen feuchte Flecken aufwies. Ihr Haar war im Nacken mit einem dünnen Lederband zu einem Pferdeschwanz gefasst, und ein glänzender Schweißfilm überzog ihr gerötetes Gesicht. Ihre Bewegungen waren ungeduldig, und ihre Stimme klang gereizt. »Worum geht es denn?«

»Das würden wir gern mit Ihrem Mann persönlich besprechen. Wo können wir ihn denn erreichen?«

»Er sagt mir nie, wo er hingeht. Ich weiß nur, dass er zum dritten Mal Vater wird und nie da ist, wenn ich ihn brauche.«

»Könnten Sie ihn für uns anrufen?«, fragte Mareike.

»Er geht nicht an sein Handy. Seit er gestern Mittag losgefahren ist, habe ich nichts mehr von ihm gehört.«

»Er ist weggefahren? Wohin denn?«

»Das weiß ich doch nicht! Vorgestern Abend hat er einen Anruf von Dany gekriegt, als wir gerade beim Essen mit Freunden waren, und gestern Mittag ist er losgefahren. Dany ruft, und er springt.« Sie runzelte die Stirn und verlagerte das Gewicht von einem Fuß auf den anderen. »Haben Sie es schon bei Dany versucht, Daniel Becker?«

»Der ist auch wie vom Erdboden verschluckt«, sagte Mareike.

Monika Vogel warf ein Lachen weg. »Dann sind die beiden unter Garantie zusammen unterwegs. Moritz läuft Daniel hinterher wie ein herrenloser Hund, egal, wo der hingeht, hechel, hechel, bei Fuß, Mo, und jetzt hol's Stöckchen ...!« Sie zuckte leicht zusammen und hielt sich den Bauch. »Entschuldigen Sie mich jetzt, bitte. Und wenn Sie meinen Mann finden, sagen Sie ihm, dass sein ältester Sohn heute Geburtstag hat.« Sie knallte die Tür so heftig zu, dass sie wieder aufsprang, bevor ein erneuter Stoß sie endgültig schloss.

»Langsam wird's eng«, sagte Mareike.

Kein Hinweis auf Grit Weichsel.

Weiter keine Spur von Nicole.

Nichts.

51

Kripo Bremen, Larsen. Das ist meine Kollegin, Mareike Jung.«

»Ich erinnere mich an Sie«, unterbrach Susanne Becker ihn, ließ sie aber genauso an der Tür stehen wie Monika Vogel. »Sie waren vor ein paar Wochen schon mal hier, als der Robert erschossen worden ist.« Sie trug einen engen blauen Rock und eine weiße Bluse, als wäre sie Flugbegleiterin bei der Lufthansa. Ihre Lippen waren blutrot geschminkt; eine frische Wunde, mit der sie sprechen konnte. »Sie wollen zu Daniel«, stellte sie fest.

Larsen nickte. »Ist er zu Hause?«

»Nein.«

»Wissen Sie, wo er sich gerade aufhält?«

Sie befeuchtete ihre Lippen mit der Zungenspitze, die klein und rosa hervorblitzte wie die einer Katze. »Nein.«

»Eigentlich suchen wir eine gewisse Grit Weichsel«, erklärte Mareike jetzt. »Sagt Ihnen der Name vielleicht etwas?«

»Ja.«

»Woher kennen Sie Frau Weichsel?«, übernahm Larsen.

Susanne Becker verschränkte die Arme vor der Brust, und an ihrem linken Handgelenk kam eine Cartier-Uhr zum Vorschein. »Nicole – ich nehme an, diese Person meinen Sie, wenn Sie ›Frau Weichsel‹ sagen – stand eines Tages bei uns vor der Tür. Sie hatte tatsächlich die Stirn, hier aufzukreuzen und mich nach ihm zu fragen. Sie sagte, sie hätte was mit ihm zu klären, ich wüsste bestimmt, was, und dabei fehlte nicht viel und sie hätte sich an mir vorbeigedrängt, um ihm in meinem Haus eine Szene zu machen. Können sie sich das vorstellen? Aber Dany war da und hat ihr ordentlich die Meinung gesagt. Die ist hier nicht noch einmal aufgetaucht!«

»Dann können Sie uns wohl auch nicht sagen, wo wir sie finden?«, meinte Mareike.

»Nein.«

Larsen sah keine Möglichkeit, Rücksicht auf ihre Gefühle zu nehmen. »Wir haben Grund zu der Annahme, dass sie sich in Gesellschaft Ihres Mannes befindet, und es wäre wichtig, Kontakt mit ihr aufnehmen zu können. Leider geht keiner von beiden an sein Telefon.«

Susanne Becker lachte hell, ein kurzes, ungläubiges Lachen. »Da irren Sie sich bestimmt. Dany hat mir gesagt, dass er über das Wochenende geschäftlich unterwegs ist. Er ist ja so ruhelos, so fleißig. Warum fragen Sie nicht seinen Partner, Moritz Vogel? Zu dem müssen Sie gehen. Die beiden stecken doch andauernd zusammen.«

»Der geht auch nicht an sein Handy«, erklärte Mareike.

»Und seine Frau?«

»Da waren wir gerade«, sagte Larsen. »Sie meinte, Moritz sei wahrscheinlich mit Ihrem Mann zusammen, wusste aber auch nicht, wo sie sein könnten.«

»Bestimmt hat sie recht. Moritz läuft Dany nach, seit die beiden Teenager waren. Sagt man das noch – Teenager? Alle laufen ihm nach und jubeln ihm zu, Dany, Dany, Dany. Er hat so eine Wirkung auf die Menschen. Wie ein Filmstar.«

»Fällt Ihnen sonst irgendjemand ein, der wissen könnte, wo sich Ihr Mann gerade aufhält?«

Sie sagte nichts, bewegte sich allerdings auch nicht, was wohl bedeutete, dass sie nachdachte. »Nein«, sagte sie zögerlich. Sie weiß etwas, dachte Larsen. Vielleicht versucht er, sich vor ihr zu verstellen, aber sie ahnt, dass er noch eine andere Seite hat. Sie hat ihn nur deshalb nicht durchschaut, weil sie das nicht will; sie will weiter an ihn glauben, will ihn weiter bewundern, weil sie sonst nichts mehr hat.

»Nur ein Name«, drängte Larsen. »Irgendjemand, der uns weiterhelfen kann. Es geht möglicherweise um Leben und Tod.«

»Vielleicht Max Lobeck«, sagte sie endlich. »Das ist unser Klempner. Die beiden haben in letzter Zeit oft zusammengesteckt. Herr Lobeck hat sogar einen Ofen in unserer Garage gebaut. Als ich vorgestern nach Hause kam, war der Ofen auf einmal weg – und Dany auch.«

Plötzlich war das Gewicht in Larsens Brust so schwer, dass der Platz nach unten nicht mehr ausreichte; es drückte nach oben, fast bis in den Gaumen hinauf. »Wo finden wir diesen Max Lobeck?«

52

Max Lobeck, der Eigentümer und Geschäftsführer von Fa. Lobeck Klempnerarbeiten und Trockenbau, führte Hauptkommissar Larsen und Oberkommissarin Jung in sein Büro, in dem ein elektrischer Ventilator auf dem mit Bauplänen übersäten Schreibtisch seinen vergitterten Propeller so bedächtig von einer Seite zur anderen drehte, als müsste er die Luft erst prüfen, bevor er sie kühlen konnte. »Wie kann ich Ihnen helfen?«

»Wir sind auf der Suche nach Daniel Becker«, erklärte Larsen zum vierten Mal an diesem Vormittag. »Seine Frau sagte, Sie wüssten vielleicht, wo wir ihn finden können.«

Lobeck schürzte die Lippen und wandte seinen Kopf ebenso bedächtig hin und her, wie der Ventilator auf seinem Schreibtisch die Baupläne mit der kühlen Luft bestrich. »Da kann ich Ihnen leider nicht helfen. Das ist ja der Chef, der Herr Becker. Der sagt mir nicht, was er vorhat.«

»Haben Sie nicht bis vor Kurzem in seiner Garage einen Ofen gebaut?«, fragte Mareike.

»Stimmt, ja. Als wir den auf meinen Transporter geladen haben, das war das letzte Mal, wo ich ihn gesehen habe.«

»Das war wann – vorgestern?«

»Genau, vorgestern Morgen. Wir sind dann zu mir gefahren, wo er die Nicole eingeladen hat, und dann ist er losgefahren.«

Larsens Haut begann zu kribbeln. Ruhig, mahnte er sich, bleib ruhig. »Losgefahren? Wohin?«

»Ich sag doch, das weiß ich nicht. Er sagt mir so was ja nicht, oder? Er ist schließlich –«

»– der Chef«, fiel Larsen ihm ungeduldig ins Wort. »Nicole, Frau Weichsel, war also bei Ihnen? Seit wann?«

»Da müsste ich erst nachschauen, 'n paar Wochen, würde ich sagen.« Er schob einige Papiere auf seinem Schreibtisch hin und her. »Ich habe ein kleines Apartment im Souterrain meines Hauses, da habe ich sie untergebracht. Herr Becker wollte das so. Er hat mich auch dafür bezahlt. Und es gab auch nie Schwierigkeiten mit ihr, wenn Sie verstehen.«

»Wann genau ist er losgefahren?«, hakte Larsen nach.

»Freitag, um Mittag rum.«

»Und der Ofen, war der auch im Wagen?«

»Ja.«

»Was war das für ein Ofen? Wozu diente er – jetzt, fast schon im Sommer?«

»Das habe ich ihn auch gefragt.« Lobeck nickte genauso bedächtig, wie er vorher den Kopf geschüttelt hatte. »Aber er hat nur gesagt, das ginge mich nichts an, und da hat er ja auch recht, er ist schließlich der Chef.«

»Haben Sie vielleicht eine Vermutung?«

»Vermutung? Nein. Ich weiß nur, dass es plötzlich ganz schnell gehen musste. Erst hieß es, ich hätte Zeit bis August, bis zur 37. KW, aber davon war auf einmal keine Rede mehr. Und das bei den Maßen, also, ich weiß nicht … Ich habe ihm gesagt, dass er damit nie durch den TÜV kommt, aber das hat ihn gar nicht interessiert.«

»Was für Maße waren das?«

»Tja, also, 60 Zentimeter hoch, 60 breit und 190 lang, und das alles aus Eisenblech, Stärke 3,9 Millimeter.«

Die Maße eines Menschen, dachte Larsen. Eines schlanken Menschen wie Grit Weichsel.

Er war besessen von Feuer. Sie hätten sein Gesicht sehen sollen, wenn er das Wort aussprach – Feuer.

Er sah die Worte von Andrea Rossi vor sich, als wären sie mit roter Schrift an die Wand hinter Lobeck geschrieben. Diesmal will er sein Opfer nicht einfach nur umbringen, dachte Larsen; diesmal will er die Tat zelebrieren, an einem entlegenen Ort, weil er dafür Zeit braucht. Das kann unsere Chance sein. »Und seitdem haben Sie nichts mehr von Herrn Becker gehört?«, fragte er.

»Doch, er hat noch einmal angerufen, Freitagnacht.« Lobecks Miene spiegelte seinen Wunsch zu helfen wider. »Es war schon spät, bestimmt nach zehn. Er hatte Probleme mit dem Brenner, der nicht so funktionierte, wie er sollte. Ich habe ihm gesagt, woran es liegen könnte, und er hat gemeint, wenn er den Fehler nicht beheben kann, meldet er sich noch mal. Er hat dann aber nicht noch mal angerufen.«

»Lief das Gespräch übers Festnetz, oder hat er mit dem Handy angerufen?«, fragte Mareike.

»Handy.«

Larsen erkannte die Chance, die sich ihm bot. »Würden Sie ihn bitte anrufen?«

»Jetzt?«

»Jetzt sofort, ja.«

Lobeck holte sein Handy aus der Jackentasche und schaltete es ein. Er starrte auf das Display, drückte eine Kurzwahltaste. Larsen streckte die Hand aus. Lobeck gab ihm das Handy, und er presste es ans Ohr. Drei Freizeichen, dann ein Klicken, und eine Stimme sagte: »Hier Daniel Becker.«

»Herr Becker, Larsen. Wo sind Sie gerade? Ich muss dringend mit Ihnen sprechen.« Am anderen Ende nur Stille, nicht einmal Atemgeräusche. Eine Mailbox. Larsen reagierte: »Wenn Sie das hier hören, rufen Sie mich bitte an, in Ihrem eigenen Interesse.« Er unterbrach die Verbindung und gab Lobeck das Handy zurück. »Hat Herr Becker sonst noch etwas gesagt, über Frau Weichsel oder über den Ort, an dem er sich aufhält?«

»Nein.«

»Es ist äußerst wichtig, dass wir in Erfahrung bringen, wo er und Frau Weichsel gerade sind. Bitte denken Sie nach, ob Ihnen noch irgendetwas einfällt, das einen Hinweis darauf geben könnte. Irgendetwas!«

»Nein, ich glaube nicht.«

»Denken Sie nach!« Nur mit Mühe konnte Larsen sich davon abhalten, Lobeck zu schütteln wie eine Uhr, die stehen geblieben war. Ellie wäre jetzt fast so alt wie sie, dachte er.

»Da fällt mir was ein …« Lobecks Stirn rötete sich, dann das ganze Gesicht. »Als wir hierhergefahren sind, hat er mit jemandem telefoniert, einem Herrn Lorenz. Es ging um eine bei Reiseantritt fällige Rate, die er noch nicht überwiesen hatte oder die aufgrund einer falschen Kontonummer fehlgeleitet worden war. Vielleicht war mit Reise ja dieses Wochenende gemeint. Mehr kann ich Ihnen beim besten Willen nicht sagen.«

»Nur Lorenz? Kein Vorname, keine Firma?«

»Genau.«

»Und bei welcher Bank ist Herr Becker?«

»Ich weiß nur, dass er bis vor Kurzem ein Konto bei der Gotha Bank hatte, mit der er dann aber nicht mehr zufrieden war. Seine aktuelle Bankverbindung hat er mir noch nicht mitgeteilt. Vielleicht kennt man bei der Gotha die neue.«

Larsen winkte ab. »Bis wir die neue Bank dann gefunden haben und Konteneinsicht bekommen, ist es zu spät.« Die Zeit läuft mir davon, dachte er. »Danke, Herr Lobeck. Und lassen Sie Ihr Handy eingeschaltet. Falls Herr Becker sich noch einmal melden sollte, informieren Sie uns bitte umgehend!« Er verließ das Büro, holte sein eigenes Handy heraus und drückte die Kurzwahl für Torsten Lenz, erreichte diesmal aber nur die Mailbox. »Torsten, habt ihr bei der ComTec nur das SM-Studio durchsucht oder auch das Büro? Wieso ist dein Handy aus? In dieser Phase der Ermittlungen bleiben alle Handys an, die ganze Zeit, wie oft soll ich das noch sagen?! Bitte, ruf mich so schnell wie möglich zurück!«

»Was jetzt?«, fragte Mareike, als sie draußen über den kleinen Hof der Klempnerfirma zu ihrem Wagen gingen. »Was machen wir, wenn wir weder Becker noch Nicole finden?«

»Wir finden sie«, sagte Larsen.

»Wie?«

»Wir beschlagnahmen Beckers Computer. Gucken, an welche Firma er vorgestern Geld überwiesen hat. Wir setzen uns mit den Providern von Telekom und Mannesmann in Verbindung und versuchen herauszufinden, von wo aus er Max Lobeck angerufen hat.«

»Das dauert ja ewig!«, wandte Mareike ein. »Gibt es keine Möglichkeit –«

»Ich weiß, dass es ewig dauert!«, brüllte Larsen. »Wenn dir was Besseres einfällt, irgendwas, wie wir die beiden schneller finden können, dann sag es! Ich bin ganz Ohr!«

»Sie könnten mich noch schlagen«, gab Mareike fast genauso heftig zurück. »Anbrüllen ist schon ganz gut, aber mal richtig zuhauen bewirkt wahre Wunder!«

Larsen starrte sie einige hämmernde Herzschläge lang an, dann wurde er wieder ruhig. »Entschuldige, bitte.«

»Schon gut«, sagte sie. Er nickte dankbar und griff nach seinem Handy, das Torstens Rückruf meldete. »Wir müssen noch mal zur ComTec«, sagte er. »Ich brauche Daniel Beckers Computer.«

»Das geht aber wirklich nicht ohne richterlichen Beschluss«, wandte Lenz ein.

»Dann besorg einen, so schnell wie möglich. Für alle Rechner, auf die Becker Zugriff hatte, und sein Handy. Und treib jemanden auf, der Passwörter knacken kann, oder noch besser einen Hacker, falls wir so jemanden bei uns haben. Das Zauberwort heißt Polizeigesetz: Abwehr einer drohenden Lebensgefahr!«

»Jetzt haben wir einen Hinweis«, sagte Mareike, als sie wieder im Wagen saßen, »und vielleicht sogar eine Spur. Aber was nützt uns das, wenn Nicole schon nicht mehr lebt?«

Larsen beschloss, diesmal nicht zu antworten.

53

Mareike hatte recht, es dauerte ewig. Oder wenigstens zu lange. Alles dauerte viel zu lange: der Richter, der Beschluss, das Öffnen des ComTec-Büros, das Knacken des Firmen-PCs, das Durchsuchen der Dateien, schließlich die Einsicht, dass es noch einen zweiten Rechner geben musste, von dem aus Daniel Becker die Überweisung getätigt hatte. Aber wo stand der? Nachdem sie in den beschlagnahmten Unterlagen keinen Hinweis auf das Reise- oder Immobilienbüro entdeckt hatten, mit dem Becker in Gegenwart von Max Lobeck telefoniert haben konnte, fingen sie an, Telefonbücher zu wälzen.

Die Suche in den Gelben Seiten ergab einige Dutzend Treffer allein im Großraum Bremen – Lorenz als Vorname, Lorenz als Nachname und Lorenz als Bestandteil eines Firmennamens, jeder mit irgendeiner erkennbaren Verbindung zu Reisen, Ferienanlagen oder Immobilien kam infrage. Mareike und Olaf fingen an, die Firmen und Büros anzurufen, die aufgrund ihrer Lage oder Spezialisierung am meisten Aussicht auf Erfolg versprachen. Überall erreichten sie nur Anrufbeantworter, denn es war ein Samstag vor Pfingsten. Sie hinterließen auf jedem Anrufbeantworter dieselbe Nachricht, eine Telefonnummer und die dringende Bitte um einen Rückruf unter dieser Nummer, zu jeder Tages- und Nachtzeit.

Warten. Es gab wenig, was Larsen mehr hasste als warten. Warten darauf, dass das Telefon klingelte. Dass die Zeit schneller oder langsamer verging. Zwischendurch suchte er die Waffenkammer auf, um sich endlich seine Dienstpistole aushändigen zu lassen. Er hatte mit Vorwürfen gerechnet, doch am Samstag war die Waffenkammer unbesetzt. Mit leeren Händen kehrte er in sein Büro zurück und tat, was er immer tat, wenn er nicht weiterwusste: Er kochte Kaffee. Er saß in seinem Büro und starrte auf die Plakate, die für eine andere Art von Betrug warben, die Illusion, dass am Ende immer das Gute siegte. Man musste nur seinen Weg aufrecht bis zum Ziel gehen, in Farbe und unterstützt von der passenden Musik. Ich habe es versucht, dachte er, und ich versuche es noch. Aber ich komme nicht voran. Ich schaffe es nicht, den Weg zu finden, auf dem ich einem verdrehten Verstand gewachsen bin, geschweige denn, schneller am Ziel wäre als er. Ich habe es meiner Tochter versprochen, und ich stehe im Begriff, zu versagen.

Er versuchte, seinen Herzschlag zu kontrollieren. Nicht zu vibrieren, weder innerlich noch äußerlich. Die Spannung des Stroms so weit zu reduzieren, dass Menschen ihn berühren konnten, ohne einen Schlag zu bekommen. Er beschloss, auf Kaffee zu verzichten. Er hörte ein Geräusch, das niemand außer ihm vernahm – einen Hochfrequenzton, ein pfeifendes Sirren, das ihn umgab und kaum merklich eindringlicher wurde. Er wusste, was dieses Sirren bedeutete, und er fürchtete den Moment, in dem es aufhörte.

Er ging in den Konferenzraum, in dem Lenz, Mareike und Olaf saßen und die Liste abtelefonierten. »Ich gehe nach Hause«, sagte er.

»Du meinst, in die Pension«, sagte Lenz.

»Nein. Wenn was ist – ihr wisst Bescheid. Zu jeder Tages- und Nachtzeit.«

»Ich bin in Urlaub«, sagte Lenz.

Larsen, schon im Gehen begriffen, blieb auf der Schwelle stehen. »Ist das dein Ernst? Wann?«

»Eigentlich seit gestern.« Lenz zeigte eine Miene, die mehr als nur verschlossen war – verrammelt und verriegelt, alle Ritzen mit Klebeband abgedichtet. »Dass ich noch hier bin, liegt an dem Fall. Aber wenn wir bis morgen nicht weiterkommen …«

Das Sirren schwoll kurz an. Es klang wie eine Mücke neben dem Kopfkissen in der Nacht, wenn man gerade einzuschlafen begann. »Gute Reise«, sagte Larsen und beschloss, Lenz lange nicht für eine Beförderung vorzuschlagen.

Als er das Präsidium verließ, war es draußen schon dunkel. Er nahm die Straßenbahn nach Schwachhausen und ging den Rest der Strecke zu Fuß. Er wusste, dass er die Abmachung brach, und er hatte auch eine Ausrede, aber er hoffte, dass er sie nicht brauchte, weil sie nicht gut genug war. Dafür hatte er am Bahnhof einen Strauß Sonnenblumen gekauft, der sich in seiner Hand ungewohnt anfühlte. Als er sich dem Haus näherte, sah er das Licht in Kristins Arbeitszimmer durch die Krone des Apfelbaums schimmern. Die Äste bewegten sich im Abendwind, und die Schatten der Blätter fegten den Garten.

Er verzichtete darauf, seinen Schlüssel zu benutzen, sondern klingelte stattdessen. Kristin brauchte nicht lang bis zur Tür, und auch nicht lang, um ihrer Überraschung Herr zu werden. Ihr Blick fiel auf die Sonnenblumen, noch halb im Floristenpapier versteckt. »Die sind für mich«, stellte sie fest. »Das rettet dir den Kopf.« Sie nahm ihm die Blumen ab und ging damit in die Küche.

»Ich brauche mein Psycho-Handbuch«, erklärte Larsen, »und frische Unterwäsche.«

»Ist die Waschmaschine von Frau Hansen kaputt?«

»Frau Hansen wird langsam alt. Sie hat Mühe, den normalen Pensionsbetrieb aufrechtzuerhalten.«

»Aber sie stellt dir noch immer Blumen ins Zimmer?«

»Manchmal ja, manchmal nein«, sagte er und fühlte sich so gut, wie schon lange nicht mehr. Kristin hatte diese Wirkung auf ihn, sogar wenn sie kurz angebunden war. »Aber sie kocht nicht mehr für mich.«

»Wie schade«, sagte Kristin. »Mein Mann muss hungrig auf Mörderjagd gehen.« Sie stopfte die Sonnenblumen in eine Vase mit heißem Wasser, stellte die Vase auf den Küchentisch und wandte sich dann ihm zu. »Du siehst schrecklich aus, Larsen. So hast du noch nie ausgesehen, seit ich dich kenne.«

»Ich weiß«, sagte er.

»Wir hatten eine Abmachung.«

»Auch das weiß ich. Aber ich musste kommen. Ich musste einfach kurz in deiner Nähe sein.«

»Das verstehe ich«, sagte sie. »Aber ich möchte trotzdem nicht, dass du noch einmal herkommst, bevor nicht alles vorbei ist.«

»Ich weiß nicht, wann das sein wird.«

»Du weißt, du weißt nicht … Das alles war deine Idee, jetzt musst du dich auch daran halten. Oder du erklärst die Abmachung für null und nichtig.« Ihre Miene ließ erkennen, wie schwer ihr diese Worte fielen. »Jetzt hol dir deine Unterhosen und das Buch. Keine Kassette diesmal?«

»Doch. *Rio Bravo.*«

»Dann such dir die auch noch raus und verschwinde. Und wenn du nachts anrufst, will ich, dass du dich meldest, statt einfach nur stumm in der Leitung zu bleiben.«

Er neigte seinen Kopf in Demut und nahm sie in die Arme. Sie ließ es geschehen; das war schon viel.

54

Das Sirren blieb das ganze Wochenende über. Es begleitete Larsen auf Schritt und Tritt, manchmal lauter, manchmal leiser, kaum hörbar, aber es war immer da. Es wurde zum Geräusch des Wartens und der Hoffnung, dass Grit Weichsel noch am Leben war, dass sie ihnen lebend in die Hände fiel. Larsen stand fast ununterbrochen mit Mareike Jung und Olaf Sundermann in Verbindung. Beide arbeiteten die Feiertage über durch, besprachen Anrufbeantworter, hielten am Telefon Wache. Sie redeten mit Babysittern, Nachbarn, Freunden und Verwandten, mit jedem, der Lorenz hieß oder in noch so flüchtiger Verbindung zu einem Lorenz stand. Kein Anruf brachte Erfolg, kein Rückruf führte sie weiter. Auch Max Lobeck erreichte weder Becker noch Vogel, und keiner von beiden rief ihn an. Mit jeder Minute schwand die Hoffnung, doch das Sirren blieb.

Am Montagnachmittag rief Larsen Mareike und Sundermann in sein Büro. »Was haben wir erreicht?« Olaf schwieg. Mareike schüttelte den Kopf. Larsen stellte seine halb volle Tasse so heftig ab, dass etwas von dem Kaffee auf den Schreibtisch schwappte. Er griff nach dem Papiertaschentuch, das Mareike ihm reichte, und breitete es über die Kaffeelache.

Das war der Moment, in dem er den Zettel entdeckte. Der Zettel war halb unter den Telefonapparat geklemmt, und als er ihn herauszog, las er – in krakeliger, großer Kugelschreiberschrift – eine kurze Nachricht: Eine Frau Weichsel hat für Sie angerufen, aber Sie waren nicht an Ihrem Platz. Hauptkommissar Lenz ist auch nicht an sein Telefon gegangen. Frau Weichsel bittet nicht um Rückruf, aber ich habe die Nummer notiert. Sie lautet 017634390254. Es klang dringend. Sie hat Angst, dass ihr etwas zustößt.

Unterschrieben war die Nachricht mit PM Hölderlin, dazu eine Uhrzeit und das Datum von vorgestern. »Wer ist PM Hölderlin?«, fragte Larsen, noch ehe er den Sinn der Nachricht ganz erfasst hatte.

»Vielleicht einer der Neuen, die von der Hochschule zu uns gekommen sind«, meinte Sundermann.

»Oder die Kollegin, die ich eben beim Reinkommen an der Telefonzentrale sitzen gesehen habe«, sagte Mareike. »Irgendjemand von der Feiertagsschicht.«

Larsen spürte, wie ihm das Blut aus dem Kopf stürzte, für Sekunden wurde ihm schwindlig. »Guckt denn da unten niemand auf den Zettel mit den Instruktionen?! Dass ich zurzeit nur übers Handy zu erreichen bin? Und dass Torsten in Urlaub ist? Ich habe das doch alles aufgeschrieben und in der Telefonzentrale hinterlegt!«

Sie antworteten nicht, im Gesicht den gleichen ratlosen Ausdruck. Hastig tippte Larsen die Nummer, die auf dem Zettel stand, in sein Handy und drückte auf Anruf. Es klingelte dreimal, dann antwortete eine Mailbox: »Hallo, lieber Anrufer, hier ist die Nicole. Ich bin gerade mit etwas Schönem beschäftigt und kann nicht ans Telefon kommen. Aber wenn du mir sagst, wer du bist, rufe ich dich ganz schnell zurück. Tschühüss!«

Die Stimme traf Larsen wie ein Schlag auf die Brust, er spürte sie bis ins Herz. »Frau Weichsel, hier spricht Larsen, Kripo Bremen. Sie haben versucht, mich zu erreichen. Wir suchen Sie schon seit geraumer Zeit. Bitte rufen Sie mich unter«, er nannte seine eigene Handynummer, »schnellstmöglich zurück.« Er unterbrach die Verbindung und starrte das Handy an, ohne es zu sehen. Er sah gar nichts. Er lauschte.

»Was haben Sie denn?«, erkundigte sich Mareike.

Im ersten Moment merkte er gar nicht, was ihn irritierte. Etwas war anders als in den letzten Tagen, bis zu diesem Moment. Dann begriff er, was sich verändert hatte. Das Sirren hatte aufgehört. Was in seinen Ohren dröhnte, war die plötzliche Stille. »Sie ist tot«, sagte er.

»Wer?«, fragte Mareike.

»Grit Weichsel. Nicole.«

»Woher wissen Sie das?«

»Ich spüre es.«

55

Am Dienstagmittag rief ein Mann namens Elmar Lorenz im Präsidium an und ließ sich mit Oberkommissar Olaf Sundermann verbinden. Als Sundermann den Hörer abnahm, sagte der Anrufer: »Ja, Immobilien Lorenz hier. Sie haben auf meinem AB mehrere Nachrichten hinterlassen, ich soll Sie unbedingt zurückrufen. Ich war über das lange Wochenende verreist, aber jetzt stehe ich Ihnen zur Verfügung.«

»Danke, dass Sie sich melden«, sagte Sundermann. »Wir wollten wissen, ob bei Ihnen ein Herr Daniel Becker für das vergangene Wochenende ein Ferienhaus gemietet hat und, falls ja, wo sich das Haus befindet.«

»Hat er«, bestätigte der Anrufer. »Aber nicht nur ein Haus, sondern gleich eine ganze Anlage, bestehend aus vier Häusern mit jeweils zwei Wohneinheiten. Den ›Möwenwinkel‹ an der Ostsee. Er hat gesagt, er wollte völlig ungestört sein.«

Sundermanns Stimme überschlug sich fast, als er fragte: »Wo befindet sich die Anlage genau?«

»In der Nähe von Diestelhorst.« Der Anrufer beschrieb Lage und Anfahrtsweg und erklärte, dass der Kunde die Anlage aber nur bis Dienstagfrüh gebucht hatte. »Ich habe schon versucht, ihn anzurufen, weil er die bei Reiseantritt fällige Rate immer noch nicht bezahlt hat. Wenn Sie ihn sprechen sollten –«

»Danke«, fiel Sundermann ihm ins Wort. »Gibt es einen Festnetzanschluss in den Häusern?«

»Ja, aber der ist abgestellt, weil manche Gäste in die ganze Welt telefoniert haben, ohne ordnungsgemäß abzurechnen.«

»Und ein Hausmeister und eine Putzfrau, die sich um die Anlage kümmern?«

»Ja, einen Hausmeister.« Lorenz nannte Namen, Adresse

und Telefonnummer des Hausmeisters, die Sundermann notierte, bevor er in Larsens Büro sprintete.

»Der Lorenz von dem Immobüro hat angerufen, gerade eben«, sprudelte er heraus. »Diestelhorst an der Ostsee, ungefähr 250 Kilometer von uns entfernt. Da war der Becker, vielleicht ist er's auch immer noch! Der Makler sagt, er hat eine ganze Anlage gemietet, vier Häuser, weil er ungestört sein will!«

Larsen sprang auf. »Wir müssen da hin, sofort! Sag Mareike Bescheid!«

»Der Makler hat gesagt, es gibt da oben einen Hausmeister. Sollen wir den nicht anrufen, damit er schon mal nachschauen geht?«

»Ja, aber aus der Distanz, nur um festzustellen, ob die noch da sind. Der soll auf keinen Fall reingehen oder sonst was.« Mit der freien Hand fummelte Larsen sein Handy heraus und tippte mit dem Daumen die Nummer der Notrufzentrale ein. »Wer weiß, in welcher Verfassung Becker und Vogel sind. Ich instruiere die Kollegen, die am nächsten dran sind, die sollen das machen.«

»Was ist mit Ihrer Pistole?«, mahnte Sundermann. »Wollen Sie den Einsatz ohne Dienstwaffe durchführen?«

»Ich leihe mir eine vom Dauerdienst.«

Sie fuhren mit Blaulicht und Sirene. Larsen saß auf dem Beifahrersitz, Olaf Sundermann im Fonds. Keiner von ihnen sagte etwas. Unter der linken Achsel spürte Larsen das ungewohnte Gewicht der Heckler & Koch, die ihm der KvD widerstrebend geliehen hatte. Mareike trat das Gas voll durch, und obwohl sie alles aus dem VW Passat herausholte, war es nicht genug. Es war nicht genug, die anderen Fahrzeuge aus dem Weg zu scheuchen, und es war nicht genug, über die Standspur zu rasen und manchmal durch eine Parkbucht, um ein paar Meter zu gewinnen. Es war einfach nicht genug, um alles wiedergutzumachen, dachte Larsen.

Sundermann sagte: »Ich frage mich, warum er die Rate nicht bezahlt hat.«

Mareike warf einen Blick in den Innenspiegel. »Wer? Welche letzte Rate?«

»Für die Ferienanlage. Der Makler hat gesagt, er hätte die bei Reiseantritt fällige Rate noch nicht überwiesen.«

»Vielleicht sind sie pleite«, meinte Mareike. »Der betrügt doch jeden, ohne Ausnahme.«

Der Verkehr auf der A 1 Richtung Hamburg floss stockend. Der Asphalt schimmerte in der Sonne, die Heckfenster der Autos vor ihnen blendeten, und die Luft über den Dächern flimmerte. Larsen zwang sich zur Reglosigkeit, beide Hände auf den Oberschenkeln. Innerlich trat er mit aufs Gas und, wenn es nötig war, auf die Bremse, aber äußerlich bewegte er sich nicht. Er trug eine Sonnenbrille, hinter der er seine Augen verbarg, und es kam ihm vor, als verberge er in Wirklichkeit sein Versagen.

»Er hat die Rate nicht bezahlt, weil es keine Rolle mehr spielt«, sagte Larsen. »Er weiß, dass es nach diesem Wochenende so oder so keine Rolle mehr spielt.« Aber er dachte: Vielleicht ist sie doch nicht tot. Vielleicht habe ich mich getäuscht. Kann doch sein. Kann doch sein ... Sie hatte ihn in Todesangst angerufen, und er war nicht an seinem Platz gewesen; er hatte nicht dafür gesorgt, dass er ein anderes Telefon bekam, eines, das funktionierte. Er hätte jeden Tag nach ihr sehen müssen; ihr nicht von der Seite weichen dürfen. Aber das ging nun einmal nicht, und sie hätte es auch nicht zugelassen.

Noch 200 Kilometer. Noch 150 Kilometer. Noch hundert.

Die Kollegen aus der Gegend, die er telefonisch zu der Ferienanlage geschickt hatte, waren offenbar noch nicht angekommen. Lebensgefahr, hatte er ihnen eingeschärft, eine junge Frau soll ermordet werden. Ruft mich sofort an. Im selben Moment, in dem ihr da seid, will ich von euch hören! Aber bis jetzt hatten sie sich noch nicht gemeldet.

Noch 75 Kilometer.

56

Hilf mir mal, wir müssen sie rausbringen«, sagte Dany, als er wieder ins Wohnzimmer zurückkam. Mo schaltete noch immer von einem Sender zum nächsten. Gerade lief was mit halbnackten Frauen, die sich in einer Badewanne räkelten, während eine bunte Schrift Ruf!Mich!An! befahl. »Wen, Nicole? Was ist mit ihr?«

»Sie ist tot«, sagte Dany. »Tu nicht so, als ob du das nicht wüsstest. Und stell endlich den Fernseher leiser.« Mo sah Dany nicht an, drückte aber den Ton weg, sodass man nur noch das Bild sah. »Ich habe draußen was, damit können wir sie transportieren«, fuhr Dany fort. Mo stand auf, ohne noch etwas zu sagen, und folgte ihm zu dem KIA, der vor dem grünen Haus stand. Alles wirkte schön und friedlich im Mondlicht, wie in einem Gedicht aus der Schulzeit.

Dany öffnete die Hecktüren des Transporters und zog eine Art Leiter aus Aluminium heraus, die ungefähr anderthalb Meter lang war. »Da können wir sie drauflegen«, sagte er. »Ist lang genug.« Er trug die Leiter allein zurück zum Haus. Mo trottete hinter ihm her wie ein Hund, ein schlafwandelnder Hund, wenn es so was gab. Ohne Zögern folgte er ihm in das linke Schlafzimmer, in dem Nicole noch genauso auf dem rechten Bett lag wie vorher, nackt, auf dem Rücken, mit dem Kopf halb unter dem einen Kissen und den Füßen zur Tür. Sie hatte sich nicht bewegt, also war sie wohl wirklich tot. Es war kein Blut an ihr oder auf dem Bett. Auch Kampfspuren gab es nicht. Die Füße lagen jetzt wieder dicht nebeneinander, wie Dany sich das bei einem Schulmädchen vorstellte, das schlief.

Der Raum war dunkel, aber durch die offene Tür fiel aus dem Korridor genug Licht herein. Nicoles Sachen lagen auf einem Stuhl an der Wand neben dem Nachttisch, die Jeans, das T-Shirt, nur das Höschen nicht. Das Höschen lag auf den Schuhen, die vor dem Stuhl standen, genauso ordentlich nebeneinander wie die Füße. Dany legte den Aluminiumrost auf den Boden zwischen die Betten.

Mo blieb am Fußende des Bettes stehen. »Ist sie wirklich tot?«

»Siehst du doch«, sagte Dany.

»Warum hast du das getan?«, fragte Mo.

»Ich war das nicht. Als ich zu ihr reingegangen bin, lag sie schon so da. Du warst doch vor mir drin.«

»Ich war das auch nicht. Ich habe sie nur … na ja. Jedenfalls, als ich von ihr weggegangen bin, hat sie noch gelebt.«

»Dann ist sie in der Zwischenzeit von selbst abgenippelt«, meinte Dany. »Ist ja auch egal. Dafür haben wir ja das Krematorium, damit wir sie wegmachen können, ohne Spuren zu hinterlassen.« Er ging zum Kopfende des Bettes. »Nimmst du die Füße?«

»Das mit dem Krematorium warst du«, sagte Mo, »ich nicht.«

Dany zuckte mit den Schultern. »Bringt nichts, jetzt darüber zu reden. Fass schon mit an.« Er packte die Leiche bei den Schultern und hob sie hoch, Mo griff nach ihren Fesseln. Sie war nicht schwer. Sie war auch nicht besonders kalt, nur im Gesicht vielleicht schon etwas blau. Der Hals wies dunkle Stellen auf, wie Flecken. Aber das konnte am Licht liegen. Ihre kleinen Brüste wirkten jetzt besonders flach, weil die Brustwarzen hochstanden. Sie ließ sich noch bewegen, und die Arme fielen rechts und links zur Seite. Dany dachte, dass die Leichenstarre wohl noch nicht eingesetzt hatte. Sie legten den zierlichen Körper auf den Rost, und Dany nahm die Arme und verschränkte sie auf ihrem Bauch. Dann hoben sie die Leiter an, aber plötzlich sagte Mo: »Stopp! Ich finde, wir sollten sie zudecken.«

Dany nickte. Er nahm die Tagesdecke, auf der noch der Abdruck ihres Körpers zu sehen war, und breitete die Decke über die Leiche auf dem Rost. Sie hoben den Rost erneut an und trugen ihn aus dem Zimmer. Kopf und Füße von Nicole ragten auf beiden Seiten ungefähr zehn Zentimeter über die Enden der Leiter hinaus. Dany ging vorwärts, Mo rückwärts. Im Korridor rutschten die Arme der Leiche unter der Tagesdecke hervor und pendelten bei jedem Schritt neben dem Rost hin und her.

»Durchs Wohnzimmer«, befahl Dany. »Über die Terrasse.«

Im Wohnzimmer lief noch immer der Fernseher ohne Ton, ›*Das Hotel am Wörthersee*‹ mit Roy Black. Sie trugen die Leiter mit der Leiche durch das Zimmer und über die Terrasse das kurze Stück bis zu dem Ofen auf der anderen Terrasse vor dem grünen Haus. Am Ofen ließ Dany das Kopfende zu Boden, und Mo stellte sein Ende auch ab. »Ich hole erst noch ein paar Steine«, sagte Dany. Der Mond war jetzt hinter einer Wolke verschwunden, aber man konnte immer noch genug sehen. Dany öffnete die Klappe des Ofens, ging zum KIA und holte zwei weitere Ytong-Steine, die er zu den beiden stellte, die schon in der Röhre waren. »Das müsste gehen«, sagte er etwas kurzatmig. »Jetzt schieben wir sie rein, mit dem Kopf zuerst.«

»Du hast doch gesagt, du müsstest umplanen«, wandte Mo ein. »Weil das Teil hier nicht genug Hitze produziert, wie bei den Koteletts.«

»Ich weiß auch nicht, wir probieren's jetzt einfach mal«, sagte Dany. Er zog die Decke von der Leiche und legte die Arme wieder auf dem Bauch übereinander. Dann nahm er das Kopfende der Leiter, Mo das Fußende, und sie schoben den nackten Körper in den Ofen wie ein Bäcker den Brotteig. »Gut, dass sie so dünn ist«, meinte Dany. »Steckst du mal den Stecker in die Steckdose?« Er schloss die Ofenklappe und schraubte den Brenner wieder fest.

Mo steckte den Stecker ein. Nach einigen Sekunden Vorglühen sprang der Ofen an, und durch das Guckloch konnte man sehen, wie innen eine kleine Flamme aufflackerte und den nackten Körper auf dem Rost in einen schwachen Schimmer hüllte. Dany beugte sich vor und spähte durch das Guckloch. Er lächelte zufrieden, fast glücklich; wie jemand, der gerade einen Herzenswunsch erfüllt bekam. »Brennt!«

Mo blickte über die Schulter, und auf einmal blieb ihm fast das Herz stehen. Etwas bewegte sich hinter dem Guckloch; das Stück von Nicole, das dicht am Glas war, zuckte. »Die lebt ja noch«, rief er. »Die ist gar nicht tot!«

Dany blieb ganz ruhig. »Nee, das sind die Flammen ... Das sieht nur so aus. Die kann sich auch gar nicht bewegen, ist doch viel zu eng da drin«

Mo sah genauer hin und stellte fest, dass Dany recht hatte. Sein Herz schlug aber immer noch schnell und hart. Er schaute noch eine Zeit lang zu, wie das Feuer hinter dem Guckloch heller und dunkler wurde, aber nach ein paar Minuten wurde es dann doch langweilig, und er sagte: »Ich geh wieder rein, noch ein bisschen fernsehen.«

»Kommt was Gutes?«, fragte Dany, ohne den Blick von dem Loch zu lösen.

Mo fiel keine Antwort ein. Es war schon nach zwei, und er wollte bald schlafen gehen und morgen früh nach Hause fahren. »Also dann«, sagte er und ging zurück ins Wohnzimmer. Im Fernsehen lief noch immer die Wiederholung vom *Hotel am Wörthersee*, wo jetzt auch noch J.R. Ewing, der Ölfuzzi aus Dallas, mitspielte. Weil er plötzlich einen

Mordsdurst kriegte, holte Mo sich noch ein Bier aus dem Kühlschrank, das allerletzte vor dem Schlafengehen. Er hatte sich gerade wieder hingesetzt, als Dany zurückkam. »Kackröhre«, sagte er und ließ sich in den Sessel fallen. »Ich hab's geahnt ... Das klappt doch nicht. Wird irgendwie nicht richtig heiß. Geht andauernd wieder aus. Wie bei den Koteletts.«

Mo sah ihn nur an. Dany hatte eine Scheißlaune, da sagte man besser nichts. »Wir warten, bis der Ofen sich abgekühlt hat, dann laden wir ihn in den Transporter«, ordnete Dany an.

»Und dann?«

»Dann fahren wir nach Diestelhorst und besorgen im Baumarkt ein paar Sachen.«

»Was für Sachen?«

»Siehst du dann schon.«

»Ich wollte eigentlich morgen nach Hause fahren, sonst brauch ich Moni gar nicht mehr unter die Augen zu treten.«

»Geht nicht«, sagte Dany. »Ich brauche dich hier. Du steckst da mit drin, knietief, das ist dir hoffentlich klar, Mo. Knietief.« Seine Stimme klang wie Schlittschuhe, die über eine Eisbahn schurren.

»Warum müssen wir den Ofen denn mitnehmen?«

»Können wir ja wohl schlecht hierlassen, oder? Wenn jemand zufällig vorbeikommt und sich fragt, wieso hier mitten im Sommer ein Ofen mit 'ner toten nackten Frau drin rumsteht.«

»Und Nicole?«

»Die bleibt, wo sie ist.«

Mo trank die Flasche ziemlich schnell leer. Als sie den Ofen mit der Leiche hinten auf die Ladefläche des KIA hievten, war es fast halb fünf Uhr morgens, und es fing schon an, hell zu werden. Danach fühlten sie sich, als hätten sie den Mount Everest bestiegen, ohne Sherpas. Obwohl Mo dachte, dass er nicht schlafen könnte, nie mehr, ging jeder in sein Schlafzimmer, und um acht am Samstagmorgen standen sie wieder auf, damit sie um neun beim Baumarkt waren, gleich wenn er aufmachte. Mo war blass und hatte Ringe unter den Augen; Dany sah aus wie immer.

Es herrschte noch nicht viel Verkehr, aber Dany musste trotzdem manchmal auf die Bremse treten. Mo zuckte jedes Mal zusammen, wenn der Ofen hinter ihm gegen die Trennwand rumpelte. Es war, als würde Nicole versuchen, sich bemerkbar zu machen. Denk nicht dran, dachte er. Es war irgendwie irreal.

Denk einfach nicht dran.

In Diestelhorst stellten sie den Transporter auf dem Parkplatz vor dem Baumarkt ab. Sie waren etwas zu früh da, aber nach einer Viertelstunde machte der Filialleiter die Halle auf. »Du bleibst hier und passt auf«, sagte Dany. Er ging rein, und zwanzig Minuten später hatte er alles, was er brauchte. In dem Einkaufswagen, den er vor sich herschob, stapelten sich eine 25-Meter-Rolle verzinkter Blumendraht, eine Zange, um den Draht zu schneiden, zwei Pakete Rockwool-Dämmstoffmatten, zwanzig Stahltrennscheiben und mehrere blaue Zieh-zu-Plastikmüllsäcke, außerdem eine Plastiktüte mit Frischluft-Spraydosen und Katsan-Katzenstreu. Ganz unten im Wagen lagen ein Beil, außerdem eine Flex, ein Ausbeinmesser und ein Fleischwolf, alles in Kartons verpackt.

»Was willst du denn damit?«, fragte Mo, als sie die Einkäufe neben den Ofen auf die Ladefläche packten. »Nur für alle Fälle«, sagte Dany. Sie stiegen wieder ein und fuhren los; den Einkaufswagen ließen sie auf dem Parkplatz stehen. Auf den Straßen war immer noch nicht viel los, typisch Pampa eben, und Mo vergaß zwischendurch sogar, dass in dem Ofen eine Leiche lag. Er dachte auch nicht an das, was passiert war, als er sich nachts bei Nicole im Zimmer aufgehalten hatte; es war eben passiert.

Er sah aus dem Fenster. War eigentlich ein schöner Tag. Blauer Himmel, weiße Möwen, weit hinten der Strandhafer und das Meer, das man mehr roch als sah. Echt ein schöner Tag, obwohl Mo von dem Bier gestern etwas verkatert war. Er trank sonst nicht viel. Sie parkten den KIA wieder an der Terrasse vor dem grünen Haus. »Na dann«, sagte Dany. »Wir laden den Ofen aus und packen ihn in die Dämmwolle, damit die Hitze nicht mehr nach außen entweichen kann.«

»Ich würde gern erst was frühstücken«, sagte Mo. »Ich hab echt Hunger.«

Dany schüttelte den Kopf. »Wenn sie brennt, haben wir Zeit genug zum Frühstücken.«

Diesmal war es leichter, sie bekamen langsam Übung. Runter mit dem Ofen, auf die Terrasse, den Brenner anschließen. Dann wickelte Dany die Dämmwolle um die Eisenröhre und verschnürte das Ganze mit dem Draht, bevor er den Stecker einsteckte und den Ofen anwarf. Als er sah, dass jetzt alles wie am Schnürchen funktionierte, rieb er sich zufrieden die Hände, als wäre er ein Handwerker, der schon vor der Mittagspause ein gutes Stück Arbeit geschafft hatte. Das Feuer hinter dem Guckloch loderte fast wie in einem Kamin, und das Stück, das man von Nicole sehen konnte, war jetzt gar nicht mehr wie von ihr, es war schwarz und warf Blasen.

Dany sagte: »Du kannst schon in die Küche gehen, ich guck noch ein bisschen darauf, dass es nicht wieder ausgeht. Das dauert jetzt eine Weile.« Krank, dachte Mo, irgendwie ist das krank: der Ausdruck auf Danys Gesicht, als wäre er total high. Er konnte nicht widerstehen und beugte sich herunter, um durch das Guckloch zu spähen.

An einigen Stellen war die Haut aufgeplatzt, das Fleisch

darunter war noch rot, während flüssiges Fett heruntertropfte. Auf dem Boden des Ofens, wo das Fett hintropfte, bildete sich eine kleine ölige Lache, aber nicht durchsichtig, eher weißlich. Unten schien es eine undichte Stelle in der Röhre zu geben, denn die Flüssigkeit tropfte auf die Terrasse. Voller Abscheu wandte er sich ab.

Mo ging in die Küche und sah nach, was es zu essen gab, aber viel war es nicht: eine Tüte geschnittenes Brot, ein Rest Butter, etwas Leberwurst, Nutella und eine halbe Literflasche Cola light; keine Eier, keine Milch. Er bestrich eine Scheibe Brot mit Butter und Leberwurst und spritzte etwas Ketchup darauf, indem er dem Flaschenboden ein paar Schläge mit dem Handballen versetzte. Es klatschte dumpf, fast wie gestern Nacht. Er sah seltsam entrückt aus dem Fenster. Dany stand noch immer bei dem Ofen, und es sah auch nicht so aus, als würde er bald nachkommen. Aus dem Schornsteinrohr stieg weißer Rauch, der vom Wind über die Felder geweht wurde.

Mo legte das Brot auf den Tisch und trug zwei Küchenstühle nach draußen. Dann holte er sein Brot und setzte sich auf einen der beiden Stühle, von denen aus man den Ofen im Blick behalten konnte. Das Brot schmeckte nicht besonders, aber es war besser als nichts. Als Dany sah, dass er dasaß, kam er auch und setzte sich auf den anderen Stuhl. »Willst du auch was?« Dany schüttelte den Kopf: »Kein Hunger.« Dann sagte er: »Riecht fast wie die Koteletts gestern, findest du nicht?«

57

Der Film verbrannte, er schmolz einfach im Licht, und da war die weiße Leinwand, aber kein neuer Film fing an. Es gab kein Leben mehr auf der Leinwand, aber auch keins dahinter. Es gab nur einen Schmerz, der ihr die Haut zerriss und ihren Körper in sengende Glut hüllte. Der Schmerz war in ihrem Blut, ihren Füßen, ihren Händen, ihrer Brust und ihren Zähnen. Ihre Haare brannten, ihre Augen kochten. Sie konnte sich nicht bewegen, obwohl ein elektrisches Zucken durch ihre Nerven lief, unaufhörlich.

Ich bin nicht tot, schrie sie. Hilfe! Sie schrie nach innen, unhörbar. Ihre Lunge atmete Feuer ein. Ihre Lippen schmolzen, ihre Zunge auch. Ich bin nicht tot. Sie konnte sich noch erinnern, an den Körper auf ihrem Körper, die Hände, die ihre Kehle zudrückten, sodass sie keine Luft mehr bekam, bis alles schwarz wurde.

Es war noch immer alles schwarz, in Flammen gehüllt, die sie nicht mehr sehen konnte. Das Fauchen war so laut.

Ich bin nicht tot.

Ich verbrenne. Ich sterbe. Ich bin doch noch so jung. Warum muss ich denn jetzt schon –

58

Von da, wo sie saßen, waren die Flammen im Ofen unsichtbar, weil die Sonne alles in helles Licht tauchte, aber sie konnten beobachten, wie die Luft über der erhitzten Röhre flimmerte, der Rauch fast gerade aufstieg, wenn der Wind nachließ, und davonwirbelte, wenn der Wind wieder stärker wurde. Außer dem Wind hörte man nichts, nur das leise Puckern des Ofens und hin und wieder ein Auto auf der Straße hinter den Bäumen. »Ist das nicht irre?«, meinte Dany. »So 'n Feuer? Da bleibt nichts übrig, ganz anders, als wenn man jemanden vergräbt oder versenkt. Nichts, nur Asche. Total abgefahren.«

Als er mit dem Brot fertig war und sich die Hände an der Hose abgewischt hatte, fragte Mo: »Meinst du, dass jemand sie vermissen wird?«

»Wer denn?«

»Irgendjemand.«

Dany schüttelte wieder den Kopf. »Glaub nicht. Wer denn?«

»Ihre Mutter, zum Beispiel.«

Dany zuckte mit den Schultern. Scheiß auf alle Mütter, schien er zu denken.

Sie saßen eine ganze Weile so da, in der Sonne, ohne zu reden, dann stand Danny wieder auf und sagte: »Ich guck noch mal rein.« Mo ging mit, obwohl er das eigentlich nicht wollte, und schaute mit ihm durch das Guckloch. Erst sah er nicht viel wegen der Flammen, durch die man hindurchsehen musste, doch nach einer Minute oder so ging es. Unter dem Ofen hatte die ölige Flüssigkeit ein Rinnsal gebildet, das träge auf ihre Schuhe zurann. Mo wich einen Schritt zurück. Das Fleisch selbst tropfte nicht mehr. Die Schenkel auf dem Rost wirkten zusammengefallen und sahen jetzt ein bisschen aus wie gegrillt; die Haut war ganz weggebrannt. Auch da, wo vorher die Muschi gewesen war, gab es jetzt nur noch eine schwarz verkohlte Stelle zwischen den Beinstümpfen.

»Das dauert noch«, meinte Dany. Er schlenderte zu seinem Stuhl zurück, rückte ihn etwas weiter in den Schatten und setzte sich wieder. »Wie wär's mit 'nem Bier?«, fragte er. »Ist noch was im Kühlschrank?«

Mo zuckte mit den Schultern. Jetzt war ja eigentlich auch

schon alles egal. Dany ging in die Küche und holte die letzten beiden Bierdosen. Das Bier war kalt und tat gut. Eine halbe Stunde später meinte Mo: »Ich glaube, ich pack's jetzt.«

»Warte mal.« Dany sprang so abrupt auf, dass der Stuhl hinter ihm umfiel. »Was ist denn da los?« Der Rauch, der aus dem Ofenrohr aufstieg, war plötzlich schwarz geworden und zog nun in dicken Schwaden über die Felder in Richtung auf die Straße hinter den Feldern. Dany lief zur Terrasse des grünen Hauses und beugte sich zu dem Guckloch in der Eisenröhre. Nach ein paar Sekunden wich er vor der Hitze zurück. »Da unten brennt was«, rief er, »so 'ne dunkle Masse, die brennt von selbst! Komm, wir müssen das Teil rausholen!«

Er packte die Steckerschnur und zerrte so heftig daran, dass es den Stecker aus der Steckdose riss. Als wollte er einen Außenbordmotor starten. Der Brenner ging aus. Der Ofen puckerte noch etwas nach, dann erstarben die Flammen. Aber der Körper in der Röhre brannte weiter, und auch der tiefschwarze Rauch stieg weiter aus dem Ofenrohr. Er wurde immer dichter und hüllte die ganze Terrasse ein. Dany griff nach der Ofenklappe, zog seine Hand aber sofort wieder zurück. »Hol Wasser!«, rief er. »Unter der Spüle in der Küche ist ein Eimer! Mach schon!«

Mo lief in die Küche, füllte den Eimer randvoll mit Wasser und schleppte ihn zum Ofen, wo Dany ihm den Eimer abnahm und das Wasser oben in das Ofenrohr goss. Das Zischen aus dem Inneren der Röhre klang wie das Fauchen eines gereizten Raubtiers. Das Guckloch beschlug, aber man konnte hören, wie da etwas weiterbrannte. »Mehr«, befahl Dany, während er anfing, Fasern aus den Isoliermatten zu reißen und in die Brenneröffnung zu stopfen, damit kein Sauerstoff mehr in den Ofen dringen konnte. Mo lief zurück in die Küche, füllte den Eimer noch einmal mit Wasser und lief damit zur Terrasse. Ihm war etwas schwindlig. »Was hast du vor?«

Dany antwortete nicht. Er schüttete diesmal nur das halbe Wasser in das Rohr, die andere Hälfte kippte er über den Griff der Klappe, um sie abzukühlen. Er wickelte etwas Isolierwolle um den Griff und öffnete dann die Ofentür. Dunkler Rauch quoll aus der Röhre. Es roch nach verkohltem Fleisch und verbranntem Fett, und einen Moment lang hatte Mo das Gefühl, sich übergeben zu müssen. »Wir warten, bis sie sich etwas abgekühlt hat«, sagte Dany. »Du rufst mal besser zu Hause an und sagst, dass es später wird. Ich hole in der Zwischenzeit das Werkzeug.«

Mo trat ein paar Schritte zur Seite und fischte sein Handy aus der Tasche der Sporthose. Er schaltete es ein, drückte die Kurzwahl für zu Hause. Es klingelte ein paarmal, dann meldete sich Hajo mit seiner hellen Kinderstimme. »Ja?«

»Hajo, hier ist der Papa«, sagte Mo. »Ich wünsche dir einen ganz tollen Geburtstag.«

»Ja«, sagte Hajo. »Wann kommst du?«

»Bald. Gibst du mir mal die Mama?«

»Ja.« Es schepperte und klackerte, bevor eine Zeit lang gar nichts passierte, bis Moni sich ziemlich schroff meldete. »Ja?«

»Moni, ich bin's. Ich bin noch hier bei Dany, aber ich komme so schnell wie –«

Ein Klacken, und die Leitung war tot. Tutututututut. Moritz drückte auf Wahlwiederholung, aber obwohl das Freizeichen erklang, ging niemand mehr an den Apparat. Mist, dachte er. Aber so was von. In der Zwischenzeit hatte Dany die blauen Zieh-zu-Müllsäcke aus dem Transporter geholt und ein Paar gelbe Maurerhandschuhe angezogen. Er starrte in die Ofenröhre. »Ist nur untenrum verbrannt«, erklärte er. »Oben sieht alles noch fast normal aus.« Er ruckelte etwas an dem Rost. »Hilf mir mal.«

Mo streifte ebenfalls ein Paar Handschuhe über, das Dany ihm reichte, als hätte er alles genauso geplant. Dann zogen sie den Rost mit der Leiche aus dem Ofen und stellten ihn daneben auf die Terrasse. Obenrum sah Nicole wirklich noch ganz menschlich aus, bloß dass vom Gesicht der Unterkiefer fehlte, und die Augen waren auch weg, genau wie die Haare. Die Arme hörten kurz über den Ellbogen auf. Die Brüste waren schwarz geworden, sonst aber noch da. Den Unterkörper hatte die Glut zusammengeschmolzen, es gab keine richtigen Beine mehr. »Fast wie bei so 'ner Meerjungfrau«, meinte Dany, »nur dass sie ausm Feuer kommt, nicht ausm Wasser.«

Einige Teile des Körpers, die nirgendwohin mehr zu gehören schienen, waren zwischen den Streben durch den Rost gefallen und bildeten auf dem Boden der Röhre eine grauschwarze Masse. Wieder spürte Moritz, wie eine Welle von Übelkeit in ihm aufstieg. »Und jetzt?«, fragte er heiser.

Dany runzelte die Stirn. »Jetzt zerlegen wir sie. Da darf nichts von übrig bleiben. Das Verbrannte tun wir in den linken Eimer, das andere in den rechten.« Er musterte den Plastikeimer aus der Küche. »Der reicht nicht. Guck mal, ob in der Küche noch einer ist.«

Mo ging in das grüne Haus, während Dany das Beil, den Fleischwolf und die Flex aus dem Baumarkt holte und auspackte. Den Fleischwolf schloss er an das Stromkabel, das vorher zum Betrieb des Brenners gedient hatte. Dann entfernte er mit den Händen die verkohlten Stücke des Körpers, die sich einfach abmachen ließen, und warf sie in den ersten Eimer, bis nur noch der erkennbare Rest übrig war. Er fing an zu schwitzen, weil es inzwischen ziemlich warm geworden war; die Sonne brannte richtig vom Himmel. Er nahm den Winkelschleifer, schaltete ihn ein und trennte mit dem Sägeblatt einen Teil des linken Oberarms ab. Anschließend stopfte er den abgesägten Teil in den Fleischwolf und schaltete das Gerät ein. Der Fleischwolf machte erst ein Geräusch wie ein elektrischer Küchenmixer, doch dann fraß er sich irgendwie fest und stockte, vielleicht weil der Arm vom langen Liegen im Feuer zu hart geworden war.

Danach nahm sich Dany mit der Flex die Hüfte vor und versuchte, einen Knochen über dem linken Gelenk durchzusägen, doch die Schleifscheibe blieb auf der Hälfte stecken und sprang ab. Es kam praktisch überhaupt kein Blut aus der Schnittstelle am Arm und an der Hüfte, und auch aus dem Zeug im Fleischwolf kam keins, was Mo schon überraschend fand. »Das dauert zu lang«, meinte Dany. Er kratzte den halb durchgedrehten Arm aus dem Gerät und warf das Fleisch in einen der Müllsäcke.

»Warum schmeißt du das nicht einfach ins Gebüsch?«, fragte Mo. »Die Krähen kommen dann schon und räumen alles ab.«

»Bist du noch ganz dicht? Von der darf nichts übrig bleiben. Nicht das kleinste Fitzelchen.« Kopfschüttelnd marschierte Dany ins Wohnzimmer des grünen Hauses und holte eine Decke, die immer noch ausgebreitet dalag, an der Stelle, an der im roten Haus die Couchgarnitur stand. Er breitete die Decke auf der Terrasse aus. »Hilf mir mal, wir müssen sie vom Rost lösen und auf den Boden legen.«

Mit den Steinplatten als Untergrund ließ sich besser arbeiten, weil der Körper so mehr Widerstand bot, als Dany ihn mit dem Beil zu zerlegen begann. Es war nicht viel zu hören in der Stille des Vormittags, manchmal ein Krächzen von Krähen auf den Feldern oder der Motor eines Autos, der laut und wieder leise wurde, und dann das Keuchen, mit dem Dany das Beil schwang. Aber vor allem hörte man den stumpfen Laut, mit dem die Schneide auf den Brustkorb traf. Wie wenn man in der Küche eine Pampelmuse fallen lässt, dachte Mo. Immer wieder: aufheben und fallen lassen, aufheben und fallen lassen.

Das Detektiv-Rockford-Klingeln von Danys Handy unterbrach alle anderen Geräusche. Keuchend ließ er das Beil sinken, fischte das Handy aus der Gesäßtasche seiner Arbeitsjeans und meldete sich, ohne auf das Display zu gucken. »Schwesterlein, was machst du denn so früh schon am Telefon?«, sagte er überrascht. »Ja, ich weiß, dass heute Samstag ist.« Er blickte Mo kurz an, packte das Beil dicht hinter der mit Hautresten verklebten Schneide und hielt ihm den Stiel hin. »Der Kopf muss runter«, flüsterte er. »Fang schon mal an. Abtrennen und dann klein machen.«

Dann entfernte er sich ein paar Schritte von dem aufgerissenen Torso und sagte lauter: »Und morgen ist Sonntag, genau … Nein, morgen schaffe ich es auch nicht, aber nächstes Wochenende bestimmt. Ja, versprochen, großes Ehrenwort. Hör mal, Fraukelein, ich habe gerade zu tun … Richtig, eine Bastelarbeit, wie eure Kalender in der Werkstatt. Ich rufe dich vorher noch an. Bis dann – ja, ganz bestimmt – tschüss!«

Mo stand neben der halb zerteilten Leiche, das Beil in der Hand, und starrte auf den Kopf mit den leeren Augenhöhlen, ohne sich zu bewegen. »Was ist denn?«, fragte Dany gereizt. »Warum stehst du so rum?«

»Ich pack das nicht«, sagte Mo und ließ das Beil einfach fallen. »Das war's. Ich bin raus.«

»Was?« Danys Augen waren gerötet. »Herrgott, nur wegen dir sind wir doch in dieser Situation.« Seine Stimme war leise, klang aber trotzdem nicht mehr so sanft wie eben, als er mit seiner Schwester gesprochen hatte.

»Wegen mir?«, wehrte sich Mo. »Ich habe sie ja wohl nicht umgebracht.«

»Wer denn sonst?«

»Du.«

»Ach, und ich hab dann wohl auch Robert gekillt, was?« Er packte den Stiel des Beils, und mit zwei kräftigen Schlägen hatte er den Kopf vom Rumpf der Leiche getrennt. Nur ein Rest der Kehle hing noch aus dem Stumpf. Er nahm den Kopf mit beiden Händen, legte ihn sich auf der Decke zurecht und fing an, ihn mit dem stumpfen Kopf der Axt zu zertrümmern, bis nur noch unkenntliche Knochensplitter übrig waren. »Tu das mal in den Müllsack«, sagte er, »zu dem Zeug aus dem Fleischwolf.«

Aber Moritz schüttelte nur den Kopf, drehte sich um und ging weg. Leck mich doch.

59

Nicole war jetzt tot; das, was sie immer sein wollte, dachte Dany. Als hätte es sie nie gegeben. Jetzt war sie Cobalt, das chemische Element mit der Nummer 27. So alt war sie, als sie starb. Jetzt konnte er sie nennen, wie er wollte – Kätzchen, Äffchen, Maus, jeden Tiernamen konnte er ihr geben, ohne dass sie deswegen beleidigt sein konnte. Aber er nannte sie Cobalt.

Er fuhr Moritz zu der DEA-Tankstelle, wo der BMW stand, setzte ihn ab und fuhr zurück zum Möwenwinkel. Er wunderte sich, dass er sich fast schon wieder so fühlte wie vorher. Vielleicht sogar noch schlimmer, als hätte er einen schweren Kater. Jetzt, wo seine Erregung abgeklungen war, ekelte er sich angesichts dessen, was vor ihm lag: die ganze Arbeit mit den Resten, aufräumen, putzen, Spuren beseitigen.

Er wollte irgendetwas haben, worauf er sich freuen konnte, was ihm das Putzen erleichterte. Noch während der Rückfahrt rief er Sandy in Bonn an, und diesmal ging sie sofort an ihren Apparat. »Wie schnell kannst du hier sein?«

»Ich weiß nicht«, sagte sie. »Ist schließlich schon Montag. Ich meine, wir hatten Samstag gesagt, nicht? Ich weiß nicht, ob ich mir freinehmen kann.«

»Bitte«, sagte er. »Es ist alles für dich vorbereitet. Ich habe mich so auf unser Wochenende gefreut, aber was dazwischengekommen ist, war wirklich wichtig.«

Sie maulte noch ein bisschen rum, aber dann wurde sie weich und meinte, na gut, weil du's bist.

Er stellte den KIA an den üblichen Platz und ließ die Hecktür offen, weil er gleich mit dem Einladen anfangen wollte. Die Teile von Nicole, die sie in die Eimer geworfen hatten, kippte er in die blauen Müllsäcke, aber einige waren festgeklebt, und die musste er mit der Hand ablösen. Was dann noch an den Innenwänden hängen blieb, kratzte er mit dem Messer ab. Die Reste rochen ein wenig mineralisch, wie kalte Asche. Den Boden der Eimer schüttete er mit Katzenstreu zu. Auch von dem Rost kratzte er so viel verbranntes Fleisch ab, wie er konnte, und warf es in die Müllsäcke, die er auf dem Rückweg einzeln an verschiedenen Stellen entsorgen wollte. Er hatte gehofft, dass nichts von Nicole zurückbleiben würde bis auf etwas Asche vielleicht, aber da hatte er sich getäuscht. Irgendwas blieb anscheinend immer übrig.

Danach packte er auch die Steinwolle in eine der Tüten, ebenso die Decke, auf der er den Körper zerlegt hatte. Er holte Putzmittel und säuberte die Steinplatten der Terrassen, obwohl die außer dem flüssigen Körperfett nicht viel abgekriegt hatten. Kleinere Leichenreste, die er beim Aufwischen noch fand, zertrümmerte er mit der breiten Seite des Beils und warf sie auf die Wiese hinter dem Grundstück, in die Brennnesseln, die dort wuchsen. Er reinigte den Ofen mit Bürsten und einem Scheuermittel. Mit der Flex zersägte er die Röhre in zwei Hälften, die er allein tragen konnte. Das war eine scheiß Mühe. Dann lud er sie mit den Eimern und den Müllsäcken ebenfalls in den KIA. Er schwitzte wie ein Schwein dabei, und er dachte, vielleicht werde ich ja noch richtig braun, bis Sandra kommt. Die Flex, die Axt und den Fleischwolf säuberte er mit Spülmittel über der Badewanne des roten Hauses.

Anschließend ging er ins Schlafzimmer und suchte Nicoles Sachen zusammen. Die Klamotten, die sie getragen und ordentlich auf dem Stuhl abgelegt hatte, stopfte er in ihren Koffer zu den Reservesachen, Höschen, Strümpfe, BH, alles. Einer ihrer Schuhe war umgekippt und lag auf der Seite.

Plötzlich merkte er, dass seine Augen feucht wurden, obwohl sie ihm ja nichts bedeutet hatte. Da auf dem Bett hat sie geschlafen, dachte er. Sie hat sogar Gummibärchen auf mein Kopfkissen gelegt, damit ich sie finde, wenn ich schlafen gehe. Aber eigentlich war das kein richtiger Gedanke, denn sein Akku war ziemlich leer. Das merkte er daran, dass er sich gar nicht mehr richtig erinnern konnte, wie sie ausgesehen hatte.

Ihre Handtasche stand auch noch da, offen, mit ein paar Schminksachen daneben. Er räumte das ganze Schminkzeug in die Tasche, ihre Hygieneartikel aus dem Bad auch, bis nichts mehr in der Wohnung an sie erinnerte. Als er praktisch fertig war, überlegte er es sich anders und holte alle persönlichen Gegenstände aus der Handtasche, ihren Personalausweis, ihren Bockschein, die Bankkarte von der Postbank, das Kindergeld, das Tagebuch und die Ansichtskarte von der Kirche in Barcelona, die ihr fast heilig war. Ein Foto von ihrer Tochter war aber nicht dabei. Das meiste zerschnitt er mit einer Küchenschere, um es später auch noch zu verbrennen. Das Geld stopfte er sich in die Hosentasche. Er kam erst wieder einigermaßen zu Besinnung, als sein Handy klingelte.

Sandra, sagte das Display. Er meldete sich, und sie sagte, dass sie noch eine Stunde brauche und ob er sie lotsen könne, sobald sie die Autobahn verließ. Da merkte er, dass es schon Abend war. Wenn er sich bewegte, roch er den Schweiß unter seinen Achseln. Er ging unter die Dusche und stand mindestens zehn Minuten in dampfend heißem Wasser, das auf seinen Kopf und seinen Nacken prasselte. Nachdem er sich angezogen hatte, fiel ihm ein, dass Sandra wahrscheinlich Hunger haben würde.

Er sah in der Küche nach, was noch da war außer Brot, Butter und Cola light. In einem der Hängeschränke fand er ganz hinten eine angebrochene Packung Spaghetti, die sie essen konnten, mit dem Rest Ketchup in der Flasche auf der Anrichte. Nicht gerade viel. Bier war auch keins mehr da. Hier in der Gegend hatten bestimmt alle Läden längst zu, außerdem war ja sowieso noch Feiertag. Vielleicht fahren wir nach Diestelhorst zum Italiener, dachte er. Oder zum Griechen. So was muss es doch sogar hier geben.

Das Handy klingelte wieder, und er dachte, dass es lustig wäre, wenn er sich mit »Jim Rockford, Ermittlungen« melden würde. Stattdessen erklärte er Sandra, wie sie fahren musste, um die Anlage zu finden, was sie sofort verstand, anders als Moritz. Er fragte, ob sie Lust hätte, essen zu gehen, wenn sie da wäre. Sie sagte, sie hätte unterwegs an einer Tankstelle was eingekauft, das müssten sie nur noch warm machen. Damit war dann alles paletti.

Als ihr moosgrüner VW Passat eine halbe Stunde später den Weg zur Anlage entlangkam, hatte er alles noch einmal überprüft – die Zimmer, das Bad, die Terrasse – und nachgeschaut, ob der KIA abgeschlossen war. Er hatte sich eine schicke graue Hose angezogen und ein schwarzes Polohemd, kein Unterhemd, keine Strümpfe, nur dunkelrote Sneakers, what you see is what you get. Er fremdelte mehr als sie, am Anfang jedenfalls, das war komisch. Aber dann führte er sie durch das Haus, und im Schlafzimmer war er auf einmal wieder erregt, wenn er daran dachte, was sich hier abgespielt hatte, und der Rest lief wie am Schnürchen. »So hatte ich es mir vorgestellt«, sagte sie leise. »Genau so.« Keine Handschellen, kein heißes Wachs, keine Peitsche.

»Ab jetzt will ich richtig mit dir zusammen sein.« Sie schmiegte ihr Gesicht an seine Brust. »Wild und zärtlich zugleich, verstehst du?«

Er sagte erst mal nichts.

Nach der zweiten Runde ging sie in die Küche, nur mit einer Schürze bekleidet. Sie kochte die Ravioli, die sie mitgebracht hatte, und die gab es dann mit Tomatensauce und Hackfleisch drin. Anschließend spülte sie, danach machten sie noch einen Mondscheinspaziergang über die Felder, komplett mit Händchenhalten und »Guck mal, die Sterne«. Später sahen sie noch etwas fern, gingen aber bald schlafen, und er schlief wie ein Toter.

Am Dienstagvormittag fuhren sie mit dem Passat das kurze Stück bis zum Meer. Sie schwammen, und ihre Haut trocknete im Wind und in der Sonne, und sie sahen den Möwen zu und aßen jeder eine Tüte mit frischen Krabben, und danach war es dann Zeit zum Aufbruch. Sie küssten sich zum Abschied. Sandra stieg wieder in ihren Passat, und als sie hinter dem Steuer saß, kurbelte sie das Fenster herunter. »Glaubst du, wir schaffen das?« Sie sah zu ihm auf, mit etwas zusammengekniffenen Augen wegen der Sonne. »Dass wir richtig zusammen sind, für länger oder so?«

»Vielleicht nicht sofort«, sagte er. »Vielleicht erst in ein paar Jahren.«

»Wie meinst du das?«

Er beugte sich zu ihr hinunter, und sein Schatten fiel auf ihr Gesicht. »Habe ich dich eigentlich schon mal gefragt, wie alt du bist?«

»Nein.« Sie lachte. »Das willst du wohl gern wissen, was? Sage ich dir aber nicht. Das bleibt erst mal ein Geheimnis.«

Er sagte: »Fahr vorsichtig. Ich brauche dich noch«, und sah ihr nach, wie sie den Weg zur Straße entlangfuhr und noch einmal den Arm aus dem Fenster streckte, um ihm zu winken, bevor sie auf der Straße zur Autobahn verschwand.

Dann holte er sein Handy heraus und rief Max Lobeck an. »Ich bring dir jetzt deinen Wagen zurück«, sagte er, als Lobeck sich meldete. »Ich schaffe es aber nicht, bei dir im Büro vorbeizukommen. Nimm dir bitte ein Taxi, wir treffen uns an der A1, in der ersten Parkbucht Richtung Osnabrück, kurz hinter dem Bremer Kreuz, in, warte mal, in vier Stunden. Das schaffst du doch, oder?«

60

Als Larsen und sein Team auf das Gelände des Möwenwinkels bogen, wartete vor dem einen der vier Häuser schon ein Streifenwagen aus Diestelhorst mit zwei Kollegen in Uniform und einem grauhaarigen Mann in Strickjacke, Holzfällerhemd und Cordhose. Neben dem Streifenwagen parkte ein lehmverkrusteter Opel Corsa, dessen Auspuff fast bis zum Boden hing. Die Rollläden an den Fenstern der Häuser waren heruntergelassen. Die Tür des roten Hauses stand offen. Larsen stieg aus und ging auf die drei Männer zu. »Larsen, Kripo Bremen«, stellte er sich vor. »Niemand da?«

Der ältere der beiden Unifomierten schüttelte den Kopf. »Nest ist leer.« Mit einem Kopfnicken deutete er auf den Mann in der Strickjacke. »Das ist der Hausmeister, Herr Peters. Er hat uns schon mal reingelassen.«

»Alle vier Häuser sind leer?«, fragte Larsen und wusste nicht, ob er enttäuscht oder erleichtert sein sollte.

»Ja.«

»Nichts Auffälliges, in keinem der Häuser?«

»Nichts.«

»Habe ich mit Ihnen telefoniert?«

»Ja. PHM Dietrich.« Er nickte wieder, diesmal in Richtung des zweiten Beamten. »Das ist mein Kollege, POM Steinfest. Herr Peters war vor uns da, weil der Kunde die Schlüssel bei ihm abgegeben hat und er nachsehen wollte, ob alles so zurückgelassen worden ist wie abgesprochen.«

»Alles tipptopp«, sagte der Hausmeister. »Küche, Bad, nirgendwo was zu beanstanden. Alles picobello.«

»Haben Sie was angefasst?«

Der Hausmeister zuckte mit den Schultern. »Die Türklinken und ein paar Schränke. Was man so anfasst. Ich wusste ja nicht –«

»Daniel Becker«, sagte Larsen. »War das der Kunde?«

»Stimmt genau.«

»War jemand bei ihm? Eine junge Frau? Ein zweiter Mann?«

»Nee, der saß allein im Wagen, niemand sonst. Höchstens vielleicht, dass jemand hinten auf der Ladefläche –«

Larsen spürte, wie sein Adrenalinpegel absank, als er in die Gesichter von Mareike und Sundermann blickte, die seine eigene Verwirrung widerspiegelten. Ein fader Geschmack breitete sich auf seiner Zunge aus. Wo ist sie?, dachte er. Was haben sie mit ihr gemacht? »Ich nehme mir das rote Haus vor«, sagte er. »Ihr seht euch die beiden anderen an, jeder eins.« Er trat über die Schwelle des roten Hauses, und da spürte er es wieder; zum zweiten Mal war da diese Gewissheit.

Sie ist tot.

Wir haben getan, was wir konnten, aber es war nicht genug.

Auf dem Weg zur Straße näherte sich jetzt der VW-Bus der Spurensicherung, den sie unterwegs abgehängt hatten. Die Scheiben blitzten in der Sonne. Larsen kniff einen Moment geblendet die Augen zusammen und dachte, wie oft habe ich diesen Moment schon erlebt, das Eintreffen an einem Ort, an dem vielleicht ein Mord geschehen ist, das Gefühl, wieder einmal zu spät zu kommen, nicht da gewesen zu sein, als es noch eine andere Möglichkeit gegeben hätte.

In diesem Moment vibrierte sein Handy in der Jackentasche, das Display zeigte eine unbekannte Nummer. »Larsen«, meldete er sich. Die Stimme des Anrufers war ihm unbekannt, bis sie sagte: »Max Lobeck, der Klempner, wissen Sie noch? Sie waren letzten Freitag in meinem Büro.«

61

Es wurde jetzt schon früher dunkel, obwohl der Sommer gerade erst begonnen hatte. Vielleicht kam es Dany aber auch nur so vor, als würde es überall, wo er war, dunkler als vorher. Er steuerte den KIA aus dem Fluss der Scheinwerfer und Rücklichter auf die Abbiegerspur und etwas später in die Parkbucht, in der sich vor einigen Wochen auch Moritz mit Motörhead getroffen hatte, um ihm die Pistole zu übergeben.

Auf der Fahrt vom Möwenwinkel hierher hatte er die A 1 mehrmals verlassen, um die blauen Zieh-zu-Säcke mit den Resten von Nicole in verschiedenen Mülleimern und Containern zu entsorgen. Ihre persönlichen Dokumente und alles andere mit ihrem Namen darauf hatte er vorher zerschnitten und auf einem Feldweg verbrannt. Der Koffer mit den Klamotten war, mit Steinen beschwert, in der Lesum gelandet. Er sah, dass Max Lobeck schon auf ihn wartete, weil er sich verspätet hatte. Der Klempner stand neben einem Müllkorb und rauchte. Er war allein, stand da wie ein verirrtes Schaf. Außer ihm war niemand zu sehen, kein Auto, auch Susanne nicht, die Dany eigentlich hier abholen sollte. Aber auf Susanne war Verlass; die kam schon noch.

Er hielt mit dem Transporter neben Lobeck, stieg aus und

ging mit ausgestreckter Hand auf ihn zu, dynamisch, leutselig, ein Chef aus dem Bilderbuch. »Super, dass du schon da bist, Max«, sagte er und schüttelte Lobeck mit vertrauenerweckendem Druck die Hand. »Jetzt kriegst du dein Prachtbaby zurück. Sind noch ein paar Sachen drin, die du behalten kannst, wenn du willst. Der Ofen ist auch dabei. Ich musste ihn in zwei Hälften zersägen, sonst hätte ich den nicht reingekriegt.«

Lobeck ließ die Kippe zu Boden fallen, trat die Glut aus und öffnete die Hecktür, um nachzuschauen. Er beugte sich über die Ladefläche. »Riecht komisch hier«, meinte er. »Irgendwie verbrannt.« Er zog einen der Eimer zu sich heran und musterte die braune Masse, die noch am Boden klebte, notdürftig bedeckt mit weißen Kügelchen. »Ist das Katzenstreu?«, fragte er. »Was haben'se denn da drin für einen Schmodder transportiert?«

Dany antwortete nicht, zog nur seine Baseballkappe etwas tiefer in die Stirn. »Den Ofen kannst du irgendwo auf eine Müllkippe schmeißen«, sagte er. »Der hat überhaupt nicht funktioniert.«

Lobeck warf einen Blick auf seine Armbanduhr, dann sah er zur Straße hin, mit gerunzelter Stirn, als wollte er abschätzen, wie lange er bei dem Feierabendverkehr bis zur nächsten Mülldeponie brauchte. »Soll ich Sie mitnehmen, Chef?«, fragte er. »Wie kommen Sie denn jetzt nach Hause?«

»Susanne holt mich ab«, sagte Dany und sah auch zur Straße hinüber, wo die Autos hinter den Büschen nur so vorbeirauschten, wusch – wusch – wusch, rote und weißgelbe Streifen, und jetzt wurde es wirklich dunkel, bis auf ganz links, da flackerten blaue Blitze aus Richtung Hamburg. Erst dachte er, es wäre ein Wetterleuchten, aber dann hörte er die Sirenen, und als er Lobeck überrascht anblickte, war alles klar. »Die waren am Freitag bei mir und haben nach

Ihnen gefragt«, meinte der Klempner mit der Miene eines schuldbewussten Hundes. »Ich musste denen sagen, was ich wusste.«

Ein Zivilfahrzeug und drei Streifenwagen schlingerten von der Abbiegerspur in die Parkbucht, alle mit Blaulicht und Sirene, und hielten mit quietschenden Bremsen neben dem KIA. Der Bulle aus Bremen, Larsen, sprang als Erster aus dem Zivilgolf, ziemlich flott für sein Alter. Er wirkte irgendwie krank, als wäre ihm schlecht oder so was. »Wo ist sie?«, brüllte er so heftig, dass etwas Spucke von seinen Lippen spritzte. »Grit Weichsel, was haben Sie mit ihr gemacht?«

»Nicole?«, fragte Dany, ganz Unschuld. »Die habe ich schon ewig nicht mehr gesehen.«

Krank oder irre, so sah der Bulle aus, und richtig fanatisch. »Sie waren mit ihr im Möwenwinkel«, sagte er, jetzt etwas leiser, aber immer noch mit diesem Fieber in den Augen, »mit ihr und Moritz Vogel. Sie sind zusammen gesehen worden. Wo ist sie jetzt?!«

»Stimmt, Vogel war auch mit im Möwenwinkel«, bestätigte Dany. »Aber Grit Weichsel? Nää, die nicht.«

»Und wer war dann die junge Frau blonde Frau, mit der Sie am Strand gesehen worden sind?«

»Ach, Sie meinen Sandra.« Dany breitete die Arme aus, die Finger gespreizt, die Handteller leer. »Meine Freundin, die aus Bonn, von der habe ich Ihnen doch erzählt, oder? Die war auch da.«

»Und wo ist Grit jetzt?!« Larsen riss Lobeck die Hecktür aus der Hand und starrte in den KIA. »Haben Sie sie verbrannt? Ist das der Ofen, in dem Sie sie verbrannt haben?«

Jetzt starrten sogar seine eigenen Kollegen ihn betroffen an, aber das schien den Bullen nicht im Geringsten zu irritieren. »Alles sichern«, befahl er. »Den Wagen, das ganze Zeug hier auf der Ladefläche – alles sichern und nach Spuren absuchen.« Er sah die junge blonde Polizistin an, die er vor ein paar Tagen in der Halle dabeigehabt hatte. »Wir nehmen Herrn Becker fest und schaffen ihn ins Präsidium.« Sein Handy klingelte, und er meldete sich und hörte ein paar Sekunden zu. Dann sagte er: »Gut. Bringt ihn in ein freies Vernehmungszimmer. Ich bin in einer halben Stunde mit dem anderen da.« Er beendete das Gespräch und sah die blonde Polizistin an. »Moritz Vogel ist jetzt auch in Gewahrsam, seine Frau hat uns den Tipp gegeben.« Dann wandte er sich wieder Dany zu und sagte: »Daniel Becker, Sie sind vorläufig festgenommen.«

»Mit welcher Begründung?«, fragte Dany, während die Polizistin ein Paar Handschellen von ihrem Gürtel löste und sie ihm anlegte.

Der Bulle leierte eine ganze Latte runter: »Mehrfacher Mord in Tateinheit mit erpresserischem Menschenraub mit Todesfolge, Verstoß gegen das Waffengesetz, Geldfälschung und Versicherungsbetrug, nur so zum Anfang – the whole enchilada.«

»Da haben Sie sich aber viel vorgenommen«, sagte Dany und wunderte sich, wie gelassen er war. The whole enchilada, was sollte das denn für ein Scheiß sein?

62

Der Laborbericht war eindeutig: Larsen las den Befund der Rechtsmediziner und der Serologen über die Verkrustungen an der Innenseite der Eimer aus dem KIA, und es bestand kein Zweifel daran, dass es sich um Katzenstreu und die Überreste eines verbrannten Menschen handelte. Dieselben Spuren fanden sich in dem zersägten Ofen, weniger ausgeprägt, aber sie waren da – das 23. Bandenpaar der

Chromosomen »xx«, also weiblich und identisch mit der DNA der Toten. Warum hat er den Ofen nicht auch verschwinden lassen?, überlegte Larsen. Warum hat er die Eimer aufgehoben? Hat er gedacht, dass sich niemand dafür interessiert? Hat er wirklich geglaubt, er kann einen Mord nach dem anderen begehen und kommt damit durch? Hält er uns für so unfähig? Oder will er vielleicht, dass wir ihn stoppen?

Die Spurensicherung hatte in dem roten Haus Fingerabdrücke und Haare von Grit Weichsel und weiteren Personen gefunden, darunter auch die von Daniel Becker und Moritz Vogel. Sie hatte Fotos von allen Zimmern, vom Bad und von der Küche gemacht, ebenso von der Terrasse vor dem grünen Haus, von allem und überall, wo sich die vier während ihrer Anwesenheit im Möwenwinkel aufgehalten haben konnten. Larsen hatte sie wieder und wieder betrachtet, und jedes Mal dachte er: Ich muss selbst noch einmal hin.

Es war, als hätte er seine Tochter ein zweites Mal verloren. Nicht ganz, aber ein bisschen. Ich habe dir versprochen, dass ich das Mädchen beschützen werde, wenn ich kann, sagte Larsen in Gedanken zu Ellie. Das ist mir nicht gelungen. Jetzt gibt es ein kleines Mädchen, das beinahe so alt ist wie du damals, und es hat keine Mutter mehr. Es lebt bei einer Pflegefamilie. Der Ziehvater arbeitet im Hafen und geht in Puffs, die Mutter lebt in Fantasyland. Und Mellie – sie heißt sogar fast so wie du – fragt fremde Männer, ob sie ihnen ein Küsschen geben soll. Vielleicht begegnest du ja auch der jungen Grit, ihrer echten Mutter, mal da oben. Ich kümmere mich in der Zwischenzeit um ihren Mörder.

Wieder sah er mit seinem inneren Auge das komplizierte, rastlos vor sich hin tickende Uhrwerk in Beckers Kopf, das seinem Besitzer Präzision suggerierte und ihm doch immer wieder nur die falsche Zeit anzeigte. »Sie haben das Recht auf einen Anwalt«, erklärte Larsen im Vernehmungsraum. »Wenn Sie keinen Anwalt kennen, kann ich den Anwaltsnotdienst informieren, damit er einen herschickt.«

»Ich brauche keinen Anwalt. Ich bin unschuldig«, sagte Becker und brachte es tatsächlich fertig, mit einem Ausdruck höchster Geduld zu lächeln und dabei ein ungläubiges Kopfschütteln anzudeuten. Was für einem Ausmaß an Inkompetenz falle ich hier gerade zum Opfer, schien diese Kombination aus Kopfschütteln und Lächeln zu sagen, und wie peinlich wird es für euch sein, wenn ihr das erst begreift.

»Unschuldig in welcher Hinsicht?«, fragte Larsen.

»In jeder«, antwortete Becker.

»Ihr Kompagnon Moritz Vogel behauptet das Gegenteil«, sagte Larsen. »Sie haben gemeinsam vier Morde begangen, aber er sagt, Sie wären es allein gewesen.«

»Ich habe keine Ahnung, von welchen vier Morden Sie reden.« Becker drehte sich im Sitzen um, schaute zu dem zweiten Schreibtisch hinüber. »Ist deswegen kein Protokollführer anwesend, niemand, der mitschreibt? Weil keiner hören soll, wie Sie mir was vorlügen? Sachen, die Mo angeblich gesagt hat?«

Larsen hatte keinen Protokollführer und auch niemanden aus seinem Team hinzugezogen, weil er mit Becker allein sein wollte – nur sie beide in einem Raum, keinerlei Ablenkung, kein Dritter, der hustete, auf seinem Stuhl hin und her rutschte oder auf einer PC-Tastatur herumklickte. Sie sollten sich aufeinander konzentrieren. »Wir unterhalten uns hier nur, ganz inoffiziell«, sagte er. »Dafür brauchen wir keinen Protokollführer.«

»Soll das heißen, wenn ich jetzt gestehen würde«, Becker beugte sich vor und schob die schwarze Baseballkappe, deren Schirm seine Stirn verdeckte, etwas nach hinten, sodass Larsen seine Augen sehen konnte, »wenn ich sagen würde, ja, ich habe vier Menschen umgebracht, vielleicht sogar mehr, dann bliebe das unter uns? Ich könnte Ihnen Namen, Orte, Datum und Uhrzeit nennen, und es wäre alles inoffiziell und könnte vor Gericht nicht gegen mich verwendet werden?«

»Nicht ganz«, sagte Larsen. »In dem Moment, in dem sich eine von Ihnen begangene Straftat abzeichnet, muss ich Sie dieser Tat beschuldigen und dann über Ihre Rechte belehren.«

»Und diese angebliche Behauptung von Moritz, ich allein hätte die erwähnten vier Morde begangen, die ist auch in einer solchen inoffiziellen Unterhaltung ohne Protokollführer und Anwalt gefallen? Sie ist praktisch nur Schall und Rauch?«

»Vielleicht.« Larsen lächelte, obwohl es ihm schwerfiel. »Vielleicht hat er aber auch auf der Anwesenheit eines Anwalts bestanden. Und vielleicht hat er uns Zugang zu hieb- und stichfesten Beweisen ermöglicht, die auch dann noch da sind, wenn Schall und Rauch sich verzogen haben.«

»Wie zum Beispiel?«

»Wie zum Beispiel die Pistole, mit der Robert Kosinski erschossen worden ist und die Lothar Schmidt in Ihrem Auftrag für Sie besorgt hat.«

»Nur dass Motörhead ja leider gestorben ist – meines Wissens, bevor er Sie zu dieser Pistole führen konnte. Mit der übrigens auch er, inoffiziell oder nicht, Robert erschossen haben könnte. Er oder jemand anderer. Dass die Pistole für mich gewesen sein soll, ist ja nur eine Vermutung, oder? Ich war ja in Bonn, wie Sie wissen.«

»Genau wie Moritz Vogel.«

»Ja. Vielleicht.«

Vielleicht, das ist interessant, dachte Larsen. Vielleicht ist ein Türchen, das man nur aufmacht, wenn man irgendwann auch hindurchgehen will. Er hatte dafür gesorgt, dass die beiden Tatverdächtigen in verschiedenen Zellen untergebracht worden waren und auch sonst keine Möglichkeit bekommen hatten, ihre Aussagen noch einmal neu abzustimmen, sodass keiner von beiden wusste, wer welches Türchen öffnete und in welchem Moment.

»Und wo waren Sie, als Lothar Schmidt dann selbst umgebracht worden ist?«, fragte er. »Wo waren Sie, als Radschiv Khan erwürgt und in einem Baggersee versenkt wurde? Wo waren Sie, als Grit Weichsel in Rauch aufging?«

»In Rauch aufging? Das verstehe ich nicht. Ist das eine Metapher?«

»Nein, das ist ein sinnverwandter Ausdruck für ›verbrannt werden und am Ende tot sein‹.«

»Die kleine Nutte ist tot? Das wusste ich nicht. Tut mir leid für sie. Armes Ding. Hat nicht viel von ihrem Leben gehabt, oder?«

»Ach«, Larsen zuckte mit den Schultern, »besonders viel scheinen Sie aber auch nicht von Ihrem Leben gehabt zu haben, wenn ich mir so anschaue, was Sie alles im Lauf der Jahre in den Sand gesetzt haben, einschließlich Ihrer Ehe.«

Becker ließ sich nicht aus der Ruhe bringen. »Meine Frau und ich sind sehr glücklich, wirklich glücklich. Geschäftlich habe ich ein paarmal Schiffbruch erlitten, das stimmt, aber ich bin jedes Mal gestärkt daraus hervorgegangen und habe etwas Neues angefangen, ein bisschen wie Phönix aus der Asche.« Er schien einen Moment innerlich zu verharren, fast huschte ein Lächeln über sein Gesicht, als fiele ihm bei dem Wort ›Asche‹ die frivole Doppeldeutigkeit seiner Bemerkung auf. »Kennen Sie die Geschichte von Phönix aus der Asche?«

»Ja, die kenne ich. Aber das ist keine Antwort auf meine Frage, wo Sie waren, als –«

»– als Radschiv Khan getötet wurde.« Becker nickte und nahm die Baseballkappe jetzt ganz ab. »Das hat auch der Lothar getan. Ich war dabei, gebe ich zu – unterlassene Hilfeleistung, richtig? Motörhead war das. Der hat den Paki einfach gepackt und erwürgt.«

»So mir nichts, dir nichts? Was für einen Grund soll er denn gehabt haben?«

»Moritz hat das von ihm verlangt.«

»Warum?«

»Irgendwelche Drogengeschäfte, keine Ahnung. Der Radscha hatte Kohle von ihm genommen und den Stoff dann nicht geliefert, so was in der Art. Ich bin ja nicht der Hüter meines Freundes.«

»Verstehe.«

Larsen dachte: wieder die Drogengeschäfte, die es aller Wahrscheinlichkeit nach nie gegeben hat. Aber der Tod von Radschiv Khan ist in diesem Augenblick nicht so wichtig. Ich muss ihn dazu bringen, dass er sich im Fall Grit Weichsel verrennt. Wenn ich ihn da in die Enge treiben kann, klären sich alle anderen Morde von selbst. »Und Grit Weichsel alias Nicole?«

Becker setzte die Kappe wieder auf, aber so, dass der Schirm fast seine Augen verdeckte. »Muss ich eigentlich mit Ihnen reden?«

»Nein.«

»Warum sitzen wir dann hier?«

»Weil Sie vielleicht mit mir reden wollen.«

»Worüber denn?«

»Über sich. Über Ihr Elternhaus. Ihren Vater. Ihre Mutter. Oder Frauke, Ihre Schwester.«

Unwillkürlich lehnte Becker sich zurück und kniff die Augen zusammen. Dann grinste er. Ach, so wollen Sie das jetzt spielen, schien das Grinsen zu sagen. Mein Vater hat mich geschlagen, und deswegen habe ich mir einen Keller eingerichtet, in dem ich SM praktiziere. Meine Mutter hat mich im Stich gelassen, deshalb will ich mich an allen Frauen rächen. Das sagte er allerdings nicht, sondern stattdessen:

»Wenn ich reden will, rede ich mit meinem Hund. Der heißt Leo und ist ein guter Zuhörer.«

»Und worüber reden Sie dann mit ihm? Erzählen Sie ihm, wie Sie vier Menschen umgebracht haben und wie viel Spaß Sie dabei hatten?«

Becker schüttelte nachsichtig den Kopf. »Nein, wir reden über Stöckchen holen und Gassi gehen und Pfötchen geben oder die nette Hündin drei Häuser weiter, solche Sachen.«

»Moritz Vogel hat keinen Hund«, sagte Larsen. »Deswegen redet er wohl mit mir. Zum Beispiel darüber, wie Sie Lothar Schmidt getötet haben.«

»Das glaube ich nicht.« Becker schüttelte den Kopf. »Wenn, dann lügt er. Moritz nimmt es mit der Wahrheit nicht so genau. Denken Sie doch mal nach: Motörhead – Lothar Schmidt … Nachdem er den Paki getötet hat, hat er den in seinem VW-Bus durch die Gegend kutschiert und dann im See versenkt. Denken Sie an die Spuren in dem Bulli, an die Pistole, die er organisiert hat, um Robert damit zu erledigen! Und als er die Schuld nicht mehr ertragen konnte – Gott, was würden Sie tun? Da hat er sich umgebracht.«

»Damit kennen Sie sich aus? Wie man sich mit Schuld fühlt?«

»Schuld? Nein, aber ich habe viel Fantasie.«

»Und in Ihrer Fantasie begeht jemand mit einer Hebebühne Selbstmord? Jemand, der gar kein Motiv hat und von dem Todesfall nicht mal profitiert?«

»Warum nicht? Motörhead war ein Freak.«

»Ein Freak, der von den Toten zurückkehrt und ein paar Tage später auch noch Grit Weichsel umbringt? Die Art Freak meinen Sie?« Er verspürt keine Schuld, dachte Larsen, keinen Wunsch nach Vergebung. Er will sein Gewissen nicht erleichtern, weil er keins hat. Ich muss die Schrauben neu justieren, bevor ich sie anziehe. Er sagte: »Ich erzähle Ihnen jetzt mal was: Jeder Mord ist ein Käfig, in den sich der

Mörder selbst einsperrt. Was die Fälle Schmidt, Kosinski und Radschiv Kahn angeht, können Sie vielleicht versuchen – versuchen! –, sich wie ein Aal zwischen den Gitterstäben hindurchzuwinden, aber nicht im Fall Grit Weichsel. Ihre Fingerabdrücke waren überall im roten Haus des Möwenwinkels. Sie waren in der Küche, im Bad, im Wohnzimmer und im Schlafzimmer, sie waren auch auf dem Ofen. Auf allem, was man da nur berühren konnte, waren Ihre Fingerabdrücke!«

Er sagte nicht, dass ihm diese Abdrücke wenig nützten, weil ja kein Zweifel daran bestand, dass Becker dort gewesen war und auch den Ofen mitgebracht hatte. Das allein besagte noch nichts. Was er brauchte, waren Beckers Spuren an den Werkzeugen, mit denen die beiden Männer die Leiche zerlegt hatten, Messer, Sägen, was auch immer. Die müssen wir finden, hatte er Mareike und Olaf gesagt, nehmt euch ein paar Leute und fahrt die ganze Strecke ab, von der Ostsee nach Bremen, sucht nach Plastiksäcken, Tüten, Tupperdosen, was auch immer, an jeder Raststätte, in jeder Parkbucht, jeder Tankstelle, rechts und links von Ausfahrten, überall.

Becker wölbte die Lippen vor und wieder zurück, vor und zurück. Dann fragte er: »Haben Sie einen Hund, Herr Larsen?«

»Nein.«

»Schade, wenn Sie einen Hund hätten, könnten Sie dem das alles erzählen. Der würde jetzt mit großen Augen vor Ihnen sitzen, das Maul halb offen, den Kopf zur Seite geneigt und mit dem Schwanz wedeln, während Sie ihm erklären, dass Sie trotzdem keinen einzigen Beweis haben, weil die Fingerabdrücke nur beweisen, dass ich da war, aber nicht, dass ich etwas mit Nicoles Tod zu tun habe.«

»Und der Ofen in dem KIA?« Larsen blieb ruhig. »Die Eimer mit den angeklebten Resten der Leiche? Der Umstand, dass Herr Lobeck den Ofen in Ihrem Auftrag gebaut hat? Dass auch Sie es waren, der bei Immobilien Lorenz die Häuser des Möwenwinkels gebucht hat, und zwar alle? Wie lautet Ihre Erklärung dafür?«

»Ich würde sagen«, plötzlich schien eins der Zahnräder in Beckers Kopf zu verrutschen und sich in einem anderen zu verhaken, das es vorher gar nicht berührt hatte, »inoffiziell, so wie unser Gespräch hier ja stattfindet, also inoffiziell würde ich sagen, dass ich dazu gezwungen worden bin.«

Jetzt geht er durch das Türchen, dachte Larsen. »Von wem denn?«

»Moritz Vogel«, sagte Becker. »Wenn Sie einen Mörder suchen, halten Sie sich an den.«

Larsen schwieg. »Wollen Sie mir dabei helfen?«, fragte er sanft, als genügend Zeit vergangen war.

Becker beugte sich interessiert vor. »Wie?«

»Beschreiben Sie mir, was geschehen ist.«

»Moritz hatte mich in der Hand.« Becker nickte nachdenklich, bestätigte sich selbst, dass er die Wahrheit sagte. »Er hat mich erpresst. Er hat uns beide erpresst, Motörhead und mich.«

»Womit?«

»Mit den Morden an dem Paki und Robert.« Wieder das Nicken, diesmal schon überzeugter. »Da hat er uns nämlich mit reingezogen. Bei dem Radscha sollten wir ihm erst nur helfen, das Geld zurückzuholen, das er dem angeblich für eine Drogenlieferung gegeben hatte. Und plötzlich bringt er den um – vor unseren Augen! Ich sag noch, was machst du denn da?! Darauf er: Sei bloß still, sonst bist du auch dran. Du hast schließlich viel mehr Grund als ich, den umzulegen, weil der was mit deiner Freundin hat. Und als Lothar den Mund aufmacht, fährt er auch den noch an: Das gilt für dich genauso, wir hängen da alle mit drin! Den Lothar hat er mit dieser Drohung später sogar noch gezwungen, ihm die

Mauser zu besorgen und zu behaupten, die wäre für mich gewesen.«

Larsen improvisierte. »Dann hat Herr Schmidt wohl auch deswegen behauptet, Sie hätten Kosinski damit umgebracht – weil Herr Vogel ihn dazu gezwungen hat? Obwohl die Lebensversicherung an Sie und nicht an ihn ausgezahlt werden sollte?«

»Die Police führt mich als Begünstigten an, aber Moritz hat keinen Zweifel daran gelassen, dass ich nur ein Strohmann bin. Sobald das Geld auf meinem Konto gewesen wäre, hätte ich mehr als die Hälfte an ihn weiterreichen müssen. Vielleicht sogar alles. Und dann, irgendwann später, wäre ich genauso dran gewesen, und man hätte mich tot aus einem Hafenbecken gezogen.«

Larsen schwieg einen Moment. Tat, als dächte er nach; als wäre Beckers Erklärung durchaus plausibel. »Aber wer hat Kosinski denn dann erschossen? Schmidt oder Vogel?«

Mit einem Ruck riss Becker sich die Kappe vom Kopf und fuhr sich mit gekrümmten Fingern durchs Haar. »Moritz«, stieß er hervor. »Das war alles Moritz.«

»Auch bei Grit Weichsel?«

»Ja.«

»Sie sind mit ihr ans Meer gefahren, damit er sie umbringen konnte?«

»Ja, aber das wusste ich da ja noch nicht. Dass er Nicole umbringen wollte, meine ich. Vielleicht wusste er es selbst noch nicht.«

»Sie meinen, es könnte eine spontane Idee gewesen sein?«

»Warum nicht?«

»Ja, warum nicht«, meinte Larsen. »Sie müssen mir helfen, da verstehe ich etwas noch nicht: Sie sind mit ihr auf dem Beifahrersitz zu einer Ferienanlage an der See gefahren, mitten im Sommer, mit einem extra angefertigten Ofen von fast zwei Metern Länge nur wenige Zentimeter hinter ihrem

Rücken, einem Krematorium, und sind nicht auf den Gedanken gekommen, dass sie dort sterben sollte?«

»Nein.«

»Und selbst töten wollten Sie sie auch nicht.«

»Nein, natürlich nicht, warum denn? Überlegen Sie doch mal, wäre ich denn dann da oben noch mit ihr einkaufen gegangen, sodass jeder mich mit ihr zusammen sieht? Hätte ich noch in einem Geschäft nach einer Ersatzdüse für den Ofen gefragt, wenn ich gewusst hätte, wozu er dienen soll? Und hätte ich dann auch noch meine Freundin Sandra aus Bonn für das lange Wochenende in die Anlage bestellt, wenn es meine Absicht gewesen wäre, dort vorher eine andere Frau zu töten und zu verbrennen? Ergibt das, Ihrer Meinung nach, irgendeinen Sinn?«

»Was fragen Sie mich?«, sagte Larsen und dachte: Ja, weil du genau dieses Argument parat haben wolltest. »Hätten Sie?«

Becker schüttelte den Kopf. »Außerdem, wenn ich gewollt hätte, dass Nicole stirbt, hätte ich ihr bloß zu sagen brauchen, dass sie sterben soll. Dann hätte sie sich selbst umgebracht. Sie hat doch alles getan, was ich wollte. Ich wäre in ihren Kopf gegangen und hätte es ihr gesagt.«

»Ich verstehe«, sagte Larsen. »Funktioniert das nur bei ihr oder auch bei anderen?«

»Nicht bei jedem«, sagte Becker ernsthaft. »Nur bei denen, die dafür offen sind.«

»Sie sind also ausschließlich mit Nicole ans Meer gefahren, weil Moritz Vogel das von Ihnen verlangt hat«, meinte Larsen.

»Ja und nein. In erster Linie wollte ich ein paar schöne Tage mit meiner Freundin verbringen. Wenn Sie Sandy fragen, wird sie Ihnen bestätigen, dass wir das schon lange geplant hatten. Nicole und den Ofen habe ich eben nur mitgenommen, weil Moritz das von mir verlangt hat.«

»Aber warum musste Nicole denn dann überhaupt sterben?«

»Das müssen Sie Moritz fragen.«

»Vielleicht, weil sie zu viel wusste?«

»Worüber?«

»Über das gefakte Pokerspiel mit Falschgeld in Hamburg«, bot Larsen an. »Über den geplanten Versicherungsbetrug mit angeblich gestohlenen Computerbauteilen und den Mord an Robert Kosinski, um in den Genuss von dessen Lebensversicherung zu kommen.«

»Vielleicht.« Das Bedauern in Beckers Stimme war täuschend echt, als er antwortete: »Ich kann es Ihnen wirklich nicht sagen.«

»Na gut, vielleicht können Sie mir dann wenigstens sagen, was sich da genau abgespielt hat in dem roten Haus am Meer? Wie ist Nicole gestorben?«

Jetzt presste Becker die Lippen zusammen und runzelte die Stirn, wie ein Kind, das nur widerwillig ein Lieblingsspielzeug mit einem anderen Kind teilt. »Also, wir hatten zusammen gegessen, draußen auf der Terrasse hinter dem Haus, Koteletts mit Pommes, und dabei ein paar Bier getrunken. Moritz wollte eigentlich am selben Abend noch zurück nach Mersfeld fahren, weil die Moni, seine Frau, ziemlich angepisst war, dass er das Wochenende nicht zu Hause verbrachte, obwohl sein Sohn Geburtstag hatte. Nicole war ziemlich besoffen, weil sie die ganze Zeit ja praktisch keine feste Nahrung zu sich genommen hatte. Es war noch ziemlich früh, da meinte sie, sie würde sich kurz mal hinlegen, und man konnte sehen, dass sie nicht mehr ganz sicher auf den Füßen war, als sie ins Schlafzimmer ging. Nein, eigentlich torkelte sie regelrecht.

Moritz und ich sind dann ins Wohnzimmer, um fernzusehen. Da kam ein Film mit Arnold Schwarzenegger, *Conan der Barbar* oder *Red Sonja,* ich weiß nicht mehr genau. Wir hatten uns jeder noch was zu trinken geholt, Bier und Schnaps, aber der Film war ziemlich schrottig. Irgendwann ist Moritz dann aufgestanden und hat gesagt, ich seh mal nach der Nicole. Ich sag noch, lass sie schlafen, aber er ist trotzdem zu ihr ins Schlafzimmer. Er ist dann ziemlich lange weggeblieben, und als er zurückkam, hat er nichts gesagt, sondern sich einfach nur hingesetzt und weiter ferngesehen, obwohl man sehen konnte, dass irgendwas vorgefallen sein musste. Er war anders, irgendwie verstört. Ich bin dann selbst aufgestanden, um nach ihr zu sehen, und da sagte Moritz so was wie: Geh da nicht rein, mach das nicht!«

Er schloss einen Moment die Augen, als müsste er sich wirklich überwinden, um weiterreden zu können. »Als ich dann im Schlafzimmer das Licht anmachte, sah ich sofort, dass etwas nicht stimmte. Nicole lag nackt auf dem Rücken, als hätte sie Sex gehabt, und rührte sich nicht. Ihre Augen waren geschlossen. Ich bin zu ihr und hab leise gesagt: Nicole! Sie rührte sich immer noch nicht. Da habe ich sie angefasst. Sie war nicht kalt oder so was, aber eindeutig tot. Mausetot. Ich zurück ins Wohnzimmer, wo Schwarzenegger gerade mit Brigitte Nielsen vögelt, im Fernsehen. Was hast du gemacht? Und Moritz guckt mich nicht an und sagt: Das wollte ich nicht. Es ist einfach passiert. Ich: Du hast sie umgebracht. Und er noch mal: Es ist einfach passiert.«

Becker rieb sich die Augen und schüttelte den Kopf, als könnte er es selbst jetzt noch nicht fassen. Larsen fragte: »Wie ist es dann weitergegangen?«

»Ich habe gesagt: Wir müssen sie irgendwie wegschaffen. Und er sagt: Dafür habe ich ja das Krematorium bauen lassen. Na ja, wir haben sie dann irgendwie rausgeschafft, in die Ofenröhre geschoben und Feuer gemacht.«

»Warum haben Sie dabei mitgeholfen, wenn Sie an dem Mord selbst nicht beteiligt waren?«

»Wie ich schon sagte: Moritz hat mich nach und nach immer mehr in Abhängigkeit von ihm gebracht. Er hat mir gedroht, mir auch diese Tat in die Schuhe zu schieben, wenn ich ihm nicht helfe.«

»Und Sie haben ihm geglaubt?«

»Ja.«

»Obwohl man den Eindruck gewinnen könnte, als wären Sie in ihrem Verhältnis der Überlegene, Intelligentere?«

Becker schwieg einige Sekunden lang. »Ich weiß, wie das wirkt, aber mein Leben ist mir im Lauf der Zeit immer unwirklicher vorgekommen. Als gehörte es gar nicht mehr mir … Irgendwie. Ich verstand die Welt nicht mehr, und die Welt verstand mich nicht, so kam es mir vor. Ich war zu einer Marionette geworden, einer Marionette ohne Fäden, und habe getan, was Moritz wollte, ohne dass er es mir sagen musste. Ich hatte immer das Gefühl, er steht hinter mir, auch wenn er gar nicht da war. Seine Gedanken sind zu meinen Gedanken geworden, verstehen Sie?«

Larsen nickte, tat, als erschiene ihm das mehr als plausibel. »Sie haben dann die Leiche verbrannt.«

»Genau.«

»Da war sie tot, ja?«, fragte Larsen. »Sie sind sicher, dass sie tot war?«

»Ja. Klar. Meinen Sie nicht?«

»Ich war nicht da«, sagte Larsen. »Das erfahren wir, sobald die Leiche obduziert worden ist – wenn sich Rußpartikel in Luftröhre und Lunge und Stresshormone im Blut finden, hat sie noch gelebt.«

»Nein, ich bin mir sicher. Sie war tot. Bestimmt.«

»Hat Herr Vogel Ihnen gesagt, wie er Nicole getötet hat?«

»Er hat sie erwürgt.« Becker nickte nachdrücklich. »Er hat es nicht ausdrücklich gesagt, aber man konnte es sehen. Sie hatte keine Wunden, und es war auch kein Blut da, auf den Laken oder so. Außerdem hatte sie am Hals so rote

Male, wie wenn jemand sie da mit beiden Händen gehalten und ganz fest gedrückt hätte. Genauso wie bei dem Paki.«

Er weiß überhaupt nicht, was er wirklich getan hat, dachte Larsen. Er weiß, dass er es getan hat, aber er weiß nicht, was es bedeutet. Was er fühlen müsste, um das Ausmaß zu begreifen. Was er als Mensch fühlen müsste.

»Würden Sie das alles genauso auch nach einer Belehrung über Ihre Rechte in Gegenwart eines Anwalts zu Protokoll geben?«, fragte Larsen, als Becker fertig war.

»Ja.« Becker nickte ein letztes Mal und setzte seine Tarnkappe wieder auf. »Wort für Wort.«

63

Moritz Vogel sagte: »Das glaube ich Ihnen nicht. Der Dany ist jemand, der redet nicht.« Er saß in demselben fensterlosen Raum auf demselben Stuhl wie Daniel Becker am Abend zuvor. Larsen saß ebenfalls auf der anderen Seite des Tisches, wieder mit einem Stenoblock vor sich und einem Bleistift in der Hand. »Er hat aber geredet«, sagte er.

»Ich glaube Ihnen nicht«, wiederholte Vogel störrisch.

»Sie kennen ihn doch«, sagte Larsen. »Er geht über Leichen. Er ist über die von Radschiv Khan gegangen und über die von Lothar Schmidt, und es macht ihm nichts aus, auch über Ihre zu gehen.«

Vogel rutschte unruhig auf seinem Stuhl hin und her. »Was haben Sie ihm denn gesagt?«

»Zuerst muss ich Sie auf Ihre Rechte als Beschuldigter in einem Strafverfahren hinweisen.«

»Das haben Ihre Kollegen schon bei meiner Festnahme gemacht.«

»Möchten Sie, dass wir einen Anwalt hinzuziehen?«

»Später. Erst möchte ich wissen, was Sie Dany gesagt haben.«

»Ich habe ihm gesagt, dass ich Sie unter Druck gesetzt hätte und dass Sie umgefallen wären.«

»Das haben Sie getan?«

Larsen nickte. »Er hat mir aber nicht geglaubt. Dann habe ich ihm Folgendes gesagt …« Er blätterte in seinen Notizen vom gestrigen Abend und las vor: »Ihre Fingerabdrücke waren überall im roten Haus des Möwenwinkels – sie waren in der Küche, im Bad, im Wohnzimmer und im Schlafzimmer, sie waren auch auf dem Ofen. Auf allem, was man da nur berühren konnte, waren Ihre Fingerabdrücke! Ihre und die von Moritz Vogel, die von Grit Weichsel sowieso«, ergänzte er. »Darauf hat er gesagt, dass er da gewesen sei, bedeute nicht, dass er Frau Weichsel ermordet habe. Damit blieben nur Sie übrig. Ich habe ihn dann gebeten, mir zu beschreiben, was denn nun genau am letzten Wochenende im Möwenwinkel geschehen sei, und er hat beschrieben, wie Sie nachts in das Schlafzimmer gegangen sind und Nicole erst gevögelt und dann erwürgt haben.«

Vogel war aschfahl geworden; plötzlich saß er ganz still. »Aber so war es nicht!«

»Wie war es dann?«

»Kann ich ein Glas Wasser haben, bitte?«

Larsen stand auf und holte eine Karaffe mit Leitungswasser und ein Glas, die an der Wand hinter ihm auf einer Anrichte standen. Er stellte beides auf den Tisch und wiederholte seine Frage: »Wie war es?«

»Ich habe sie nur gefickt«, sagte Vogel, während er sich mit zitternden Händen ein Glas einschenkte und sofort an die Lippen setzte, um zu trinken. »Als ich fertig war, bin ich zurück ins Wohnzimmer, aber da hat sie noch gelebt.«

»Wollte sie das?«, fragte Larsen. »War sie damit einverstanden, dass Sie mit ihr geschlafen haben?«

»Ja, klar. Die ist mir doch nachgelaufen. Und ich war den ganzen Abend schon geil auf sie, das hat sie natürlich gespürt.« Vogel goss sich ein zweites Glas ein, das beim Trinken gegen seine Zähne stieß. Schweißperlen standen ihm auf der Stirn. »Sie war ziemlich betrunken. Aber sie hat es gewollt.«

»Als Sie wieder im Wohnzimmer waren, was geschah dann?«

»Ich habe weiter ferngesehen und noch was getrunken.«

»Was lief im Fernsehen?«

»Ein Film mit Arnold Schwarzenegger. Wie der hieß, weiß ich nicht mehr, aber es kam eine Riesenschlange darin vor.«

»Hat Herr Becker etwas gesagt?«

»Er hat gefragt: Wie geht's ihr? Ich habe gesagt, dass sie schläft. Nach ein paar Minuten sagte Dany: Ich seh mal kurz nach ihr. Ich dachte, wenn er sieht, dass sie nackt ist, wird er vielleicht wütend oder eifersüchtig oder so, deswegen habe ich gesagt: Bleib hier. Bei ihm wusste man ja nie, woran man war. Er fragte, warum, und ich so: Ist besser, wir lassen sie ein bisschen zur Ruhe kommen. Ich glaube, ich hab noch gesagt, das würde ich nicht tun oder so ähnlich. Aber er ist trotzdem raus, allerdings nicht für lang.«

Vogels Stimme erstarb, und auf einmal glitzerten Tränen in seinen Augen. Seine Lippen zitterten; er atmete durch den Mund.

»Und dann?«, fragte Larsen.

»Dann ist er zurückgekommen und hat ganz ruhig gesagt: Hilf mir mal, wir müssen sie rausbringen. Einfach so. Ich habe gefragt: Warum, was ist denn mit ihr? Und er bloß: Sie ist tot. Ich habe sie erwürgt. Sie wusste zu viel.«

»Das hat er gesagt: Ich habe sie erwürgt, sie wusste zu viel?«, hakte Larsen nach.

»Ja.«

»Haben Sie getan, was er wollte? Haben Sie ihm geholfen, die Leiche rauszubringen?«

Vogel schluckte mehrmals, als stünde er kurz davor, sich zu übergeben. »Ja … ja … wir haben sie … haben sie zusammen rausgetragen, auf so einer Art Leiter. Aus dem Schlafzimmer durch das Wohnzimmer ins Freie und rüber zu dem anderen Haus, wo Dany den Ofen aufgebaut hatte, auf der Terrasse.«

»Den er in Ihrem Auftrag bauen ließ und in das Ferienresort gebracht hatte.«

»Hat er das gesagt? So war es doch gar nicht.« Vogels Augen waren groß und voller Panik. »Ich wollte Nicole doch nichts tun! Ich bin doch nicht da rausgefahren, um so eine Schweinerei anzurichten!«

»Wieso haben Sie ihm dann bei der Beseitigung der Leiche geholfen?«

»Ich weiß nicht. Es hat sich so ergeben. Ich meine, ich war da. Und ich hatte ihm ja auch bei den, bei den anderen geholfen. Wenn Dany wollte, dass man etwas macht, dann hat man das eben gemacht.«

»Hatte er Sie in der Hand? Hat er Sie erpresst, so wie ihm das bei Lothar Schmidt gelungen ist?«

Vogel nickte wie in Trance. »Ja, aber nicht so wortwörtlich. Es war mehr unterschwellig, verstehen Sie?«

»Das Gleiche hat er von Ihnen gesagt.«

»Aber er war es wirklich – er, Dany! Ich könnte nie jemanden einfach so erwürgen.«

»Nicole wurde also erwürgt?«

»Ja. Ich meine, Dany hat es nicht ausgesprochen, aber man konnte es sehen. Man konnte die Würgemale am Hals sehen.«

Zwei Versionen, dachte Larsen. Das Vorher deckt sich, und das Nachher deckt sich, nur dass jeder den anderen als die treibende Kraft hinstellt. Aber was im Schlafzimmer tatsächlich geschehen ist, wie Nicole getötet wurde, bleibt weiter im Dunkeln. Er schwieg, wartete ab, ob noch etwas kam.

»Außerdem hat er gesagt, heute Nacht wird sie zu Cobalt«, ergänzte Vogel.

»Cobalt – das Element? Können Sie das genauer erklären?«

»Das war so ein Tick von ihm, schon in der Schule.« Vogel wischte sich mit dem Unterarm den Schweiß von der Stirn. »Das eine waren Zahlen, positive und negative. Er sagte immer, man kann jeden Menschen in Zahlen zerlegen und berechnen. Das andere waren chemische Elemente und ihre Ordnungszahlen. Er fragte jemanden, wie alt er war, und dann teilte er ihm das Element mit der entsprechenden Ordnungszahl zu. Das wurde der Spitzname von dem oder der, und wenn jemand tot war, nannte er ihn nur noch bei dem Namen des Elements, dessen Ordnungszahl seinem Alter am Todestag entsprach.«

Larsen speicherte die Information ab, bevor er zu seiner letzten Frage zurückkehrte. »Sie haben also keine Beweise gegen ihn, in keinem der vier Fälle, um die es hier geht? Ich frage das, weil er nämlich Beweise gegen Sie hat, jedenfalls soweit es den Mord an Robert Kosinski betrifft.« Er seufzte, um ganz sicherzugehen, dass Vogel seine Anteilnahme mitbekam. »Momentan sieht es so aus: Den ersten Mord – an Radschiv Khan aus Pakistan – hat er begangen, und Sie und Lothar Schmidt waren Zeugen und gleichzeitig Mittäter. Den zweiten Mord – an Robert Kosinski – haben Sie begangen, und Herr Becker und Herr Schmidt waren eingeweiht, das ist gemeinschaftlicher Mord. Den dritten Mord, an Grit Weichsel, haben Sie wenigstens zusammen zu vertuschen versucht und Beihilfe geleistet. Aber wer von Ihnen hat Herrn Schmidt umgebracht?«

»Dany!« Vogel warf sich so heftig nach vorn, dass er beinahe vom Stuhl gefallen wäre. »Das war Dany! Er hat

Motörhead in seiner Werkstatt besucht, nachdem die Bullen ihn – nachdem er aus Bremen zurück war. Dann hat er sich von Lothar zu den Stellen fahren lassen, wo er die Mauser entsorgt hat, aber sie haben die Teile nicht mehr gefunden, weil es schon dunkel war. Danach sind sie wieder in die Werkstatt, und da hat Dany den Lothar mit einem Vierkantschlüssel bewusstlos geschlagen und unter die Hebebühne gelegt.«

»Woher weiß ich, dass nicht Sie das waren, dass nicht Sie das getan haben – all das, was Sie gerade beschrieben haben? Immerhin hat die Pistole Sie belastet, nicht Daniel Becker. Es waren vermutlich Ihre Fingerabdrücke darauf, und Ihren Handydaten zufolge haben Sie kurz vor Kosinskis Tod mit ihm telefoniert. Und danach mit Daniel Becker in Bonn. Da waren Sie noch in der Nähe des Bremer Kreuzes.«

»Es war doch Danys Pistole!« Vogel vergrub das Gesicht in beiden Händen, Larsen sah nur noch seinen Mund, der sich zwischen den blassen Handrücken bewegte. »Er war doch der Begünstigte der Versicherung, wegen der Robert überhaupt sterben sollte.«

Plötzlich dachte Larsen: Vielleicht glaube ich dem Falschen. Was, wenn Vogel der bessere Schauspieler ist? Nicht erst jetzt, die ganze Zeit schon, seit unserer ersten Begegnung? »Aber Sie haben ihn erschossen!«, sagte er. »Sie haben ihm zwei Kugeln aus Daniel Beckers Pistole in den Kopf gejagt!?«

»Ja.«

»Nicht Daniel Becker.«

»Nein.«

»Auch nicht Lothar Schmidt. Sie!«

»Ja!«

Geständnis Nummer eins, dachte Larsen, immerhin. Er betrachtete Vogel, der zitternd in seine offenbar manikürten Hände schluchzte, und dachte, er ist ein Mörder, aber er ist aufrichtig. Er spielt nicht für irgendeine Kamera. Seine Gefühle sind echt, die kann man ihm glauben. »Eine letzte Frage: Warum musste Grit Weichsel sterben?«

»Weil Dany es wollte.« Der junge Mann ließ die Hände sinken, richtete sich auf und sah Larsen mit geröteten Augen an. »Er wollte einen Menschen verbrennen sehen. Ihn auslöschen. Zerstören. Das war der Grund. Er wollte, dass Nicole zu Cobalt wurde.«

Damit kann ich zum Staatsanwalt gehen, dachte Larsen. Mit den Spuren, die wir in dem Lieferwagen gefunden haben und dieser Aussage habe ich genug, damit ein Richter für beide U-Haft anordnet.

64

Larsen saß in seinem Zimmer in der Pension an dem zu kleinen Couchtisch und starrte auf seinen Block. Vogel war leicht, dachte er, aber das wusste ich vorher. Jetzt habe ich sein Geständnis im Fall Robert Kosinski, er hat es unterschrieben, und er wird es auch nicht widerrufen. In den drei anderen Fällen habe ich seine Aussage und die von Lothar Schmidt gegen Daniel Becker, die nach Lage der Dinge aber die Aussage eines geständigen Mörders gegen seinen angeblichen Mittäter sein kann. Der Mittäter hat bis zum Beweis des Gegenteils als unschuldig zu gelten – einem faktischen Beweis, den es noch nicht gibt oder den ich zumindest nicht habe. Die Frage ist also: Wie bekomme ich auch von Becker ein Geständnis? Wie kriege ich ihn dazu, dass er sich widerspricht. Dass er genauso laut ausruft wie Moritz Vogel: Ja! Ich habe es getan.

Nicht Moritz. Nicht ich und Moritz. Ich allein. Ich und niemand sonst.

Oder will ich vielleicht, dass er etwas gesteht, das er gar nicht begangen hat? Will ich das, weil es besser in meine Vorstellung von der Wahrheit passt? Was ist Wahrheit?, hat Pontius Pilatus angeblich gefragt. Will ich wie er meine Hände in Unschuld waschen?

Er griff nach dem Handy, um Kristin anzurufen, hielt es in der Hand und legte es wieder hin. Er sehnte sich danach, ihre Stimme zu hören, sich zu vergewissern, dass sie noch immer da war und es auch bleiben würde, egal, was geschah. Aber was soll ich ihr sagen, wenn sie fragt, wann ich zurückkomme? Wir haben wichtige Dinge zu besprechen, die unsere Zukunft betreffen. Aber wie kann ich mit ihr darüber reden, wenn die Gegenwart mich so mit dem Cäsium des Bösen verstrahlt, dass kein Geigerzähler das Ausmaß der Belastung jemals messen kann?

Unvermittelt kam ihm ein Gedanke. Er schrieb das Wort Cäsium und dahinter: chemisches Element.

Für Becker sind Menschen im Kern nichts anderes als Zahlen und Chemie. Er nimmt sie nicht als gleichwertige Lebewesen wahr. Es macht ihm nichts aus, sie zu manipulieren und über sie zu bestimmen, egal, ob Mann oder Frau. Wenn sie ihm im Weg sind oder schaden könnten, müssen sie sterben. Die Schwelle, die er dazu überschreiten muss, ist extrem niedrig. Zu emphatischen Reaktionen scheint er unfähig zu sein. Ob er das weiß, ist mir nicht klar. Manchmal scheint er Gefühle vorzutäuschen. Oft hält er das aber auch nicht für nötig.

Ein Psychologe würde vielleicht mit Begriffen wie »schizoid« oder »soziopathisch« operieren. Andererseits liegt ihm offenbar viel an seiner mit dem Down-Syndrom geborenen Schwester Frauke, und auch um Grit Weichsels uneheliche Tochter Melanie hat er sich gekümmert.

Eindeutig genießt er es, Macht und Dominanz zu haben, nicht nur bei der Folter von unterwürfigen Frauen – oder denen, die er dazu zwingt. Aber hat er tatsächlich diese sadistische Freude und Lust am Quälen und Töten? Oder will er sich nur groß und mächtig fühlen – typisch für Männer, die einen dominanten Vater hatten? Anscheinend führt der Weg tatsächlich von dem schlagenden Vater und der schweigenden Mutter zu den Frauen in seinem »Keller«, die er schlägt, um die erlittene Gewalt zu kompensieren, und weiter zu den Frauen und Männern, die er umbringt. Das Recht dazu verleiht ihm der Umstand, dass er sich allen anderen überlegen wähnt – ein »Übermensch«. Er hält sich für gottähnlich, nimmt Leben und verwandelt es zurück in Natur – die Macht Gottes. Das ist mehr als nur Hybris; er denkt, er sei Gott, selbst wenn er nicht an ihn glaubt, wie er mir gesagt hat.

Ich glaube nicht an Gott. Ich glaube an den Urknall.

Ein psychotisch ausgedehntes Ego, eine Seele von kosmischer Kälte. Ich muss ihn fragen, ob er Nietzsche gelesen hat.

In der Bibel (da in der Schublade neben dem Bett liegt eine) kann man lesen, dem Teufel stehe es frei, auf Erden zu wandeln. Gottes Hand werde ihm nicht Einhalt gebieten. Warum ist das so? Und wie bringt man jemanden, der sich für Gott hält, zu dem Geständnis, dass er der Teufel ist?

Ich bin nicht Gott. Ich halte mich auch nicht dafür. Ich werde dem Teufel Einhalt gebieten. Ich habe schon damit angefangen.

Worte, dachte Larsen, alles nur Worte, aber nicht die, die ich brauche: die Worte eines Geständnisses. Das Handy neben seinem Block begann auf einmal zu summen und zu leuchten. Er sah den Namen Kristin auf dem Display, und sein Herz geriet kurz aus dem Rhythmus. »Kristin, ist etwas passiert?«, meldete er sich.

»Bei mir nicht«, sagte sie. »Aber ich dachte, es könnte nicht schaden, wenn ich mich mal erkundige, wie es dir geht.«

»Das ist gegen die Abmachung«, sagte er, und es war ihm völlig egal, dass man seiner Stimme das Lächeln anhörte.

»Ich kann wieder auflegen«, sagte sie.

Er stand auf und ging ans Fenster, um sie besser hören zu können. »Nein, lass mal. Ich freue mich ja.«

»Kommst du voran?«

»Im einen Fall ja, im anderen nicht.« Er nahm seinen ganzen Mut zusammen. »Aber gut, dass du anrufst. Das ist jetzt vielleicht nicht der beste Moment, dich danach zu fragen, aber hast du manchmal das Gefühl, dass dir etwas fehlt?«

»Noch was, außer dir gerade?«

Er zögerte eine Sekunde oder zwei. »Sonst nichts?«

»Was meinst du?«

»Du und ich in dem kleinen Haus am Fluss – ist das genug für dich?«

Kristin schwieg, aber es war kein verletztes Schweigen, sondern eine Pause, in der sie eine Antwort suchte. Dann fragte sie nur: »Geht es um Ellie? Du warst vor Kurzem an ihrem Grab.«

»Wir sind schon zu alt für eigene Kinder«, sagte er.

»Wir können über alles reden«, sagte sie. »Sobald du wieder da bist. Aber nicht alles wird auch eintreten müssen.«

»Das ist fürs Erste genug«, sagte er. »Ich bin froh, dass du angerufen hast.«

»Ja. Es war schön, deine Stimme zu hören. Sie klang ziemlich lebendig.« Damit legte sie auf, und er betrachtete das Display noch einen Moment lächelnd, bevor er das Handy wieder auf den Tisch legte. Er fühlte sich stärker als vorher. Manchmal braucht ein Mann mehr als eine Tasse Kaffee und etwas zu rauchen, dachte er.

65

Das rote Haus lag noch im Nebel, der nachts vom Meer heraufgezogen war. Die Scheinwerfer schienen über eine weiße Wand zu gleiten, als Larsen den BMW von der gepflasterten Zufahrt auf das Gelände des Möwenwinkel lenkte. Er hatte nur ein paar Stunden geschlafen und sich dann einen Wagen aus dem Fuhrpark geholt, um zu der Ferienanlage am Meer zu fahren. Er schaltete Scheinwerfer und Motor aus, und jetzt umgab ihn die tiefe Dunkelheit des frühen Morgens kurz vor Sonnenaufgang. Die kühle Luft roch nach Jod, nach der nahen See. Mit dem Schlüssel, den er zusammen mit dem Bericht und den Fotos von der Spurensicherung erhalten hatte, sperrte er die Tür des Bungalows auf und zog sie wieder hinter sich zu, ohne das Licht einzuschalten.

Einen Moment lang verharrte er reglos in der stickigen Finsternis. Jetzt war er der Tat nah, fühlte sich fast so wie der Täter. Hoffte, dass die stillen Spuren ihm verraten würden, was sich in der Mordnacht zugetragen hatte. Fast sofort spürte er eine Beklemmung, einen Druck, der sich auf sein Herz zu legen schien. Langsam gewöhnten sich seine Augen an die Dunkelheit. Er ging durch den Korridor, vorbei an offenen Türen – die Küche, das Bad –, und gelangte ins Wohnzimmer. Die Jalousien vor den Fenstern waren heruntergelassen, aber hier und da saß ein Spalt zwischen den Lamellen, durch die grau das erste Licht des anbrechenden Tages fiel.

Larsen besaß keine übersinnlichen Fähigkeiten. Es kam nie vor, dass er einen Tatort betrat und sofort sah, wie der Mord geschehen war. Er nahm keine durchscheinenden Wesen wahr, die, in silbriges Flimmern gehüllt, aus den Wänden traten und als Täter und Opfer zu dem mehr oder weniger blutigen Bild beitrugen, das er bei seinem Eintreffen vorgefunden hatte. Aber er spürte die Atmosphäre, die ein Verbrechen geschaffen hatte, ordnete die aktuellen Spuren dem Tatort zu und ergänzte sie durch alle Erfahrungen, die er mit Gewalttaten im Lauf seiner Arbeit gesammelt hatte. Statt Hologrammen, die wie auf einer Theaterbühne agierten, sah er Bilder, wie der Täter handelte. Er dachte an ähnliche Verbrechen und prüfte, inwieweit die Täter in jenen zurückliegenden Fällen in diese Kulisse passten und was er daraus an Schlüssen für seine gegenwärtige Ermittlung ziehen konnte.

Im Wohnzimmer setzte er sich auf das Sofa, dessen Umrisse er im Zwielicht erkennen konnte. Hier hat Daniel Becker in der Nacht des Mordes gesessen, dachte er. Er konnte auch den Sessel erkennen, in dem Vogel gesessen und ferngesehen hatte. Er stand wieder auf, ging zum Fernseher und schaltete ihn ein. Die Fernbedienung lag neben dem Gerät, und er griff danach, um den Ton auszuschalten.

Danach setzte er sich wieder auf die Couch. Er suchte den Privatsender, den Becker und Vogel in der Nacht des Mordes eingeschaltet hatten. Werbung flimmerte über den flachen Bildschirm, und in ihrem Widerschein flackerte das ganze Zimmer. Larsen stellte sich vor, es sei eine Werbepause in *Conan der Barbar*.

Ich bin Daniel Becker. Ich sitze hier, im Sessel dort hockt Moritz, und wir trinken Bier und warten darauf, dass der Film weitergeht. Nicole ist betrunken ins Schlafzimmer gegangen, um sich etwas hinzulegen. Ich überlege, wann der geeignete Moment gekommen ist, sie zu töten. Ich kann es kaum erwarten, den Ofen anzumachen und zuzusehen, wie sie verbrennt. Mehr interessiert mich nicht; wenn ich an sie denke, dann nur noch so. Nur so.

Larsen stand wieder auf und setzte sich in den Sessel mit Blick auf den Fernseher.

Ich bin Moritz Vogel. Ich trinke auch Bier, und als der

Film weitergeht, kommt sofort die Stelle, wo Arnold Schwarzenegger mit Brigitte Nielsen zur Sache geht und sie so richtig rannimmt. Ich denke an Nicole, die auf der anderen Seite des Flurs stockbetrunken im Schlafzimmer liegt. Ich bin auch ziemlich zu und habe den ganzen Abend an nichts anderes gedacht als daran, sie zu ficken wie früher. Bevor wir sie alle machen. Ich überlege, ob ich ihn fragen soll, aber wieso eigentlich? Ich stehe auf und sage: Ich schau mal nach, was die Nicole macht.

Dany fragt: Wieso?

Ich sage: nur so, und kümmere mich nicht weiter um ihn. Ich gehe rüber ins Schlafzimmer. Da ist alles dunkel, aber ich kann Nicole trotzdem auf dem Bett liegen sehen. Sie schläft, atmet leise röchelnd. Die Luft im Zimmer ist stickig, warmfeucht. Ich sage nichts und mache auch kein Licht.

Larsen ging nicht weiter. Er hatte nicht gemerkt, dass er aufgestanden und ins Schlafzimmer auf der anderen Seite des Flurs gegangen war. Er kehrte zurück ins Wohnzimmer und sah wieder *Conan der Barbar*, und jetzt war er wieder Dany und sah Moritz, wie er da im Sessel saß, mit glasigem Blick und verwuscheltem Haar. Das Schwein hat sie gefickt, dachte er. Ich muss es jetzt tun. Ich halte das nicht mehr lange aus, und als die Werbung losgeht, frage ich ganz nebenbei: Wie geht's Nicole?

Moritz sagt: schläft.

Ich denke, umso besser, dann kümmere ich mich mal darum, dass was vorangeht. Ich stehe auch auf und sage: Ich seh mal kurz nach ihr. Aber als ich an der Tür bin, sagt er: Bleib hier.

Warum?

Ist besser, wir lassen sie ein bisschen zur Ruhe kommen.

Ich will nur einen Blick auf sie werfen, sage ich und denke, ich will jetzt endlich sehen, wie sie stirbt. Jetzt sofort. Mo sagt etwas, das ich aber kaum noch höre, denn ich bin schon draußen im Flur und dann im Schlafzimmer. Das Zimmer ist dunkel, ich kann nur Schemen sehen. Nicole liegt auf dem Bett. Als meine Augen sich an die Dunkelheit gewöhnt haben, sehe ich, dass sie nichts anhat. Meine Hände sind noch kalt von der Bierflasche, das wird sie erschrecken.

Ich gehe zum Bett und setze mich zu ihr. Ich höre sie atmen, stoßweise, fast wimmernd. Ich lege meine Hände um ihren Hals.

Larsen saß auf der Bettkante und starrte auf das Kopfkissen, das noch nicht wieder frisch bezogen worden war, und er sah Nicole im Halbdunkel auf dem Rücken liegen, mit geschlossenen Augen. Das blonde Haar umgab ihren Kopf, und er hörte sie leise atmen, er hörte sie tatsächlich atmen. Er sah, wie zwei Hände sich um den schlanken Hals legten, die Daumen erst rechts und links der Gurgel, dann nebeneinander, dicht unter dem Kinn. Er spürte die glatte, warme Haut, spürte sogar den Puls unter dem Kiefergelenk.

Dann drückte er zu, mit aller Kraft. Der Hals, vorher weich und schlaff, spannte sich jählings an, wurde zu Muskeln und Sehnen, hart wie Holz. Nicole riss ihre Augen so weit auf, dass er das Weiße im Dunkeln schimmern sehen konnte. Ihr ganzer Körper bäumte sich auf. Sie warf sich hin und her, versuchte, ihren Hals zu befreien, und stemmte sich gegen das Gewicht seines eigenen Körpers, mit dem er sich halb auf sie geworfen hatte, um sie unten zu halten. Ein grässliches, gurgelndes Geräusch drang aus ihrer Brust, drang durch die zusammengepresste Kehle, drang aus Nase und Mund, zwischen den verzerrten Lippen hervor.

»Pssst«, flüsterte er, »pssst, nicht wehren, alles ist gut, alles gut.« Er drückte noch fester zu, bis er das Gefühl hatte, seine Finger könnten jeden Moment brechen. Sie verkrampften sich um den Hals, der immer dicker zu werden schien. »Pssst, pssst!« Er warf den Kopf zurück, stützte sich geradezu auf ihrem Hals ab, während ihre Knie ihn an der Hüfte trafen, am Oberschenkel, in den Leisten. Ihre Hände waren zu Fäusten geworden, mit denen sie ihm ins Gesicht schlug, auf die Arme, die Brust und wieder ins Gesicht. Ziellose Schläge. Dann wölbte ihr Brustkorb sich nicht mehr, er zog sich zusammen, und aus dem Keuchen wurde ein japsendes Pfeifen. Dann, von einer Sekunde auf die nächste, brach ihr Widerstand in sich zusammen, gerade als sein Handy summte.

Larsen hielt inne. Ein Schauer lief ihm über den Rücken, und er ließ los, strich das Kissen wieder glatt. Wessen Hände waren das?, dachte er mit rasendem Herzschlag. Wessen Namen wollte sie noch flüstern? Wen hat sie mit den weit aufgerissenen, panischen Augen angestarrt? Daniel oder Moritz?

Das Handy in Larsens Jackentasche summte beharrlich weiter. Erschöpft auf dem Matratzenrand sitzend, holte er es heraus und las den Namen Torsten auf dem leuchtenden Display. Jetzt nicht, dachte er. Er schaltete das Gerät aus und verstaute es wieder in der Tasche, kehrte zurück in die Tatnacht. Er blickte hinunter auf das Bett, so lange, bis er wieder die tote Nicole darauf liegen sah, nackt und mit wirrem, verschwitztem Haar, die Gliedmaßen unnatürlich verkrümmt. Er beugte sich über sie und lockerte ihre Arme, legte sie neben dem Oberkörper zurecht, ebenso die Beine, die er so ausrichtete, dass ihre Füße einander berührten. Dann wandte er sich um, kehrte dem Bett den Rücken zu.

Er ging zurück ins Wohnzimmer, wo Moritz noch immer vor dem Fernseher saß. Er sagte zu ihm, du musst mir helfen, sie wegzuschaffen, und Moritz tat, was er sagte, weil er das immer tat. Zusammen trugen sie die Leiche auf dem Rost durch das Wohnzimmer und hinüber zur Terrasse des grünen Hauses, wo der Ofen stand. So war es damals gewesen, und so war es jetzt: Larsen ging ins Wohnzimmer, in dem noch immer der Fernseher lief, und nachdem er die Jalousie hochgezogen und die Tür zur Terrasse geöffnet hatte, weiter durch den jetzt schon strahlend hellen Morgen das kurze Stück bis zum grünen Haus.

Der Körper der nackten jungen Frau war nicht sehr schwer, er hätte ihn auch allein tragen können. Er öffnete die Ofenklappe und schob den Körper der Länge nach in die Röhre. Das ist der Moment, auf den ich gewartet habe, dachte er. Jetzt werde ich den Diesel zünden. Ich werde sehen, wie die ersten Flammen im Ofen zu flackern beginnen, wie das Feuer auflodert, wie es den nackten Körper auf dem Rost betastet, erst zögerlich an ihm nagt, leckt und ihn dann zu verzehren beginnt.

Larsen stand da im Schein der eben aufgegangenen Sonne und starrte auf die leere Terrasse, bis er sich einen Ruck gab und zurücktrat, zurück von einem Ofen mit einer brennenden Leiche, die es nicht gab. Wer bin ich?, dachte er. Nicht Moritz Vogel. Vogel ist auch ein Mörder, aber einer, der sein Opfer mit einer Pistole von hinten erschießt. Das alles hier trägt die Handschrift von Daniel Becker, von dessen Narzissmus, seinen Fantasien und eigenen Dämonen.

Langsam ging Larsen zurück zu dem roten Haus. Er spürte den Morgen auf seiner Haut, den steten Wind. Er bemerkte eine Holzleiter, die an der Rückseite des Bungalows lehnte. Er trat zu der Leiter, prüfte ihren Halt und fing an, hinaufzuklettern. Sie reichte fast bis zu dem flachen Dach. Er packte die Dachkante und zog sich das letzte Stück hoch. Hier oben war der Wind stärker. Larsen drehte sich um und blickte über die Wiesen und Äcker bis zum Meer, das nicht mehr als ein glitzender blauer Streifen am Horizont war, dort, wo der porzellanblaue Himmel endete. Auf der anderen Seite fuhr ein Traktor mit einem Milchwagen über einen Feldweg; dahinter verlief die Fernstraße, auf der zwischen zwei dichten Reihen von Pappeln Autos hin und her flitzten wie bunt lackierte Weberschiffchen. Die Sonne blitzte auf ihren Scheiben, den lackierten Metalldächern.

Wie nah, dachte Larsen; wie nah die normale Welt die ganze Zeit diesem Ort des Grauens war.

Er holte sein Handy aus der Jackentasche und drückte die Kurzwahl für Torsten Lenz. Als Torsten sich meldete, fragte Larsen: »Du hast angerufen. Was gibt es?«

»Wir haben die junge Frau aufgespürt, mit der Daniel Becker sich an der Ostsee getroffen hat – Sandra Wilhelm.«

»Gut, darum kümmere ich mich, wenn ich wieder im Büro bin. Jetzt möchte ich, dass Daniel Becker in eine Geschlossene Abteilung der Psychiatrie verlegt und auf seine Zurechnungs- und Schuldfähigkeit untersucht wird. Wir müssen klären, ob er unter Paraphilien oder einer Persönlichkeitsstörung leidet. Ich rufe den Staatsanwalt an.«

Er trat an den Rand des Daches, wo die Leiter stand, und sah hinunter. Von oben wirkte es höher, als es von unten ausgesehen hatte. Selbst der kurze Abstand zur Terrasse übte einen eigenartigen Sog aus, der Larsen kurz schwindeln ließ. Es war kein Wasser dort unten, nur Steinplatten, und der Wind war kühl. Aber plötzlich schien eine Hitzewalze Larsen zu umhüllen wie von unsichtbaren Flammen, und er sah Ellie neben sich stehen. Kein Fenstersims, keine Leitersprossen, keine Schreie; er streckte die Hand aus und dachte, hab keine Angst, ich halte dich. Du wirst nicht stürzen. Ich halte dich.

66

Daniel Becker stand auf seiner Pritsche in der Zelle der Geschlossenen Abteilung und starrte durch das schmale Oberlicht nach draußen. Er berührte das dicke Glas der Scheibe; es war kühl, aber nicht kalt. Im Fernsehen hatte er einmal gesehen, dass es in der eisigen Wildnis von Alaska Tiere gab, die erfroren, wenn der Winter kam, aber nur fast. Ihr Körper erstarrte, sogar ihre Augen wurden zu Eis. Sie hatten keine Temperatur mehr, keinen Puls, sie fraßen und tranken nichts. Sie dachten nichts mehr, erinnerten sich an nichts, erwarteten nichts. Aber das hatten sie auch vorher nicht. Sie hatten nicht geliebt oder geträumt, hatten keinen Verlust erlitten, über den sie nicht hinwegkamen. Sie hatten nur getötet und gefressen. Wenn der Frühling kam, konnten sie deshalb mit den steigenden Temperaturen auftauen und weiterleben, als wäre nichts passiert. Konnten wieder fressen oder gefressen werden; konnten töten.

Ich werde nicht auf das Ende des Sommers warten, dachte Dany. Mein Winter beginnt jetzt.

Auf dem langen Gang lag eine Tür neben der anderen, und er wusste, was sich hinter jeder dieser Türen befand: Menschen, deren Seelen Zuflucht in ihren Träumen gefunden hatten, Träumen, aus denen es kein Zurück mehr gab. Ganz anders als ich, dachte er. Ich kann in meinen Traum hineingehen und auch wieder heraus. Aber ich werde diesen Winter unter ihnen leben. Wie sie werde ich schreien, wenn mich jemand hören kann, aber nur dann. Ich werde geifern und mit den Gliedern zucken, wenn es nötig ist, aber auch nur dann. Ich werde Ekel erregen, Speichel aus meinem Mund und Urin an meinem Bein runterlaufen lassen. Ich werde ohne einen einzigen Wimpernschlag ins Leere starren. Ich werde unter Kranken leben wie einer von ihnen, und niemand wird den Unterschied merken, bis der Frühling kommt.

In der Zelle neben seiner – einer der Pfleger hatte ihm davon erzählt – war ein junger Mann untergebracht, der sich für einen Maler hielt. Den ganzen Tag stand er mit einem Pinsel (ohne spitzen Griff) und einem Topf roter Farbe vor einer Leinwand, aber alles, was er bisher zustande gebracht hatte, war ein blutfarbenes Auge, das ihn von der Staffelei herab anstarrte, als wollte es ihn verschlingen. Ein schlanker Mann mit fast zierlichen Händen und flachen, unfertigen Gesichtszügen, der seine Anstaltskleidung trug wie einen eleganten Abendanzug. Einmal hatte Daniel ihn kurz gesehen: Seine Augen glitzerten, grün und scharf wie Scherben aus Flaschenglas.

Aus einer der anderen Zellen ertönte in regelmäßigen Abständen ein Schrei von so nacktem, unverstandenem Schmerz, als würden darin einer Katze bei lebendigem Leib die Krallen aus der Pfote gerissen. Die Stimme klang alterslos und hörte sich nach einer Frau an, aber das war kaum möglich in einem Männertrakt. Wahnsinn verwischt Alter und Geschlecht wie ein Lappen die Kreide auf einer Schiefertafel, dachte Dany.

Draußen wurde es schon dunkel. Er beobachtete die roten Rücklichter der Autos auf der Fernstraße, die leuchtenden Streifen, die sie durch die blaue Dämmerung zogen. Ein seltsamer Schmerz, wie eine Mischung aus Heimweh und Liebeskummer, stieg in ihm auf. Er wünschte sich, jetzt dort an der Straße zu stehen, unter einer der Peitschenlampen an der Auffahrt, und mit ausgestrecktem Arm auf eine Mitfahrgelegenheit zu warten wie früher, als er ein Junge gewesen war. Stattdessen stieg er von der Pritsche herunter und setzte sich auf die Matratzenkante, um auf das zu warten, was geschehen würde.

Der Wasserhahn über dem kleinen Waschbecken in der

Ecke neben der Tür tropfte. Die Tropfen fielen durch das Sieb im Abfluss und erzeugten einen hohlen Plopp, wenn sie auf das stehende Wasser im Abflussrohr trafen. Der Hahn ließ sich nicht ganz zudrehen, egal, wie sehr Dany sich anstrengte. Plopp, plopp, plopp. Er verschloss den Abfluss mit dem Gummistöpsel und setzte sich wieder auf die Pritsche. Er konnte das Tropfen noch hören, aber nicht mehr so laut. Seine Hände hatten sich zu Fäusten verkrampft. Hinter seiner Stirn nagten Kopfschmerzen wie winzige Zähne, die sich gierig durch das Gehirn fraßen, bis sie seinen Verstand für Stunden lähmten.

Nach und nach war es Abend geworden. Das Licht in seiner Zelle war angegangen, ohne dass Dany es gemerkt hatte. Pitsch, pitsch, pitsch. Das Becken war inzwischen fast bis zum Sicherheitsabfluss gefüllt. Als es leise zu gluckern anfing, stand er auf, um das Wasser abzulassen. Es gab keinen Spiegel über dem Becken, denn er hätte ihn zerschlagen und sich mit den Scherben die Pulsadern aufschneiden können. Aber er konnte sein Gesicht in der Wasseroberfläche erkennen, undeutlich, leicht verzerrt, mit dem Licht der Deckenlampe darüber wie bei einem Heiligenschein.

Ein weiterer Tropfen löste sich vom Hahn und zerstörte die Konturen. Bei manchen primitiven Völkern galt so eine Zerstörung des Spiegelbilds als böses Omen, als Vorzeichen für Unglück und Verderben. Kurz sah es so aus, als lächelte Daniel mit verzerrten Lippen, und er dachte, nicht mein Unglück, nicht mein Verderben. Ich werde für lange Zeit zu Eis. Die Kopfschmerzen nagten noch immer an seinem Gehirn. Er legte sich auf die mit grobem Leinen bezogene Pritsche, das Gesicht zur Wand, deren grüner Verputz vor seinen Augen verschwamm.

Er versuchte, an nichts zu denken, nicht an Susanne, die Kinder oder den Hund. Er blieb so, bis die Tür entriegelt wurde. »Ich bin Doktor Hellberg, Herr Becker«, sagte der

Arzt. »Ich möchte mich gern ein bisschen mit Ihnen unterhalten, vor allem über die Taten, die Ihnen zur Last gelegt werden. Sie können so liegen bleiben, wenn Sie wollen.«

Dany sagte nichts.

»Es steht Ihnen frei, Angaben zu Ihrer persönlichen Vorgeschichte und zum Tatvorwurf zu machen oder zu verschweigen. Es geht hier nur darum, festzustellen, ob bei Ihnen eine volle Verantwortlichkeit oder eine erheblich verminderte oder aufgehobene Schuldfähigkeit vorliegt. Im Fall Ihres Einverständnisses erkläre ich Ihnen jetzt die Fragestellung, die der Gutachterauftrag von mir verlangt.«

Dany sah weiter die Wand an.

Der Arzt sagte: »Aber bevor wir fortfahren, habe ich noch eine Nachricht, die Sie vielleicht freut: Für Sie wurde ein Besuchsantrag gestellt, von einer Frau Sandra Wilhelm aus Bonn.«

Dany schloss die Augen. Sandy.

»Wenn Sie sich noch keinen Besuch zutrauen, werden wir Frau Wilhelm benachrichtigen und sie bitten, zu einem späteren Zeitpunkt einen neuen Antrag zu stellen.«

Dany öffnete die Augen wieder. »Nein«, sagte er. »Ich möchte, dass sie mich besucht.« Er lächelte sogar. »Und ich will in jedem Punkt mit Ihnen zusammenarbeiten.«

Er hatte gewusst, dass sie da sein würde, wenn er auftaute. Vielleicht Kupfer, dachte er. Oder Vanadium. Das werden wir sehen; eigentlich ist es egal.

67

»Warum bin ich hier?«, fragte Daniel Becker, als Larsen ihn am nächsten Tag in seiner Zelle besuchte. »Ich bin doch kein Fall für die Psychiatrie. Ich bin völlig normal.«

Das war der Eröffnungszug, es gab nur den einen. Wenn ich für unzurechnungsfähig gehalten werden will, muss ich behaupten, normal zu sein, dachte Larsen. »Normal wären Sie, wenn Sie gestehen würden, dass Sie Grit Weichsel erwürgt, verbrannt und zerstückelt haben.« Das war sein Gegenzug.

»Aber das ist eine schreckliche Tat.« Becker machte seinen nächsten Zug, ohne sich von der Pritsche zu erheben, auf der er saß. »Wie können Sie behaupten, jemand, der sie begangen hat, beweise seine Normalität, indem er sie gesteht?«

»Weil er dann eingesteht, dass er zwar etwas Schreckliches getan hat, aber auch zu erkennen gibt, dass er bereit ist, die Verantwortung dafür zu übernehmen«, zog Larsen nach. Er deutete auf den einzigen Stuhl, der neben dem kleinen Tisch unter dem Oberlicht stand. »Darf ich mich setzen?«

Becker nickte. »Bitte.«

Larsen schob den Stuhl zurecht und setzte sich. Er kannte die Zellen in diesem Teil der Forensik und ihre Wirkung auf die U-Häftlinge, vor allem, wenn es regnete und das Licht des grauen Himmels gerade ausreichte, um die Schatten des Regens auf dem Fensterglas an die Wand zu werfen. »Wie geht es Ihnen heute?«, fragte er, als wäre er ein Arzt, der nach seinem Patienten sah.

In aller Frühe hatte er den vorläufigen Untersuchungsbericht gelesen, um den er Dr. Hellberg gebeten hatte. Der Text war noch nicht ausformuliert, in manchen Punkten beschränkte er sich auf Stichworte. Keine hirnorganisch bedingten Störungen. Hervorragende visuelle Gedächtniskapazität. Hohe Auskunftsbereitschaft. Keine Versuche, auf Fragen im Sinne sozialer Erwünschtheit zu reagieren, Fehler oder Symptome zu leugnen. Das könnte hilfreich sein, hatte Larsen gedacht. Dann hatte er gelesen: Das intellektuelle Grundpotenzial von Herrn Becker ist als sehr hoch einzustufen, sein Intelligenzquotient dürfte oberhalb von 135 Punkten liegen.

Hier hatte er das erste Mal gestutzt. Wie schon vor einigen Tagen fragte er sich, warum Becker, wenn er so intelligent war, den Verbrennungsofen und die Eimer mit den Spuren der Leiche in einem geliehenen Fahrzeug vom Tatort zurücktransportierte und mit dem Wagen dem Eigentümer des KIA zur Entsorgung übergab, statt sie selbst beiseitezuschaffen.

Keine Neigung zur Selbstidealisierung oder Selbstverhüllung. Stattdessen: unverzerrte, realistische Selbstdarstellung. Aber auch: Leugnet die ihm zur Last gelegten Taten hartnäckig.

Wie passt das zu dem Eindruck, den er mir vermitteln wollte?, hatte Larsen überlegt. Und wie kann ich es bewerkstelligen, dass ihn seine Persönlichkeitsstruktur trotzdem dazu verleitet, ein Geständnis abzulegen? Ist Sandra Wilhelm wirklich der richtige Weg, der Weg, auf dem ich weitergehen soll?

Es gab mehrere Methoden, um einen Verdächtigen zu einem Geständnis zu bewegen, aber Larsen wusste, dass keine von ihnen bei Daniel Becker zum Erfolg führen würde. In manchen Fällen war es eine bewährte Taktik, dem Beschuldigten das Gefühl zu geben, man führe bloß eine Unterhaltung, ganz formlos, eher ein Gedankenaustausch, bei dem man nicht jedes Wort auf die Goldwaage legen musste, fast wie unter Freunden. Je entspannter das Gespräch zu verlaufen schien, desto mehr redete der Verdächtige, und je mehr er redete, desto eher brachte er sich in Schwierigkeiten. Er vergaß, wo er gelogen hatte und wo nicht, und mit der Zeit fiel es ihm immer schwerer, die Lügen aufrechtzuerhalten, weil er sich in seinem eigenen Märchengespinst verirrte und am Ende verfing.

Dazu war Becker zu intelligent. Er jonglierte mit den Lügen wie ein Politiker mit der Wahrheit.

Eine andere Methode bestand darin, herauszufinden, wie stark das schlechte Gewissen des Täters auf der einen Seite und seine Schuldgefühle auf der anderen Seite wogen. Die Schuldgefühle drängten ihn zu einem Geständnis; das schlechte Gewissen versuchte, dieses Geständnis zu verhindern. Um ihm zu helfen, seine Scham zu überwinden, musste man auf die Gefühle des Täters eingehen, musste ruhig und freundlich bleiben, Geduld und Verständnis zeigen, selbst wenn die Vernehmung Stunden, manchmal sogar Tage dauerte. Man musste jedes Zeichen von Abscheu oder Entsetzen vermeiden, durfte keine Wertung vornehmen.

Daniel Becker hatte weder Schuldgefühle noch ein Gewissen, vielleicht nicht einmal eine Seele. Er saß fast reglos auf der Pritsche, während die Regenschatten auch über sein Gesicht zu rinnen schienen, und sein Blick sagte: Versteh doch, gerade weil alles gegen mich spricht, kann ich es ja gar nicht gewesen sein. Oder: Gerade weil Moritz Vogel so verzweifelt seine Unschuld beteuert, muss er die Taten begangen haben – alle, nicht nur den Mord an Robert Kosinski.

Und Larsens Blick sagte: Dann hilf mir zu verstehen, wie du in diese Lage kommen konntest, in der alles gegen dich, den Unschuldigen, zu sprechen scheint. Er konsultierte seine Armbanduhr, um für sein inneres Protokoll den Zeitpunkt festzuhalten, zu dem er die Vernehmung begonnen hatte. Von draußen drang ein heller, lang an- und abschwellender Schrei herein, der ihm kalt unter die Kopfhaut fuhr.

»Die Katze«, sagte Becker mit einem Lächeln, das seine Augen nicht erreichte.

Unwillkürlich fröstelte Larsen. »Wissen Sie, was mich verwundert«, begann er tastend. »Ich habe Ihre Testergebnisse gelesen, Ihr Gespräch mit Dr. Hellberg gestern, daraus geht hervor, dass Sie überdurchschnittlich intelligent sind, zupackend, den meisten anderen Menschen überlegen. Sie sind der, der sagt, wo es langgeht. Sie haben zwar geschäftlich einige Male Schiffbruch erlitten, aber ich vermute, daran trägt Ihr Partner Moritz Vogel die Schuld. Vielleicht haben Sie ein paarmal zu oft Rücksicht auf ihn genommen, weil er schwächer ist als Sie.«

Becker saß sehr gerade. Er schien weniger zuzuhören als zu lauschen, und Larsen stellte fest, dass er selbst ebenfalls mit einem Ohr lauschte: dem Rinnen des Regens über das Oberlicht, dem Tropfen des Wasserhahns, pitsch, pitsch, pitsch, Schritten auf dem Gang, erst fern, dann nah, dann wieder weiter weg. »Wie kann es sein«, fragte er, »dass Sie sich ausgerechnet von jemandem wie Vogel so unter Druck setzen lassen? Dass Sie im Fall von Grit Weichsel in seinem Auftrag lauter Dinge tun, die Sie belasten und nicht ihn?«

Jetzt lehnte Becker sich etwas zurück, schien zu überlegen. »Die Mafia«, sagte er schließlich. »Damit hat er mir gedroht.«

»Was für eine Mafia?«

»Zigaretten«, sagte Becker. »Die Vietnamesen. In Berlin.«

Nicht schon wieder die Mafia, dachte Larsen. Aber er spielte mit, um zu sehen, ob ihre Erwähnung diesmal vielleicht in eine neue Richtung wies. »Herr Vogel hat mit Dealern zu tun?«

Becker nickte. »Es kann sogar sein, dass die es waren, die Robert Kosinski ermordet haben. In seinem Auftrag.«

»Mit Ihrer Pistole?«

»Es war nicht meine Pistole. Lothar Schmidt hat sie für ihn besorgt, nicht für mich. Das habe ich Ihnen doch schon gesagt.«

»Und was für einen Grund hätte diese Mafia gehabt, Grit Weichsel zu töten?«

Becker schwieg kurz, tastete nach dem Schirm seiner imaginären Baseballkappe, die er hier nicht tragen durfte. »Man befürchtete wohl, sie könnte aussagen. Nicht über irgendein läppisches Pokerspiel oder ein paar gestohlene Computerteile, wie Sie meinten. Über Moritz' Verbindungen zu denen. Nicole hätte ihn belasten können und die in Berlin damit auch.«

Larsen tat, als würde er nachdenken. Pitsch, pitsch, pitsch. Becker sah ihn weiter reglos an, wie getarnt hinter den fließenden Regenschatten. Nach einer Pause sagte Larsen: »Vielleicht vergessen wir Berlin und die Vietnamesen mal für einen Moment und gehen stattdessen davon aus, dass Sie Vogel vielleicht einfach deswegen gehorcht haben, weil Sie schwach sind? In Wahrheit ist vielleicht er der Starke, dem Sie zu Willen sind – nicht umgekehrt ...«

»Wie kommen Sie denn darauf?«, fragte Becker mit einem ungläubigen Lächeln. Weit hinten in seinen Augen schien ein blasser Funke zu glimmen wie ein Irrlicht im Moor, das auftauchte und verschwand und wieder auftauchte.

»Sie sind im Grunde Ihres Wesens ein fürsorglicher Mensch.« Larsen beugte sich vor, ließ an seiner Ernsthaftigkeit keinen Zweifel. »Schon als Kind haben Sie in einem streng patriarchalischen, lieblosen Haushalt, in dem Schläge an der Tagesordnung waren, Ihre behinderte Schwester beschützt. Sie haben Grit Weichsels verwahrloste Tochter Melanie zu Pflegeeltern gebracht, weil Frau Weichsel nicht in der Lage war, ihr Liebe und Fürsorge zu geben.«

Becker rutschte unruhig auf seiner Pritsche hin und her, deren Federung mit einem klirrenden Quietschen reagierte.

»Worauf wollen Sie hinaus?«, entgegnete er, jetzt ohne jedes Lächeln.

»Ich will nur begreifen, was passiert ist«, erklärte Larsen.

»Sie wollen, dass ich etwas gestehe, was ich nicht getan habe«, sagte Becker, und der Funke in seinen Augen leuchtete kurz etwas heller. »An Ihrer Stelle würde ich das auch wollen. Sie brauchen einen Täter, jemanden, der die Schuld auf sich nimmt, weil Sie sich nicht vorstellen können, dass all diese Menschen tot sind, weil sie sterben wollten. Oder sagen wir, sie wollten ja schon vorher aus ihrem Leben verschwinden – Radschiv Khan durch seine Flucht aus seiner Heimat Pakistan, Robert in seinem Wunsch nach einer neuen Existenz und Nicole mittels ihres exzessiven Drogenkonsums. Die hatte ja immerhin auch schon einen Selbstmordversuch hinter sich.«

»Wer hat denn das erkannt, diesen Todeswunsch?«, fragte Larsen. »Sie oder Moritz Vogel? Wer von Ihnen besitzt die Gabe, in die Köpfe anderer Menschen zu gehen, damit die tun, was ihnen gesagt wird – sogar sterben?«

Becker schwieg und wirkte auf einmal fast beunruhigt; als könnte ihm hinterrücks etwas genommen werden, auf das er immer besonders stolz gewesen war.

»Ich frage deswegen«, fuhr Larsen fort und dachte an Steve Meyers, »weil es Ihnen nicht helfen wird, wenn Sie Ihr Licht unter den Scheffel stellen. Man wird Sie hier für sehr lange Zeit festhalten. Das Problem ist nämlich, dass es zu viele Spuren gibt, die in Ihre Richtung weisen. Und selbst wenn Sie nicht gestehen, ja, selbst wenn Sie unschuldig sein sollten, werden Sie wohl viele Jahre Ihres Lebens hier in dieser Umgebung verbringen, weil es einen Indizienprozess geben wird, und so wie es nach Lage der Dinge aussieht, wird man Sie in diesem Gerichtsverfahren schuldig sprechen und auch verurteilen. Es sei denn –«

Wieder erklang der gequälte Schrei aus einer anderen Zelle, hell und lang, und das Quietschen der Federung antwortete darauf in der gleichen Tonlage. Auf einmal, während er in einem Teil seines Gehirns weiter mögliche Fragen und die wahrscheinlichen Antworten auf diese Fragen durchspielte, erkannte Larsen in einem anderen Teil, der unablässig und losgelöst von der Vernehmungssituation arbeitete, plötzlich den Grund für den scheinbaren Widerspruch zwischen Beckers IQ von 135 Punkten und dem mit Leichenresten verklebten Ofen in dem geliehenen KIA des Klempners.

Es spielt keine Rolle, begriff er. Ob wir den Ofen haben oder nicht haben, ist Becker egal. Im tiefsten Inneren kümmert ihn das gar nicht, weil er sich am Ziel seiner Sehnsüchte fühlt. Er hat alles erreicht, es gibt nichts mehr, was noch kommen könnte. Seit er in der Schule die Bilder von Hexen auf dem Scheiterhaufen und brennenden Märtyrern gesehen hat, von denen seine frühere Freundin bei ihrer Aussage sprach – seit er dieser Manie zum Feuer erlegen ist, hat er nur einen Traum gehabt, erst unbewusst, dann klarer und deutlicher, und jetzt hat er sich diesen Traum erfüllt: Er hat einen Menschen nicht nur brennen sehen, er hat ihn selbst verbrannt. Er hat seine Maximalfantasie verwirklicht. Hat erprobt, ob die Realität genauso schön ist wie die Fiktion. Eine Steigerung gibt es für ihn nicht.

Ich habe es tatsächlich getan. Das kann mir niemand mehr nehmen. Scheiß auf den Ofen und was sonst noch!

Die anderen Morde spielten keine Rolle, sie waren nur Vorstufen, Skizzen, Trägerraketen für die eigentliche Mission im All, wo alles Leben herkam und alles endete. Und im tiefsten Inneren war es Becker sogar egal, ob auch sein Leben jetzt für immer in eine andere Umlaufbahn geriet.

»Es sei denn«, Larsen beugte sich vor und nickte wie jemand, dem überraschend klar wird, dass er die ganze Zeit den Wald vor lauter Bäumen nicht gesehen hat, »das Gericht erkennt ebenfalls, dass Sie die Wahrheit sagen, weil die Richter zu derselben Einschätzung kommen wie ich: Sie sind nicht intelligent genug, um so eine Tat zu planen und auszuführen. Der Umstand, dass so viele Indizien auf Sie als Täter weisen, lässt ja den Rückschluss zu, dass jemand anderer hinter diesen Morden steht, jemand, der sehr viel klüger und gerissener ist als Sie. Dennoch würden Sie natürlich wegen Mittäterschaft angeklagt und verurteilt.«

Beckers Wangen röteten sich, als wäre er in eine unerwartete Verlegenheit gebracht worden. Seine Augen versuchten, Larsens Blick zu fixieren, während der Funke ganz hinten in den Pupillen unruhig zu tanzen begann.

Der Regen ließ nach, aber es wurde nicht heller. Nur die Schatten hörten auf, über die Zellenwände und die Pritsche zu rinnen. Aus dem Rauschen vor dem Fenster wurde ein Tröpfeln, das sich mit dem Tropfen des Wasserhahns vereinte.

»Falls«, fuhr Larsen fort, »falls dieser Jemand – ich denke, es handelt sich um Moritz Vogel – so klug ist, wie es den Anschein hat, dann wird er wahrscheinlich noch einen Trumpf im Ärmel haben, und dieser Trumpf könnte dazu führen, dass die Richter eben doch nicht zu dieser Erkenntnis gelangen.«

Becker runzelte die Stirn. Schüttelte den Kopf. Strich sich mit den Fingern durch das dichte schwarze Haar. Kein John Travolta mehr, dachte Larsen. Jemand drohte, ihm seine Allmacht zu nehmen. Seine Tat. Sein größter Erfolg, sein Triumph, war dabei, in fremde Hände zu fallen. In dem Moment, in dem Larsen Beckers Zwiespalt so klar zutage treten sah, kam ihm der nächste Gedanke, der so nahelag, dass er sich wunderte, ihn nicht schon längst gehabt zu haben.

Der Gedanke war: Er wird es wieder tun. Im Augenblick glaubt er noch, alles erlebt zu haben, was er je erleben wollte. Doch dieses Erlebnis wird verblassen, und dann wird die Sehnsucht nach einer Wiederholung, sogar einer Steigerung, in ihm erwachen, erst nur zaghaft, aber mit der Zeit immer stärker. Noch ein Feueropfer, noch ein Flammentod, diesmal vielleicht bei lebendigem Leib, je eher, desto besser. Seine Eitelkeit und sein unterschwelliger Drang, wieder zu töten, müssen nur noch zusammengeführt werden.

»Wenn Sie die Tat allerdings gestehen würden, käme Ihnen das natürlich beim Strafmaß zugute«, nahm Larsen den Faden wieder auf. »Sie befanden sich während der Tat, wie Dr. Hellberg sicherlich attestieren wird, in einer emotionalen Ausnahmesituation, zumal Sie ja von Ihrem Partner dazu gezwungen wurden. Durch Ihr Geständnis zeigen Sie außerdem Reue, und wenn Sie dann auch noch als Kronzeuge gegen Ihren Partner aussagen, würde sich das beim Strafmaß bestimmt bemerkbar machen.«

Die Deckenlampe ging an. Larsen sah wieder auf seine Uhr und stellte fest, dass es schon Nachmittag war. Das anämische Licht erfüllte die Zelle, dennoch hatte er das Gefühl, als wäre die Dunkelheit eher dichter geworden. Seit einiger Zeit rührte Becker sich nicht mehr; er schien in einer Starre gefangen zu sein, gegen die er machtlos war. »Schall und Rauch«, murmelte er.

Larsen sagte nichts. Wartete ab, was jetzt kam. Er wartete und spürte, wie Kälte sein Rückgrat hinaufkroch bis in den Nacken und noch weiter, hoch in den Kopf. Wartete, wartete.

»Ein Akt der Magie«, sagte Becker ein wenig lauter. »Etwas war da, und dann war es plötzlich nicht mehr da. Schall und Rauch … es geschah, völlig überraschend für alle.«

»Sogar für Sie?«

»Ja.«

Larsen schwieg lange genug, um seinen nächsten Worten ausreichend Gewicht zu verleihen. »Vermutlich werden Sie in nächster Zeit noch einige Überraschungen erleben, und eine davon könnte sein, dass Sie auf immer und ewig hier in der forensischen Psychiatrie bleiben, auf der Longstay-Station wenn Sie Pech haben, ohne eine Chance, je wieder herauszukommen. Wenn Sie dagegen gestehen und damit Ihre Schuld anerkennen, besteht die Aussicht, dass Sie Ihre Strafe im normalen Vollzug verbüßen, und nach fünfzehn Jahren vielleicht …« Zeit für meine eigene Karte im Ärmel, dachte er. Den Joker. »Ich habe gehört, Ihre Freundin Sandra Wilhelm hat eine Besuchserlaubnis beantragt. Eine junge Frau, nicht? In fünfzehn Jahren wird sie erst – wie alt sein?«

Das nächste Opfer, dachte er und versuchte selbst, in Beckers Kopf einzudringen. Ich zeige dir den Weg zu deinem nächsten Opfer, den einzigen Weg für lange Zeit. Vergiss nicht, dass du klüger bist als ich oder die Richter, als alle anderen. Du bist der Übermensch, der uns manipuliert. Du kannst rechnen, kannst Tage in Zahlen verwandeln, die kleiner und kleiner werden. Du wirst schnell begreifen, was du durch ein Geständnis gewinnen kannst, wie viele Jahre, Monate, Wochen, Tage.

Die Kälte erfüllte inzwischen Larsens ganzen Körper, sogar sein Gehirn, aber sie lähmte es nicht. »Ich weiß, wie Sie sich gefühlt haben«, half er Becker, der ihn wie benommen ansah. »Aber die Richter wissen es nicht. Ich war da, genau wie Sie. Die Richter nicht. Sie wissen nicht, dass es geschehen musste. Ich weiß es. Ich habe das Haus gesehen und das Zimmer. Ich saß auf dem Bett, in dem Nicole lag. Da, wo Sie gesessen haben. Ich habe Ihre Fantasien in mir; die Bilder!«

Es war nicht einmal eine Lüge; es war vielleicht sogar der erste wirklich ehrliche Moment zwischen ihnen. Er sagte: »Ich habe sie da liegen sehen, und mir ist klar geworden, dass es ein Akt der Befreiung war.« Anders als bei Radschiv Khan. Anders als bei Lothar Schmidt. Vergiss die beiden, sie werden erst unter dem Strich wieder auftauchen. Es ist Nicole, die zählt. »Sie wussten, wenn ich sie erwürge, wenn ich meine Hände um ihren Hals lege und zudrücke, dann schüttele ich mein ganzes Leben ab, all die Jahre, in denen ich nur kämpfen musste, gegen meinen Vater, meine Mutter, meine Frau, gegen alle anderen. All das kann ich dann nehmen und für immer in Flammen aufgehen lassen.«

»So war das nicht.«

Larsen hielt inne, doch etwas in ihm schien tonlos weiter zu vibrieren wie eine Violinsaite, von der abrupt der Bogen genommen worden war. Komm, dachte er, komm endlich!

Pitsch, pitsch, pitsch.

»Sie lag nackt auf dem Bett, aber sie schlief nicht«, sagte Becker, und seine Stimme klang jetzt anders, fast entspannt. »Ich konnte riechen, dass sie Sex gehabt hatte, sie roch ekelhaft, nach Bier, Schweiß und Sperma. Ich habe sie angesehen und das Gefühl genossen, dass ich sie jetzt töten würde. Dies ist der Moment, in dem du sterben wirst, weil ich es so will, habe ich gedacht. Ich bestimme den Ort, den Zeitpunkt und die Weise – wie Gott. Unser beider Leben verschmilzt ein für alle Mal in dem, was jetzt geschieht. Unwiderruflich. Sie hat meinen Namen geflüstert: Dany, als hätte sie auf mich gewartet, darauf gewartet, dass ich zu ihr komme. Dann hat sie ihre Arme nach mir ausgestreckt. Ich habe nichts gesagt, nur Pssst. Dann habe ich ihren Hals gepackt und sofort fest zugedrückt. Erst hat sie gar nicht kapiert, was jetzt Sache ist. Vielleicht dachte sie, es wäre irgendeine perverse Sexpraktik oder so. Aber dann hat sie's endlich geschnallt, und ihre Augen wurden ganz groß, wie die von einem Pferd, das Angst kriegt. Sie hat gegen meine Arme geschlagen, wollte, dass ich aufhöre, aber ich war ja viel stärker als sie, und dass sie gerade starb, dass ich es war, der sie sterben ließ, hat mir nur noch mehr Kraft gegeben.«

Ohne es zu merken, hatte er die Arme vorgestreckt, die Hände geformt, als wollte er einen Fußball zerquetschen. »Sie war trotzdem ziemlich stark, und irgendwie hat es mich auch erregt, dass sie nackt war. Selbst im Dunkeln konnte man jede Sehne und jeden Muskel ihres Körpers erkennen, alles war angespannt, und rumgeworfen hat sie sich wie wild. Aus ihrem Mund kamen komische gurgelnde Laute, vielleicht auch aus der Nase. Allerdings hat sie dann ziemlich schnell aufgegeben und mich nicht weiter gestört, obwohl sie noch eine ganze Weile gelebt hat. Man konnte das daran merken, wie sie gezuckt hat, so Beben, die durch ihre Beine und den Oberkörper gelaufen sind, als wäre ihr kalt. Ich weiß noch, dass ich dachte, gleich wird dir warm, wenn du erst mal im Ofen bist, wird dir warm, aber das war mehr so unterbewusst. Als Nächstes musste sie dann ja erst mal rausgebracht werden.«

»Und wie war das dann, als Sie ihre Leiche verbrannt haben?«

Becker ließ die Arme wieder sinken. Das Irrlicht in seinen Augen wurde kleiner und erlosch. Er zuckte mit den Schultern. »Das war ziemlich mühsam. Gar nicht so, wie ich es mir vorgestellt hatte. Genau genommen eine einzige Schweinerei. Es hat auch ziemlich lange gedauert. Nein, da hatte ich mir echt mehr erwartet.« Er nickte mehrmals. »Ja, echt viel mehr.«

Larsen schwieg, und ihm war, als könnte er lange Zeit kein Wort mehr hervorbringen. Wo bleibt der Schrei?, dachte er. Wo bleibt jetzt der Schrei?

Becker sah ihn an. Seine Augen waren groß und hell geworden. »Aber ich bin kein Mörder«, sagte er.

68

Es war nicht wie in einem Western; niemand ritt nach dem letzten Duell in den Sonnenuntergang. Larsen verließ die Forensik und ging ein Stück über den dunklen Parkplatz, auf dem außer seinem Dienstwagen nur noch drei andere Fahrzeuge standen. Erst als er hinter dem Steuer saß, holte er sein Handy heraus und drückte Kristins Kurzwahl. Seine Frau meldete sich, und da fand er auch die Sprache wieder. »Ich habe ein Geständnis«, sagte er, genau wie bei den letzten Malen. »Ich komme nach Hause.«

69

Drei Tage später, an einem Samstag im Hochsommer, fuhr Larsen zum ersten Mal in diesem Jahr den Mustang ein längeres Stück mit offenem Verdeck. Er hatte den Motor auseinandergenommen, jedes einzelne Teil gereinigt und ihn danach wieder zusammengesetzt. Er hatte das Öl gewechselt, eine neue Batterie, neue Zündkerzen und einen neuen Vergaser besorgt. Danach hatte er den Wagen gewaschen und gesaugt, den Lack ausgebessert, wo er der Ausbesserung bedurfte, Chrom poliert und das Verdeck gereinigt. Ihn nach dieser ganzen Arbeit wieder fahren zu können war ein fantastisches Gefühl. Den Samstagnachmittag hatte er für diesen Ausflug gewählt, weil er annahm, dass die kleine Melanie am Wochenende keine Schule hatte.

Er parkte vor dem Haus der Pflegefamilie, aber auf der anderen Straßenseite, wo es Schatten gab. Er klingelte, und nach ein paar Minuten wurde die Tür von Michaela Roloff geöffnet. »Larsen, Kripo Bremen«, sagte er. »Ich war vor einigen Wochen schon einmal hier, wegen Frau Weichsel, der Mutter von –«

»Ich weiß«, sagte die junge Frau mit den hellblauen verwunderten Augen, »ich erinnere mich an Sie. Ich habe in der Zeitung davon gelesen. Wie schrecklich! Wenn man sich vorstellt ... Ist es denn sicher, dass Dany, dass Daniel Becker das alles getan hat, was da stand?«

»Ja«, sagte Larsen. »Ich wollte Sie persönlich darüber informieren, dass keine Gefahr für Sie oder Melanie besteht.«

Sie schüttelte den Kopf. »Ach so, nein. Wir waren doch nie in Gefahr. Dany hätte uns nie etwas angetan! Er liebt Mellie.« Das Kopfschütteln wurde von einem Nicken abgelöst. »Müssen wir denn, ich meine, vor Gericht gegen ihn –«

»Nein. Ist Ihr Mann vielleicht zu sprechen?«

»Björn?« Sie schien Schwierigkeiten zu haben, den Namen mit einer ihr bekannten Person in Verbindung zu bringen. »Nein, Björn schläft, da darf er nicht gestört werden. Das mag er gar nicht. Ist es denn wichtig? Ich meine, müssen Sie denn mit ihm sprechen?«

»Nein.« Larsen versuchte, einen Blick an ihr vorbei in den dunklen Hausflur zu werfen. »Im Moment nicht.« Er trat einen Schritt zurück. »Ihrer Tochter, Frau Weichsels Tochter, geht es gut?«

»Mellie?«

»Haben Sie noch andere Töchter?«

»Nein – nein.« Sie schüttelte erstaunt den Kopf. »Mellie geht es gut. Sie ist – gerade ist sie spielen, bei Freunden ein paar Häuser die Straße hinauf. Wollen Sie auch mit ihr sprechen – ich meine, das muss nicht sein, oder?«

»Nein«, sagte Larsen. Nicht jetzt, dachte er, verwirrt über das Ausmaß seiner Enttäuschung. »Ich schaue vielleicht irgendwann noch einmal vorbei.«

Er verabschiedete sich und ging über die leere Straße zum Wagen zurück, und dabei dachte er, ja, irgendwann, nicht jetzt. Jetzt ist nicht der richtige Zeitpunkt. Er dachte an Mellie wie an eine Tochter, aber er wusste nicht, ob das richtig oder auch nur vernünftig war. In jedem Fall war jetzt nicht der richtige Zeitpunkt; er hatte ja noch nicht einmal mit Kristin darüber geredet.

70

Cobalt. Die ganze Zeit dachte er an Cobalt. Nein, nicht die ganze Zeit. Nicht, wenn er schlief. Auch nicht, wenn er im Speisesaal saß und aß. Aber sonst, wenn er in seiner Zelle auf der Pritsche lag und seine Imaginationen zu lebendigen Bildern wurden. Wenn er beim Hofgang an der Mauer lehnte. Oder wenn er aus dem kleinen Drahtglasfenster auf die Fernstraße jenseits des Brachlandes starrte und den Autos zusah, die ihre roten Lichtstreifen durch die Dämmerung zogen.

Cobalt, Ordnungszahl 27.

Es war ein physikalischer Prozess – am Anfang nur ein Experiment, das durch einen Zufall zu einer Erkenntnis führte, die wiederum zu einem Gesetz wurde. Wie die Naturgesetze. Wenn man der Natur die Maske der Wissenschaft vom Gesicht reißt, erkennt man darunter das Übernatürliche, dachte er – reine Lust.

Die Ekstase.

Er lag auf seiner Pritsche und dachte an Chrom, dessen Tod noch ein Experiment gewesen war, fast ein Zufall. Danach dachte er an Silber, bei dem er die Gesetzmäßigkeit erkannt hatte. Er stand am Fenster und dachte, Silber hat mir die Augen für die Möglichkeiten geöffnet. Für den Nutzen, wie später bei Nickel, selbst wenn ich für Silber noch Mo als Werkzeug benutzt habe.

Er stand im Hof an der Mauer und dachte an Cobalt. Er spürte sie sterben, jeden Tag; es war wie ein Stromstoß, der nicht enden wollte. Elektrisierende Lust, die er an- und abschalten konnte, gespeist von einem unsichtbaren Generator in seinem Gehirn. Mit jedem Mal wurde sie stärker, fuhr leuchtender durch seine Nerven.

Am ersten Tag war es noch nicht so gewesen; an Tag eins, als sich Nicole in Cobalt verwandelt hatte. Es war sogar eine Enttäuschung gewesen, dachte er, gar nicht so, wie ich es mir vorgestellt habe. Selbst die wenigen Minuten, in denen ich sie erwürgt habe – nicht zu vergleichen mit dem Gefühl überwältigender Macht, das Sekunde für Sekunde stärker in ihn geströmt war, als Radschiv sich in seinen Händen in Chrom verwandelte.

Dieser Todeskampf, der nicht enden wollte, bis sie gemeinsam das Ende erreicht hatten, den Höhepunkt. Einfach unbeschreiblich.

Und dann das Feuer, das diesen Namen nicht im Geringsten verdient hatte. Die ganze Zeit während der Vorbereitung hatte er es sich ausgemalt, den nackten Körper, die Haut, das blonde Haar, wie all das von den Flammen verzehrt wurde, weggebrannt, in einem lodernden Inferno von etwas Endlichem zu etwas Ewigem wurde, zu heißer Asche und schließlich zu Cobalt. Er hatte es sich vorgestellt, und jedes Mal war seine Erregung stärker geworden, bis sie sich kaum noch zurückhalten ließ.

Aber sie wollte nicht brennen.

Die Enttäuschung hatte seinen Magen versengt wie Säure, die ganze Zeit, während sie Nicole Stück für Stück, Fetzen für Fetzen, Zelle für Zelle in eine negative Existenz zurückverwandelte. Erst danach erstand sie in seiner Erinnerung neu, wurde wiedergeboren, und er konnte ihr einen makellosen Tod bereiten. So war es jetzt, wenn er daran dachte: nur noch reine, vollkommene Fantasie, die er ganz nach seinem

Willen gestalten konnte. Die Erregung war wieder da und fand jedes Mal Erfüllung.

Er lag auf seiner Pritsche. Er stand am Fenster. Er lehnte im Hof an der Mauer, und nichts konnte ihm etwas anhaben. Bis auf die Zeit. Die Zeit war sein Feind, der einzige, der ihm wirklich gefährlich werden konnte. Denn die Bilder der Erinnerung würden irgendwann verblassen, wie Polaroids, die man in der Sonne liegen ließ. Sie fingen schon an zu vergilben, bis jetzt aber nur an den Rändern.

Irgendwann brauche ich eine neue Cobalt, dachte er. Kein neues Silber, kein zweites Nickel, kein Mangan, nur Cobalt. Ein Körper, Haut, Haare, Lippen und Augen, vollkommene Chemie mit der Ordnungsnummer 27.

Er überlegte, wie alt Sandra war – neunundzwanzig? Kupfer, aber nur wenn es bald geschah. Kein Cobalt mehr, vor allem ohne Feuer. Höchstens als Fingerübung, um nicht einzurosten; für den kleinen Hunger zwischendurch. Als winziges Flämmchen, damit das Feuer nicht ausging. Und dann, wenn es wieder so weit war, musste es ja auch besser sein als beim letzten Mal. Besser als alles, was er sich bis dahin ausmalte.

Er lag auf der Pritsche und dachte, vielleicht hat Sandra eine jüngere Freundin, auf die ich warten kann, bis sie im richtigen Alter ist. Er stand am Fenster und dachte, vielleicht muss ich auch nicht so lange warten. Vielleicht ergibt sich vorher eine Möglichkeit, wie im Film, jemand der mir hilft, rauszukommen. Er stand an der Mauer im Hof und dachte: Kupfer, um die Lust nicht zu verlieren.

Und wenn nicht? Wenn ich warten muss, zwölf, fünfzehn, achtzehn Jahre?

Ich brauche jemanden, der heranwächst, vor meinen Augen, damit ich die ganze Zeit spüre, wie meine Lust mit ihm wächst, die Vorfreude, die Sehnsucht. Ein Mädchen, das ich dabei beobachten kann, wie es zur Frau wird und seine ersten Sünden begeht. Wie es die Scham entdeckt und sich vielleicht sogar nach Strafe sehnt, den Wunsch zu sterben spürt, nur als Ahnung, tief in ihrer Seele.

Dann ist die Zeit nicht mehr mein Feind; dann arbeitet sie für mich und macht mich stärker.

Cobalt, 27.

Wie alt war Melanie eigentlich inzwischen?, überlegte er. Sechs, sieben, acht? Bestimmt konnte er Michaela dazu bringen, dass sie ihn hier besuchte und ihre Ziehtochter mitbrachte. Sie vertraute ihm. Dazu war Mellie auch noch Cobalts Tochter …

Nicht sofort, dachte er. Aber bald. Ein erster Blick, ein Funke. Dann, als er auf der Pritsche lag, kam ihm noch eine Idee: Ich muss mich tarnen, bis es so weit ist. Mein Leben verschließen, mit einer Geheimtür zu meiner Seele, die sich erst öffnet, wenn niemand mehr damit rechnet.

71

Das Telefon klingelte, als Larsen gerade auf dem Weg zum Gericht war, um der Urteilsverkündung im Fall »Das Volk gegen Moritz Vogel« beizuwohnen, den das Gericht von dem Fall »Das Volk gegen Daniel Becker« abgetrennt hatte. Dr. Hellberg, las er auf dem Display. Er meldete sich. »Larsen.«

»Sandra Wilhelm«, sagte der leitende Arzt der psychiatrischen Abteilung.

Einen schrecklichen, irrationalen Moment hatte Larsen das Gefühl, keine Luft mehr zu bekommen. Das Bild einer weiblichen Leiche, jung, blond, ohne Gesicht, blitzte in ihm auf. »Was ist mit ihr?«

»Nichts.« Hellbergs Stimme klang bedrückt. »Außer dass

sie tatsächlich den Antrag gestellt hat. Sie will Daniel Becker in der U-Haft besuchen. Die Psychiatrie-Direktion hat mich eben informiert.«

Larsen blieb mitten auf dem Gehweg stehen, blind für die Passanten, die ihm auswichen. »Ich dachte, sie hätte begriffen, dass wir diesen Antrag nur benutzt haben, um Becker zu einem Geständnis zu bewegen. Wir haben ihn erfunden. Damit war sie doch einverstanden.«

»Sie hat es sogar selbst vorgeschlagen, ich weiß. Aber jetzt, sagt sie, hätte er ihr geschrieben, und sie könne erkennen, dass er sich geändert hätte. Er bereue seine Taten. Sie sei ganz sicher, dass er ihr nichts tun würde.«

»Glauben Sie das? Glauben Sie, dass er sich geändert hat und seine Taten bereut?«

»Nein.«

»Wieso hat man den Brief überhaupt rausgelassen?«

Hellberg schwieg.

»Haben Sie mit ihr gesprochen?«

»Ja. Sie hat mir den Brief sogar vorgelesen.«

»Sie müssen ihr sagen, dass sie mit ihrem Leben spielt, wenn sie ihn besucht.« Larsen dämpfte seine Stimme, weil eine Frau ihn anstarrte, bevor sie sich erschrocken vorbeidrückte. »Das ist, als legte sie Feuer an eine Lunte, und am anderen Ende steht ihr eigener Scheiterhaufen.«

»Ich weiß. Aber er hat ihr geschrieben, dass er sie heiraten möchte. Seine Frau ist weg, mit den Kindern, weg aus Mersfeld und von ihm. Und sie hat ihm auch schon zurückgeschrieben. Sie hat eingewilligt.«

Larsen verschlug es die Sprache; er konnte gar nichts mehr sagen. Warum macht er das? Was hat der Kerl vor?, dachte er. »Hat Becker sonst noch irgendwelche Anträge gestellt?«

»Nein, nur eine Anfrage, die sich auf die geplante Hochzeit bezog«, antwortete Hellberg. »Ob der Zeremonie auch

Gäste beiwohnen dürfen, die nicht mit einem der beiden Eheschließenden verwandt sind.«

»Wen meint er damit?«

»Ich dachte, das könnten Sie mir vielleicht sagen.«

»Das ist eine Inszenierung«, sagte Larsen, »die Hochzeit und die Gäste. Er will von etwas ablenken und etwas andeuten.«

»Die Frage ist nur, was – und wovon«, meinte Hellberg. »Und wem sie gilt.«

»Mir«, sagte Larsen.

Ich soll sehen, wen er einlädt. Er möchte, dass ich im Geiste sein Lächeln sehe, während er die Liste schreibt. Ich soll sein Lächeln spüren und mich fragen, was sich dahinter verbirgt.

Ende